普通高等教育经管类专业系列教材

U0368122

电子商务概论

(第二版)

蒋定福　刘　蕾　编著

清华大学出版社

北　京

内 容 简 介

  随着互联网技术及数智化技术的不断发展与应用,电子商务成了社会、经济、生活和文化进步的重要推动力,也是 21 世纪最主要的商务模式。本书紧密结合我国电子商务应用的需要,根据近年来企业电子商务运营管理与发展的新形势和新特点进行编写。全书共分 12 章,主要介绍电子商务的最新发展动态,提供与理论相结合的应用案例,具有体系的科学性、理论的前沿性、内容的实用性、通俗易懂、便于学习掌握等特点。本书全面系统地介绍了电子商务的整体框架及其所涵盖的主要内容,强调相关概念、基本理论、技术支持与实际应用的完整性和成熟性,具有易教易学的特点;同时也强调研究成果的前沿性及先进性,力图反映电子商务的新技术及新趋势,使读者在阅读本书后能够对电子商务有清晰完整的了解,为后续课程的学习奠定基础。

  本书既可作为高等院校电子商务、经济管理及计算机相关专业的教材或参考书,也可作为从事电子商务的实际工作者和相关领域管理人员的参考用书或培训教材。另外,对于广大社会自学者来说,这也是一本非常有益的参考读物。

图书在版编目(CIP)数据

电子商务概论 / 蒋定福,刘蕾编著. —2 版. —北京:清华大学出版社,2024.4
普通高等教育经管类专业系列教材
ISBN 978-7-302-65919-8

Ⅰ. ①电⋯　Ⅱ. ①蒋⋯ ②刘⋯　Ⅲ. ①电子商务－高等学校－教材　Ⅳ. ①F713.36

中国国家版本馆 CIP 数据核字(2024)第 064194 号

责任编辑:刘金喜
封面设计:周晓亮
版式设计:孔祥峰
责任校对:成凤进
责任印制:宋　林

出版发行:清华大学出版社
    网　　　址:https://www.tup.com.cn,https://www.wqxuetang.com
    地　　　址:北京清华大学学研大厦 A 座　　　　　　邮　　编:100084
    社 总 机:010-83470000　　　　　　　　　　　　邮　　购:010-62786544
    投稿与读者服务:010-62776969,c-service@tup.tsinghua.edu.cn
    质 量 反 馈:010-62772015,zhiliang@tup.tsinghua.edu.cn
印 装 者:三河市君旺印务有限公司
经　　销:全国新华书店
开　　本:185mm×260mm　　　印　　张:19.25　　　字　　数:493 千字
版　　次:2020 年 1 月第 1 版　　2024 年 6 月第 2 版　　印　　次:2024 年 6 月第 1 次印刷
定　　价:68.00 元

产品编号:105699-01

序

随着全球信息技术的迅猛发展，电子商务正在以前所未有的方式改变着人们的生活方式，以及各类企业、组织和政府的运营、管理及创新模式。这种变化进一步影响了各国经济、社会、文化的发展和变革。新型的信息通信技术，包括移动通信、云计算、大数据和人工智能，为这种发展和变革提供了强大的技术基础，使电子商务具有更广阔的开发、应用和创新管理前景，并推动了全球电子商务的蓬勃发展。

电子商务的快速创新与应用意味着其内容及相关理论、技术、实践都在不断发展和创新。因此，急需一本全面且与时俱进的新教材，集最新电子商务理论、技术、开发和实践于一体。本书正是为了满足这一需求而编写的。本书旨在帮助读者了解电子商务的相关知识，包括新型信息系统理论和技术及其最新发展趋势。通过阅读本书，读者将掌握电子商务的相关新技能，从而能够系统、有效并创新性地解决电子商务的现实问题。

本书参阅了大量国内外相关资料，包括电子商务领域前沿的理论研究成果，并汲取其中的新型理论，因而在理论上具有前沿性。本书内容丰富，涵盖了电子商务的各个方面，从技术、运营、管理到开发等都有详尽的介绍，具体包括：①电子商务的基本概述和相关技术基础；②电子商务的运营，包括商业模式、网络营销、电子支付和物流；③电子商务的管理，包括安全保障和法律问题；④电子商务系统的开发，包括系统建设与维护；⑤电子商务的未来趋势，如移动电子商务和新零售等；⑥电子商务案例，包括最新应用案例和全国大学生电子商务"创新、创意及创业"挑战赛的创新创业内容。

本书是一本理论和实际应用相结合的电子商务教材，适合高校学生和广大电子商务的实践者从中获取丰富有益的电子商务知识，并使读者能够有效、灵活地运用书中电子商务理论和实践知识来解决电子商务中遇到的实际问题，提高电子商务的实践运作能力和创新能力。

June Wei 博士
美国西佛罗里达大学商学院教授
国际移动通讯期刊主编(SSCI 和 EI 检索)
国际电子政务期刊主编
美国普渡大学博士

党的二十大报告提出推动数字经济与实体经济融合发展的战略部署,强调要把实体经济作为数字经济"下半场"的主攻方向和关键突破口。在这个快速发展的数智化时代,云计算、大数据、人工智能、智能终端等技术快速迭代与应用,电子商务将具有更加广阔的发展前景。电子商务不断改变人们的消费、工作及思维方式,也加速了企业的转型升级进程,并将进一步促进我国乃至全球经济结构的调整和经济发展方式的变革。本书全面贯彻党的二十大精神,始终坚持"教育、科技、人才是全面建设社会主义现代化国家的基础性、战略性支撑"的方针,将爱国教育、立德树人、培养电子商务领域优秀人才作为首要目标。

我们非常认真地推出了《电子商务概论》(第二版),在这一版中,我们进行了全面的修订和更新,以反映电子商务领域的最新发展和趋势,主要包括:重点修订了电子商务商业模式、网络营销、电子支付、电子商务安全、电子商务法律等内容;增加了跨境电子商务、电子商务数据分析、电子商务应用案例及三创赛优秀作品述评等内容,以帮助学生更深入、全面地理解电子商务。此外,我们每章新增了思政微语,增加了更多的案例分析和讨论,以使学生能将理论知识熟练地应用于实际情境中。

通过本书,我们希望学生能够全面地理解电子商务的概念、原理和运作方式,掌握相关的技术和工具,并能够将所学的知识应用于解决实际问题。本书从内容体系来看,主要包括电子商务概述、电子商务技术基础、电子商务商业模式、网络营销、电子支付、电子商务物流、电子商务安全、电子商务系统建设与维护、电子商务发展演讲、电子商务应用案例、电子商务法律问题、全国大学生电子商务"创新、创意及创业"挑战赛等内容。内容框架突出了如下特点。

(1) 体系的科学性。为了加深读者对电子商务基本知识的理解与技能的把握,本书从电子商务技术、商业模式到电子商务的支付、物流、安全及系统建设等,整个内容体系科学合理、严谨完整、层次性较强,符合科学的思维逻辑、循序渐进的认知规律。

(2) 理论的前沿性。随着信息技术的飞速发展及不断应用,电子商务的商业模式、理念、技术日新月异,为了促使读者了解电子商务的最新发展态势,本书借鉴了大量国内外相关资料和最新应用案例,汲取了电子商务领域前沿的理论成果。

(3) 内容的实用性。本书在基本内容的选择、案例的编写和对读者知识能力的要求上都以实用性为核心。每章开头都有学习目标和引言,章节后面配有核心概念、思政微语和思考题。另外,本书最后一章为全国大学生电子商务"创新、创意及创业"挑战赛的创新创业内容,可促使读者能够运用电子商务知识来解决实际问题,提升实操能力和创新能力。

本书由蒋定福负责全书框架设计、编著、审核及统稿工作,由刘蕾负责文稿的编著、修改和排版工作。本书编写内容具体分工为:第1章由蒋定福、潘嘉亮编写,第2章由吴煜祺、蒋定福、刘蕾编写，第 3 章由蒋定福、赵佳瑞、苏保朵编写，第 4 章由刘蕾、安娜编写，第 5 章由刘蕾编写，第 6 章由刘彩虹、刘蕾、郑佳奇编写，第 7 章由蒋定福、张海、刘蕾编写，第 8 章由蒋定福、吴煜祺编写，第 9 章由方洁、蒋定福、刘蕾、潘嘉亮编写，第 10 章由刘蕾、潘嘉亮编写，第 11 章由蒋定福、郑佳奇编写，第 12 章由蒋定福、刘蕾、赵佳瑞编写。

另外，在本书编写过程中，得到薛菲、吴桐帮助，他们查找案例、小贴士及对稿件进行校对等；得到了卫军、熊励、刘小晶、刘润涛等教授的审核支持；也得到了清华大学出版社编校人员的大力支持，在此深表感谢！在编写过程中，本书编者参考和借鉴了国内外专家、学者、企业家和研究机构的著作、期刊及相关网站资料，在此对他们表示诚挚的谢意！

本书提供的 PPT 课件、电子教案、授课案例和课后习题答案，可通过扫描下方二维码获取。

教学资源

随着信息技术的飞速发展，电子商务内容不断变化，理论不断创新。由于时间仓促，加之编者水平有限，书中不足之处在所难免，敬请各位专家、同行、读者提出宝贵意见，以便不断修正和完善。

服务邮箱：476371891@qq.com

编者
2024 年 5 月

目　　录

第 1 章 | 电子商务概述

📑 **学习目标**

(1) 掌握电子商务的内涵;

(2) 掌握电子商务的基本框架;

(3) 熟悉电子商务的功能与分类;

(4) 了解电子商务的发展现状与趋势。

📑 **引言**

随着互联网的出现及商业活动的电子化发展,互联网及各类电子信息技术与商务的结合日益密切,电子商务从其产生至今,得到了迅速发展。本章主要介绍了电子商务的相关概念、基本框架、功能与分类,以及发展现状和趋势。

1.1 电子商务简介

1.1.1 电子商务的概念

电子商务作为近数十年来兴起的一个新概念,目前尚无统一的定义。1997 年,国际商会在法国巴黎召开的世界电子商务会议明确了电子商务(electronic commerce,E-Commerce 或 EC)的概念,即电子商务是指实现整个贸易过程中各阶段贸易活动的电子化。该定义比较接近当前普遍认为的广义的电子商务概念。广义的电子商务是指利用电子化手段进行的各类商务活动;相对应的,狭义的电子商务是指利用互联网进行的各类商务活动。各国政府、学者、企业界人士都根据自己所处的地位和对电子商务的参与程度,给出了许多不同表述的定义。比较这些定义,有助于我们更全面地了解电子商务。

典型的电子商务定义包括以下几种。

(1) 全球信息基础设施委员会电子商务工作委员会认为,电子商务是运用电子通信手段进行的经济活动,通过这种方式,人们可以对带有经济价值的产品及服务进行宣传、购买和结算。

(2) 世界贸易组织认为,电子商务是通过电子方式进行货物和服务的生产、销售、买卖及传递。

(3) 经济合作与发展组织认为,电子商务是指以网上数字处理及传输为基础的组织和个人之间的商业交易。其网络可以是开放的网络,也可以是能够连接到开放网络的网络,所传输的数据包括文件、声音和图像等形式的多媒体数据。

(4) IBM 公司于 1997 年使用电子商务一词,将电子商务定义为整个贸易活动的电子化,包含两个方面的内容:一是电子方式;二是商贸活动。因此,在电子商务的外延上可以理解为,交易各方以电子交易方式而不仅是通过当面交易或直接面谈方式进行的任何形式的商业交易。

(5) HP 公司认为,电子商务是指从售前服务到售后支持的各个环节实现电子化、自动化,它能够使我们以电子交易手段完成物品和服务等的价值交换。

综上所述,电子商务就是利用现代信息技术、网络技术和现代通信技术进行各种商务活动、交易活动、金融活动及相关综合服务活动的一种新型的商业运营模式。

对上述电子商务的定义,可以从以下四个方面来分析和理解。

(1) 电子商务是一种采用先进的信息技术、网络技术和现代通信技术的商务方式。

(2) 电子商务的本质是商务。电子商务的目标是通过先进的信息及网络技术来进行商务活动,所以它要服务于商务,满足商务活动的要求,因此商务活动是电子商务永恒的主题。

(3) 对电子商务的全面理解应从"电子技术"和"商务"两方面思考:一方面,电子商务所包含的"现代信息技术、网络技术和现代通信技术"应涵盖各种以电子技术为基础的现代通信方式;另一方面,对"商务"一词应做广义的理解,即指契约性和非契约性的一切商务性质的关系所引起的各类事项。用集合论的观点来分析,电子商务是现代信息技术与商务两个子集的交集。

(4) 电子商务是一种采用各种不断发展的先进技术的新型商务运营模式。随着信息技术、网络技术及现代通信技术的不断发展,商务也在不断发展,使得商务形式及运营方式不断发生变化。这些技术从根本上改变了人类社会原有的商务方式,为商务活动注入了全新的理念。

1.1.2　电子商务的兴起

电子商务的起源可以追溯到 20 世纪 70 年代的电子数据交换(electronic data interchange,EDI)时期。当时,企业间通过计算机网络系统以电子方式传递标准化、固定格式的商业交易资料,这种方式大大降低了纸张、时间和物流成本。然而,由于 EDI 是封闭式交易,所以其应用领域相对有限,主要局限于大型企业和封闭系统内。

20 世纪 90 年代,随着 Internet 的出现,情况发生了根本性的变化。由于 Internet 的费用低且向社会公众开放,使得真正的在线商业交易成为可能。在早期,企业尝试电子商务的主要方式是信息发布。它们将 Internet 视为一个新的商务活动空间,通过发布企业、产品、新闻等信息来宣传企业、吸引用户,进而促进线下交易。从 1995 年开始,以 Web 技术为代表的信息发布系统迅速发展,成为 Internet 的主要应用。这一阶段的代表性企业包括美国的雅虎和中国的中国化工信息网。雅虎成立于 1995 年,是较早的互联网门户网站之一,主要提供互联网导航服务,通过人工方式将互联网上的网页链接进行分类并提供检索服务,很快成为全球访问量最大的网站和互联网第一品牌；中国化工信息网成立于 1997 年，为化工企业提供全面的信息服务，实现化工系统网上信息资源共享。

随着信息技术的发展和用户意识的提高，电子商务系统的逻辑结构逐渐呈现出清晰的层次性，并与企业的内部信息系统形成整体。同时，随着认证中心和支付网关的建立，在线交易的安全环境得以实现，从而使真正的电子商务成为可能。在这个背景下，许多国内外企业纷纷开始尝试电子商务，其中最具代表性的就是美国的亚马逊和中国的阿里巴巴。亚马逊成立于 1994 年，被认为是世界上第一家电子商务公司，它以网上销售图书起家，为读者提供比线下书店更多的图书选择，随后不断拓展业务范围；阿里巴巴成立于 1999 年，为中小企业提供了一个前所未有的 B2B 在线交易平台，随着市场的认可度逐渐提高，阿里巴巴的业务范围也逐渐拓展到 B2C 和 C2C 等领域。

进入 21 世纪后，电子商务得到了蓬勃发展，逐渐渗透到各行各业，并对社会经济产生了重大影响。新的商业模式不断涌现，如 O2O、M2C、B2T 等，业务范围也逐渐扩大到全球贸易和跨境电商等领域。移动互联网的兴起也推动了移动电商的迅猛发展，电商企业纷纷进军移动端市场；直播电商、社交电商等新兴模式也不断涌现。可见电子商务行业正在持续繁荣发展，并随着新技术和新业态的出现将迎来新的机遇和挑战。在未来一段时间内，电子商务有望继续成为国民经济新的增长点。

1.1.3　电子商务的主要特点

电子商务的产生是互联网技术及现代通信技术的发展及商务应用需求的必然结果。与传统的电子商务相比，网络及现代通信技术在电子商务中得到了广泛的应用，尤其是一些新型的互联网技术，实现了企业内部、企业之间、企业与客户之间的商业活动，因此电子商务的特点可从电子技术和商务应用两方面进行概括。

1. 电子技术方面的特点

(1) 电子商务必须以现代信息网络技术作为支撑。在电子商务中应用的信息网络技术很多，如云计算技术、云安全技术、第三方支付平台、电子数据交换技术等。这些现代的信息网络技术贯穿了电子商务运行的全过程，并不断促进电子商务的快速发展。

(2) 大数据技术满足了消费者的个性化需求。大数据等现代技术的出现提供了快速、精细化分析消费者偏好及其行为轨迹的工具，能够对各个渠道跨界数据进行整合。

(3) 移动技术促进了移动终端的普及。二维码、移动定位系统等技术的广泛应用，促进了移动终端的普及和移动电子商务的发展，为消费者带来了极大的便利。

(4) 物流技术促进了电子商务物流服务水平的提高。近年来，新技术、新模式在电商物流领域的应用进一步扩大，使得物流快递效率和覆盖率得到快速提升，电商物流整体服务水平不断提高。

(5) 新技术驱动电子商务产业创新。近年来，大数据、云计算、人工智能、虚拟现实等数字技术快速发展，为电子商务创造了丰富的应用场景，正在驱动新一轮电子商务产业创新。

智能物流技术应用案例

为提高电商物流效率和服务满意度，京东、阿里巴巴、亚马逊等电商平台纷纷利用大数据、物联网、人工智能等技术对各自的物流平台进行整合，无人机、无人仓、无人车等技术全面启动应用，联盟和智能化统筹的模式布局更加广泛。例如，邮政智能分拣机器人批量上岗；京东武汉亚洲一号"无人仓"、华北物流中心 AGV 仓、昆山无人分拣中心相继投入使用，京东无人机飞行服务中心、全流程无人仓纷纷启用；菜鸟网络通过电子面单、智能分单超级机器人仓库、末端配送机器人完成物流网络的智能化与自动化搭建，并通过大数据和智能技术赋能中小商家和中小物流。

2. 商务应用方面的特点

(1) 基于互联网以消费者为中心的商业模式。电子商务是通过互联网进行的商务活动，各种商务活动都以满足消费者需求为最终目的。

(2) 电子化、透明化的商业模式。在电子商务交易过程中，买卖双方不需要面对面地进行各种商业活动，基于互联网的电子商务可以实现产品、服务及数据信息便捷高效的交换、传递，以电子化方式完成交易活动。

(3) 基于用户价值的盈利模式。对于电子商务企业而言，用户是核心，用户价值越大，数量越多，电商企业产生的价值越大。

(4) 高效、系统的运营模式。一般来说，企业可以运用企业资源计划、供应链管理、管理信息系统、客户关系管理系统来协调相关部门的运营，提高企业的运营效率。

1.1.4 电子商务对社会产生的影响

随着互联网技术的持续发展，电子商务已经深度融入了人们的日常生活中，诸如网络经济、信息经济、虚拟企业、虚拟银行、网络营销等新兴概念日益被大众所熟知和接受。电子商务经济浪潮以其强大的影响力，正在迅速改变人们的传统消费模式、工作模式及思维方式，对整个社会产生了深远的影响。

1. 电子商务对消费者生活方式的影响

电子商务的兴起已深刻改变了人们的消费观念和消费方式。通过电子商务平台进行购物已逐渐成为公众日常生活中的常规习惯，消费者得以通过一种便捷的自我服务方式完成交易。此外，电子商务还提高了人们的工作效率，人们可以通过网络及时交流、沟通、洽谈工作，无须走出家门便可知天下事。更为重要的是，电子商务促进了人们工作方式和生活方式的改变。

随着互联网技术的广泛应用和电子商务的普及，网络学校应运而生，为公众提供了成本低、效果好、覆盖面广的新型教育方式——网上教育。这种教育方式使人们可以足不出户地在线观看电视、电影，以及欣赏音乐等，为人们提供了更多样化的休闲娱乐方式。电子商务对个人的消费、娱乐、教育、社交和工作等方面都产生了深远的影响。

2. 电子商务对企业经营的影响

电子商务通过内部网、外部网、互联网与企业员工、客户、供应商及合作伙伴直接关联，使得交易方式不受地理位置、资金和销售渠道的影响，彻底改变了传统的商业交易方式。

在电子商务环境下，企业可以更有效地组织信息资源，进而增加企业收入来源、降低企业经营成本，并加强与合作伙伴的沟通和协作能力。通过电子商务平台，企业不仅可以轻松获取合适的供应商信息和相关产品信息，而且还能构建一体化的信息传递和信息处理体系，从而降低采购成本。此外，企业还能利用电子商务平台减少库存，提升库存管理水平，进一步缩短生产和研发的周期。同时，企业还能实时了解顾客的需求，实现定制生产和个性化生产，从而更好地满足顾客的需求。

3. 电子商务对政府管理、决策等行为的影响

在电子商务的背景下，政府承担着众多的社会、经济和文化的管理与决策职责。随着电子商务的不断发展，政府需要不断调整其管理策略，以适应新的市场环境。为了促进电子商务的发展，政府需要制定相应的政策和管理措施，同时规范市场行为，保护消费者的权益。

电子商务的发展对政府职能提出了新的要求。政府需要加快转变职能，提高办事效率，增强政策的透明度，建立健全电子商务的法律法规体系。同时，政府需要加强与企业的合作，共同促进地方经济的快速健康发展。

电子商务的发展也影响了政府的战略决策。政府需要制定相应的政策来支持电子商务的发展，推动制造业的转型升级，实施制造强国战略。同时，政府还需要加强网络基础设施建设，提高网络安全保障能力，以构建一个安全、可靠的网络空间命运共同体。

1.2 电子商务基本框架

1.2.1 电子商务的组成要素

电子商务由互联网及现代通信技术、消费者、商家、物流、支付、认证、信用等基本要素组成，如图 1-1 所示。

(1) 互联网及现代通信技术。Internet 是电子商务的基础，也是商务、业务信息传送的载体，而以 4G、5G 为代表的移动通信技术是现代移动电子商务的基础，目前，移动通信技术正朝着 6G 方向发展。

(2) 消费者。消费者使用浏览器、移动终端等方式接入 Internet，获取商家信息，进行洽谈并达成交易。

(3) 商家。商家通过网站或移动应用发布产品或服务、接受消费者的咨询及订单，进行一系列的商务运作及业务管理。

(4) 物流。物流负责完成商品从商家向消费者转移的过程，其间包括运输、储存、装卸、搬运、跟踪商品流向，最终将商品配送到消费者手中。

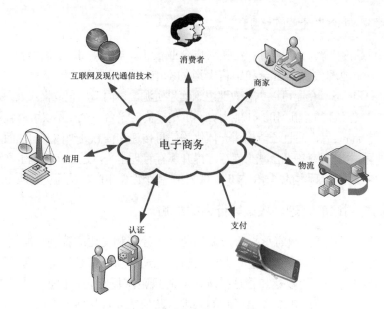

图1-1　电子商务的组成要素

(5) 支付。支付提供消费者与商家之间的金融交换，包括交易、清算和结算，涉及银行、第三方支付等金融服务商。

(6) 认证。认证是受法律承认的权威机构为电子商务交易环节中的各主体提供身份认证，使网上交易的各方能互相确认身份。

(7) 信用。信用指电子商务交易主体取得另一方对其履约能力的信任，或者指双方互守承诺。这种信任的建立和维持依赖于交易双方的信用记录、经营状况、服务能力等多个因素。

电子商务诚信体系建设

在传统的商业模式中，商家可以通过顾客口口相传的方式获取良好的信誉度，从而吸引更多的消费者。而在电子商务中，消费者选择商品和服务时，无法通过面对面交流、实地考察等方式来获得更多的信息。因此，消费者与商家之间的信任体系面临着更大的挑战。一个良好的信用体系，可以让消费者在不了解商家的情况下，也能够充满信心地选购商品和选择服务。

电子商务为众多中小企业提供了一个宝贵的平台，使它们能够与消费者直接建立联系并完成交易，从而成就了很多中小企业。然而，监管数百万家电商企业是一个很大的挑战。由阿里巴巴国际站、一达通、全球速卖通和淘宝网、支付宝、阿里巴巴中国站组成的阿里贸易平台是阿里打造的诚信体系的重要载体。这些平台每天都进行着数亿次的交易活动，沉淀下来PB(Petabyte)级的数据量，为阿里诚信体系的打造提供了大量的信用信息。基于这些信用信息，运用大数据技术手段进行处理，然后生成信用评价、等级、报告等来为中小企业提供融资、搜索排名等服务，践行"诚信=财富"的理念。

1.2.2　电子商务的"四流"

电子商务的交易一般包括物流、资金流、信息流和商流"四流"，如图1-2所示。

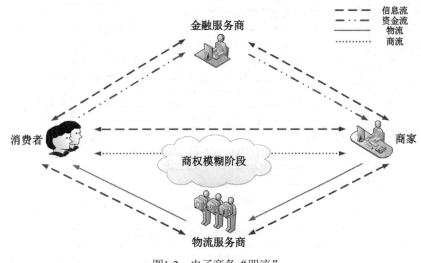

图1-2　电子商务"四流"

(1) 物流。物流主要是指商品从商家到消费者的流动过程，具体包括运输、储存、装卸、搬运、配送等环节。

(2) 资金流。资金流主要指资金的转移过程，包括付款、转账、兑换等过程。对于大多数电子商务企业而言，其资金流的转移需要依赖第三方的金融服务商完成。

(3) 信息流。信息流既包括商品信息的提供、促销营销、技术支持、售后服务等信息内容，也包括诸如询价单、报价单、付款通知单、转账通知单等商业贸易单证信息，还包括交易方的支付能力、支付信誉、中介信誉等信息。

(4) 商流。商流主要指商品在消费者、商家之间进行交易和商品所有权转移的过程。在实际电子商务过程中，由于交易过程中物流、资金流的分离，导致物品所有权存在模糊的阶段，这也引发了电子商务中的一些问题。

1.2.3　电子商务框架结构

电子商务框架结构是指电子商务活动环境中所涉及的各个领域及实现电子商务应具备的技术保证。从总体上来看，电子商务框架结构由四个层次，包括网络基础层、信息发布与传输层、一般业务服务层和电子商务应用层，以及两大支柱，指社会人为性的公共政策和法律法规与自然科技性的各种技术标准及网络协议构成，如图 1-3 所示。

1. 网络基础层

网络基础层是指网络基础设施，也是实现电子商务底层的基础设施，包括远程通信网、无线通信网、互联网、4G 等移动通信网络。它是信息的传输系统，也是实现电子商务的基本保证。

图 1-3　电子商务框架结构

2. 信息发布与传输层

网络基础层决定了电子商务信息传输使用的线路，而信息发布与传输层则解决如何在网络上传输信息和传输何种信息的问题。目前，Internet 上最常用的信息发布方式是在 WWW 上发布网页，并将 Web 服务器中发布传输的，如文本、数据、声音、图像和视频等多媒体信息发送到接收者手中。从技术角度而言，电子商务系统的整个过程就是围绕信息的发布和传输进行的。

3. 一般业务服务层

电子商务一般业务服务层实现标准的网上商务活动服务，如电子支付、电子认证(CA)、商业信息安全、物流服务等。其中电子认证及商业信息安全是核心，它们担负着网络交易的信息安全及交易安全。

4. 电子商务应用层

电子商务的最上层为应用层，也是与电子商务消费者接触最紧密的部分，主要包括各类电子商务交易平台、网上商城、网络银行、网络娱乐、网络教育等，以及在此基础上各类供应商、采购商、合作伙伴及销售商、政府部门等开展的各类互动交流、供应链管理、客户关系管理、竞争情报管理等活动。

5. 公共政策及法律

法律维系着商务活动的政策运作，对市场的未来发展起到了很好的制约和规范作用。进行商务活动，必须遵守国家的法律、法规和相应的政策，同时还要有道德和伦理规范的自我约束和管理，两者相互融合，才能使得电子商务活动有序高效开展。

6. 各种技术标准及网络协议

技术标准定义了用户接口、传输协议、信息发布标准等技术细节。它是信息发布、传递的基础，也是网络信息一致性的保证。就整个网络环境来说，技术标准对于保证兼容性和通用性是十分重要的。网络协议是计算机网络通信的技术标准，对于处在计算机网络中的两个不同地理位置上的企业来说，要进行通信，必须按照通信双方预先共同约定好的规程进行，这些共同的约定和规程就是网络协议。

1.3　电子商务的功能与分类

1.3.1　电子商务的功能

电子商务通过互联网实现了交易和管理的全过程服务，本书从企业和消费者两个角度对电子商务的直接功能进行了阐述。这些功能与电子商务企业和消费者密切相关，除此之外，还有一些派生的功能，如电子商务促进产业结构合理化的功能等。

1. 电子商务企业层面

1) 企业业务组织

电子商务是一种基于信息的商业进程，在这一进程中，企业内外的大量业务被重组，使整个企业更有效地运作。电商企业对外通过互联网加强了与合作伙伴之间的联系，打开了面向消费者的窗口；对内则通过内部网提高业务管理的集成化和自动化水平，以实现高效、快速和方便的业务活动流程。

2) 信息发布与广告宣传

电商企业可以通过自己的 Web 服务器、网络主页(home page)和电子邮件(E-mail)在全球范围内进行信息发布与广告宣传。在 Internet 上宣传企业形象和发布各种商品信息，可使消费者通过网络浏览器迅速找到所需的商品信息。与其他各种广告形式相比，网上广告成本最为低廉，而提供给顾客的信息却最为丰富。

3) 交易管理

电商企业的交易管理系统可以借助网络快速、准确地收集大量数据信息，利用计算机系统强大的处理能力，针对网上交易活动相关的人、财、物、消费者及本企业内部事务等方面进行及时、科学、合理的协调和管理。

4) 服务传递

电子商务通过服务传递系统将消费者所订购的商品尽快地传递到已订货并付款的消费者手中。对于有形的商品，服务传递系统可以通过网络对在本地或异地的仓库或配送中心进行物流的调配，并通过物流服务部门完成商品的传送。而无形的信息产品如软件、电子读物、信息服务等则立即从电子仓库中将商品通过网上直接传递到用户端。

5) 智能分析

电商企业产生的大数据能够通过智能算法得出潜在信息。通过智能分析得到消费者的潜在需求及企业的潜在风险。掌握消费者的偏好倾向，有助于企业制定针对性战略目标；了解自身的弊端，有助于企业形成危机意识，根据数据做出调整，将企业承担的风险最小化。

6) 意见征询

电商企业的电子商务系统能够实现公共意见征询功能，可以采用网页上的"选择""填空"等形式及时收集消费者对商品和销售服务的反馈意见。这些反馈意见能提高线上、线下交易的售后服务水平，使企业获得改进产品、发现新市场的商业机会，从而使企业的市场运作形成一个良性的封闭回路。

2. 电子商务消费者层面

1) 在线体验

消费者可以通过手机端、PC 端等实现网络产品体验，多种多样的线上体验产品为目标消费者提供优质的服务和支持，能够在购买过程中提供帮助。在线体验不仅满足了用户丰富的个性化需求，而且由于互联网发展愈加成熟，用户个人信息安全也得到了更高的保障。与此同时，在线体验的科学、智能、迅速、便捷特性，使得更多的受众群体加入体验之中。

2) 咨询洽谈

在电子商务活动中，顾客可以借助非实时的电子邮件(E-mail)、新闻组(news group)和实时的论坛(BBS)来了解市场和商品信息，洽谈交易事务，如有进一步的需求，还可用网上的交互平台来交流即时的图文信息。网上的咨询和洽谈能超越人们面对面洽谈的限制，提供多种方便的异地交谈形式，甚至可以在网络中传输实时的图片和视频片段，产生如同面对面交谈的感觉。

3) 网上订购

网上订购通常都是在产品介绍的页面上提供十分友好的订购提示信息和订购单。当消费者填完订购单后，系统会通过发送电子邮件或以其他方式通知消费者确认订购信息。通常，订购信息会采用加密的方式来传递和保存，以保证消费者和商家的商业信息不会泄露。

4) 网上支付

对于一个完整的电子商务过程，网上支付是不可缺少的一个重要环节。消费者和商家之间可采用电子支付、电子支票、信用卡等来实现支付，网上支付比传统的支付手段更为高效和方便，可节省交易过程中许多的人员开销。不过，由于网上支付涉及机密的商业信息，所以其需要更为可靠的信息传输安全性控制，以防止欺骗、窃听、冒用等非法行为出现。

1.3.2　电子商务的分类

电子商务根据不同的分类标准有不同的分类，如表 1-1 所示。

表 1-1　电子商务的分类

分类标准	电子商务类别
参与交易对象	B2B、B2C、C2C、C2B、G2B、G2C
使用网络类型	EDI 电子商务、Internet 电子商务、企业网络电子商务、移动网络电子商务
商务活动运作方式	完全电子商务、非完全电子商务
交易地理范围	本地电子商务、国内电子商务、全球电子商务
交易商品类型	有形商品电子商务、数字化商品电子商务、服务商品电子商务

1. 按照参与交易对象分类

1) B2B

B2B(business to business，企业间的电子商务)是通过私营或增值计算机网络(value added network，VAN)采用 EDI(电子数据交换)方式所进行的商务活动。这种电子商务系统具有很强的实时商务处理能力，使公司能以一种可靠、安全、简便快捷的方式进行企业间的商务联系活动和达成交易。

2) B2C

B2C(business to consumer，企业与消费者之间的电子商务)是大量的网上商店利用 Internet 提供的双向交互通信，完成网上购物的过程。这类电子商务主要是借助于 Internet 所开展的在线式销售活动。这种模式节省了客户和企业双方的时间和空间，大大提高了交易效率，节省了各类不必要的开支。

3) C2C

C2C(consumer to consumer，消费者与消费者之间的电子商务)是指消费者与消费者之间的货物交易或各种服务活动在网络上的具体实现，其涵盖的范围主要包括艺术品交易、网上拍卖、旧货交易、网上人才市场、换房服务等。

4) C2B

C2B(consumer to business，消费者与企业之间的电子商务)是通过聚合消费需求相同、数量庞大的消费者，形成一个巨大的购物群，使消费者直接面对厂家进行集体议价，享受批发价购买单品的价格优待。C2B 目前主要有两种表现形式：一种是团购，如淘宝、易趣、拍拍等网站上的团购业务；另一种是个性化定制服务，即针对消费者的个性化需求提供独特的产品和服务。

5) G2B

G2B(government to business，政府与企业之间的电子商务)是指政府与企业之间的各项事务都可以涵盖在其中，包括政府采购、税收、商检、管理条例发布等。一方面，政府可以通过 Internet 发布自己的采购清单，公开、透明、高效、廉洁地完成所需物品的采购；另一方面，政府对企业宏观调控、指导规范、监督管理的职能通过网络以电子商务方式更能充分、及时地发挥。

6) G2C

G2C(government to citizen，政府与公众之间的电子政务模式)是政府通过电子网络系统为公民提供各种服务。G2C 电子政务所包含的内容十分广泛，主要的应用包括公众信息服务、电子身份认证、电子税务、电子社会保障服务等。G2C 电子政务除了可以给公众提供方便、快捷、高质量的服务，更重要的是可以开辟公众参政、议政的渠道，畅通公众的利益表达机制，建立政府与公众的良性互动平台。

2. 按照使用网络类型进行分类

1) 基于 EDI 的电子商务

EDI 是指将商业或行政信息用一种国际公认的标准格式，形成结构化的事务处理的报文数据格式，通过计算机通信网络，在贸易伙伴的计算机系统之间进行数据交换和自动处理。企业的 EDI 系统通过 EDI 通信网来传送买卖双方在贸易处理过程中的所有纸面单证，并由计算机自动完成大部分甚至全部的处理过程，从而确保整个商贸活动在最短时间内得以准确完成。一个真正的 EDI 系统整合了订单、发货、报关、商检和银行结算等各环节，显著加速了贸易的全过程。因此，EDI 对企业文化、业务流程和组织机构的影响是巨大的。

2) 基于 Internet 的电子商务

互联网电子商务是指在因特网开放的网络环境下，买卖双方在任何可连接网络的地点间进行各种商务活动，实现两个或多个交易者间的生产资料交换及所衍生出来的交易过程、金融活动和相关综合服务活动的一种商业运营模式。贸易双方不受时间、空间、地域的限制，最大限度地利用网络资源，力求以最小的成本获得或提供双方满意的服务。

3) 基于企业网络的电子商务

企业网络指的是利用 Internet 技术组成的企业内部网(Intranet)与企业外部网(Extranet)网络环境，能够有效地实现企业部门之间、企业与企业之间、企业与合作伙伴及客户之间授权内的数据共享和数据交换，并将每个独立的网络通过互联延伸形成共享的企业资源，方便查询关联企业的相关数据。基于企业网络环境的电子商务系统将在不同物理位置的其他部门、其他企业、合作伙伴或客户聚拢在一起完成商务合作，实现企业的各种业务需求，有效地降低成本，提高企业的效率和效益。

4) 基于移动网络的电子商务

移动电子商务是指利用手机、个人数字助理(personal digital assistant，PDA)等移动通信设备通过无线通信网络进行的 B2B、B2C 或 C2C 电子商务活动。它将因特网、移动通信技术、短距离通信技术及其他信息处理技术完美地结合，使人们可以实现随时随地、线上线下的购物与交易、在线电子支付，以及各种交易活动、商务活动、金融活动和相关的综合服务活动等。目前，移动电子商务已经成为电子商务的新亮点。

📖 小贴士

个人数字助理

个人数字助理(PDA)是一种手持式电子设备，具有电子计算机的某些功能，可以用来管理个人信息，也可以上网浏览、收发电子邮件等。它一般不配备键盘，俗称掌上电脑。

PDA 能够让用户以无线方式发送和接收数据。随着众多应用软件的出现，PDA 已不仅仅是一种流动的电子秘书，也是股票投资的顾问，以及通向全球信息库和通信网络的电子门户。尽管 PDA 常被看作掌上型计算机，但严格来说，它并非传统意义上的计算机。更准确地说，消费者可能是在寻找具备台式计算能力的掌上型设备或 PDA。此外，PDA 也是一个便于双向信息交换的便携式个人信息装置。

3. 按照商务活动运作方式进行分类

1) 完全电子商务

完全电子商务是指商业活动的完整交易完全通过电子商务方式实现并完成,实现了交易过程中信息流、资金流、物流的高度集成,商品或服务的完整过程是在网络环境中实现的。完全电子商务能使交易双方超越地理空间的障碍进行交易,充分挖掘全球市场的潜力。许多数字商品的网上交易都是完全电子商务。

2) 非完全电子商务

非完全电子商务是指商业活动的交易过程不能完全通过互联网进行,部分交易活动依赖于其他外部条件的配合才能完成。一般来说,只要信息流、资金流、物流中的任何一流没有在网上实现,都可以认为是非完全电子商务。例如,采用离线支付方式、实物物流系统的电子商务都可以认为是非完全电子商务。

4. 按照交易地理范围进行分类

1) 本地电子商务

本地电子商务通常是指利用本地区的信息网络实现的电子商务活动,电子交易的地域范围较小。本地电子商务系统是开展远程国内电子商务和全球电子商务的基础系统。

2) 国内电子商务

国内电子商务是指在本国范围内进行的网上电子交易活动,其交易的地域范围较大,对软硬件和技术要求较高,要求在全国范围内实现商业电子化、自动化。另外,若想实现金融电子化,交易各方需具备一定的电子商务知识、经济和技术能力,并具有一定的管理水平和管理能力。

3) 全球电子商务

全球电子商务是指在全世界范围内进行的电子商务交易活动,参加电子交易的各方通过网络进行交易。全球电子商务业务内容繁杂,数据来往频繁,要求电子商务系统严格、准确、安全、可靠,以及有全球统一的电子商务规则、标准和协议。

5. 按照交易商品类型进行分类

1) 有形商品电子商务

有形商品通常指的是实体类商品,这类商品的交易过程中所包含的信息流和资金流在网上进行传输。然而,由于物流环节不能在网上完成,因而有形商品的电子商务又被称为非完全电子商务。

2) 数字化商品电子商务

数字化商品又称为多媒体商品,是以二进制数字形式(0 或 1)存在的无形商品。这些商品经过数字化处理,能够通过网络传播,包括文字、图像、声音等事物的概括性描述和表达。数字化商品可以通过网络将商品直接送到购买者手中,因而这类电子商务又属于完全电子商务。

3) 服务商品电子商务

服务商品通常是指电子商务的交易对象。与服务于数字化商品的电子商务相似,服务商品电子商务提供的也是无形商品。然而,与数字化商品电子商务不同的是,部分服务商品在交易过中可能涉及实物部分,甚至包含物流过程。

1.4 电子商务发展分析

1.4.1 电子信息技术发展分析

1. 5G发展分析

自科技部启动"新一代宽带无线移动通信网"国家科技重大专项,我国全面启动 5G 技术研发试验以来,第一阶段、第二阶段已经成功完成,第三阶段"5G 系统方案验证"测试正在进行中。目前 NSA(non-standalone,非独立组网)测试已全部完成,华为、中兴、大唐等企业均进展顺利。当前,我国第三阶段系统组网验证的 SA(standalone,独立组网)测试已全面启动,重点城市的 5G 规模组网建设试点工作将陆续开展。2018 年 6 月,首个 5G 国际标准正式公布,我国企业在多项技术方案上成功进入了国际核心标准规范。全球统一 5G 标准正在制定中,我国产学研各界积极参与国际电信联盟(ITU)、第三代合作伙伴计划(3GPP)等国际标准化组织的关键项目,充分展现了我国在该领域的技术研发创新活力。目前,我国 5G 标准必要专利声明数量全球占比达 42.2%,我国向国际标准化组织 3GPP 提交了超 15 万篇 5G 文稿。

华为、联发科、紫光展锐等芯片厂商均制定了面向 5G 的芯片设计研发发展路线图。国内主要运营商联合终端厂商陆续启动研发计划,部分国产品牌已成功研发出支持 5G NSA 的预商用终端产品样机。

2. 量子信息技术发展分析

我国政府、科研机构、企业等通过出台相关鼓励政策、推进基础领域研究、探索商业化应用模式等方式不断推动量子信息技术进一步发展,提升了我国在该领域的技术实力。2018 年,《政府工作报告》将"量子通信"纳入创新驱动发展成果。国家发展改革委将"国家广域量子保密通信骨干网络建设一期工程"列为 2018 年新一代信息基础设施建设工程三项支持重点之一。北京、山东等地方政府加大对量子信息技术领域创新发展支持力度,包括编制发展规划、支持成立科研机构、设立专项发展基金等。

中国科技大学、北京清华大学、北京大学等高校研究团队,在量子调控、量子纠缠和量子密集编码等领域不断取得突破性成果,体现了我国在该领域一流的科研能力。2019 年 2 月,美国科学促进会将 2018 年度克利夫兰奖授予中国"墨子号"量子科学实验卫星科研团队。阿里巴巴量子实验室研发了"太章"量子电路模拟器。华为发布了量子计算模拟器 HIQ 云服务平台。腾讯、百度等企业也纷纷布局量子信息技术领域,组建了相关实验室,推动该领域的探索。各大企业的不断参与加快了量子信息技术产业化的步伐和普及应用。

3. 人工智能技术发展分析

截至 2022 年 11 月,我国在人工智能领域的专利申请量已超过 38.9 万件,占全球申请总量的 53.4%,稳居全球首位。在标准制定方面,电气和电子工程师协会(IEEE)专注于人工智能领域伦理道德标准研究。同时,全国信息技术标准化技术委员会在人机交互、生物特征识别等领域开展了标准化工作，并制定和发布了各个领域相关的一系列标准和规范。在人工智能芯片研发方面，人工智能技术的快速发展对核心硬件提出更高的要求，我国企业也在不断加速人工智能芯片的研发工作，并相继发布了多款人工智能芯片。

目前，人工智能已在医疗健康、金融、教育、安防等多个垂直领域得到应用，形成"人工智能+"的行业应用终端、系统及配套软件，为用户提供个性化、精准化、智能化服务。

4. 云计算技术发展分析

我国云计算技术的发展主要有四个方面：其一，Intel X86 服务器是云计算硬件平台的主流选择，硬件在平台整体投入和营收中的占比较高。但随着硬件设备标准化程度和软件异构能力的提升，预计软件和服务市场的营收占比将逐渐增长。其二，国内云计算服务商在重视参与建立开源生态的同时，也积极进行自主研发。例如，阿里巴巴、腾讯、华为等国内云计算服务商陆续参加 Linux 基金会、CNCF(cloud native computing foundation，云原生计算基金会)等开源基金会，并在 2018 年发布了"飞天 2.0""Redis 5.0"等自主研发的云计算产品。其三，虽然安全问题已经引起云计算服务商的高度重视，但安全事故仍旧频发，安全风险管控能力亟待进一步加强。其四，边缘计算与云计算的协同将极大提升对海量数据的及时处理能力、数据存储能力和深度学习能力，从而促进物联网进一步发展。

5. 大数据技术发展分析

在国务院印发的《促进大数据发展行动纲要》等政策的指引下，我国已形成了以 8 个国家大数据综合试验区为引领，京津冀、长三角、珠三角和中西部四个聚集区域协同发展的格局；贵州、河北、河南等省及内蒙古自治区正式印发了大数据相关行动计划，推动大数据的融合应用继续深化；同时，省级机构改革成为一大亮点，目前，广东、贵州、上海等 12 个省(区、市)均设立了省级大数据管理机构，有利于数据汇集，打破了"信息孤岛"。

我国大数据核心技术研发正在加速突破，硬件关键技术逐步发力，阿里巴巴公司近几年持续推进神经网络芯片研发，该芯片将运用于图像视频分析、机器学习等大数据计算和分析领域。数据仓库、大数据分析与云计算技术进一步融合，通过公共云基础设施提供在线服务。BAT、电信运营商等企业持续引领大数据应用技术创新与落地，覆盖制造、金融、政务、交通、医疗、能源等众多领域。

6. 区块链发展分析

近年来，国家相关部委和地方省市相继发布区块链政策和具体措施，加快推进我国区块链产业布局。2019 年，国家互联网信息办公室发布《区块链信息服务管理规定》，进一步规范区块链信息服务活动，促进区块链技术及相关服务健康有序发展。

在技术研发方面，目前国内很多公司仍基于以太坊(Ethereum)等国外开源架构进行区块链平台开发和应用部署，同时，区块链底层技术和架构的自主研发日益受到重视，如中国银行、工商银行、蚂蚁金服、腾讯、百度、京东等企业已经积极开展区块链技术自主研发，加强区块链网络基础架构系统建设。

7. 虚拟现实和增强现实技术发展分析

1) 虚拟现实

虚拟现实(virtual reality，VR)的产业生态初步形成，"VR+"渗透各个领域。我国虚拟现实产业主要分为内容应用、终端设备、网络通信平台等。内容应用方面，虚拟现实与娱乐、教育、文化、健康等行业领域形成"VR+"的应用模式。终端设备方面，智能硬件企业纷纷进入虚拟现实一体机市场，通过功能集成实现产品升级。网络通信平台方面，5G 技术将有助于增强现有的虚拟体验，Cloud VR(云化虚拟现实，包括内容上云、渲染上云等)为 5G 技术提供了广阔的应用场景。

2) 增强现实

增强现实(augmented reality，AR)企业以软硬件切入，构建开发者生态。华为、商汤科技等企业通过开发支持 AR 技术的智能手机、发布 AR Engine、开放 AR SDK、推出 AR 产品，搭建 AR 应用开放平台，吸引开发者入驻，拓展新的产品和服务生态。各类 App 在娱乐、社交、购物、营销等场景下集成 AR 功能，塑造了全新的应用体验。智能手机有望成为 AR 技术主流消费应用平台。

8. 物联网技术发展分析

标识作为物联网的关键基础技术，在各种应用场景中衍生出多种异构体系。目前，常见的标识有域名、电子产品代码(EPC)、对象标识符(OID)、国家物联网标识体系(Ecode)、Handle等。随着互联网、物联网向全球全面演进，标识技术体系也随之发展，主要体现在以下 3 个方面：一是标识范围扩大，越来越多种类的物理对象和虚拟对象依托新的网络标识体系实现互联网接入；二是标识功能逐步增强，从简单身份位置标记逐步发展为网络对象间信息交互的入口；三是标识体系逐步融合，支撑人、机、物及内容和服务等海量对象相互交织形成新的互联网应用。着眼全球物联网协议体系发展，未来标识技术作为各种新兴技术共存的基础，需要综合考虑标识体系的兼容性、高效性、安全性和互操作性。

1.4.2 电子商务整体发展现状

近年来，我国电子商务产业持续发展，应用领域不断深化，配套支撑体系逐步完善，总体发展水平已位居世界前列。

(1) 从产业规模来看，我国的电子商务交易额呈现出快速增长的态势，网络零售额已连续九年稳居全球第一。2012—2021 年，在 B2B 平台服务方面，营业收入规模保持稳定增长；而网上零售业务在保持高速增长的同时，实物商品网上零售额的增长尤为显著，其在社会消费品零售总额中的比重也在持续上升。

(2) 从细分领域来看，农村电商助力乡村振兴，跨境电商产业迅速崛起。根据商务部发布的数据，2023 年全国农村网络零售交易额达 2.5 万亿元。目前，我国已累计建设 1489 个电子商务进农村综合示范县，并支持建设超 2800 个县级电子商务公共服务中心和物流配送中心，进一步拓展了农民的稳定就业和持续增收渠道。同时，我国跨境电商零售进口渗透率逐年增长，为产业的崛起提供了新的增长动力。海关和商检的合并、跨境电商实验区及试点城市数量的增加，为跨境电商的持续繁荣营造了良好的政策环境。

(3) 从配套产业来看，移动支付和快递业务发展迅猛，有力支撑了我国电商产业的发展。移动支付业务保持高速增长，2017—2021年，我国银行业金融机构每年共处理移动支付业务900余亿笔，金额约357万亿元。同时，快递业务有效支撑了电商产业的发展。2023年，全国快递服务企业业务量累计完成1320.7亿件，连续十年位居世界第一。特别是每年11月11日至16日业务高峰期间，全国邮政、快递企业的邮(快)件处理量及妥投率持续上升。

(4) 从新技术应用来看，"互联网+"的模式推动了线上线下的集成融合，实时信息处理使得高效性、便捷性大幅提升。目前，我国在基础资源、5G、量子信息、人工智能、云计算、大数据、区块链、虚拟现实、物联网标识、超级计算等领域发展势头向好。在5G领域，我国在核心技术研发方面取得了突破性进展，政企合力推动产业稳步发展；在人工智能领域，科技创新能力得到了加强，各地相继颁布的规划及政策，有力地推动了人工智能与经济社会发展的深度融合；在云计算领域，我国政府高度重视以其为代表的新一代信息产业的发展，企业积极推动战略布局，云计算服务已逐渐被国内市场认可和接受。此外，大数据与平台的结合应用也使得电子商务的发展更加成熟稳健。

从我国当前电子商务的整体发展情况来看，我国的电子商务正如一个充满朝气的青年，还在快速成长中。而在快速成长的同时，我国电子商务存在的问题也越来越突出，如因为网络技术的不足造成信息泄露、买家和卖家对于诚信不重视等，这些都是急需解决的问题。

1.4.3 电子商务整体发展趋势

1. 融合化趋势

电子商务网站在最初的全面开花之后必然走向新的融合，主要体现在以下3个方面：一是同类网站之间的合并。目前大量的网站属于"重复建设"，定位相同或相近，业务内容相似，激烈竞争的结果只能是少数企业最终胜出，处于弱势状态的网站最终免不了被"吃掉"或关门。二是同类别网站之间互补性的兼并。虽然处于领先地位的电子商务企业在资源、品牌、客户规模等方面有很大优势，但这毕竟是相对而言的，与国外著名电子商务企业相比不是一个级别的。这些具备良好基础和发展前景的网站在扩张的过程中必然采取收购策略，主要的模式将是互补性收购。三是战略联盟。由于个性化、专业化是电子商务发展的两大趋势，每个网站在资源方面总是有限的，客户需求又是全方位的，所以不同类型的网站以战略联盟的形式互相协作将成为必然。

2. 个性化趋势

个性化定制信息需求将呈现强劲增长，消费者对于个性化商品的深度参与将成为必然趋势。互联网的出现、发展和普及本身就是对传统秩序型经济社会组织中个人的一种解放，使个性的张扬和创造力的发挥有了一个更加有利的平台，也使消费者主权的实现有了更有效的技术基础。在这方面，个性化定制信息需求和个性化商品需求将成为发展方向，消费者把个人的偏好参与到商品的设计和制造过程中，对所有面向个人消费者的电子商务活动来说，能否提供比传统商业更具有个性化的多样化服务，是决定今后成败的关键因素。

3. 专业化趋势

面向消费者的垂直型网站和专业化网站前景看好，面向行业的专业电子商务平台发展潜力大。首先，面向个人消费者的专业化趋势越来越明显。为了满足消费者个性化的需求，提供专业化的产品线和专业水准的服务至关重要。未来，我国上网消费人口仍将以中高收入水平的人群为主，他们购买力强、受教育程度高、消费个性化需求比较强烈。因此，相对而言，提供"一条龙"服务的垂直型网站及某类产品和服务的专业网站具有更大的发展潜力。其次，面向企业客户的专业化趋势也在逐渐显现。这类平台主要以垂直型 B2B 模式为主，服务专业化、能有效地结合行业特点且能与传统企业结合，将会具有广大前景。企业客户对行业细分要求更为专业，因此垂直型 B2B 需要加强自身的产品质量和服务，注重用户体验，不断进行技术创新和改进，联合行业资源提供行业的一站式服务。

4. 区域化趋势

立足中国国情，采取有重点的区域化战略，是扩大网上营销规模和效益的必然途径。中国电子商务的区域化优势与国际化优势并不矛盾。区域化优势是就中国独特的国情条件而言的。中国是一个人口众多、幅员辽阔的大国，社会群体在收入、观念、文化水平等方面都有不同的特点。虽然我国总体上仍然属于发展中国家，但地区经济发展的不平衡所反映出来的经济发展的阶段性、收入结构的层次性十分明显。在可以预见的未来相当长的时间内，上网人口仍将以大城市、中等城市和沿海经济发达地区为主，B2B 的电子商务模式区域性特性非常明显。因此，以这种模式为主的电子商务企业必须充分考虑这一现实，在资源规划、配送体系建设、市场推广等方面采取有重点的区域化战略，才能最有效地扩大网上营销的规模和效益。

5. 国际化趋势

中国电子商务必然走向世界，但同时也面临着世界电子商务强手的严峻挑战。互联网最大的优势就是能够超越时间和空间的限制，有效地打破国家和地区之间各种有形和无形的障碍。这将为促进国家和地区之间的经济、技术、资金、信息交流带来革命性的变革。电子商务将有力地刺激对外贸易的发展。因此，随着国际电子商务环境的规范和完善，我国电子商务企业将逐步走向世界。我国企业可以由此同发达国家真正站在同一起跑线上，将我国在市场经济轨道上的后发劣势变为后发优势。电子商务的迅速发展对我国中小企业开拓国际市场、利用好国外各种资源来说是一个千载难逢的有利时机。同时，国外电子商务企业也将努力开拓中国市场。

 核心概念

电子商务、物流、资金流、信息流、商流、电子商务框架结构、完全电子商务、非完全电子商务

思政微语

近年来，全球电子商务的交易规模已经超越了传统的实体店交易规模，我国的电子商务市场规模也持续刷新纪录，2023年全国电子商务平台交易额突破了46.83万亿元。电子商务模式与业态迭代创新，即时零售、直播电商、短视频电商、社区团购等新业态加速演进，无人零售、大规模订制、小程序电商等新消费场景不断涌现。这些电子商务模式不仅提供了多元化、丰富的消费选择，还在深度融合传统实体商业与电子商务的过程中，推动了实体经济的快速发展。

请同学们调研一下，我们接触了哪些电子商务平台或企业。请认真思考电子商务发展的前景如何。

 **思考题**

1. 什么是电子商务？
2. 电子商务能实现哪些功能？
3. 电子商务的组成要素有哪些？
4. 简述电子商务的四流。
5. 如何理解电子商务中商务与技术的关系？
6. 举例说明我们身边的电子商务应用。
7. 简述电子商务的基本框架。
8. 简述电子商务的分类。
9. 电子商务给我们的生活、工作、学习带来了哪些影响？
10. 电子商务未来将会怎样发展？

第 2 章 | 电子商务技术基础

📓 **学习目标**

(1) 了解计算机网络的基本结构;

(2) 熟悉互联网常见服务;

(3) 了解互联网技术基础;

(4) 掌握 IP 地址及域名相关概念;

(5) 掌握 EDI 内涵及应用;

(6) 了解电子商务新技术。

📓 **引言**

计算机网络是 21 世纪数智时代发展的重要基础,也是电子商务发展的基石。随着 Internet 的发展和推动,电子商务已经发展成为经济增长的主要方式之一。本章主要介绍 Internet 的相关知识及 EDI 技术,并介绍电子商务应用的新技术。

2.1 Internet概述

2.1.1 计算机网络概述

1. 计算机网络的定义

计算机网络是利用通信设备和线路将分散在不同地点且具有独立功能的多个计算机系统相互连接起来,在网络协议和软件的支持下进行信息传递,实现资源共享的计算机系统的集合。一般,网络由源(source)、介质(medium)和目的地(destination)三种基本要素组成,与此对应,计算机网络一般由计算机、通信处理设备、物理连接介质等组成。计算机网络按逻辑结构来划分,一般分为资源子网和通信子网。计算机网络典型结构如图 2-1 所示,虚线外为资源子网,虚线内为通信子网。

资源子网由提供资源的主机和请求资源的终端组成,包含网络中面向网络用户的计算机、外部设备,以及存放在其中的各种软件和数据资源,负责全网的数据处理和向用户提供网络资源及服务。通信子网主要由网络节点和通信链路组成,由负责网络通信的计算机、通信设备、通信线路组成,承担全网数据传输、交换、加工和变换等通信处理工作,负责实现无差错地传输网络中的数据。当网络用户在资源子网中进行的计算机工作需要与网络中其他计算机进行数据通信时,资源子网中的通信软件将调用相关资源来提供服务。

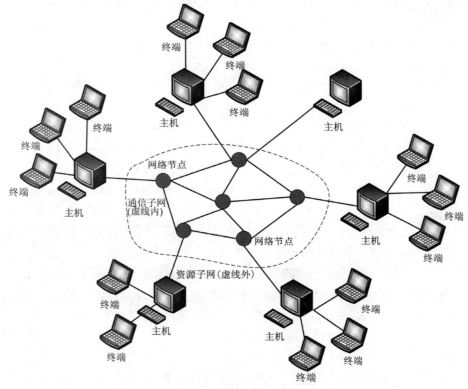

图2-1 计算机网络典型结构

2. 计算机网络分类

计算机网络可以从不同角度进行分类,常见的有以下几种。

1) 按网络的发布范围大小分类

按照网络的发布范围大小分类,计算机网络可分为个域网、局域网、城域网和广域网。

(1) 个域网 PAN(personal area network)。个域网又称个人域网,其覆盖范围一般在半径 10m 以内。个域网可以看作一种覆盖范围比 LAN 更小的无线局域网,其核心思想是用无线电传输代替传统的有线电缆,实现个人信息终端的智能化互联,组建个人化的信息网络,如家庭娱乐设备之间的无线连接、蜂窝电话与头戴式蓝牙耳机之间的连接等。

(2) 局域网 LAN(local area network)。局域网分布的范围较小,一般在几千米左右,常常在一座建筑物、一个工厂、一栋楼内,为一个单位所独有。它一般用微型计算机通过高速通信线路,如双绞线、同轴电缆或光纤连接。

(3) 城域网 MAN(metropolitan area network)。城域网分布范围在局域网和广域网之间,如一座城市或一个大型企业集团，其作用距离为 5~50km，传输速率在 100Mbit/s 以上。

(4) 广域网 WAN(wide area network)。广域网分布范围通常为几十千米至几千千米，如一个国家或洲际网。广域网有时也称为远程网，采用光纤连接，传输速率在每秒百兆位以上。Internet 又称因特网或国际互联网，是一种联结全球的开放式广域网，是广域网的一种，也是当今世界上最大的国际性计算机互联网络。

2) 按传输技术分类

按照网络传输技术分类，计算机网络可以分为广播网络和点对点网络。

(1) 广播网络。广播网络中所有连接的设备共享一个公共通信信道，当一台设备利用共享通信信道发送信息时，所有其他设备都会接收到。典型的广播网络包括广播、有线电视、无线局域网等。

(2) 点对点网络。点对点网络中每两个节点间采取一对一的传输方式，一个发送信息一个接收信息，每条物理链路连接一对节点。典型的点对点网络包括电话拨号网络、点对点广域网。

3) 按传输介质分类。

按照传输介质分类，计算机网络可以分为有线网和无线网。

(1) 有线网(wire network)。有线网是采用光纤、同轴电缆和双绞线来连接的计算机网络。光纤网采用光导纤维作为传输介质，光纤传输距离长，传输速率可达每秒数千兆比特，抗干扰性强，不会受到电子监听设备的监听，是高安全性网络的理想选择，但其价格偏高，且需要高水平的安装技术；同轴电缆网是常见的一种联网方式，它比较经济，安装较为便利，传输率和抗干扰能力一般，传输距离较短；双绞线网是目前最常见的联网方式，它价格便宜，安装方便，但易受干扰，传输率较低，传输距离比同轴电缆要短。

(2) 无线网(wireless network)。无线网是采用无线通信技术实现的网络。无线网络既包括允许用户建立远距离无线连接的全球语音和数据网络，也包括为近距离无线连接进行优化的红外线技术及射频技术，与有线网络的用途十分类似，最大的不同在于传输媒介的不同，利用无线电技术取代网线，可以和有线网络互为备份。

4) 按网络的作用范围分类

计算机网络按网络的作用范围分类可划分为公用网和专用网。

(1) 公用网(public network)。公用网一般是国家工业和信息化部门建造的网络，为全社会的人提供服务。

(2) 专用网(private network)。专用网是为某部门的特殊业务工作需要而建设的网络，不对外单位的人提供服务，如军队、铁路等系统的网络均为专用网。

5) 按网络的控制方式分类

网络的管理者往往非常关心网络的控制方式。计算机网络按网络的控制方式可以分为集中式网络和分布式网络。

(1) 集中式网络(centralized network)。集中式网络是由一个大型的中央系统和若干个终端构成的网络。这种网络的处理和控制功能都集中在中央系统，终端不做任何处理，只是用来输入和输出，所有任务都在主机上进行处理。

(2) 分布式网络(distributed network)。分布式网络是由分布在不同地点且具有多个终端的节点机互连而成的网络。该网络中的任意一点均至少与两条线路相连，当任意一条线路发生故障时，通信可转经其他链路完成，具有较高的可靠性。同时，网络中的各个节点均以平等地位相互协调工作和交换信息，并可共同完成一个大型的任务。

2.1.2 Internet的形成与发展

1. Internet的形成

1969 年，美国国防部研究计划管理局(advanced research project agency，ARPA)开始建立一个名为 ARPANET 的网络，当时建立该网络只是为了将美国的几个军事及研究用计算机主机连接起来，人们普遍认为这就是 Internet 的雏形。因此，后期发展 Internet 时沿用了 ARPANET 的技术和协议，而且在 Internet 正式形成之前，已经建立了以 ARPANET 为主的国际网，这种网络之间的连接模式，也是随后 Internet 所用的模式。

1985 年，美国国家科学基金会(national science foundation，NSF)开始建立 NSFNET。NSF 规划建立了 15 个超级计算中心及国家教育科研网，用于支持科研和教育的全国性规模的计算机网络 NSFNET，并以此作为基础，实现同其他网络的连接。NSFNET 代替了 ARPANET 的骨干地位，成为 Internet 上主要用于科研和教育的主干部分。1989 年，MILNET(由 ARPANET 分离出来，原专门供美国的机密军事部门使用)实现与 NSFNET 的连接后，开始采用 Internet 这个名称。自此以后，其他部门的计算机网相继并入 Internet，ARPANET 即宣告解散。

1995 年，美国国家科学基金会宣布与 MCI 公司合作建设超高速的上网服务(VBNS)，以取代 NSFNET，各大通信公司也纷纷宣布了自己的 Internet 互联计划，这标志着 Internet 开始大规模应用于商业领域。随着这种将不同网络连接在一起的技术出现，计算机网络的发展进入了一个新的时期，形成由网络实体相互连接而构成的超级计算机网络，人们把这种网络形态称为互联网络(Internet)。

2. Internet的发展

Internet 形成后，开始了各种商业领域的应用及探索，从 Internet 的商业应用上来看，可以归纳为以下四个阶段。

1) 互联网 1.0 阶段——门户网站时代

互联网 1.0 阶段，又称为只读互联网阶段。在 Internet 逐步形成的过程中，商业机构不断开始进入该领域，为 Internet 的发展注入了强大的动力。商业机构将传统广告业与互联网结合，通过数据化，使传统广告业转化到互联网上来，表现为网络广告、分类目录等，再加上各类网络新闻就形成了各类门户网站。在这一阶段，美国在线、雅虎、新浪、搜狐、网易等门户网站为广大网民单向性地提供了及时的各类资讯。

2) 互联网 2.0 阶段——社交/搜索时代

互联网 2.0 阶段，发展到可读写互联网阶段。该阶段中各种内容完成数据化改造，商业应用快速发展，信息开始互动，维基百科、搜索、电子商务、社交软件等开始流行，特别是博客、微博、微信朋友圈等社交平台的出现，使每个人都能在网上分享文章、照片、电影和歌曲等。另外，以谷歌、百度为主的搜索引擎提高了用户获取信息的效率，增加了信息收集的准确程度，使互联网生产力得到了极大的提升。

3) 互联网 3.0 阶段——移动互联网时代

随着信息技术的快速发展，以智能手机为代表的智能设备开启了互联网 3.0 阶段，即移动互联网时代，该阶段几乎对所有的生活服务业进行了数据化改造，以个人终端(智能手机)为中心点与整个网络世界之间的信息进行实时互动，让所有的生活服务尽在"手掌"之中。当前我们正处于互联网 3.0 时代，几乎人手一部能实时定位的智能手机，通过整合社会闲置资源衍生出各种新的商业模式，这对传统行业形成了巨大冲击。例如，大量 O2O 服务涌现，覆盖了衣食住行、吃喝玩乐等领域，如订餐、看电影、打车等。这些 O2O 服务连接了大量用户，深刻地改变了人们的生活方式。

4) 互联网 4.0 阶段——万物互联时代

在物联网、传感网、5G 等网络技术的不断发展下，互联网不仅包括人与人的交互，还包括人与物的交互及多个终端的交互，在互联网 4.0 阶段，所有的事物将被数据化，构成一个万物互联的网络，社会化的泛在网络将逐渐形成。随着人工智能、云计算、大数据等技术的发展，网络成为用户需求的理解者和提供者。网络对用户了如指掌，知道用户有什么、要什么及行为习惯，通过资源筛选、智能匹配，可直接给用户答案。该阶段不仅实现了万物互联，更重要的是网络的智能化将促使各种新的商业业态及模式层出不穷。

📖 **小贴士**

泛在网络

泛在网络是指基于个人和社会的需求，利用现有的网络技术和新的网络技术，实现人与人、人与物、物与物之间按需进行的信息获取、传递、存储、认知、决策和使用等服务。网络超强的环境感知、内容感知及其智能性，为个人和社会提供泛在的、无所不含的信息服务和应用。

2.1.3 Internet基础服务

随着 Internet 技术的不断迭代和发展，Internet 提供的服务也在不断地发生变化，曾经广为流传的新闻论坛(usenet)、新闻组(news group)、电子布告栏(BBS)、广域信息查询系统服务(WAIS)、名录服务(whois)、Gopher 搜索、文件搜寻(archie)等服务都已退出历史舞台。目前，最常用的是万维网(world wide web，WWW)、电子邮件(electronic mail，E-mail)、文件传输协议(file transfer protocol，FTP)和远程登录(telnet)四种服务，本节将进行简单介绍。

1. 万维网

万维网俗称 3W 或 Web，是欧洲核子物理实验室首先开发的基于超文本的信息查询工具。WWW 可以让 Web 客户端(常用浏览器)通过互联网访问浏览 Web 服务器上的页面，是一个由许多互相链接的超文本组成的系统。在该系统中，每个有用的事物称为一样"资源"，并且由一个全局"统一资源标识符(uniform resource identifier，URI)"标识，这些资源通过超文本传输协议(hypertext transfer protocol，HTTP)传送给用户，而用户通过单击链接来获得资源。

2. 电子邮件

电子邮件(E-mail)是指 Internet 上或常规计算机网络上的各个用户之间，通过电子信件的形式进行通信的一种现代通信方式。

Internet 用户的计算机系统账号下设有一个电子邮箱，用来发送邮件或接收所有发来的邮件。由于计算机能够自动响应电子邮件，所以任何一台连接 Internet 的计算机都能够通过 E-mail 访问 Internet 服务，这使得电子邮件成为 Internet 上使用最为广泛的服务之一。

3. 文件传输协议

文件传输协议(FTP)是 Internet 文件传送的基础，通过该协议，用户可以从一个主机向另一个主机拷贝文件。FTP 曾经是 Internet 中的一种重要的交流形式，目前，我们常用它来从远程主机中拷贝所需的各类数据。

与大多数 Internet 服务一样，FTP 也是一个客户机/服务器系统。用户通过一个支持 FTP 协议的客户机程序，连接到在远程主机上的 FTP 服务器程序。用户通过客户机程序向服务器程序发出命令，服务器程序执行用户所发出的命令，并将执行的结果返回到客户机。例如，用户发出一条命令，要求服务器向用户传送某个文件的一份拷贝，服务器会响应这条命令，并将指定的文件发送至用户的机器上。客户机程序代表用户接收到了该文件，并将其存放在用户目录中。

4. 远程登录服务

人们把将自己的计算机连接到远程计算机的操作方式叫作登录，称这种登录的技术为远程登录(telnet)。远程登录可让用户坐在自己的计算机前通过 Internet 网络登录到另一台远程计算机上，这台计算机可以在隔壁的房间里，也可以在地球的另一端。当用户登录远程计算机后，用户的计算机就仿佛是远程计算机的一个终端，用户可以用自己的计算机直接操纵远程计算机，享受远程计算机本地终端同样的权利。

2.1.4 互联网发展状况

1. 互联网基础资源

互联网基础资源包括 IP 地址、域名、网站和网页。

1) IP 地址

截至 2022 年 12 月，我国 IPv6 地址数量呈现快速增长的态势，并超过了 IPv4 地址的数量。具体来说，IPv6 地址数量为 67369 块/32，而 IPv4 地址数量为 39182 万个。2015—2022 年我国 IP 地址数量如图 2-2 所示。

2) 域名

域名的类别主要包括.CN、.COM、.中国、.NET、.BIZ、.INFO、.ORG 等。CNNIC 第 51 次《中国互联网络发展状况统计报告》的数据显示：截至 2022 年 12 月，我国域名总数为 3440 万个。其中，.CN 域名总数最多，占我国域名总数的 58.4%；.COM 域名占比为 26.2%；新通用顶级域名(New gTLD)占比为 11.0%；.NET 域名占比为 2.2%，.中国域名总数占比为 0.5%，.BIZ、.INFO 和.ORG 域名占比皆为 0.1%。

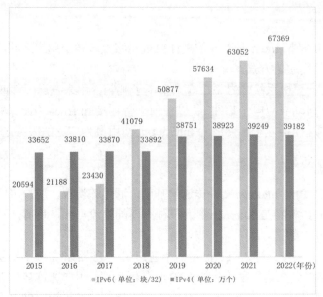

数据来源：CNNIC第51次《中国互联网络发展状况统计报告》

图2-2　2015—2022年我国IP地址数量

3) 网站和网页

近年来，我国网站总数呈现逐年下降的趋势，而网页总数呈缓速增长的态势。截至 2022 年 12 月，我国网站数量为 387 万个，网页数量为 3588 亿个。2015—2022 年我国网站及网页数量如图 2-3 所示。

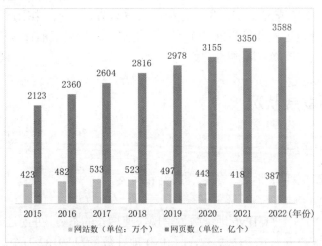

数据来源：CNNIC第51次《中国互联网络发展状况统计报告》

注：网站数量中不包含.EDU、.CN下的网站。

图2-3　2015—2022年我国网站及网页数量

2. 互联网接入环境

互联网接入环境主要包括上网设备、上网时长、固定宽带接入情况、蜂窝物联网终端用户数等。

1) 上网设备

互联网接入的主要设备中，手机占据了主导地位。截至 2022 年 12 月，我国网民使用手机上网的比例高达 99.8%，远超其他设备，此外，使用台式计算机、笔记本电脑、平板电脑上网的比例分别为 34.2%、32.8%、28.5%。近年来，随着智能家居行业的快速发展，智能电视作为家庭娱乐设备的上网功能进一步显现，目前电视设备上网的比例已经达到了 25.9%。

截至 2022 年 12 月，中国电信、中国移动、中国联通这三家基础电信企业的移动电话用户总数达 16.83 亿户，较 2021 年 12 月净增 4062 万户。其中，5G 移动电话用户达 5.61 亿户，占移动电话用户的 33.3%。

2) 上网时长

近年来，我国网民人均周上网时长呈现较为稳定的波动状态，中国网民的人均周上网时长为 26.7 小时。

3) 固定宽带接入情况

截至 2022 年 12 月，中国电信、中国移动、中国联通这三家基础电信企业的固定互联网宽带接入用户总数达 5.9 亿户，较 2021 年 12 月净增 5386 万户。目前，100M 及以上宽带接入用户数占宽带用户总数的比例达 93.9%，1000M 及以上宽带接入用户数占宽带用户总数的比例达 15.6%。

4) 蜂窝物联网终端用户数

截至 2022 年 12 月，中国电信、中国移动、中国联通这三家基础电信企业发展蜂窝物联网终端用户 18.45 亿户，较 2021 年 12 月净增 4.47 亿户。蜂窝物联网终端用户数较移动电话用户数高 1.61 亿户，占移动网终端连接数(包括移动电话用户和蜂窝物联网终端用户)的比例达 52.3%。

3. 网民规模与结构特征

1) 网民规模及互联网普及率

我国互联网普及率正在逐步提升，网民规模也在逐步扩大，形成了庞大的用户基础。截至 2022 年 12 月，我国网民规模为 10.67 亿人，全年新增网民 3549 万人，互联网普及率达 75.6%。2012—2022 年我国网民的规模和互联网普及率如图 2-4 所示。

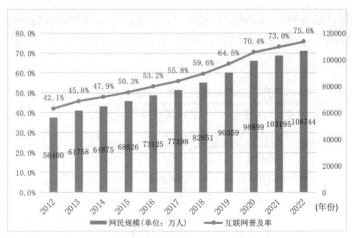

数据来源：CNNIC第51次《中国互联网络发展状况统计报告》

图2-4　2012—2022年我国网民的规模和互联网普及率

2022 年，我国网民的上网环境得到了持续的改善，用网体验不断提升，信息无障碍服务日趋完善，推动了互联网从接入普及向高质量发展的转变，主要表现为以下几方面：一是"双千兆"建设的持续推进，为民众提供了更高质量的用网环境；二是物联网创造了更多元的接入设备和应用场景，提升了用户网络使用体验；三是适老化改造及信息无障碍服务成效显著，持续促进了数字包容；四是未成年人互联网普及率持续提升。

2) 网民结构特征

(1) 性别结构。截至 2022 年 12 月，我国网民男女比例为 51.4∶48.6，与整体人口中男女比例基本一致。

(2) 年龄结构。截至 2022 年 12 月，20～29 岁、30～39 岁、40～49 岁网民占比分别为 14.2%、19.6%和 16.7%；50 岁及以上网民群体占比由 2021 年 12 月的 26.8%提升至 30.8%，表明互联网进一步向中老年群体渗透，如图 2-5 所示。

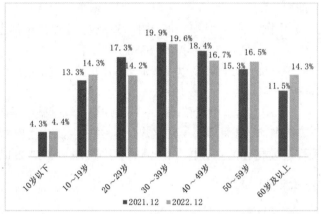

数据来源：CNNIC第51次《中国互联网络发展状况统计报告》

图2-5　网民年龄结构

4. 互联网应用

2022 年，我国各类互联网应用持续发展。即时通信的用户规模保持第一，较 2021 年 12 月增长 3141 万，使用率达 97.2%，同时，互联网医疗、线上办公的用户规模较 2021 年 12 月分别增长 6466 万、7078 万，增长率分别为 21.7%、15.1%，如表 2-1 所示。

表2-1　2021年12月—2022年12月各类互联网应用用户规模和网民使用率

应用	2021年12月 用户规模/万	2021年12月 网民使用率/%	2022年12月 用户规模/万	2022年12月 网民使用率/%	增长率/%
即时通信	100 666	97.5	103 807	97.2	3.1
网络视频(含短视频)	97 471	94.5	103 057	96.5	5.7
短视频	93 415	90.5	101 185	94.8	8.3
网络支付	90 363	87.6	91 144	85.4	0.9
网络购物	84 210	81.6	84 529	79.2	0.4
网络新闻	77 109	74.7	78 325	73.4	1.6

(续表)

应用	2021年12月 用户规模/万	2021年12月 网民使用率/%	2022年12月 用户规模/万	2022年12月 网民使用率/%	增长率/%
网络音乐	72 946	70.7	68 420	64.1	-6.2
网络直播	70 337	68.2	75 065	70.3	6.7
网络游戏	55 354	53.6	52 168	48.9	-5.8
网络文学	50 159	48.6	49 233	46.1	-1.8
网上外卖	54 416	52.7	52 116	48.8	-4.2
线上办公	46 884	45.4	53 962	50.6	15.1
网约车	45 261	43.9	43 708	40.9	-3.4
在线旅行预订	39 710	38.5	42 272	39.6	6.5
互联网医疗	29 788	28.9	36 254	34.0	21.7
线上健身	—	—	37 990	35.6	—

1) 即时通信

CNNIC(中国互联网信息中心)第 51 次《中国互联网络发展状况统计报告》表明，即时通信作为个人互联网用户规模第一的应用，其用户规模达 10.38 亿，保持了整体平稳的发展态势，主要表现为企业端即时通信市场的日渐成熟，以及个人端即时通信产品对新功能的持续探索。

在企业端，随着产品的日趋成熟，市场对企业即时通信的认可度也在不断提升。首先，在产品方面，企业即时通信不断拓展功能，形成完整的业务闭环。其次，在客户方面，企业即时通信对大型机构的渗透水平也在逐步提高，赢得了更多客户的信任和支持。

在个人端，新功能的探索为即时通信企业带来了新的增长点。首先，通过丰富广告形式，企业可以拓宽收入来源。其次，推进功能迭代和加码视频内容，可以提升用户体验。

2) 网络购物

网络购物是互联网商务交易类的典型应用，发展历程较长且具有庞大的用户基础。CNNIC第 51 次《中国互联网络发展状况统计报告》表明，我国网络购物用户规模达 8.45 亿，较 2021年 12 月增长 319 万，占网民整体的 79.2%。2022 年，网络零售持续增长，成为推动消费扩容的重要力量。全年网上零售额达到 13.79 万亿元，同比增长 4.0%。其中，实物商品网上零售额达到 11.96 万亿元，增长 6.2%。同时，新品消费、绿色消费、智能消费和工厂直供消费趋势愈发明显，进一步推动了生产制造端的绿色化、数字化和智能化发展。

3) 在线旅行预订

作为较早的互联网应用之一，在线旅行预订经过多年的发展，其产业范围不断扩大，内涵也日益丰富，呈现出快速增长的态势。CNNIC 第 51 次《中国互联网络发展状况统计报告》数据显示，我国在线旅行用户规模达到 4.23 亿，较 2021 年 12 月增加 2561 万，占网民整体的 39.6%。2022 年，各级政府相继出台各类纾困惠企政策，持续加大对旅游企业的帮扶力度，进一步激活市场主体活力。与此同时，旅行预订企业紧跟市场需求变化，不断探索产品与服务的供给创新，并积极拓展海外及下沉市场，促进旅游市场回暖。

旅游预订应用——携程旅行网

携程旅行网(www.ctrip.com)拥有国内外 60 万余家会员酒店可供预订，其核心业务包括酒店、机票及旅游线路。携程与全球 134 个国家和地区的 29 000 余家的酒店建立稳定的合作关系；机票合作已然覆盖了中国 48 座主要城市，涉及客户包括企业旅游者或散客。除了基本的预订服务，携程还为客户提供包括度假方案的制定、旅游咨询、商旅管理等全方位的一站式旅行服务。

携程的盈利模式可以基本归为"会员模式"，其将客户源定位于商旅客户，通过发行会员卡获得足量的客户，提升自身的议价能力，从而赚取中介商费用。目前，携程的收入主要来自酒店预订代理费、机票预订代理费、线路预订代理费、商旅管理代理费、会员增值服务和广告收入 6 个方面。

4) 网络视频

CNNIC 第 51 次《中国互联网络发展状况统计报告》表明，截至 2022 年 12 月，我国网络视频(含短视频)用户规模达 10.31 亿，较 2021 年 12 月增长 5586 万，占网民整体的 96.5%。其中，短视频用户规模为 10.12 亿，较 2021 年 12 月增长 7770 万，占网民整体的 94.8%。

近年来，网络视听平台不断推出高质量节目，努力讲好新时代故事。首先，通过多种形态的网络视听节目全力展现新时代历史性成就。其次，持续推出更多好节目、好作品，讲好新时代故事：一方面围绕重要时间节点和重大战略部署，策划推出一批高品质网络视听产品；另一方面通过节目、纪录片、文化交流活动等形式，向世界讲好中国故事。在业务场景方面，网络视听平台进一步延伸会员权益布局，并陆续与汽车品牌合作，推动车内移动影院场景落地，将娱乐生活延伸至出行空间。

短视频行业的两大巨头——抖音和快手持续巩固其领先地位，作为短视频头部平台，它们的用户规模远超其他应用，并且随着各自集团内部短视频应用的协同发展，市场集中度得到进一步提升；同时，为了形成差异化竞争优势，两大平台不断深耕细分垂直领域。快手先后获得北京冬奥会、2021 美洲杯、NBA 等重要体育赛事的直播、视频点播及短视频版权，带动了体育内容的渗透和消费的迅速增长，"短视频+体育"生态日趋成熟；而抖音则不断加码布局音乐版块，搭建一站式音乐合作解决方案平台，并上线了"汽水音乐"App，实现了与音乐的深度绑定。近年来，抖音、快手等短视频平台在持续促进从内容引流到电商营销，使短视频内容与电商进一步融合的同时，也在加速布局在线支付业务，这使得短视频电商产业生态逐渐形成。

网络视频应用——爱奇艺视频

2010 年 4 月 22 日，爱奇艺(www.iqiyi.com)正式上线，并秉承"悦享品质"的品牌口号。目前，爱奇艺已成功构建了电商、游戏、电影票等业务，连接了人与服务的视频商业生态，引领了视频网站商业模式的多元化发展。

爱奇艺品质、青春、时尚的品牌调性深入人心，网罗了全球广大的年轻用户群体。其打造了涵盖电影、电视剧、综艺、动漫在内的十余种类型丰富的正版视频内容库。同时，作为拥有海量付费用户的视频网站，爱奇艺倡导"轻奢新主义"的 VIP 会员理念，主张人们对高品质生活细节的追求。

5) 网络直播

CNNIC 第 51 次《中国互联网络发展状况统计报告》数据显示，截至 2022 年 12 月，我国网络直播用户规模达 7.51 亿，较 2021 年 12 月增长 4728 万，占网民整体的 70.3%。其中，电商直播的用户规模为 5.15 亿，较 2021 年 12 月增长 5105 万，占网民整体的 48.2%；游戏直播的用户规模为 2.66 亿，较 2021 年 12 月减少 3576 万，占网民整体的 24.9%；真人秀直播的用户规模为 1.87 亿，较 2021 年 12 月减少 699 万，占网民整体的 17.5%；演唱会直播的用户规模为 2.07 亿，较 2021 年 12 月增长 6491 万，占网民整体的 19.4%；体育直播的用户规模为 3.73 亿，较 2021 年 12 月增长 8955 万，占网民整体的 35.0%。

2022 年，网络直播业态的发展主要体现在电商直播业态日趋成熟、专业化和公益化内容深受青睐、与新兴技术融合更加紧密三个方面。

(1) 电商直播发展日趋成熟，拉动企业营收。首先，电商直播业务成为传统电商平台营收的重要抓手。其次，短视频平台对电商直播业务的探索初见成效。

(2) 网络直播内容的专业化和公益化成为重要趋势。首先，专业化内容愈发受到青睐，如包括戏曲、乐器、舞蹈、话剧等艺术门类的演艺类直播。其次，公益化内容广受关注，如乡村助农直播。最后，双语直播带货成为新热点，如新东方推出双语直播带货模式，将英语教育与电商直播进行融合，形成了新颖的直播业态。

(3) 人工智能、5G、VR 等新兴技术为网络直播业态的发展注入新的动力。首先，应用于网络直播业态的数字人产品崭露头角。其次，5G 技术助力媒体改造直播流程，实现了转播设备云端化和人员服务远程化。最后，VR 全景直播提升用户收视体验，可通过 VR 全景摄像机将现场的真实环境完整地呈现出来。

5. 互联网产业发展

互联网在经济社会发展中处于重要的地位，随着互联网产业不断加速融合，互联网、大数据、人工智能和实体经济从初步融合迈向深度融合的新阶段，衍生出了互联网产业新领域，如新营销、泛娱乐产业、新零售产业、本地生活服务、在线旅游、在线教育、新金融等。

📖 **小贴士**

泛娱乐

2011 年，腾讯提出"泛娱乐"的概念，积极构建泛娱乐生态，即基于互联网和移动互联网的多领域共生，打造明星 IP 的粉丝经济。在"连接"思维和"开放"战略下，文化多业态融合与联动成为数字娱乐产业，尤其是内容产业的发展趋势，以文学、动漫、影视、音乐、游戏、演出、周边等多元文化娱乐形态组成的开放、协同、共融共生的泛娱乐生态系统初步形成。泛娱乐生态系统的核心是 IP，因此，关键在于充分挖掘并实现 IP 价值。近年来，由网络文学、动漫改编而成的影视剧作品、游戏等层出不穷，吸引了大批资本投入泛娱乐产业，这不仅极大地提升了 IP 价值，也推动了国家数字经济的发展和泛娱乐生态体系的形成。

互联网的蓬勃发展吸引了大量资本的进入，也使得一些互联网公司纷纷上市，这些公司分布于游戏、文化娱乐、电子商务、网络金融等多个行业，并涌现出许多"独角兽"企业。CNNIC 第 51 次《中国互联网络发展状况统计报告》显示，在我国境内及境外的互联网上市企业总数为 159 家，较 2021 年 12 月增加 4 家，其中在中国沪深、中国香港和美国上市的互联网企业数量分别为 48 家、47 家和 64 家。截至 2022 年 12 月，我国境内及境外的互联网上市企业中在我国香港上市的总市值占比最高，占总体的 58.9%，在美国上市的总市值占总体的 34.9%，在我国沪深两市上市的总市值占总体的 6.2%。

📖 **小贴士**

"独角兽"公司

独角兽为神话传说中的一种稀有且高贵的生物。美国著名的 Cowboy Venture 投资人 Aileen Lee 在 2013 年将私募和公开市场上估值超过 10 亿美元的创业公司进行分类，并将这些公司称为"独角兽"，这个称呼迅速在硅谷流行开来，并且出现在《财富》杂志的封面上。"独角兽"公司是指估值在 10 亿美元以上的初创企业，它们创办时间相对较短。2023 年 4 月，胡润研究院发布《2023 全球独角兽榜》，列出了全球成立于 2000 年之后，价值 10 亿美元以上的非上市公司(估值计算的截止日期为 2022 年 12 月 31 日)。中国的"独角兽"公司典型代表是字节跳动，其以 1.38 万亿元人民币的高估值位居全球独角兽估值第一名。

互联网上市企业中，网络游戏类企业数量居于首位，占比为 20.8%；其次是电子商务类和文化娱乐类企业，均占总体的 15.1%；网络金融、工具软件、网络媒体、生活服务类企业紧随其后，占比分别为 11.3%、6.9%、6.3% 和 5.0%。

2022 年，工业和信息化部等有关部门出台《关于开展"携手行动"促进大中小企业融通创新(2022—2025 年)的通知》等多项政策，提出加大金融支持力度，以资金链推动产业链协同创新，促进企业特别是中小企业的健康发展。从产业整体来看，互联网相关领域投融资市场持续发展，投融资事件数、投融资金额稳步发展；从行业细分来看，互联网相关领域投融资市场转型加速，企业服务、工业互联网及网络设备制造领域、电商零售、智慧交通等领域持续获得资本助力，进一步体现互联网对企业特别是制造业企业数字化转型的关键作用。

2.2 Internet技术基础

2.2.1 网络体系结构

1. 网络体系结构的含义

计算机网络由多个互联的节点组成，节点之间要不断地交换数据和控制信息，若要做到有条不紊地交换数据，则每个节点就必须遵守一整套合理而严谨的结构化管理体系。计算机网络就是按照高度结构化设计方法，采用功能分层原理来实现的，这就是计算机网络体系结构的内容。计算机的网络结构可以从以下三个方面来描述：①网络组织，是从网络的物理结构和网络的实现两个方面来描述计算机网络；②网络配置，是从网络应用方面，即计算机网络的布局、硬件、软件和通信线路来描述计算机网络；③网络体系结构，是从功能上来描述计算机网络结构，它是指用分层研究方法定义的网络各层的功能、各层协议和接口的集合。简单来说，网络体系结构就是指通信系统的整体设计，它为网络硬件、软件、协议、存取控制和拓扑提供标准。目前，广泛采用的网络体系结构是国际标准化组织(ISO)在 1979 年提出的开放系统互联(open system interconnect，OSI)的参考模型。

2. OSI参考模型

国际标准化组织(ISO)和国际电报电话咨询委员会(CCITT)联合制定了开放系统互联参考模型，其目的是为不同计算机互联提供一个共同的基础和标准框架，并为保持相关标准的一致性和兼容性提供共同的参考。OSI 模型将网络通信的工作分为了七层，如图 2-6 所示。

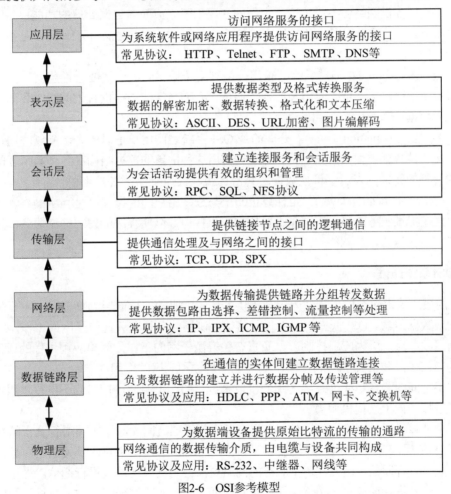

图2-6　OSI参考模型

(1) 物理层(physical layer)，该层包括物理联网媒介，如电缆连线连接器。该层的协议产生并检测电压以便发送和接收携带数据的信号。

(2) 数据链路层(data link layer)，它控制网络层与物理层之间的通信。该层主要负责数据链路的建立、维持和拆除，并在两个相邻机电队线路上将网络层送下来的信息(包)组成帧传送，每一帧包括一定数量的数据和一些必要的控制信息。为了保证数据帧的可靠传输，该层应具有差错控制功能。

(3) 网络层(network layer)，又称通信子网层，是计算机网络中通信子网的最高层(因为通信子网不存在路由选择问题)，在数据链路层提供服务的基础上向资源子网提供服务。网络层将从高层传送下来的数据打包，再进行必要的路由选择、差错控制、流量控制及顺序检测等处理，使发送站传输层所传下来的数据能够正确无误地按照地址传送到目的站，并交付给目的站传输层。

(4) 传输层(transport layer)，是计算机网络中的资源子网和通信子网的接口及桥梁，用来完成资源子网中两节点间的直接逻辑通信。传输层下面的三层属于通信子网，完成有关的通信处理后，向传输层提供网络服务；传输层上面的三层用于完成面向数据处理的功能，为用户提供与网络之间的接口。由此可见，传输层在 OSI 参考模型中起到承上启下的作用，是整个网络体系结构的关键。

(5) 会话层(session layer)，又称会晤层，是利用传输层向表示层或会话层用户提供端到端的会话服务。该层提供一个面向用户的连接服务，并为会话活动提供有效的组织和同步所必需的手段，为数据传送提供控制和管理。

(6) 表示层(presentation layer)，处理的是 OSI 系统之间用户信息的表示问题，通过抽象的方法来定义一种数据类型或数据结构，并通过使用这种抽象的数据结构在各个系统之间实现数据类型和编码的转换。表示层管理数据的解密加密、数据转换、格式化和文本压缩。

(7) 应用层(application layer)，是计算机网络与最终用户间的接口，是利用网络资源唯一向应用程序直接提供服务的层。该层负责对软件提供接口，以使程序能使用网络服务，如事务处理程序、文件传送协议和网络管理等。

3. OSI系统通信

OSI 的最高层为应用层，是面向用户提供各种应用服务；最低层为物理层，主要是连接通信媒体实现数据传输。OSI 低三层可看作是传输控制层，负责有关通信子网的工作，解决网络中的通信问题；高三层为应用控制层，负责有关资源子网的工作，解决应用进程的通信问题；传输层为通信子网和资源子网的接口，起到连接传输和应用的作用。

层与层之间的联系是通过各层之间的接口来进行的，上层通过接口向下层提供服务请求，而下层通过接口向上层提供服务。

当两个计算机通过网络进行通信时，只有两个物理层之间才通过媒体进行真正的数据通信(说明只有物理层才有直接连接)，其余各对等层之间均不存在直接的通信关系，而是通过各对等层的协议来进行通信，例如，两个对等的网络层需使用网络层协议进行通信。当通信实体通过一个通信子网进行通信时，必然会经过一些中间节点，而通信子网中的节点只涉及低三层的结构。

OSI 系统通信信息流动如图 2-7 所示。发送端层从上到下逐步加上各层的控制信息，从而构成比特流传递到物理信道，然后传送到接收端的物理层，再将从下到上逐层去掉相应层的控制信息得到的数据流最终传送到应用层。由于通信信道具有双向性，所以数据的流向也是双向的。

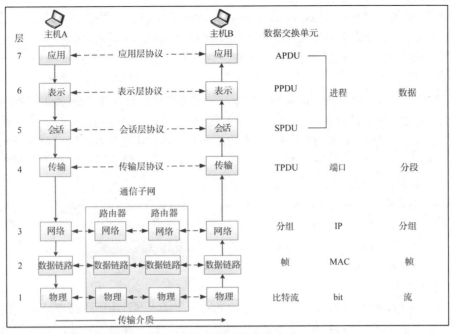

图2-7 OSI系统通信信息流动

2.2.2 互联网接入方式

互联网发展至今经历了从公用交换电话网络到无线网络接入的方式，不同环境及不同的要求采用的接入方式也不一样，当前接入 Internet 的主要方式可分为两大类别，即有线接入与无线接入。其中，有线接入方式包括 PSTN、ISDN、ADSL、FTTx 和 HFC 等，无线接入方式包括 PON 和 LMDS 等。

1. 有线接入方式

1) PSTN 接入

PSTN(public switched telephone network，公共交换电话网络)是指利用电话线拨号接入 Internet，通常计算机需要安装一个 modem(调制解调器)，然后将电话线插入 modem，再在计算机上利用拨号程序输入接入号码进行接入即可。目前，由于 PSTN 的速度较低，一般低于 64Kb/s，因此已很少用于家庭或办公网络接入，而只用在一些特定的领域中，如传真和 POS 机等。

2) ISDN 接入

ISDN(integrated services digital network，综合业务数字网)俗称"一线通"，是在电话网络的基础上构造的纯数字方式的综合业务数字网，能为用户提供包括语音、数据、图像和传真等在内的各类综合业务。ISDN 的基本速率接口为 2B+D 信道，总带宽为 144Kb/s，一般使用 RJ-45 接口，最高可提供 30B+D 的带宽，也称为初始速率接口(primary rate interface，PRI)。PRI 通过 30 个独立的或组合的 64Kb/s 信道及一个 16Kb/s 的 D 信道，提供了最高达 208Mb/s 的传输速率。

ISDN 的 B 信道是基本信道，可提供 64Kb/s 的带宽来传送语音或数据资料；D 信道作为控制信道，可提供 16Kb/s 或 64Kb/s 的带宽在 ISDN 网络端与用户端之间传输频带信号，另外，此通道也可用于传输 X.25 协议资料，但需要交换机的支持。

3) ADSL 接入

ADSL(asymmetrical digital subscriber loop，非对称数字用户线路)的服务端设备和用户端设备之间通过普通的电话线连接，无须对入户线缆进行改造，就可以为现有的大量电话用户提供 ADSL 宽带接入。随着 ADSL 的标准和技术的成熟及成本的不断降低，其日益受到电信运营商和用户的欢迎，成为接入 Internet 的主要方式之一。ADSL 的特点是上行速度和下行速度不一样，并且往往是下行速度大于上行速度。

目前，比较成熟的 ADSL 标准主要有两种，分别是 G.DMT 和 G.Lite。G.DMT 是全速率的 ADSL 标准，提供 8Mb/s 的下行速率和 1.5Mb/s 的上行速率，但要求用户安装分离器；而 G.Lite 是一种速率较慢的 ADSL，它不需要在用户端进行线路的分离，其最大的下行速率为 1.5Mb/s，最大的上行速率为 512Kb/s。

4) FTTx 接入

FTTx(fiber to the x，光纤接入)是新一代的光纤用户接入网，用于连接电信运营商和终端用户。光纤接入是指利用光导纤维(简称光纤)传输光波信号的一种通信方法，相对于以电为媒介的通信方式而言，光纤通信主要有传输频带宽、通信容量大、传输损耗小、抗电磁干扰能力强、线径细、重量轻、资源丰富等优点。

随着光纤通信技术的平民化，以及高速以太网的发展，现在许多宽带智能小区就是采用以千兆以太网技术为主干，充分利用光纤通信技术完成接入的。实现高速以太网的宽带技术常用的方式是 FTTx+LAN(光纤+局域网)，根据光纤深入用户的程度，可以分为 FTTC(fiber to the curb，光纤到路边)、FTTZ(fiber to the zone，光纤到小区)、FTTB(fiber to the building，光纤到楼)、FTTF(fiber to the floor，光纤到楼层)和 FTTH(fiber to the home，光纤到户)5 种。

5) HFC 接入

HFC(hybrid fiber-coaxial，混合光纤同轴)是将光缆敷设到小区，然后通过光电转换节点，利用有线电视(community antenna television，CATV)的总线式同轴电缆连接到用户，提供综合电信业务的技术。这种方式可以充分利用 CATV 原有的网络，由于具有建网快、造价低等特点，使其逐渐成为上佳的接入方式之一。

HFC 的用户端需要使用 cable modem(电缆调制解调器)设备，它不单是一个调制解调器，还集调谐器、加/解密设备、桥接器、网络接口卡、虚拟专网代理和以太网集线器的功能于一身，它无须拨号，即可提供随时在线的永远连接。HFC 采用频分复用技术和 64QAM 调制，其上行速率达 10Mb/s 以上，下行速率更高。

2. 无线接入方式

1) PON

PON(passive optical network，无源光纤网络)是指网络中不含有任何电子器件及电子电源。一个无源光纤网络包括一个安装于中心控制站的光线路终端(OLT)，以及一批配套的安装于用户场所的光网络终端(ONT)和光网络单元(ONU)。PON 接入设备主要由 OLT、ONT 和 ONU 组成，由无源光分路器件将 OLT 的光信号分到树形网络的各个 ONU 中。一个 OLT 可接 32 个

ONT 或 ONU，一个 ONT 可接 8 个用户，而 ONU 可接 32 个用户，因此，一个 OLT 最大可负载 1024 个用户。PON 技术的传输介质采用单芯光纤，局端到用户端最大距离为 20km，接入系统总的传输容量为上行和下行各 155Mb/s，每个用户使用的带宽可以从 64kb/s 到 155Mb/s 灵活划分，即一个 OLT 上所接的用户共享 155Mb/s 带宽。PON 的复杂性在于信号处理技术，其在下行方向上，交换机发出的信号是以广播式发给所有的用户；而在上行方向上，各 ONU 必须采用某种多址接入协议，如时分多路访问(time division multiple access，TDMA)协议，才能完成共享传输通道信息访问。目前，用于宽带接入的 PON 技术主要有 EPON 和 GPON。

2) LMDS

LMDS(local multi-point distribution service，区域多点分配业务系统)是一种宽带固定无线接入系统，目前通常所说的 LMDS 为第二代数字系统，主要使用 ATM(异步传输模式)传送协议，具有标准化的网络侧接口和网管协议。LMDS 具有很宽的带宽和双向数据传输的特点，可提供多种宽带交互式数据及多媒体业务，能满足用户对高速数据和图像通信日益增长的需求，因此 LMDS 是解决通信网无线接入问题的锐利武器。LMDS 系统利用毫米波传输，工作在 20～40GHz 频段上，可提供高达 55.52Mb/s 的用户接入速率，号称是一种"无线光纤"的接入系统。LMDS 系统分为用户远端站、基站、骨干网和网管中心四个部分，同时也可将这几部分看作接入层、边缘层和中心层的组合。相对于其他接入技术而言，宽带无线接入技术具有初期投资少、网络建设周期短、提供业务迅速、资源可重复利用等独特优势和广泛的应用前景。宽带无线接入技术已成为当今通信网络发展最快的领域之一，主要的宽带无线接入技术有三类，即已经投入使用的 MMDS(多路多点分配业务)和 DBS(直播卫星系统)及正在兴起的 LMDS(本地多点分配业务)，而 LMDS 又是这一领域中最热门的技术。

互联网各接入方式的对比情况如表 2-2 所示。

表2-2 互联网各接入方式的对比情况

接入方式	传输介质	最大上传速度	最大下载速度	用户终端设备	接入方式
PSTN	电话线	33.4Kb/s	33.4Kb/s	modem	拨号连接
ISDN	电话线	128Kb/s	128Kb/s	路由器	拨号连接，局域网分享
ADSL	电话线	1Mb/s	8Mb/s	ADSL modem	通过 ADSL modem 直接与用户的计算机相连接
FTTx	光纤	100Mb/s	100Mb/s	网卡	先光纤到楼道，然后局域网连接
HFC	有线电视同轴电缆	10Mb/s	10Mb/s	Cable modem	先光纤到楼道，然后通过调制解调系统与以太交换机进行连接
PON	光纤	155Mb/s	155Mb/s	ONT/ONU	由无源光分路器件将 OLT 的光信号分到树形网络的各个 ONU 中，ONU 再分到各个用户
LMDS	微波	155Mb/s	155Mb/s	无线网卡	用户只要拥有通过许可的网卡就可以直接上网

2.2.3 网络协议

1. 网络协议及标准

网络协议是为在计算机网络中进行数据交换而建立的规则、标准或约定的集合。网络协议由三个要素组成，分别是语义、语法和时序。语义是解释控制信息每部分的意义，它规定了需要发出何种控制信息、需要完成的动作及做出什么样的响应；语法是用户数据与控制信息的结构与格式，以及数据出现的顺序；时序是对事件发生顺序的详细说明。人们形象地将这三个要素描述为，语义表示要做什么、语法表示要怎么做、时序表示做的顺序。

早期，关于网络协议及一系列标准一般都由 IEEE 进行定义，其中关于局域网和城域网的一系列标准为 IEEE 802 系列标准。IEEE 802 标准定义了网卡访问传输介质(如光缆、双绞线、无线等)，以及在传输介质上传输数据的方法，还定义了传输信息的网络设备之间连接建立、维护和拆除的途径。遵循 IEEE 802 标准的产品包括网卡、桥接器、路由器及其他一些用来建立局域网络的组件。IEEE 802 标准包括 802.1(802 协议概论)、802.2(逻辑链路控制层 LLC 协议)、802.3(以太网的 CSMA/CD 载波监听多路访问/冲突检测协议)、802.4(令牌总线 token bus 协议)、802.5(令牌环 token ring 协议)、802.6(城域网 MAN 协议)、802.7(FDDI 宽带技术协议)、802.8(光纤技术协议)、802.9(局域网上的语音/数据集成规范)、802.10(局域网安全互操作标准)、802.11(无线局域网 WLAN 标准协议)。

2. TCP/IP体系结构

TCP/IP 即传输控制协议/网际协议，源于美国 ARPANET 网，其主要目的是提供与底层硬件无关的网络之间的互联，包括各种物理网络技术。TCP/IP 并不是单纯的两个协议，而是一组通信协议的聚合，所包含的每个协议都具有特定的功能，完成相应的 OSI 层的任务。

TCP/IP 采用四层结构，如图 2-8 所示，由于设计时并未考虑到要与具体的传输媒体相关，所以没有对数据链路层和物理层做出规定。实际上，TCP/IP 的这种层次结构遵循着对等实体通信原则，每一层实现特定功能。TCP/IP 协议的工作过程可以通过"自上而下，自下而上"形象地描述，数据信息的传递在发送方是按照应用层—传输层—网际层—网络接口层顺序，在接收方则相反，按低层为高层服务的原则。应用程序接口层与 OSI 模型中的高三层任务相同，用于提供网络服务；传输层又称为主机至主机层，与 OSI 传输层类似，负责主机到主机之间的端到端通信，使用传输控制协议 TCP 协议和用户数据包协议 UDP 协议；网际层也称互联层、网间网层，主要功能是处理来自传输层的分组，将分组形成数据包(IP 数据包)，并为该数据包进行路径选择，最终将数据包从源主机发送到目的主机。常用的协议是网际协议 IP 协议。网络接口层对应着 OSI 的物理层和数据链路层，负责通过网络发送和接收 IP 数据报。

TCP/IP 协议的主要特点有：①开放的协议标准(该协议与硬件、OS 无关)；②独立于特定的网络硬件(运行于 LAN、WAN，特别是互联网中)；③统一网络编址(网络地址的唯一性)；④标准化高层协议可提供多种服务。

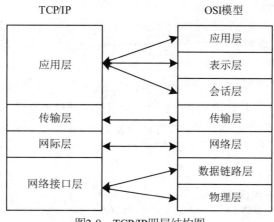

图2-8 TCP/IP四层结构图

3. TCP/IP协议集

1) 网际层协议

网络层中的协议主要有 IP、ICMP(Internet control message protocol，网际控制报文协议)、IGMP(Internet group management protocol，网际组管理协议)、ARP(address resolution protocol，地址解析协议)和 RARP(reverse address resolution protocol，反向地址解析协议)等，这些协议负责处理信息的路由和主机地址解析。

IP 所提供的服务通常被认为是无连接的和不可靠的，它将差错检测和流量控制等服务授权给了其他各层协议，这正是 TCP/IP 能够高效率工作的一个重要保证。网络层的功能主要由 IP 来提供，除了提供端到端的分组分发功能，IP 还提供很多扩充功能。例如，为了克服数据链路层对帧大小的限制，网络层提供了数据分块和重组功能，这使得很大的 IP 数据包也能以较小的分组在网络上进行传输。

ICMP 是一个专门用于发送差错报文的协议。由于 IP 协议是一种尽力传送的通信协议，即传送的数据可能会丢失、重复、延迟或乱序传递，所以需要一种尽量避免差错并能在发生差错时报告的机制，这就是 ICMP 的功能。

IGMP 允许 Internet 中的计算机参加多播，是计算机用作向相邻多目路由器报告多目组成员的协议。多目路由器是支持组播的路由器，它向本地网络发送 IGMP 查询，计算机通过发送 IGMP 报告来应答查询。多目路由器负责将组播包转发到网络中的所有组播成员。

ARP 用于动态地完成 IP 地址向物理地址的转换。物理地址通常是指计算机的网卡地址，也称为 MAC(media access control，媒体访问控制)地址，每块网卡都有唯一的地址。

RARP 用于动态完成物理地址向 IP 地址的转换。

2) 传输层协议

传输层主要有两个传输协议，分别是 TCP 和 UDP(user datagram protocol，用户数据报协议)，这些协议负责提供流量控制、错误校验和排序服务。

TCP 是整个 TCP/IP 协议族中非常重要的协议之一，它在 IP 协议提供的不可靠数据服务的基础上，采用了重发技术，为应用程序提供了一个可靠的、面向连接的、全双工的数据传输服务。TCP 协议一般用于传输数据量比较少，且对可靠性要求高的场合。

UDP 是一种不可靠的、无连接的协议，可以保证应用程序进程间的通信。与 TCP 相比，UDP 是一种无连接的协议，它的错误检测功能要弱得多。可以这样说，TCP 有助于提供可靠性，而 UDP 则有助于提高传输速率。UDP 协议一般用于传输数据量大，对可靠性要求不是很高，但速度要求快的场合。

3) 应用层协议

在应用层中，定义了很多面向应用的协议，应用程序通过本层协议利用网络完成数据交互的任务。这些协议主要有 FTP、TFTP、HTTP、SMTP、DHCP、telnet、DNS 和 SNMP 等。

FTP 是网络上两台计算机传送文件的协议，运行在 TCP 之上，是通过 Internet 将文件从一台计算机传输到另一台计算机的一种途径。

TFTP(trivial file transfer protocol，简单文件传输协议)是用来在客户机与服务器之间进行简单文件传输的协议，提供不复杂、开销不大的文件传输服务。TFTP 建立在 UDP 之上，提供不可靠的数据流传输服务，使用超时重传方式来保证数据的到达。

HTTP 是用于从 WWW 服务器传输超文本到本地浏览器的传送协议。它可以使浏览器更加高效，并减少网络传输。HTTP 建立在 TCP 之上，它不仅保证计算机正确快速地传输超文本文档，还确定传输文档中的哪部分及哪部分内容首先显示等。

SMTP(simple mail transfer protocol，简单邮件传输协议)建立在 TCP 之上，是一种提供可靠且有效的电子邮件传输的协议。其主要用于传输系统之间的邮件信息，并提供与电子邮件有关的通知。

DHCP(dynamic host configuration protocol，动态主机配置协议)是建立在 UDP 之上，基于客户机服务器模型设计的。所有的 IP 网络设定数据都由 DHCP 服务器集中管理，并负责处理客户端的 DHCP 要求；而客户端则会使用从服务器分配下来的 IP 环境数据。DHCP 通过租约(默认为 8 天)的概念，有效且动态地分配客户端的 TCP/IP 设定。当租约过半时，客户机需要向 DHCP 服务器申请续租；当租约超过 87.5%时，如果仍然没有与当初提供 IP 的 DHCP 服务器联系上，则开始联系其他 DHCP 服务器。DHCP 分配的 IP 地址可以分为三种方式，分别是固定分配、动态分配和自动分配。

telnet 是登录和仿真程序，建立在 TCP 之上，它的基本功能是允许用户登录进入远程计算机系统。以前，telnet 是一个将所有用户输送到远程计算机进行处理的简单终端程序。目前，它的一些较新的版本是在本地执行更多的处理，可以提供更好的响应，并且减少了通过链路发送到远程计算机的信息数量。

DNS(domain name system，域名系统)在 Internet 上的域名与 IP 地址之间是一一对应的，域名虽然便于人们记忆，但机器之间只能互相认识 IP 地址，它们之间的转换工作称为域名解析。域名解析需要由专门的域名解析服务器来完成，DNS 就是进行域名解析的服务器。当用户在应用程序中输入 DNS 名称时，DNS 服务可以将此名称解析为与之相关的其他信息，如 IP 地址。

SNMP(simple network management protocol，简单网络管理协议)是为了解决 Internet 上的路由器管理问题而提出的，它可以在 IP、IPX、AppleTalk 及其他传输协议上使用。SNMP 是指一系列网络管理规范的集合，包括协议本身、数据结构的定义和一些相关概念。目前，SNMP 已成为网络管理领域中事实上的工业标准，并被广泛支持和应用，大多数网络管理系统和平台都是基于 SNMP 的。

2.2.4　IP 地址

IP 地址是给每个连接在 Internet 上的主机分配的一个唯一的地址，该地址是进行网络层访问的标识，也是连接设备在网络层间进行通信的依据。需要注意的是，在联网设备间进行通信时可以采用 MAC 地址、IP 地址等方式，其中，MAC 地址是数据链路层通信使用的地址，IP 地址是网络层通信使用的地址。目前使用的 IP 网络主要有 IPv4 和 IPv6 两种版本的 IP 协议。随着 Internet 的迅速发展及 IPv4 地址空间的逐渐耗尽，IPv6 作为 Internet 协议的新版本，最终必然会取代 IPv4。

1. IPv4

自 1981 年 RFC 791 标准发布以来，IPv4 并没有发生太大的变化。事实证明，IPv4 具有强大的生命力，易于实现且具有良好的互操作性，它经受住了从小规模互联网络扩展到全球范围 Internet 应用的考验，这都归功于 IPv4 最初的优良设计。IPv4 地址采用了两种表示方式：第一种为二进制表示法，共采用 32 位二进制数进行表示，以每 8 位为一段，共 4 段；第二种为十进制表示法，将 4 段二进制数转化为 4 个十进制数，并采用"点"进行间隔，因此也称为点分十进制表示法。

在早期 IP 网络设计中，为了便于寻址和层次化构建网络，IP 地址设计采用了两个标识码(ID)，即网络 ID 和主机 ID，每个 IP 地址都包含这两个标识码，所以 IP 地址的格式如下。

IP 地址::={<网络号>，<主机号>}
IP 地址=网络 ID+主机 ID

或

IP 地址=网络 ID+子网 ID+主机 ID

关于子网 ID 的内容在后续章节中进行详细说明。

同一个网络上的所有主机都使用相同的网络 ID，网络上的一个主机(包括网络上的工作站、服务器、路由器和各种网络接入设备等)都有一个主机 ID 与其对应。IP 地址根据网络 ID 的不同分为 5 种类型，分别为 A 类地址、B 类地址、C 类地址、D 类地址和 E 类地址。各类网络地址划分结构如图 2-9 所示。

1) A 类 IP 地址

A 类 IP 地址是由 1B 的网络地址和 3B 的主机地址组成，网络地址的最高位必须是二进制的"0"，地址范围为 0.0.0.1～126.0.0.0。A 类网络的范围为 0～127，其中可用的 A 类网络有 126 个，0 是保留的地址，表示所有 IP 地址，127 也是保留的地址，用于环回测试。因此，A 类地址的范围其实为 1～126，而每个网络能容纳 2^{24} 个主机。A 类地址结构如图 2-9 中 A 标识所示。

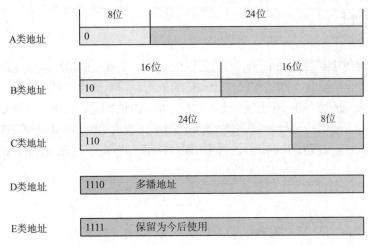

图2-9 各类网络地址划分结构

2) B 类 IP 地址

B 类 IP 地址由 2B 的网络地址和 2B 的主机地址组成，网络地址的最高位必须是二进制的"10"，地址范围为 128.0.0.0～191.255.255.255。其中 128.0.0.0 一般不进行指派，因此可用的 B 类网络有 2^{14}-1 即 16 383 个，每个网络能容纳 216 个主机。B 类地址结构如图 2-9 中 B 标识所示。

3) C 类 IP 地址

C 类 IP 地址由 3B 的网络地址和 1B 的主机地址组成，网络地址的最高位必须是二进制的"110"，地址范围为 192.0.0.0～223.255.255.255。其中 192.0.0.0 一般不进行指派，因此 C 类网络可达 2^{21}-1 即 2 097 151 个，每个网络能容纳 254 个主机。C 类地址结构如图 2-9 中 C 标识所示。

4) D 类 IP 地址

D 类 IP 地址的第一个字节以二进制的"1110"开始，地址范围为 224.0.0.0～239.255.255.255，它是一个专门保留的地址，并不指向特定的网络，目前这类地址被用在多点广播(multicast)中。多点广播地址用来一次寻址一组计算机，它标识共享同一协议的一组计算机。D 类地址结构如图 2-9 中 D 标识所示。

5) E 类 IP 地址

E 类 IP 地址不分网络地址和主机地址，地址范围为 240.0.0.11～255.255.255.254。在所有的 IP 地址中，全"0"(0.0.0.0)地址对应于当前主机，全"1"(255.255.255.255)地址是当前网络的广播地址。E 类地址结构如图 2-9 中 E 标识所示。

2. IPv6

为了应对 IPv4 数量不足等问题，国际互联网工程任务组(IETF)开发设计了 IPv6，即"互联网协议第六版"。在设计上，IPv6 力图避免增加太多的新特性，以尽可能地减少对现有高层和低层协议的冲击。IPv6 为 128 位地址，考虑到 IPv6 地址的长度是原来的 4 倍，RFC1884 规定的标准语法建议把 IPv6 地址的 128 位(16 个字节)写成 8 个 16 位的无符号整数，每个整数用 4 个十六进制位表示，这些数之间用冒号(:)分开，格式为 X:X:X:X:X:X:X:X，如 3ffe:3201:1401:1:

280:c8ff:fe4d:db39。

为了简化其表示法，RFC2373 提出每段中前面的 0 可以省略，连续的 0 可省略为"∶∶"，但只能出现一次，例如，1080:0:0:0:8:800:200C:417A 可简写为 1080::8:800:200C:417A；FF01:0:0:0:0:0:0:101 可简写为 FF01::101；0:0:0:0:0:0:0:1 可简写为::1；0:0:0:0:0:0:0:0 可简写为::。

类似于 IPv4 中的 CDIR 表示法，IPv6 用前缀来表示网络地址空间，例如，2001:251:e000::/48 表示前缀为 48 位的地址空间，其后的 80 位可分配给网络中的主机，共有 2^{80} 个地址。

与 IPv4 相比，IPv6 很明显的一个改善就是其 128b 地址长度可以提供充足的地址空间，同时它还为主机接口提供不同类型的地址配置，其中包括全球地址、全球单播地址、区域地址、链路本地地址等。IPv6 的另一个基本特性是它支持无状态和有状态两种地址自动配置的方式。其中无状态地址自动配置方式是需要配置地址的节点使用一种邻居发现机制获得一个局部链接地址。一旦得到该地址后，它便使用另一种即插即用的机制，在没有任何人工干预的情况下，获得一个全球唯一的路由地址。IPv6 互联网协议的使用，正是万物互联成为现实的基本技术基础。

2.2.5　域名

1. 域名及其分类

域名(domain name)即网络上的门牌号码，用于识别和定位互联网上计算机的层次结构式的字符标识。域名系统(domain name system，DNS)是因特网的一项核心服务，它可以将域名与计算机的互联网协议(IP)地址相对应，但相对于 IP 地址而言，域名更便于使用者理解和记忆。

根据中国互联网信息中心(www.cnnic.cn，简称cnnic)的规定，域名分为顶级域名、二级域名、三级域名和子域名。

1) 顶级域名

互联网名称与数字地址分配机构(ICANN)负责管理和协调国际互联网络域名系统。国际互联网域名体系中，顶级域名(又称一级域名)可根据国家和地区顶级域名、通用类别顶级域名及新顶级域名进行划分。

(1) 国家和地区顶级域名(country code top level domain，ccTLD)，对应于国家、地区的地理位置，如.cn 代表中国、.us 代表美国、.ru 代表俄罗斯、.jp 代表日本等。

(2) 通用类别顶级域名(generic top level domain，gTLD)，对应不同类别，比较常见的如.COM、.NET、.ORG 等。常见的通用类别顶级域名如表 2-3 所示。

(3) 新顶级域名(new top level domain，nTLD)，比较常见的如.biz、.info 等。此外，还有代表"高端"的.top、代表"红色"的.red 及代表"人"的.men 等一千多种。

表2-3　常见的通用类别顶级域名

域名	描述
.com	表示商业机构
.net	表示网络服务机构
.org	表示非营利性组织

(续表)

域名	描述
.gov	表示政府机构
.edu	表示教育机构
.mil	表示军事机构

2) 二级域名

二级域名是指顶级域名之下的域名。在通用类别顶级域名下，二级域名是域名注册人的网络名称，用于说明主机所在的单位名称，如 amzon.com 等。在国家顶级域名下，二级域名可以分为通用类别域名和行政区划域名。我国常见的二级域名如表 2-4 所示。

表2-4 我国常见的二级域名

类别域名	描述	行政区划域名	描述
.ac.cn	表示科研机构	bj.cn	表示北京市
.com.cn	表示商业机构	sh.cn	表示上海市
.edu.cn	表示教育机构	tj.cn	表示天津市
.gov.cn	表示政府机构	cq.cn	表示重庆市
.mil.cn	表示军事机构	zj.cn	表示浙江省
.net.cn	表示网络服务机构	js.cn	表示江苏省
.org.cn	表示非营利性组织	gd.cn	表示广东省
.政务.cn	表示党政群机关、政务部门	tw.cn	表示台湾省
.公益.cn	表示事业单位、社会组织	hk.cn	表示香港特别行政区

3) 三级域名

三级域名是二级域名以下的域名，若有顶级域名使用国家或地区代码的情况，需说明主机所在的单位名称，如 tsinghua.edu.cn、online.bj.cn 等。

一个完整的域名由两个或两个以上部分组成，各部分之间用英文句号 "." 进行分隔，最后一个 "." 的右边部分称为顶级域名，左边部分称为二级域名，二级域名的左边部分称为三级域名，以此类推，每一级的域名控制它下一级域名的分配，例如，cnnic.cn 是一个二级域名，cnnic.net.cn 是一个三级域名。

域名可以配置子域名，用户可以自行设置或寻求域名注册服务机构的帮助。子域名(subdomain)是一个相对的概念，是相对父域名来说的，父域名的下一级就是子域名。域名有很多级，中间用英文句号 "." 分开，例如，huewhois.cnnic.cn 是 cnnic.cn 的子域名。

2. 域名的命名及注册

域名就是表示主机地址的人性化的名字，域名的命名也有一定的规则，其规则主要为：①可以包含英文字母(a～z，不区分大小写)、数字(0～9)，以及半角的连接符 "-" (即中横线)，不能使用空格及特殊字符(如!、$、&、?等)；② "-" 不能连续出现，不能单独注册，也不能放在开头或结尾；③最多可以注册 63 个字符。

域名不仅是网络上的地址，使用后也将成为一个特定商标标识，所以域名命名需要慎重考虑，一般可以参照的命名原则有：①显著标识域名注册者生产经营的产品或品牌的词汇，如weibo.cn、nokia.com.cn 等；②直接标识域名注册者的词汇，如单位名称中英文缩写 cnnic.cn、haier.cn 等；③企业或产品的广告推广语，如 imaginationatwork.cn；④突出企业对外宣传的服务号码，如 10086.cn 等；⑤网络流行用语等简单易记的词汇，如 520.cn、666.cn 等。

CN 域名遵循"先申请先注册"的原则，其最高注册年限为 10 年，也可以自主选择域名的注册年限(以"年"为单位)。域名注册前需要登录互联网信息中心网站(www.cnnic.cn)使用"国家网络目录数据库收录信息查询"系统核实域名的注册情况。域名核实后再选择一家域名服务机构，其中中国万网是当前我国最大的域名服务机构。在域名服务机构的协助下提交各种注册资料，注册完毕后，关注备案审核情况。

中国万网

中国万网(wanwang.aliyun.com)成立于 1996 年，是中国领先的互联网应用服务提供商，致力于为企业客户提供完整的互联网应用服务，服务范围涵盖基础的域名服务、主机服务、企业邮箱、网站建设、网络营销、语音通信等，以及高端的企业电子商务解决方案和顾问咨询，以帮助企业客户真正实现电子商务应用，提高竞争能力。

阿里巴巴集团于 2009 年收购万网，并于 2013 年 1 月 6 日宣布旗下的阿里云与万网合并为新的阿里云公司，合并后"万网"品牌继续保留，成为阿里云旗下域名服务品牌。

2.3　EDI技术

电子商务的最早应用是从电子数据交换(electronic data interchange，EDI)电子商务系统开始的。EDI 作为最早应用于商务领域的数据通信平台，极大地推动了早期信息技术在商务应用领域的普及，为 Internet 电子商务系统的发展打下了坚实的商务应用基础。

2.3.1　EDI概述

1. EDI的概念

EDI 是指将商业或行政信息用一种国际公认的标准格式，形成结构化的事务处理的报文数据格式，通过计算机通信网络，使各有关部门、公司与企业之间进行数据交换与处理，并完成以贸易为中心的全部业务的过程。由于 EDI 的使用可以完全取代传统的纸张文件的交换，因此也有人称它为"无纸贸易"或"电子贸易"，在基于互联网的电子商务普及应用之前，它曾是一种主要的电子商务模式。

2. EDI的特点

EDI 的使用是在不同组织之间进行的，它通过传输企业间的报文来实现企业间的信息交流，这些报文通常是一般业务资料,如发票、订单等,而不是一般性的通知。此外,EDI 传输的报文具有格式化功能,符合国际标准,这是计算机能够自动处理报文的基本前提。EDI 使用的数据通信网络一般是增值网、专用网,数据传输由收发双方的计算机系统直接传送、交换资料,不需要人工介入操作。EDI 与传真或电子邮件的区别是:传真与电子邮件需要人工进行阅读判断处理后,再人工将资料重复输入计算机系统中,既浪费人力资源,也容易发生错误,而 EDI 则不再需要将有关资料人工重复输入系统。

3. EDI的发展

事实上,EDI 的发展已经经历了至少 40 年的时间,其发展与演变的过程充分体现了商业领域对其的重视程度。人们将 EDI 称为"无纸贸易"(paperless trade),将 EFT(电子转账)称为"无纸付款"(paperless payment),这足以看出 EDI 对商业运作的影响。

在 40 多年的发展历程中,EDI 经历了产业标准化阶段、国家标准阶段、国际通用标准阶段。从 1975 年制定第一个美国运输业文件标准开始,到 1986 年 UN/EDIFACT 成为国际通用的 EDI 标准,再到如今 Internet 和现代通信技术的迅猛发展,EDI 已被广泛应用于各种商业中,如订单、发票等,并直接通过现代网络传输到商业伙伴的计算机中。

2.3.2　EDI系统的构成

EDI 系统由 EDI 软件和硬件、通信网络、数据标准化三个要素构成,如图 2-10 所示。若一家企业或一个部门要实现 EDI,则应先有一套计算机数据处理系统,而若想使企业内部数据能较容易地转换为 EDI 标准格式,则需采用 EDI 标准。另外,通信环境的优劣也是关系 EDI 成败的重要因素之一。

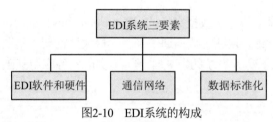

图2-10　EDI系统的构成

EDI 软件具有将用户数据库系统中的信息译成 EDI 标准格式以供传输交换的能力。虽然 EDI 标准具有足够的灵活性,可以适应不同行业的众多需求,但是,每个企业有其自己规定的信息格式,因此,当需要发送 EDI 电文时,必须用某些方法从企业的专有数据库中提取信息,并将它翻译成 EDI 标准格式后,再进行传输。此时就需要 EDI 相关软件的帮助了。

实行 EDI 的计算机平台的基本类型有四种,分别为用一台主机或中型机来实行 EDI、将所有的 EDI 软件放到 PC 机上执行全部的 EDI 功能、用 PC 机当作主机的前端处理器及专用的 EDI 操作系统。

EDI 标准是由各企业、各地区代表共同讨论和制定的电子数据交换标准,无论文件是什么格式,这一共同标准都可以使得各组织之间实现文件交换。EDI 标准是整个 EDI 最关键的部分,由于 EDI 是以实现商定的报文格式形式进行数据传输和信息交换的,因此制定统一的 EDI 标准至关重要。EDI 标准主要包括基础标准、代码标准、报文标准、单证标准、管理标准、应用标准、通信标准、安全保密标准等。

2.3.3 EDI系统业务流程

图 2-11 描述了 EDI 系统的业务流程,首先需要发送方的计算机系统生成业务数据,然后经由 EDI 系统进行格式转换,影射翻译为标准的 EDI 格式报文,再从发送方发出报文,接收方获取报文后通过 EDI 系统进行格式转换,翻译成可识别的数据文件,并导入数据。

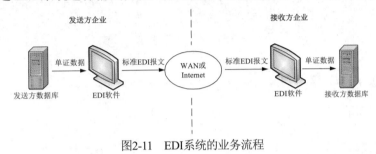

图2-11 EDI系统的业务流程

2.3.4 EDI的应用

国内的大部分供应商均部署了 EDI 系统,可与其采购商建立 EDI 连接,从而确保数据的安全传输,特别是在汽车制造、零售、物流等行业应用广泛。在企业中,EDI 技术不仅可以提高数据处理速度、准确性和安全性,还可以降低成本、改善经营状况、提高顾客服务水平,从而大大增强企业的竞争优势。目前几乎所有的供应链管理的运作方法,如快速反应(QR)、高效客户反应(ECR)等都离不开 EDI 的支持。EDI 的广泛应用是我国中小企业参与供应链一体化,提升自身运营效益,进而在激烈的全球竞争市场中赢得一席之地的重要条件。此外,供应链成员间观念和技术差异导致的 EDI 推进缓慢的问题,正随着企业信息化建设意识的不断提高,以及应用方案的迅速发展而逐步得到解决。

EDI 与电子商务的结合是当代电子商务的重要方式。传统的面向国际和国内贸易的大企业间的电子商务通常是以 EDI 方式进行的,这类贸易活动所具有的共同特征有两个:一个是相对稳定的贸易关系、较大的贸易量和使用较标准的贸易单证;另一个是由较完善的计算机系统进行的。Internet 网上购物方式具有成本低、便于操作等优势,使得中小企业的电子商务的应用成为可能。电子商务的应用分为 EDI 和非 EDI 两种方式。其中,EDI 电子商务是当代电子商务的重要方式和组成部分,是企业对企业电子商务的基础。EDI 是实现电子商务的核心技术。

电子商务是 EDI 发展的必然趋势,而 Internet 与 EDI 有必然联系。随着 Internet 的发展,其已经成为电子商务首选的电子工具。因此,EDI 的应用前景取决于它与 Internet 的结合方式,主要有 Internet Mail、标准翻译、Web-EDI 和 XML/EDI 四种。

美的集团EDI应用案例

美的集团供应链内有众多的合作伙伴,包括供应商、物流商、渠道商、银行和保险机构等,他们都有自己的业务数据标准和传输协议。同样,美的内部各应用系统也有各自的数据标准,以前的人工处理方式需要从美的的各个业务子系统(如 ERP、CRM 等)提取出相关数据,再人工转换为合作伙伴所需要的单据格式,通过邮件、传真、电话等方式向相应的接收方发送。同样地,当从合作伙伴处接收到各类异构形态的单据之后,要通过人工方式识别、读取,并录入相应的子系统中。现在,这个工作流程变为 EDI 平台自动接收各子系统发出的数据,然后自动转换为标准 EDI 报文(或者合作伙伴系统能够直接识别的数据格式),再自动传输给接收方,整个过程无须人工干预,极大地提升了工作效率。

2.4 电子商务新技术

2.4.1 云计算

云计算(cloud computing)有各种定义,现阶段广为接受的是美国国家标准与技术研究院(national institute of standards and technology,NIST)给出的定义:云计算是一种能够通过网络以便利的、按需付费的方式获取计算资源(包括网络、服务器、存储、应用和服务等)并提高其可用性的模式,这些资源来自一个共享的、可配置的资源池,并能够以最省力和无人干预的方式获取和释放。

云计算是随着处理器技术、虚拟化技术、分布式存储技术、宽带互联网技术和自动化管理技术的发展而产生的。在技术层面,云计算基本功能的实现取决于两个关键因素:一个是数据的存储能力;另一个是分布式的计算能力。因此,云计算中的"云"可以再细分为"存储云"和"计算云",也即"云计算=存储云+计算云"。目前,云计算已广泛应用于医药医疗、制造、金融与能源、电子政务和教育科研等领域。例如,在医药医疗领域,以"云信息平台"为核心的信息化集中应用模式将孕育而生,逐步取代各系统分散为主体的应用模式,进而提高医药企业的内部信息共享能力和医疗信息公共平台的整体服务能力。

2.4.2 VR技术

VR(virtual reality,虚拟现实)技术是通过现实计算机的仿真系统实现人们对虚拟世界的探寻和体验。这一技术的前卫性和超前性在于它能够集合当下多种高新和尖端科技集成各种虚拟现实的技术,如计算机图形技术、仿真技术、AI(artificial intelligence,人工智能)技术及传感技术等,并通过计算机在视觉、听觉甚至是触觉上生成虚拟环境。

虚拟现实技术具有临场感和多感知性的特点,在这个"人工制造"的环境中,人们可以直接感受并感知到周围环境及事物的内在变化,如视觉观察、触觉感知、听觉感知,甚至操作感官变化来让人沉浸于该虚拟环境中。另外，虚拟现实技术还具有交互性和真实感的特点，通过计算机图形构成的三维数字模型计算生成高技术模拟系统所带来的超现实体验感，给人一种身临其境的感觉，用户对输入、输出设备进行操作后，即可得到反馈，最终实现交互。体验者戴VR眼镜，如图 2-12 所示。

图片来源：索尼互动娱乐(上海)有限公司

图2-12　体验者戴VR眼镜

2.4.3　大数据

大数据(big data)是指通过多种来源收集的大量数据组，往往具有实时性。在企业对企业的销售中，这些数据可能来自社交网络、电子商务网站、顾客访问记录，以及其他多种渠道。大数据无法用单台计算机进行处理，必须采用分布式计算架构。其特色在于对海量数据的挖掘，但它必须依托云计算的分布式处理、分布式数据库、云存储或虚拟化技术。总的来说，大数据就是形态数字化和非结构化，其在线流动数据的容量至少在 PB 级或以上，伴随着社会行为，并通过设备和网络进行汇集的数据。大数据是完整的，却不一定是系统的，它无时无刻不在记录着人类的行为。大数据的特点可以概括为 4V，分别为 volume(大量)、velocity(高速)、variety(多样)和 value(价值)。

大数据在我国已应用于多个领域，包括金融、城市管理、电信、能源、教育、医疗、娱乐等的社会各行各业都已经融入了大数据的印迹。表 2-5 所示为大数据在众多行业中的典型应用。

表2-5　大数据在众多行业中的典型应用

领域	金融	城市管理	电信	能源	教育	医疗	娱乐
典型应用	高频交易、社交情绪分析、信贷风险分析等	智能交通、环保监测、城市规划和智能安防等	客户离网分析、及时掌握客户离网倾向等	分析用户用电模式、改进电网运行、合理设计电力需求响应系统等	根据大数据部署学习、管理系统、跟踪学生学习情况等	创建视觉数据，更快识别和有效分析医疗信息、跟踪慢性病的传播等	为用户提供个性化定制内容，按需推荐、预测比赛结果等

2.4.4　区块链

区块链(block chain)是随比特币出现的一个概念,本质在于为市场主体建立一个提升交易质量的信任机制。现阶段关于区块链的定义在学术界尚未统一。区块链科学研究所的创立者梅兰妮·斯万(Melanie Swan)在《区块链:新经济蓝图及导读》一书中阐述了区块链是一种公开透明的数据库。安徽大学教授汪传雷等将区块链看作一种基于密码学的原理,可对数据进行增删、修改、传递的计算范式和分布式架构。中国科学院自动化研究所硕士生导师、博士袁勇等则将区块链的定义分为两个范围,从狭义而言,区块链是一种将数据区块按时间先后排序的链式数据结构;从广义而言,区块链是综合利用块链式数据结构、分布式节点共识算法、密码学方式、自动化脚本代码而组成的基础架构和计算范式。

一般来说,区块链具有去中心化、透明化、智能合约、可追溯性四大特点。目前,针对区块链技术实际应用的研究主要集中在供应链管理、能源环保、金融交易三个领域。例如,通过借鉴去中心化的区块链治理机制,解决了供应链管理在互联网时代的企业信任问题和机会主义风险;将区块链技术与能源互联网中的虚拟电厂结合,设计了改进的运行与调度模型,从而在稳定调度信息的基础上保证了存储安全性等。除此之外,区块链与股权众筹、P2P借贷、互联网保险等金融商业模式都能够实现有机融合,因为去中心化的特质能够建立高信用度和去集权制的金融市场,同时将区块链智能合约和可编程特性用于证券和银行业务,可有效实现方便快捷的交易,减少了手续成本,缩短了操作时间。

2.4.5　人工智能

人工智能(AI)是研究、开发用于模拟、延伸和扩展人的智能的理论、方法、技术及应用系统的一门新的技术科学。人工智能是计算机学科的一个分支,20世纪70年代以来被称为世界三大尖端技术(空间技术、能源技术、人工智能)之一,它企图了解智能的实质,并生产出一种新的能以类似人类智能的方式做出反应的智能机器,该领域的研究包括机器人、语言识别、图像识别、自然语言处理和专家系统等。

随着科学技术的发展,人工智能的理论和技术日益成熟,应用领域也不断扩大,如"人脸识别""看图寻物"等人工智能技术正在颠覆传统的商业格局。目前,人工智能主要应用于物流配送、智能导购、智能收银等商贸流通领域,智能远程辅导、机器人儿童陪伴、自动测评等教育培训领域,以及智能语音、道路自动识别、车联网等智能汽车领域等。因此,无论是传统服务业还是现代服务业,都将与人工智能深度融合,向智能化发展。例如,人工智能技术可以帮助品牌商家识别出顾客的穿衣尺码、穿衣风格、颜色喜好及消费水平,随后将其转化为实时信息反馈给公司,并让公司给客户推荐合适、心仪的产品。

核心概念

计算机网络、Internet、OSI、TCP/IP 协议、IP 地址、IPv4、IPv6、域名、EDI、云计算、VR、大数据、区块链、人工智能

 ## 思政微语

电子商务与技术密不可分，技术是实现电子商务的核心驱动力。互联网技术和移动设备技术为电子商务提供了基础平台和新的机遇。移动支付等技术的出现，使得电子商务的交易过程变得更加便捷和安全。此外，大数据和人工智能等新兴技术也为电子商务带来了更多可能性，帮助电子商务企业更好地了解用户需求，精准地推荐商品或服务，提高用户体验和满意度。

请同学们调研一下，我们使用过哪些电子商务新技术。请认真思考技术与电子商务之间的关系及未来技术发展趋势对电子商务的影响。

 ## 思考题

1. 按逻辑结构来划分，计算机网络可以分为哪两个部分？
2. 按网络的发布范围大小来划分，可以将计算机网络分为哪几类？
3. 常见的 Internet 服务有哪些？
4. OSI 参考模型的主要内容是什么？
5. 接入互联网的方式有哪几种？
6. TCP/IP 协议的作用是什么？
7. 什么是 IP 地址？什么是域名？它们之间有什么样的对应关系？
8. EDI 的主要内容是什么？

第 3 章 | 电子商务商业模式

学习目标
(1) 掌握商业模式的内涵及层次；
(2) 掌握 B2C、B2B、C2C 商业模式的内涵及常见类型；
(3) 熟悉 O2O 商业模式的常见类型；
(4) 了解新型电子商务模式；
(5) 了解电子商务生态系统的内涵及结构。

引言
随着市场竞争的加剧和信息科技的不断进步，电子商务商业模式的重要性日益凸显。一个成功的商业模式不仅可以提高企业的竞争力，还可以帮助企业实现可持续发展。因此，研究商业模式对于电子商务企业来说具有重要意义。本章将对商业模式的含义、构成要素、B2C 电子商务商业模式、B2B 电子商务商业模式、C2C 电子商务商业模式、O2O 电子商务商业模式、生态电子商务商业模式及其他电子商务交易模式进行详细阐述。

3.1 商业模式概述

3.1.1 商业模式的变迁及发展

1. 古代商业模式

商业模式的起源可以追溯到公元前 3000 年的古代文明时期。在那个时代，由于地区间的物产和资源差异，人们开始进行物物交换，以此来获取自己所需的物品，如用粮食换取家禽、用布匹换取金属等。物物交换往往只能满足生产者之间的基本需求，为满足更多物质需求的交换，人们开始使用有公共认可价值的物品(如贝壳、石头、兽骨等)作为交换媒介换取各种物质。随着人类社会的发展，金属逐渐成了更适合作为货币的材料。公元前 600 年，最早的金属货币——

铜币开始出现，随后金、银等贵金属货币也相继问世。货币的出现极大地促进了商品经济的发展，使得交换和贸易变得更加便捷，开始产生各种商业模式。

古代商业模式通常以集市货物贸易为主。在古代集市上，人们在特定的时间和地点聚集在一起，手工业主或商贩在集市上集中展示自己的物品，并进行物品交换和贸易活动。随着古代交通工具的不断发展，集市货物贸易的区域也越来越大。例如，茶马古道上，茶和马匹连接了中国西南和西藏地区的贸易渠道。有名的商帮"徽商"从两淮运盐入湖广，回程时也满载湖广的米运到长江下游售卖。著名的丝绸之路是古代中国和欧洲之间的一条重要贸易路线，它促进了东西方之间的贸易往来和文化交流。丝绸之路的开辟使得欧洲市场得以开拓，同时也促进了中国的丝绸、茶叶等商品的出口。此外，丝绸之路还促进了不同文化之间的交流和融合，为世界文明的发展做出了重要贡献。

古代商业模式的发展变迁是一个不断演进的过程，随着社会的进步和商业活动的发展而不断改进，从最初的物物交换，到货币交换，再到集市贸易的建立。古代商业模式主要是以农业、手工业等行业的货物为中心，买卖双方主要是以面对面的交易为主。在不同的国家和地区，古代商业模式的表现形式和发展路径也有所不同，但都为当时的社会经济发展做出了重要的贡献。

2. 近代商业模式

18 世纪 60 年代工业革命前，生产方式相对比较简单，除了农业生产，只有手工业生产。以蒸汽机的发明及运用为标志的第一次工业革命改变了商品的生产环节，机器生产逐渐代替了手工生产，流水线作业开始出现，极大地提高了生产效率，其中以福特汽车为代表的机器生产成为工业生产的典范。在工业革命时期，以工厂生产为主导，促进了商品通过商店进行销售的商业模式的发展。

19 世纪六七十年代开始，以电灯、电车、电话等为标志的第二次工业革命第一次突破了物理空间的限制，让人们可以远距离实时交流，再加上后来飞机、火车、汽车、蒸汽轮船的出现，使得物品的运输更加方便，极大地提高了时效性和安全性。在该阶段商业模式得到了迅猛的发展，公司开始成为商业活动的主要载体，连锁店、超市、购物中心等新型商业形态也开始涌现。工业革命开启了工业化大规模的生产，而大规模机械化生产需要庞大的资金需求，因此开始出现钱庄，其可以看作是现代银行的雏形，不但可以进行资金的存储及兑换，还可以进行放贷。银行及金融的出现为企业的融资、股份制改制甚至上市的发展打下了坚实的基础。

20 世纪五六十年代开始，计算机及互联网等技术出现，商业模式开始朝线上发展，网络商店、跨境电商等新型电子商务商业模式不断涌现。这些新型商业模式不仅突破了地域限制，而且突破了传统的销售方式，为消费者提供了更加多样化的选择。近代商业模式的发展是一个不断演进的过程，每一次的技术变革都带来了商业的进步和效率的提升。

3. 现代商业模式

20 世纪 90 年代，互联网的普及改变了传统商业模式，以亚马逊、阿里巴巴、京东为代表的电子商务的兴起使得线上销售逐渐成为主流，消费者可以通过互联网平台进行购物和支付，大大提高了购物的便捷性和效率。

21 世纪初，随着移动网络技术的发展，以支付宝、微信为代表的移动支付及社交媒体快速发展和普及，社交电商也开始崭露头角，以拼多多、小红书、抖音、快手等为代表的社交电商借助移动社交平台，通过用户间的互动和分享，将商品或服务推广给更广泛的消费者群体。此外，订阅制和共享经济等新型商业模式也开始兴起，以 Netflix、Amazon Prime 为代表的订阅制商业模式通过定期向消费者提供服务或商品，实现了稳定收入，并提高了客户忠诚度。以滴滴快车、Airbnb 为代表的共享经济模式，通过利用闲置的物品和资源，有效提升了资源的使用效率，同时也体现了环保理念。

近年来，随着大数据、人工智能、VR 等新技术的不断深入应用，企业可以通过大数据技术对消费者行为及市场趋势进行精准分析，通过人工智能提高生产效率和服务质量，通过 VR 带来更加沉浸式的购物体验。现代商业模式的发展是一个持续不断的过程，该模式以用户为中心，通过互联网平台连接用户，提供个性化的服务和解决方案，从而获得利润。未来，随着科技和社会经济的不断变化，商业模式还将继续演变和创新，以更好地满足消费者的需求并实现商业价值。

4. 我国商业模式的发展

我国商业模式是一个不断发展的过程，从改革开放初期的传统商业模式到现代的新型商业模式，不断适应着社会经济环境和消费者需求的变化。在这个过程中，企业产销一体化、产业链化、平台化和生态系统化等商业模式类型逐渐兴起，成为推动我国经济发展的重要力量。

1) 企业产销一体化商业模式

在改革开放初期，我国市场经济处于起步阶段，产品供不应求，企业只需要将产品生产出来放到市场中进行销售，便能获得不菲的利润，企业产销一体化商业模式逐渐成为当时的主流。这种模式主要是指企业自行生产产品，并通过自建销售渠道或借助传统渠道进行销售。该模式的特点是生产与销售直接对接，这能更好地控制产品质量和销售渠道，提高企业的盈利能力和市场竞争力，典型代表如海尔、美的等制造企业。

2) 产业链化商业模式

随着市场经济的发展和产业规模的扩大，供求关系逐步走向平衡，供应商、生产商及销售商等产业链上下游之间的联系越来越紧密，产业链化商业模式逐渐成为主流。这种模式主要是指企业通过打通产业链上下游的各个环节，实现资源的优化配置、协同发展及创新驱动，能够促进产业的升级和发展。该模式注重产业链的协同效应和资源的共享，极大地提高了整个产业链的效率和效益，典型代表如上汽集团、比亚迪等企业，它们通过与上下游企业的合作，实现产品的研发、生产和销售的一体化，提高了企业的竞争力和市场地位。

3) 平台化商业模式

随着互联网技术的快速发展和应用，平台化商业模式逐渐兴起。这种模式主要是指企业通过搭建一个交易平台、服务平台或社群平台，聚集各种资源和服务，为参与者提供更加便捷和高效的商业活动。该模式注重平台开放性和资源的共享，能快速聚集用户和资源，形成规模效应和竞争优势，典型代表如淘宝、京东、腾讯等企业，它们通过构建平台实现与商家消费者等群体的交易、服务及交流互动，可更好地了解用户需求和市场变化。

4) 生态系统化商业模式

随着数智化时代的到来和生态系统的日益重要性，生态系统化商业模式逐渐成为发展的新方向。这种模式主要是指企业通过构建一个完整的生态系统，实现企业与外部环境的互动和协同发展。该模式注重生态系统的多样性和稳定性，实现跨界融合、多元共治和协同创新，能够提高企业的适应能力和竞争优势，典型代表如小米、阿里巴巴等企业，它们通过自身技术及努力试图构建一个生态系统，实现与其他企业的商业合作和共赢，以便帮助企业实现可持续发展和创新发展。

3.1.2　商业模式的含义

近年来，关于商业模式的研究成为理论和实业界讨论的热点话题，如戴尔、谷歌、阿里巴巴、滴滴等新兴企业的迅速崛起就主要得益于新型商业模式的开发与运用，这引发了人们对于商业模式的思考。正如彼得·德鲁克(Peter Drucker)所说：当今企业之间的竞争，不是产品之间的竞争，而是商业模式之间的竞争。

现阶段，针对商业模式概念的界定，理论界存在着较大的争议，由于研究领域和角度的不同，学者们未能就什么是商业模式这一问题达成共识。现阶段研究者主要从以下几个视角解析商业模式的内涵：①基于价值理论，提出商业模式就是企业创造价值并传递给顾客价值的核心逻辑，该视角强调了商业模式的最终目标；②基于战略管理理论，认为商业模式就是为维持组织生存而进行的战略规划，强调企业价值创造的方式；③基于企业系统的角度，重点阐述了商业模式的要素系统及要素之间的组合关系。

虽然商业模式的定义未达成共识，但我们可以从以下四个要点来理解商业模式。

(1) 商业模式是一个系统。从系统整合视角来讨论商业模式的内涵，研究其内在构成要素之间的相互关系，各组成要素相互作用形成了商业模式的整个系统。商业模式是企业为了更好地实现顾客价值而进行的要素之间的组合与逻辑安排。创造顾客价值是商业模式的最终目标，要素的构成和组合方式勾勒出了组织的架构，要素间的逻辑关系描绘了价值创造的过程。

(2) 商业模式本质上是一系列制度结构和制度安排的连续体，其核心是指企业组织的价值产生机制。制度结构的连续体意味着商业模式的本质属性就是创新和变革，必然存在动态连续的变革演进；价值创造是企业组织存在的根本理由和发展的必要条件，也是经营活动的核心主题。

(3) 商业模式是利益相关者的交易结构。企业运作过程中必然涉及众多的利益相关者，该视角即是从企业运作过程中参与其中的利益相关者之间的关系来描述企业的商业模式。商业模式描绘了组织在价值网络中与其他利益相关者共创价值的逻辑，其实际上是价值链模型的一个具体化结构，展示出了组织与其所在的价值网络的价值创造策略，以及不同组织之间的价值主张与利益诉求的协调机制。

(4) 商业模式是企业为了实现价值创造与价值实现所遵循的一套系统性逻辑。从组织价值创造与价值实现的双重视角来深入剖析，商业模式可以被定位为企业在价值生成、获取与分配过程中的一种综合策略。若从商业模式的终极目标出发，结合顾客价值创造与企业利润来源的综合考量，商业模式的内涵可与企业的盈利模式相提并论。这一理解强调了商业模式在企业运营中的核心地位，以及其对于实现顾客价值和企业盈利的关键作用。

3.1.3 商业模式的构成要素

商业模式是由一系列相互影响的要素构成的复杂网络系统。为了更好地分析商业模式,解析企业价值生成的原理,必须对商业模式的内在构成要素有清晰的认识。只有从构成要素视角对商业模式进行剖析,才能更好地理解商业模式的内在构成和运作机理,了解企业价值创造的过程,从而为商业模式的优化提出合理的建议。针对不同行业的特点及企业经营方式的差异,国内外学者对商业模式的构成要素提出了不同的观点,主要如下。

(1) 亚历山大·奥斯特瓦德(Alexander Osterwalder)和伊夫·皮尼厄(Yves Pigneur)指出,商业模式由客户细分、价值主张、渠道、顾客关系等九个模块构成,这九个模块包含了客户、产品、基础设施和财务四个方面的内容,构成了商业经营和价值生成的完整体系;博纳科尔西(Bonaccolsi)指出,产品和服务、顾客、成本结构及盈利是构成商业模式的四要素;阿尔特(Alte)和齐默尔曼(Zimmerman)认为,价值主张、组织结构、业务系统、盈利、法律和技术是构成企业商业模式的要素,其中业务系统包括顾客定位、协调机制,盈利包括企业盈利来源及业务逻辑。

(2) 西安交通大学的席酉民认为,组织实施商业模式创新主要源于环境的激励,如竞争压力、客户需求和政府鼓励等,这种创新的动力也可能来自组织自身对市场机会的主动追求。从过程视角来看,战略引导型的商业模式创新更适于战略协整性的过程,而创业响应型的商业模式创新更适于演进适应性的过程。清华大学雷家肃教授认为,企业的商业模式是一个企业如何利用自身的资源在一个特定的包含了物流、信息流和资金流的商业流程中,将最终的商品和服务提供给客户,并收回投资、获取利润的解决方案。

(3) 暨南大学的傅世昌和王惠芳将商业模式分为六个层次,分别是核心能力层、模式层、关键要素层、现实环境层、关联层和变革演进层,其中关键要素是指关键资源、关键流程、价值主张、盈利模式四要素。四川师范大学的罗峰提出,商业模式是由价值主张、价值生产、价值提交、价值回收和价值维护五要素组成。宁波大学的吴瑶和葛殊提出了目标市场、竞争战略、价值主张、价值链、价值网络和收益机制六要素。上海财经大学的李文莲和夏健明提出了九要素,分别是客户细分、价值主张、客户关系、核心资源、关键业务、重要合作、渠道通路、收入来源和成本结构。

通过对国内外学者的研究进行总结,发现商业模式构成要素的数量为3到9个,其中某些要素如价值主张、顾客、核心资源、盈利等受到众多学者的关注。商业模式的构成要素及其关键问题如表3-1所示。

表3-1　商业模式的构成要素及其关键问题

商业模式的构成要素	关键问题
价值主张	提供什么样的价值?为顾客解决什么样的问题
盈利模式	如何收取费用及费用标准
顾客	目标市场、市场容量
核心资源	对资产、设备、品牌、专利、知识等进行合理配置
业务系统	产品及服务的设计和具体的流程
价值网络	构建与外部商业伙伴的关系网络,共同为顾客创造价值

(续表)

商业模式的构成要素	关键问题
渠道	对产品和服务的传递途径
组织发展	相应的组织结构和组织能力
管理团队	企业领导者的经历和背景

3.1.4　商业模式的三层次

随着现代信息技术的不断发展，越来越多的商业形态和模式不断涌现，企业间、行业间及各种跨界竞争使得商业模式变得越发复杂。我们综合分析了当前的商业竞争态势及格局，发现了商业竞争从商业 1.0 到商业 3.0 不断升级和迭代。商业 1.0 是指传统企业间的竞争，更多是围绕企业间产品、营销、渠道等各个方面的竞争；商业 2.0 为产业间或供应链间的竞争，其竞争核心为整个产业链成本、效率、响应速度等方面；商业 3.0 为生态系统间的竞争，其竞争核心为生态系统的完备程度及内部协同程度等方面。为了更好地解释商业模式，我们将商业模式划分为三个层次，分别是企业商业模式、平台商业模式和生态商业模式，如图 3-1 所示。

图3-1　商业模式的三个层次

1. 企业商业模式

企业商业模式是以企业的经营为宗旨，为实现企业所确认的价值定位所采取的商业模式。企业商业模式旨在通过企业内部流程和基本构造的设计来创造价值，以经济利益为主要导向，更多地关注于企业获取利润的逻辑，主要要素包括市场、产品/服务、核心资源、关键业务、盈利、内部组织能力和合作网络等。

(1) 市场主要是企业明确自身的目标客户群体及其特定的需求，从而能确定吸引目标客户的价值主张和企业运营的方向。目标客户的需求是驱动企业运营的原动力。

(2) 产品/服务是企业满足目标客户群体需求的具体价值体现，主要是产品和服务两种载体形式，包括产品/服务的设计、定价、组合等具体内容。

(3) 核心资源主要体现在企业的技术、资金、管理、品牌、数据等方面，合理地进行资源配置是企业构建竞争优势的基础，也是实现产品/服务传递的有力保障。

(4) 关键业务是指企业产品/服务传递的业务，主要包括产品及服务的研发、营销、竞争、配送、支付等，整个业务系统的构建是决定能否发挥核心资源的作用、实现竞争优势的关键所在。

(5) 盈利是企业关注的核心，盈利要素主要解决企业以何种方式获得收益及价值产生的成本问题，主要包括盈利的渠道、盈利的环节、运营成本等方面。

(6) 内部组织能力主要是指企业内部价值链的构造，即企业如何进行资源和活动的安排，利用已有的资源进行合理配置，并转化为客户价值和企业利润，其是企业业务中的重要环节。

(7) 合作网络主要是解决如何与企业相关利益群体进行合作，主要包括相关群体的组成及它们之间的关系。企业的价值创造活动通常是在与其他企业组织所形成的一种价值网络中进行的，因此，企业相关群体有哪些及与这一网络中其他企业有怎样的合作关系是极其重要的。

2. 平台商业模式

平台商业模式是以平台的运营为宗旨，为实现平台所确认的价值定位所采取的商业模式。平台商业模式中，平台提供者通过信息纽带将交易双方紧密地连接在一起。平台不仅为他们提供了广阔的信息空间，还撮合了市场交易，有效降低了交易成本，并提升了交易效率。平台商业模式主要关注运营、管理和盈利三个方面。

(1) 运营主要描述的是平台作为衔接交易各方的中间机构，需要保证平台的核心性，吸引交易方参与，并为交易流程提供所需的各项服务，具体内容包括平台的营销、市场竞争、相关服务的整合，使得它们不再是以单一要素，而是作为一个相互作用的整体发挥作用。

(2) 管理是指平台对内外部主体的管理控制活动，主要包括平台内部组织、对参与主体的管理机制、对相关服务的协调控制等方面。随着平台参与主体的不断增加，管理问题逐渐复杂，平台运营过程需要良好、有效的管理机制对各方进行约束，从而保障平台有效地运营。

(3) 盈利要素主要包括收入模式和成本管理两部分，平台若摄取过多价值，或者分配给其他主体的利益与其贡献不对称，抑或是平台双边不能均衡发展，商业模式都很可能会快速崩溃。因此，合理、长效的内部收入分配机制配合有效的成本管理是平台得以持续发展的关键。

3. 生态商业模式

生态商业模式是以一个生态系统的运营为宗旨，为实现整个生态系统所确认的价值定位所采取的商业模式。生态商业模式是指要构建一个商业生态系统，这个系统是一个以组织和个人相互作用为基础的经济联合体，是供应商、生产商、销售商、消费者、投资商、政府等以生产商品和提供服务为中心组成的群体。生态商业模式会形成内部成员之间稳定的动态关系和共享机制，主要组成要素包括价值主张、价值网络和价值创造。

(1) 价值主张主要描述了企业的价值诉求，体现了其为生态内部群体所提供的特定利益的组合，包括企业的战略规划和市场定位。

(2) 价值网络主要是指生态商业系统中内部的构成情况，包括内部主体的组成和主体之间的关系。内部主体是系统的基本组成部分，因此要保持多样性，这不仅是生态商业系统的构建基础，也有利于生态商业系统的价值创造；主体之间的关系主要体现为价值的传递及利益的互换，是主体间主动选择和竞争行为的结果，以达到一个动态的平衡。

(3) 价值创造阐述了价值生成的过程。作为生态商业模式，价值创造是为生态内部的相关主体提供基础环境及进行管理约束，因此主要是构建生态内部相关商业的基础服务，如物流、资金流、数据流等服务，并为构建内部主体之间的协同制定相关管理机制。

小米

小米集团成立于 2010 年 4 月，是一家在我国香港主板上市，以智能手机、智能硬件和 IoT 平台为核心的消费电子及智能制造公司。小米公司商业模式的发展是一个不断探索和创新的过程，其核心在于构建一个涵盖硬件制造、软件研发、互联网服务和生态链建设的完整生态系统。小米的商业模式主要如下：①小米采用极致高性价比的产品策略，通过控制成本和利润，提供价格相对较低的产品，从而吸引了大量的消费者；②小米采用"以用户为中心"的服务模式，通过提供优质的售后服务和用户体验，增强了用户的忠诚度和口碑传播；③小米采用互联网思维，通过线上销售和社交媒体宣传，建立了庞大的粉丝群体和用户社区，从而实现了低成本的营销和用户口碑传播；④小米通过建立生态链，与众多的供应商和合作伙伴合作，通过搭建开放的平台和共享资源，吸引第三方开发者和硬件制造商等合作伙伴的加入，共同打造一个完整的生态系统，同时也为生态链中的企业提供了更多的商机和发展空间。

3.2 B2C电子商务商业模式

3.2.1 B2C电子商务概述

B2C(business to consumer)电子商务是企业针对个人消费者开展的电子商务活动的总称，一般是由电商企业通过互联网或现代通信技术向个人消费者直接销售产品或提供服务的经营方式，即网上零售。它由两个环节组成：一是消费者在平台注册后进行商品的选购，确认订单并进行支付；二是企业商家通过自主建立或入驻平台的方式提供在线购物的平台，并进行配送、收款等订单管理工作。B2C交易流程如图3-2所示。

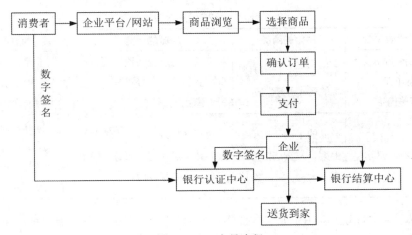

图3-2 B2C交易流程

B2C电子商务主要有以下特点。

(1) 用户购物没有任何限制。用户随时登录网站，挑选自己需要的商品。

(2) 购物成本低。对于消费者来说，他们可以挑选、对比不同商家的商品，只需登录不同的网站，短时间内即可完成，而且通常不需要承担运费，商品由商家或物流方负责配送。

(3) 网上商品价格相对较低。因为网上购物可以省去很多传统商场无法省去的费用，所以网上的商品与传统商场相比相对便宜。

(4) 提供个性化服务。网络可以方便、快捷地为消费者提供个性化的服务。

(5) 商品种类丰富。网上商店中可以包含国内外的各种产品，充分体现了网络无地域的优势。

(6) 商品容易查找。网络商店中基本都具有店内商品的分类、搜索功能，通过搜索，购买者可以很方便地找到需要的商品。

唯品会

唯品会(www.vip.com)是广州唯品会信息科技有限公司旗下的 B2C 电子商务网站。唯品会主营业务为互联网在线销售品牌折扣商品，涵盖名品服饰鞋包、美妆、母婴、家居等各大品类。唯品会在中国开创了"名牌折扣+限时抢购+正品保障"的创新电商模式，并持续深化为"精选品牌+深度折扣+限时抢购"的正品特卖模式，这一模式被形象地誉为"线上奥特莱斯"。2012年 3 月 23 日，唯品会在美国纽约证券交易所(NYSE)上市，其已成为中国电商行业的佼佼者。

3.2.2　B2C电子商务的分类

1. 按交易中所处的地位分类

按交易中所处的地位来分，可以将 B2C 分为企业 B2C 电子商务和平台 B2C 电子商务两个模式。这两个模式可从代表平台、销售的商品、商城的优势和商城的劣势等方面进行比较，具体如表 3-2 所示。

表3-2　B2C模式比较

模式	代表平台	销售的商品	商城的优势	商城的劣势
企业 B2C 电子商务模式	凡客诚品、苏宁易购、唯品会、聚美优品	采用自主生产或是贴标的形式进行供应	对市场趋势反应快速，拥有自身产品品牌；"轻资产、快公司"模式	毛利非常低；推广成本巨大；顾客认可度低；公司品类扩张困难
平台 B2C 电子商务模式	天猫、京东	商品的采购、拍摄、上架、发货均由开店卖方全程自营、维护	只做网络交易平台，不涉及具体商品采购和配送服务，便于平台商城做强、做大	卖方依靠自有品牌的知名度，需要交纳一定的租金，成本较大；平台难以控制商品的质量等

企业 B2C 电子商务主要由企业自行搭建网上交易平台，因此，企业需拥有较强的资金和技术实力，能够自行完成电子商务前台系统和后台系统的构建。平台 B2C 电子商务也称 B2C 电子市场运营商，是指在互联网的环境下利用通信技术和网络技术等手段将参与交易的买卖双方集成在一起的虚拟交易环境。平台 B2C 电子化交易市场经营的重点是聚集入驻企业和消费者，扩大交易规模，形成一定的商业"马太效应"，提升电子化交易市场的人气。

马太效应

20 世纪 60 年代，著名社会学家罗伯特·莫顿(Robert K. Merton)归纳"马太效应"为：任何个体、群体或地区一旦在某一方面(如金钱、名誉、地位等)获得成功和进步，就会产生一种积累优势，即会有更多的机会取得更大的成功和进步。"马太效应"揭示了一个不断增长的个人和企业资源的需求原理，关系到个人的成功和生活幸福。因此，它是影响企业发展和个人成功的一个重要法则。

2. 按交易内容的形态分类

按照交易内容的形态来分，可以将 B2C 电子商务分为实体商品、无形商品和服务两种电子商务模式。

1) 实体商品电子商务模式

实体商品是指传统的实物商品。一般，可通过网络对实体商品进行查询、订购和付款等活动，但最终的交付活动需通过线下来实现。

2) 无形商品和服务电子商务模式

计算机网络本身具有信息传输和信息处理功能。无形商品和服务(如电子信息、计算机软件和数字化视听娱乐产品等)一般可以通过网络直接提供给消费者。无形商品和服务的电子商务模式主要有网上订阅模式、广告支持模式、网上赠予模式和付费浏览模式。

3. 按产品覆盖范围分类

按产品覆盖范围来分，可以将 B2C 分为综合型 B2C 电子商务和垂直型 B2C 电子商务两种。

1) 综合型 B2C 电子商务

综合型 B2C 电子商务又称为水平 B2C 电子商务，是指将各个行业中相近的交易过程集中到一个场所，为企业的采购方和供应方提供一个交易的机会，如中华商业网、中国制造网等。

2) 垂直型 B2C 电子商务

垂直型 B2C 电子商务是指在某一行业或细分市场深化运营的 B2C 电子商务模式。垂直型 B2C 电子商务网站旗下的商品都是同一类型的产品。垂直型 B2C 电子商务的优势在于专注和专业，其能够提供更加符合特定人群的消费产品，满足某一领域用户的特定习惯，因此能够更容易取得用户信任，从而加深产品的印象和口碑传播，形成品牌和独特的品牌价值，如小米商城、华为商城、聚美优品等。

3.2.3　企业B2C商业模式

企业商业模式更多地关注于电子商务企业获取利润的逻辑，下面将从运营模式和盈利模式两个方面进行详细介绍。

1. 运营模式

企业 B2C 运营模式下，通过自行搭建的网上交易平台，对其关键核心要素进行计划、组织和优化，面向消费者进行产品消费及提供服务，为其创造价值。企业 B2C 运营模式如图 3-3 所示。

图3-3　企业B2C运营模式

1) 目标用户

目标用户群是 C 端用户，此时企业的品牌效应是关键，品牌效应越大，产品体验度越高，则越吸引更多有需求的用户。

2) 运营核心要素

(1) 供应链。有专门的采购部门和仓储部门。

(2) 产品/服务。该要素主要包括产品/服务的设计、定价、组合等具体内容。

(3) 商品配送。常采用集中配送，卖家统一进行商品的物流管理工作并通过平台进行展示。

(4) 支付。针对采购的订单，定期给供应商结算。

(5) 平台。自行搭建网上交易平台与企业内部系统链接，实现企业信息化。

3) 成功要素

在核心领域内继续挖掘新亮点。积极与知名品牌生产商沟通和合作，化解与线下渠道商的利益冲突，扩大产品线与产品系列，完善售前、售后服务，提供多样化的支付手段。另外，创造一个好的品牌对网络零售商来说是至关重要的，优秀的品牌可以使顾客建立起对网络零售商的信任感，这种信任感反过来又给网络零售商造就了广阔的空间去进一步提高产品质量和服务。所以，在虚拟世界中过硬的品牌更容易取得成功。

2. 盈利模式

1) 销售收入

企业的 B2C 商业模式可直接销售产品，因此其更专注于核心品类和业务专业化。与销售平台相比，企业的 B2C 商业模式运营成本较高，需要自行开拓产品供应渠道，并构建一个完整的仓储和物流配送体系，或者发展第三方物流加盟商，将物流服务外包，例如，聚美优品就是典型代表，其主要以化妆品为主，通过销售产品而获得盈利。

2) 会员费

B2C 网站为会员提供便捷的在线加盟注册程序、实时的用户购买行为跟踪记录、准确的在线销售统计资料查询及完善的信息保障等。收费会员是网站的主体会员，会员数量在一定程度上决定了网站通过会员最终获得的收益。网站可以适时地举办一些优惠活动并给予收费会员更优惠的会员价，与免费会员形成差异，以吸引更多长期顾客。

3) 服务费

对于很多以无形产品或服务为主的 B2C 企业，如网络游戏、网上娱乐服务商、在线阅读、在线旅游服务提供商等，它们的主要业务是向消费者提供相关的服务。这些企业的盈利模式主要是基于服务本身的价值进行收费。

3.2.4 平台B2C商业模式

平台商业模式主要关注电子商务的运营、管理和盈利三个方面。通常，管理问题在不同平台之间存在较大的差异，下面将从运营模式和盈利模式两个方面进行详细介绍。

1. 运营模式

平台 B2C 电子商务企业仅是服务提供者，主要起协助作用，即不直接为商品质量负责。这类平台通过对其关键核心要素进行计划、组织和优化，吸引更多的商家入驻，来满足消费者的多元化选择，从而提高服务水平。平台 B2C 运营模式如图 3-4 所示。

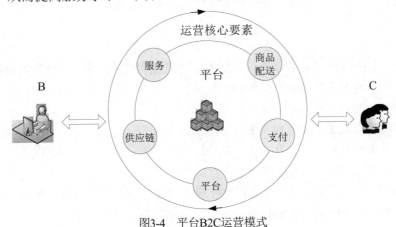

图3-4 平台B2C运营模式

1) 目标客户

目标用户群是商家和 C 端用户，这两者是相辅相成的，当一个 B2C 平台有足够多的用户时，就可吸引更多的商家入驻，从而更加丰富平台类目商品，达到一定量时就会产生质的影响。

2) 核心运营要素

(1) 供应链。平台连接商家和消费者两端，并提供营销、物流、金融服务商等资源。

(2) 服务。包括平台的营销、市场竞争、收费等相关服务的整合。

(3) 商品配送。通常采用分散配送，由于平台不直接为商品负责，因此商品的配送由平台上入驻的各卖家自行负责，分散进行物流管理，并通过平台进行物流信息反馈。

(4) 支付。提供多种支付方式，部分平台会自建支付体系并提供相应金融服务。

(5) 平台。提供电商企业和消费者交易的第三方技术平台，保证交易的正常进行。

3) 成功要素

平台 B2C 的涉及面较广，产品类别丰富，利用自身的平台影响力，可以积极寻找新的利润点，培养核心业务。例如，在现有品牌信用的基础上，可探索国际品牌代购业务或采购国际品牌产品销售等新业务。对于新老客户的关系管理，需要精细客户体验的内容，提供更加人性化、直观的服务。此外，还需对入驻商家的商品质量进行把控，用户选择使用平台运营模式的 B2C 电商平台时，最为关注平台对商品质量的保障情况，在消费升级趋势下，消费者对商品质量的关注度也越发的高，而选择使用 B2C 平台的用户对质量的要求更高，平台品控的重要性更加突出。

2. 盈利模式

1) 店铺租赁费

平台 B2C 商业模式主要的收入来源之一就是出租虚拟店铺来赚取中介费，如天猫 (www.tmall.com)。天猫通过收取加入商城的商家一定的费用，并根据提供服务级别的不同，来收取不同的服务费和保证金。天猫店铺的常规费用包括保证金和技术服务费。其中，保证金金额为旗舰店和专卖店 5 万～10 万元、专营店 10 万～15 万元，技术服务费金额以一级类目为参照，分为 3 万元和 6 万元。

2) 网络广告费

如今，大多数 B2C 平台网站都把收取广告费作为一种主要的盈利形式，广告收益几乎是一切电子商务企业的主要盈利来源。这种方式成功与否的关键是其网页能否吸引大量的访客和网络广告能否受到关注。

3) 商户销售提成

每个商户产品的销售都与平台的利润挂钩。例如当当网，其对于不同品类的店铺，制定了不同的提成比例，通过交易抽成产生收益。

4) 间接收益

除了能够将自身创造的价值变为现实的利润，企业还可以通过价值链的其他环节实现盈利。当 B2C 网上支付拥有足够的用户时，就可以开始考虑通过其他方式获取收入的问题，如通过网上支付获得收益。例如，淘宝和天猫有近 90% 的用户通过支付宝付款，这给它们带来了巨大的利润。淘宝、天猫不仅可以通过支付宝收取签约商户一定的交易服务费用，而且可以充分利用用户存款和支付时间差产生的巨额资金进行其他投资，进而盈利。

3.3 B2B电子商务商业模式

3.3.1 B2B电子商务概述

B2B(business to business)电子商务是企业针对企业开展的电子商务活动的总称，一般是企业与企业之间通过互联网或私有网络等现代信息技术手段，以电子化方式开展的商务活动。通俗地说，就是指进行电子商务交易的供需双方都是商家，它们使用互联网技术或各种网络商务平台，完成商务交易活动中的供求信息发布、商务洽谈、订货及确认订货、合同签订、货款支付、票据的签发及传送和接收、货物的配送及监控等过程的全部或部分。同样是 B2B 电子商务，从事产品经营的制造业或商业部门，主要是企业供应链伙伴之间的电子商务活动；而从事服务经营的企业，其 B2B 电子商务涉及的内容就非常广泛，如商机信息服务、金融服务、广告服务、设计服务等。

相对于 B2C 和 C2C 电子商务来说，B2B 电子商务有以下几个特点。

(1) 交易金额较大。通常，B2C 和 C2C 以普通消费者为交易对象，因此多以日用、休闲、娱乐等消费品为主，往往是单笔交易，数量和金额都较小。而 B2B 电子商务相对于 B2C 和 C2C 来说，其交易对象比较集中，交易次数少，交易规模大，因此一般交易金额都比较大。

(2) 交易操作规范。一般，B2B 电子商务活动涉及的对象比较复杂，因此，对合同格式要求比较规范和严谨，注重法律的有效性。企业与企业之间开展电子商务的条件比较成熟，因此，B2B 电子商务模式是未来电子商务发展的主流，具有巨大的发展潜力。

(3) 交易过程复杂。一般，B2B 电子商务活动涉及多个部门和不同层次的人员，因此，信息交互和沟通比较多，而且对交易过程控制比较严格。

(4) 交易对象广泛。B2C、C2C 交易一般集中在生活消费用品方面，而在 B2B 交易平台上交易的商品覆盖种类广泛，既可以是原材料，也可以是半成品或成品。B2B 只是一个交易平台，其将交易双方汇聚在一起并撮合双方的交易，交易品的种类也不受网络交易的限制。

慧聪网

慧聪网(www.hc360.com)成立于 1992 年，是国内领先的 B2B 电子商务服务提供商，依托其核心互联网产品买卖通，通过专业服务及先进的网络技术，为中小企业搭建诚信的供需平台，提供全方位的电子商务服务。买卖通会员不仅可以通过商务中心来查询符合自己需要的采购信息，亲自订阅采购商机，还可以通过专门的在线洽谈会、IM 等即时通信工具来获得一手采购信息。企业可以通过买卖通建立起集产品展示、企业推广、在线洽谈、身份认证等多种功能于一体的网络商铺。

3.3.2　B2B电子商务的分类

目前，关于 B2B 电子商务模式的常见分类主要有两种：一种是按照在交易中所处的地位分类；另一种是按照产品覆盖范围分类。

1. 按交易中所处的地位分类

B2B 电子商务模式按交易中所处的地位来分，可以分为企业 B2B 电子商务模式和平台 B2B 电子商务模式。

1) 企业 B2B 电子商务模式

企业 B2B 电子商务模式是指买方(或卖方)在互联网上开设交易网站并负责经营和管理的 B2B 电子商务商业模式。企业 B2B 电子商务模式又可细分为以卖方为主导的模式和以买方为主导的模式两类。

(1) 以卖方为主导的模式。卖方可以是制造商或销售商，向批发商、零售商和企业销售，即一个卖家对应多个潜在买家，其结构如图 3-5 所示。这种模式可以加快企业产品销售的过程，实现新产品推广、降低销售成本、扩展卖方渠道等。

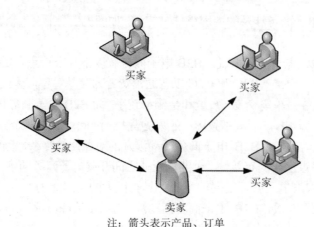

注：箭头表示产品、订单

图3-5　以卖方为主导的B2B电子商务模式

以卖方为主导的模式又称为卖方市场，采取直销和正向拍卖两种主要运营 0 模式。

① 直销。卖方市场是卖方通过基于 Web 的私有销售渠道(通常通过外联网)向企业客户提供商品。小型企业通常利用互联网，并采取一定加密手段来确保交易的安全性。卖方可以是制造商或分销商(制造商必须是实体，而中间商可以是虚拟的)，向批发商、零售商和大企业直接销售，即一个卖家对应多个潜在的买家。

在线销售商可以提供智能化客户服务，从而节省费用。直销模式的成功案例包括戴尔、英特尔、IBM 和思科。现在，越来越多的企业在采用直销模式，如果企业在市场上拥有良好的声誉和足够多的忠诚客户，那么该模式就很有可能取得成功。

② 正向拍卖。一些企业将物品展示在拍卖网站上，以求物品迅速售出，这种拍卖即称为正向拍卖。例如，通用公司在自己的网站上通过拍卖的方式出售不能高效生产的设备。正向拍卖方式可以为卖家带来以下好处：一是带来收入，新的销售渠道可以支持并扩展在线销售，并为企业处理过剩物品提供了一个新的场所；二是增加浏览量，拍卖给网站带来了"黏性"，参加拍卖的客户会在网站上花费更多的时间，来增加更多的页面浏览量；三是争取和留住成员，所有竞标活动会带来新的注册成员。

正向拍卖主要包括两种类型：一种是企业在自己的网站上进行拍卖，这种方式往往适用于一些资金及技术实力较强的大企业，如通用公司；另一种是企业通过网上中介(如一些 B2B 的拍卖网站)来进行拍卖，这种方式比较适用于中小企业，因为它对资源没有要求，且实现时间较短。

(2) 以买方为主导的模式。B2B 独有的一项特色是买方市场及其在采购方面的应用。当买方进入卖方市场时，其采购部门必须将订单手工输入信息系统中。而且，在电子商店或电子商城中搜索和比较供应商及产品的速度慢且成本高。因而，以买方为主导的模式，我们称为买方市场。在这种模式下，买方企业在自己服务器上开设电子市场，邀请潜在的供应商对自己所需的产品进行投标，即一个买家对应多个潜在的卖家，其结构如图 3-6 所示，因此，该模式也称为反向拍卖、招标或竞标模式。在电子采购的使用中，通过将采购职能自动化和精简化，采购人员可以将注意力集中在更具战略性的采购上，以提高采购的效率，通过产品标准化和集中采购来降低购买价格及采购费用，改进信息流和管理，尽量减少从非合同供应商处采购，减少购买和运输过程中的错误，发现更好的供应商。

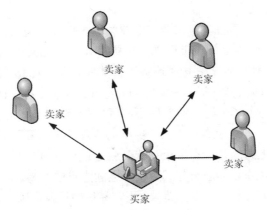

注：箭头表示买方的产品目录报价邀请和卖方的信息及报价

图3-6　以买方为主导的B2B电子商务模式

在大型采购中最常见的模式是反向拍卖，因此有众多企业采用反向拍卖的模式，如有的企业邀请供应商对网站上的零件进行投标，通常，政府和大企业会采用这种模式，因为它可以节约可观的费用。反向拍卖可以在企业的网站上进行，也可以通过第三方中介来进行。

2) 平台 B2B 电子商务模式

平台 B2B 电子商务模式是指将采购商及供应商聚集在同一个平台进行交易的商业模式。这种模式也称为多对多市场模式，它们都是公开的电子市场，又称为电子商场、网络交易市场、交易所、交易社区、B2B 门户网站等。常见的多对多市场是由独立的第三方中介公司建立并控制，以吸引采购商和供应商在电子市场上发布供应和需求信息，促进双方信息的共享和协调，并协助双方最终完成电子交易的模式。此第三方经营模式，既不偏向采购商一方，也不偏向供应商一方，是为多个采购商和供应商提供信息和交易等服务的电子交易平台，如阿里巴巴、中国制造网、中国供应商、慧聪网、中国网库等。

2. 按照产品覆盖范围分类

B2B 电子商务模式按产品覆盖的宽度和深度来分，可以分为综合型 B2B 电子商务和垂直型 B2B 电子商务。

1) 综合型 B2B 电子商务

综合型 B2B 电子商务又称面向中间交易市场的水平 B2B 电子商务商业模式，是指利用网上中介服务网站，将买方和卖方集中到一个市场上进行信息交流、广告促销、拍卖竞标、商品交易、仓储配送等商业活动。综合型 B2B 电子商务的典型网站有阿里巴巴、慧聪网、中国制造网、环球资源网等。

综合型 B2B 电子商务平台模式的行业广泛、企业众多，很多行业和企业都可以在同一个网站上进行商务贸易活动。该商业模式将各个行业中相近的交易过程集中到一个场所，为企业的采购方和供应方提供交易机会。综合型 B2B 电子商务平台一方面利用网上交易为企业创造价值，提升行业供应链竞争力；另一方面通过制定行业标准和组织中间采购对 B2B 服务进行有效管控，同时为业内企业集中提供内容丰富的资讯信息，包括行业新闻、行业教育、职位招聘，以及提供面向行业的专门化服务等。

2) 垂直型 B2B 电子商务

垂直型 B2B 电子商务又称面向制造业或专业领域的垂直 B2B 电子商务商业模式，是指将买卖双方集合在一个特定的专业领域市场进行交易的电子商务模式。其特点是专业性强，聚焦于一个行业做深、做透。垂直型 B2B 电子商务平台能使企业与其贸易伙伴间达成深度整合，充分发挥供应链企业间的协调机制，提高透明度和规范性。每个行业的 B2B 电子商务都在不同程度上延伸着企业价值链与上、下游企业实现不同程度的信息共享和流程的电子化协同。垂直型 B2B 可以分为两个方向，即上游和下游。生产商或商业零售商可以与上游的供应商形成供货关系，如戴尔公司与上游的芯片和主板制造商就是通过这种方式进行合作，生产商与下游的经销商可以形成销货关系，如思科与其分销商之间进行的交易。

垂直型 B2B 通常拥有该行业的资源背景，更容易集中行业资源，吸引行业生态系统内多数成员的参与，同时也容易引起国际采购商和大量买主的关注。因此，近一个时期以来，垂直型 B2B 网站成了企业间电子商务中备受推崇的发展模式，但因其涉及面窄，客户数量的扩展受到了一定限制。不同行业的 B2B 电子商务平台在功能上可能有一定的差别，但总体来说仍然属于信息发布平台网站。因此，垂直型 B2B 平台除了在行业集中方面与综合 B2B 平台不同，两者的经营模式基本相同。垂直型 B2B 电子商务的典型网站有中国服装网、中国化工网、全球五金网等。

3.3.3 企业B2B电子商务模式

企业商业模式更多地关注于电子商务企业获取利润的逻辑，下面将从运营模式和盈利模式两个方面进行详细介绍。

1. 运营模式

1) 以卖方为主导的 B2B 电子商务

这是一种最普遍的 B2B 电子商务模式。在该模式中，提供产品或服务的企业即卖方企业占据主动地位，它先上网公布信息，然后等待买方企业上网洽谈、交易，是一个卖家与若干个买家之间的商业模式。卖方主导的 B2B 电子商务主动地位来自卖方集中和主导程度、销售额、产品细分、转换成本、下线买方向后整合的威胁及买方信息的多少。例如，宝洁公司曾凭借自己强大的品牌和销售实力，让其下游经销商配合销售，完成各种指标和任务。卖方主导的 B2B 电子商务系统只有在长期的买卖方关系下才能产生，也只有在买卖双方存在足够的信任时才会建立，而良好的信任只有在长期的买卖方关系中才存在。

2) 以买方为主导的 B2B 电子商务

这种模式需要产品或服务的企业占据主动地位，买方企业先上网公布产品名称、规格、数量、交货期等需求信息，然后等待卖方企业上网报价、洽谈和交易。这种交易方式类似于现在企业常用的项目招标方式，是一个买家与多个卖家之间的商业模式。一般企业自建的服务于本企业的电子采购就是这种模式，通常以大型企业为主。

这种模式使得采购过程公开化、规范化，实现了信息共享，加速了信息流动的速度，节省了交易费用，强化了监督控制体系，提高了整个运营环节的工作效率。

2. 盈利模式

1) 销售收入

以卖方为主导的企业 B2B 电子商务模式通过对公司产品的直销，跳过中间商，直接面向批发商、零售商等最终客户，能最大限度地增加企业的销售利润；而且正向拍卖的形式能够以最快的时间、最有利于卖方的价格对产品或设备进行出售，这些都能直接扩大卖方的销售收入。

2) 节省采购费用

以买方为主导的企业 B2B 电子商务模式主要是高效、经济化地完成企业的采购业务，其采取电子商务模式的主要优势就在于通过对供应商的整合，能够使买方与供应商之间建立稳定和密切的联系，由此节约了分散采购的巨额费用。在反向拍卖的形式下，供应商之间的互相竞争在市场的作用下，最终会使得买方在采购价格及质量上获得巨大优势。

3.3.4 平台B2B电子商务模式

平台 B2B 电子商务模式主要关注电子商务运营、管理及盈利三个方面，不同平台存在的管理问题有较大的差异，下面将从运营模式和盈利模式两个方面进行详细介绍。

1. 运营模式

1) 价值活动

为了更好地实现企业自身价值和客户价值，B2B 电子商务平台会通过对资源的不断整合来提升服务能力。无论是阿里巴巴不断推行的并购和自身产品的完善，还是简历增值服务平台都在围绕整合服务这一主题。而平台在不断提升自身竞争优势的同时，也为客户提供了最全面的整合服务，目前，常见的整合服务内容包括信息服务、建站服务、与银行建立担保、监管机制、与仓储物流企业合作、信用服务和其他增值服务。

2) 企业定位

目前，B2B 电子商务平台在企业定位、服务类型方面的相似性相对较高，基本上以全面性的综合服务载体为基础，进行增值服务，有效地整合了资源及重复完成信息共享，其中较大的差异在于各平台所面向的服务行业种类，可以认为，目前国内 B2B 电子商务平台主要的定位是信息服务为主、增值服务为辅的运营模式。

3) 核心资源

目前，以阿里巴巴、环球资源网为代表的综合型 B2B 电子商务平台所拥有的庞大用户群体是构建其优势的核心资源，在此基础上可不断进行业务和相关服务的拓展；而垂直型 B2B 电子商务平台的核心资源在于其先发优势、品牌优势、资源优势、市场优势、管理团队等竞争优势。此外，一些平台拥有完善的安全交易、资金监控等管理机制也是其核心资源的重要部分。

2. 盈利模式

1) 广告费

网络广告是平台 B2B 电商模式的主要盈利来源。例如，阿里巴巴网站的广告根据其在首页的位置及广告类型来收费；中国化工网有弹出广告、漂浮广告、Banner 广告、文字广告等多种表现形式可供用户选择；慧聪网的网络广告则有文字链广告、行业资讯、终端页、按钮广告、横幅广告、通栏广告、弹出广告、流媒体广告等多种形式。

2) 会员费

若企业想通过第三方电子商务平台参与商务交易，则必须注册为 B2B 网站的会员，每年要交纳一定的会员费，才能享受网站提供的各种服务。目前，会员费已成为我国 B2B 网站最主要的收入来源。表 3-3 列出了目前我国一些主要 B2B 网站平台的会员费收取标准，仅供参考。

表3-3　我国一些主要B2B网站平台的会员费收取标准

网站名称	会员费类型	收费标准(每年)
阿里巴巴	中国供应商	4 万～8 万元
阿里巴巴	诚信通	6 688 元
慧聪网	买卖通	普通会员 2 580 元，银牌会员 6 200 元
中国制造网	认证供应商	31 100 元
环球资源网	收费会员	18 万～50 万元

3) 佣金

部分 B2B 平台虽然要求必须注册为会员，但无须交纳会员费，而是企业通过 B2B 平台达成电子商务交易后，采取佣金方式(在买卖双方交易成功后收取费用)，便可享受网站提供的服务。

4) 竞价排名

企业为了促进产品的销售，都希望在 B2B 平台的信息搜索中排名靠前，而网站在确保信息准确的基础上，根据会员交费的不同对排名顺序做相应的调整。例如，阿里巴巴的竞价排名是诚信通会员专享的搜索排名服务。

5) 增值服务

B2B 网站通常除了会为企业提供贸易供求信息，还会深挖客户的需求，提供具有针对性的增值服务，从而获取盈利。

6) 关键字搜索和点击推广

关键字搜索和点击推广收费模式预计将成为 B2B 平台未来主要的盈利渠道。黄金展位是电子商务网站为会员企业品牌展示的重要平台，企业在购买黄金展位后，将在特定关键词的搜索结果页面右侧显著位置提供优先展示机会。这将有助于以最直观、最醒目的方式吸引买家的关注，进而塑造和提升企业品牌形象。

3.4　C2C电子商务商业模式

3.4.1　C2C电子商务概述

C2C(customer to customer)电子商务是个人消费者针对个人消费者开展的电子商务活动的总称，一般为消费者与消费者之间通过互联网进行的个人交易。C2C 交易平台是为买卖双方提供在线交易的平台。在该平台的支持下，卖方可以自行提供商品上网展示销售，而买方可以自行选择商品，拍下付款或以竞价方式在线完成交易支付。

目前，我国的 C2C 电子商务平台主要有淘宝、易贝中国(eBay)等。其中，淘宝是我国最大的 C2C 电子商务交易平台，易贝中国主要为面向海外销售的用户提供交易平台。

相对于其他电子商务模式，C2C 电子商务具有以下特点：用户数量大且分散；买卖双方在第三方交易平台上交易，由第三方交易平台负责技术支持及相关服务；依赖第三方物流体系；单笔交易额小，低价值商品加上物流费可能会造成价格偏高；个人网店平均寿命短；在 C2C 交易中纠纷难以公正解决等。

淘宝网

淘宝(www.taobao.com)是亚太地区较大的网络零售商圈，由阿里巴巴集团在 2003 年 5 月创立，目前拥有近 5 亿的注册用户数，每天有超过 6 000 万的固定访客，同时每天的在线商品数已经超过了 8 亿件，平均每分钟售出 4.8 万件商品。淘宝网致力于推动"货真价实、物美价廉、按需定制"网货的普及，帮助更多的消费者享用海量且丰富的网货，获得更高的生活品质；通过提供网络销售平台等基础性服务，帮助更多的企业开拓市场、建立品牌，实现产业升级；帮助更多胸怀梦想的人通过网络实现创业就业。

随着淘宝网规模的扩大和用户数量的增加，其也从单一的 C2C 网络集市变成了包括 C2C、团购、分销、拍卖等多种电子商务模式在内的综合性零售商圈。目前，淘宝网已经成为世界范围的电子商务交易平台之一。

3.4.2 C2C电子商务的分类

1. 按交易的商品类型分类

C2C 电子商务商业模式按交易的商品类型来分，可以分为物品交易平台(如淘宝网)和服务交易平台(如威客网)。

1) 物品交易平台

C2C 物品交易平台主要是消费者与消费者通过互联网在该平台进行物品交易，包括实物商品和虚拟商品。该类平台网站中交易的商品种类很多，从汽车、计算机到服饰、家居用品，品类齐全。除此之外，还包括网络游戏装备、软件等虚拟商品，具体平台如淘宝网、拍拍网和易贝网等。

2) 服务交易平台

C2C 服务交易平台主要是指消费者与消费者通过互联网在该平台进行服务交易，例如，一品威客网一般交易的是企业或个人的智慧，是常见的智慧交易平台。

2. 按交易的平台运营模式分类

C2C 电子商务商业模式按交易的平台运营模式来分，可以分为拍卖平台运营模式和店铺平台运营模式。

1) 拍卖平台运营模式

电子商务企业为买卖双方搭建网络拍卖平台，按比例收取交易费用。在拍卖平台上，商品所有者或某些权益所有人可以独立开展竞价、议价、在线交易等。网络拍卖的销售方式保证了卖方的价格不会太低，他们可以打破地域限制将商品卖给出价最高的人；同理，买方也可以确保自己不会付出很高的价位。

2) 店铺平台运营模式

C2C 电子商务企业提供的平台可以方便个人开设线上店铺，并以会员制、广告或提供其他服务收取费用。此外，拍卖平台运营模式与店铺平台运营模式没有截然的界限，如淘宝网既是拍卖平台，也是店铺平台。

3.4.3　店铺平台运营模式

店铺平台运营模式又称网上商城运营模式，由电子商务企业提供平台，方便个人在平台上开设店铺。目前，国内主要的 C2C 网上商城主要有淘宝网、拍拍网和易贝网等。

1. C2C网上采购及开店流程

1) C2C 的采购流程

C2C 的采购流程如下。

(1) 会员注册。C2C 平台的新用户需先进行会员注册：首先阅读服务条款并同意，其次填写个人资料并提交，最后通过接收邮件激活会员账号的方式完成会员注册。

(2) 浏览搜索商品。一般 C2C 平台都具有"高级搜索"的功能，可以利用 C2C 平台的搜索引擎，也可以按照商品分类来选择购买的商品。

(3) 联络卖家。可以通过发站内信件给卖家、给卖家留言、使用沟通工具等不同的方式联络卖家。不同网站支持不同的沟通工具，如淘宝网支持阿里旺旺、拍拍网支持 QQ、易贝网支持易趣通，利用它们能够直接找到卖家并进行沟通。

(4) 出价和付款。如果选择的是以拍卖方式出售的物品，首先必须认真学习该拍卖网站的拍卖规则，其次要看好邮费、剩余的时间、起拍价格、加价幅度和现在的价格。如果卖家不包邮费，则买家的付款金额是最终的竞拍价加邮费。如果选择的是以一口价方式出售的物品，且卖家不包邮费，则买家的付款金额是一口价加邮费。如果选择的是以张贴海报的方式出售的汽车、房产、服务等商品，则可以按照提供的联络方式和卖家取得联系，并进一步洽谈。

(5) 收货和评价。收货后，买家应在第一时间检查物品的状况，如尺寸、新旧程度、颜色等是否与照片一致，如果与照片有出入或自己不满意，则可以和卖家协商退货。收货后，要对卖家进行客观、公正的评价。

2) C2C 开店的流程

C2C 开店的流程如下。

(1) 会员注册。与买方注册会员相同，如果作为买方已注册会员，则作为卖方时可以与买方用同一会员账号。

(2) 开通 C2C 平台的支付工具。例如，淘宝网开通支付宝，拍拍网开通财付通。(注意：卖家必须开通相应 C2C 平台的支付工具，买家也应该开通这些支付工具，以保证自己的合法权益。)

(3) 实名认证。如果要在 C2C 平台上卖商品，则必须通过实名认证，具体有个人实名认证和商家实名认证两种。个人实名认证必须提供本人的身份证，商家实名认证必须提供营业执照等能证明商家身份的证件。

(4) 开设店铺，发布商品。通过身份认证后，就可以开设店铺，发布商品，进行拍卖。目前，在淘宝、拍拍网上拍卖物品时不收取任何中介费用，是完全免费的。但 C2C 网站的增值服务是收取费用的，如淘宝的旺铺、试衣间等要收取一定的服务费。

(5) 联络买家。在物品拍卖过程中，随时会有买家留言提问，服务周到的卖家应及时、耐心地回复留言；也有的买家会通过站内短信联系的方式联系卖家，卖家应及时处理，通过沟通工具联系买家。

(6) 发货和评价。确认收到买家的货款或知道买家将货款付给支付工具后，卖家就可以放心地安排发货了。卖家账户收到买家款项后，必须客观、公正地对买方进行评价，买卖双方互相做了评价后，都能得到一定的信用积分。图 3-7 所示为 C2C 采购及开店流程。

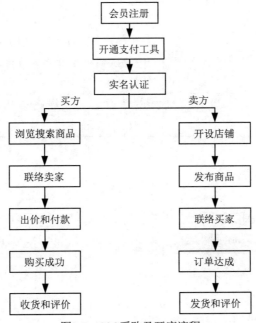

图3-7 C2C采购及开店流程

2. C2C平台的盈利模式

无论对个人还是商业组织，C2C 网络平台都是买卖商品的重要渠道。C2C 网络平台使买卖双方在任何地方都可以对商品或服务进行竞标，而且几乎可以获得价格、产品、供需等方面的完备信息。C2C 电子商务平台可以从提供的服务中获得较高的收益，其盈利方式如表 3-4 所示。

表3-4　C2C电子商务平台的盈利方式

盈利方式		收入的具体形式
会员费		作为会员可以享受到更多、更高质量的服务，如可以得到特定或专供信息、增值服务项目等
网络广告费		根据不同版面、不同形式、发布时间和长短等因素而确定不同的收费标准，如推荐位费用、竞价排名、直通车等
增值服务费		辅助信息费、物流服务费、支付交易费等
特色服务费		产品特色展示费用，如为拍品提供多角度的拍摄、旺铺、试衣间、店铺管理工具等
拍卖平台	拍卖成交后的佣金	按拍品成交金额收取一定比例的佣金
	保留价费用	拍卖交易不成功时，拍卖网站根据卖方事先设置的拍品保留价高低来收取费用
	登录拍品信息费	拍卖网站会向卖方收取拍品信息登录费用
店铺平台	店铺费用	早期 C2C 网上商城对在其平台上开店的用户收取一定的费用，而近年来国内的 C2C 平台都实行免费制度，但有些平台会对获得开店资格的用户收取保证金
	交易服务费	年租费或月租费、成交手续费等。目前，国内 C2C 平台都不收取这一费用
	商品登录费	商家发布商品需交给平台费用。目前，国内 C2C 平台都不收取这一费用

3.4.4　拍卖平台运营模式

C2C 典型应用是网上拍卖和网上二手交易等。易贝是全球最早的 C2C 交易平台型的应用，为买卖双方搭建拍卖平台。淘宝网是我国最大的 C2C 交易平台，其既是店铺平台，又是拍卖平台。

1. 网络拍卖

《中华人民共和国拍卖法》(简称《拍卖法》)明确规定，拍卖是指以公开竞价的形式，将特定物品或财产权利转让给最高应价者的买卖方式。相关定义中，拍卖主体是指依照《拍卖法》和《中华人民共和国公司法》(简称《公司法》)设立的从事拍卖活动的企业法人，包括竞买人、买受人、委托人和拍卖人。竞买人是指参加竞购拍卖标的的公民、法人或其他组织。买受人是指以最高应价购得拍卖标的的竞买人。委托人指委托拍卖公司拍卖物品或财产权利的公民、法人或其他组织。拍卖人是指依照《拍卖法》和《公司法》设立的从事拍卖活动的企业法人。在网络上，拍卖人一般是指 C2C 电子商务搭建的拍卖平台，如易贝网和淘宝网等。

网络拍卖是指网络服务商利用互联网通信传输技术，向商品所有者或某些权益所有人提供有偿或无偿使用的互联网技术平台，让所有者或某些权益所有人在其平台上独立开展以竞价、议价方式为主的在线交易模式。

2. 网络拍卖网站的形式

关于网络拍卖网站的形式，目前大多数观点认为它可以分为专业拍卖网站和平台式拍卖网站两种。

1) 专业拍卖网站

这类网站一般是传统拍卖公司为实现其现实空间(实际生活)中的既有业务而在网络空间上的延伸。这种形式中包括拍卖公司之间联合开展拍卖业务而合作建立的网站，例如嘉德在线(www.artrade.com)是由中国嘉德国际拍卖有限公司与日本软体银行和中国香港电讯盈科公司共同开拓网上拍卖业务所组建的专业性拍卖网站。虽然目前专业拍卖网站还为数不多，但由于有明确的目标市场，因此，它们比平台式拍卖网站更具优势。

专业拍卖网站通常是以 B2B2C 方式进行的，对于企业来说不仅提高了效率、拓展了销售渠道、节省了时间和销售成本，更重要的是，它开辟了一种全新的经营模式。企业通过这类拍卖网站不仅可以处理积压的产品、不合格的次品、陈旧的设备等传统销售渠道难以处理的物品，还可以在网上预先发布新产品，这不仅能够预测产品的市场趋势，还能保留竞价的记录为新产品正式发布提供价格参考。

📖 小贴士

B2B2C模式

B2B2C(business to business to customer)是一种新的网络通信销售方式，第一个 B 指广义的卖方(成品、半成品、材料提供商等)；第二个 B 指交易平台，即提供卖方与买方联系的平台，同时提供优质的附加服务；C 指买方。这里的卖方不仅仅是公司，也可以是个人，即一种逻辑上的买卖关系中的卖方。平台绝非简单的中介，而是提供高附加值服务的渠道机构，是一个拥有客户管理、信息反馈、数据库管理、决策支持等功能的服务平台。买方同样是逻辑上的关系，可以是内部的，也可以是外部的。B2B2C 定义包括了现存的 B2C 和 C2C 平台的商业模式，更加综合化，可以提供更优质的服务。

2) 平台式拍卖网站

这类拍卖网站是在网络拍卖中提供交易平台服务和交易程序，为众多买家和卖家构筑一个网络交易市场，由卖家和买家在该平台上进行网络拍卖。拍卖服务主要采用 C2C 或 B2C 模式，我国以淘宝网为首要代表。网站的经营目标是促成用户之间的在线交易，网站并不作为买家或是卖家的身份参与买卖行为的本身，它只提醒用户应该通过自己的谨慎判断确定登录物品及相关信息的真实性、合法性和有效性。用户登录到网站后，即可通过页面或电子邮件进行交易或跟踪拍卖的进程。

平台式拍卖网站最终的盈利一般取决于物流流畅度、价格合理度，这就需要精确的设计和规划。从技术角度来看，提供竞买过程的跟踪和管理是网上拍卖的关键，如淘宝网有专门的拍卖网站(paimai.taobao.com)和淘宝二手"闲鱼"网站(2.taobao.com)。

3. 动态定价和拍卖的类型

拍卖的最主要特征是动态定价，即价格不固定的商业交易。动态定价有几种不同的形式，习惯上，根据买卖双方的人数将其分为四类，如表3-5所示。

表3-5　动态定价的类型

买家	卖家	
	一个	多个
一个	谈判、易货、议价	反向拍卖、询价单、招标
多个	正向(普通)拍卖	动态交易、双向拍卖

1) 一个买家，一个卖家

在该结构中，可以使用谈判、易货、议价方式。最后的价格由议价实力、商品在市场上的供求和商业环境因素决定。

2) 一个卖家，多个潜在买家

在该结构中，卖方采用正向拍卖(也称普通拍卖)，主要的拍卖方式有英国式拍卖和荷兰式拍卖。

(1) 英国式拍卖。英国式拍卖也称英式拍卖，又可称为出价逐升式拍卖或增价式拍卖，这是一种传统拍卖模式，由低价走向高价。在拍卖过程中，拍卖标的物的竞价按照竞价阶梯由低至高，依次递增，当到达拍卖截止时间时，出价最高者成为竞买的赢家(即由竞买人变成买受人)。拍卖前，卖家可设定保留价，当最高竞价低于保留价时，卖家有权不出售此拍卖品。当然，卖家亦可设定无保留价，此时，到达拍卖截止时间时，最高竞价者成为买受人。

(2) 荷兰式拍卖。荷兰式拍卖(荷兰拍)也称为出价逐降式拍卖或减价式拍卖，它是一种特殊的拍卖形式。拍卖标的物的竞价由高到低依次递减直到第一个竞买人应价(达到或超过底价)时成交的拍卖。减价式拍卖通常从非常高的价格开始，高到没有人竞价时，价格就以事先确定的降价阶梯，由高到低递减，直到有竞买人愿意接受为止。

3) 一个买家，多个潜在卖家

在该结构中，使用反向拍卖的方式，也被称为竞标或招标系统。这种方式通常用于密封递价拍卖。

密封递价拍卖是出价人在互不协商的情况下各自递交自己的出价，具体又分为密封递价最高(最低)价拍卖和密封递价次高(次低)价拍卖。前者以出价最高(最低)者胜出，以其出价购得拍卖品，如果拍卖品较多，出价低于前一个的出价者可以购得剩余的拍卖品；后者又称为维氏拍卖，也是出价最高(最低)者胜出，但出价最高(最低)者是按照出价第二高(第二低)来购买拍卖品。

网上密封递价式拍卖多用于工程项目、大宗货物、土地房产等不动产，以及资源开采权出让等交易。

4) 多个卖家，多个买家

在该结构中，买家及其还价和卖家及其要价相匹配，并考虑双方报出的数量。股票和商品市场都是典型的例子。买卖双方可以是个人也可以是企业，这种拍卖也被称为双向拍卖。

(1) 开放出价双重活动拍卖。买家和卖家同时递交价格和数量，拍卖人将卖家的要约(从最低到最高)与买家的要约(从最高到最低)进行匹配，买家和卖家可以通过从其他出价中获得的消息来修改出价。

(2) 开放出价双重固定拍卖。买家和卖家同时递交价格和数量，拍卖人(拍卖专家)将卖家的要约(从最低到最高)与买家的要约(从最高到最低)进行匹配，买家和卖家不可以修改出价。

这种拍卖方式只对事先知道质量的物品有效，如有价证券或有标准级别的农副产品。在网上双重拍卖中，买方和卖方出价是通过软件代理竞价系统进行的。具体过程为拍卖开始前，买方向软件代理竞价系统提交最低出价和出价增量，卖方向软件代理竞价系统提交最高要价和要价减量，由网上拍卖信息系统将卖方要约与买方要约自动进行匹配，直到要约提出的所有出售数量都卖给了买家。

3.5　O2O电子商务商业模式

3.5.1　O2O电子商务概述

O2O(online to offline)电子商务是指将线下的商务机会与互联网结合，让互联网成为线下交易前台的电子商务模式。O2O 的概念非常广泛，最早来源于美国，既可涉及线上，又可涉及线下。实现 O2O 模式的核心是在线服务，因此网络技术平台是构建 O2O 电子商务平台的关键，也是信息化时代发展的必然趋势。O2O 将客户意愿和商家买卖信息分类归纳，以便更好地实现索引等功能。卖家可以根据商家发布的信息实现线上、线下交易获取相应的服务，也可以通过点评模块抒发个人对产品的体验观感，还可以浏览其他卖家的体验信息了解产品信息。

在这个人人追求效率的时代，新零售业态下 O2O 成为一种消费模式不仅仅是因为其与线上线下的融合，而是其更注重效率，例如，美团外卖、天猫超市、京东到家这些销售模式讲究的就是高效率，承诺 30 分钟送货上门，或者次日达，都是满足消费者的一种快速需求。另外，O2O 的核心是线上推广宣传，利用互联网这种高速到高运转的宣传平台，将企业文化、品牌定位、商品特色等信息，快速呈现在消费者眼前，促成高效率的广告宣传效应，从而引导从线上获知信息的顾客去线下体验，最终促成消费，而这一点就恰巧完成了我们所谓的线上线下融合。目前，从事 O2O 电子商务的企业有很多，如美团网、大众点评、58 同城、携程网、滴滴打车等。

O2O 电子商务模式主要有以下特点。

(1) 对消费者来说，一是能够使消费者在最短的时间内，获取到较全面及准确的产品和服务信息；二是相关消费者可以采用网络的方式，实现与商家的直接交流，并且可以对产品进行订购；三是与线下相比，价格方面更优惠。

(2) 对商家来说，一是商家能够通过各种大数据的相关平台进行营销，获得更多的客户；二是相关商家采用平台的追踪功能对每笔交易进行访问；三是商家可以在与消费者沟通时，更深入地了解客户需求；四是商家能够较为便利地实现更多渠道的推广；五是商家能够通过这种网络平台，对大量的用户进行维护；六是商家对店面的地段要求降低，依赖性减弱，可以明显减少租金等成本，优化资源配置，提升效率。

(3) 对平台本身来说，一是平台本身具有很强的广告盈利机制，未来可衍生出更为多元化的盈利模式；二是平台日积月累拥有庞大而珍贵的用户数据，这些数据体现了消费者的消费习惯、要求、特点、分类等，能为商家提供更广阔的推广渠道，对商家而言具有比较大的吸引力；三是与C2C、B2C平台相比来说，O2O平台具有高出数倍的现金流。

3.5.2　O2O电子商务的分类

1. 按线上及线下运营顺序分类

(1) 先线上后线下模式。首先搭建平台，成为用户的入口和依托，通过场景营销模式将线下商业流入线上进行交易，同时用户享受线上的服务体验，运转的基础具有强大的数据流量转化和线上线下互动能力。

(2) 先线下后线上模式。突破组织壁垒，平台共享加垂直协同；突破价格壁垒，线上线下价格统一；突破体验壁垒，全面建立互联网门店，运用移动互联网、物联网、大数据等技术，满足个性化需求，以及用户在售前、售中、售后的全流程体验需求。

2. 按用户需求分类

(1) 导流类O2O模式。导流类O2O模式的核心是流量引导，其也是目前企业O2O模式中最主流的模式。该模式是指以门店为核心，使用O2O模式来为线下门店导流，以提高线下门店的销量。使用该模式的企业旨在利用O2O平台吸引更多的新客户到门店消费，建立一套线上和线下的会员互动互通机制。

(2) 体验类O2O模式。体验类O2O模式的核心是消费者对服务的体验和生活方式的便利。该模式是指消费者在网上寻找消费品，然后到现实的商店中体验和消费，是最典型的O2O模式。

(3) 整合类O2O模式。整合类O2O模式的核心是全渠道的业务整合，即线上线下的全渠道业务整合，以线上线下的顺序为区分界限，主要平台包括腾讯、苏宁易购等。

3.5.3　O2O电子商务运营模式

传统的消费模式是消费者到商超直接购买，而在O2O平台商业模式中，整个消费过程分为线上和线下两部分。线上平台为消费者提供消费指引、促销信息、便利服务(预订、在线支付、地图等)和分享平台，而线下商家则专注于提供服务。O2O电子商务运营模式可以分解为以下五个阶段。

(1) 引流。在线平台作为线下消费信息获取的入口，将大量的消费者与商家结合在一起，这可能会触发消费者的线下消费需求。常见的O2O平台引流入口包括：消费点评类网站，如大众点评；电子地图，如百度地图、高德地图；社交类应用，如微信、QQ。

(2) 转化。在线平台向消费者提供商品的详细信息、折扣(如团购、优惠券)和便利服务。消费者通过搜索评比，最终选择线下某一家其认为最优的商户并完成消费决策。

(3) 消费。消费者在线搜索消费品信息进行购买并支付，线下商家配送商品或提供服务后，完成消费。

(4) 反馈。购买完成后，将自己对商品或服务的评价反馈到在线平台，帮助其他消费者做出消费决策。通过统计和分析消费者的反馈，制定相应的规则给商家评定不同的等级，形成更加可参考的商家信息库，以吸引和帮助更多的消费者得到更好的体验。

(5) 存留。在线平台为消费者和商家建立了沟通渠道，帮助商家维护消费者关系，推送相关活动信息，以达到客户二次消费的目的。

3.6　其他电子商务商业模式

电子商务的发展日新月异，其已不再局限于传统的 B2B、B2C、C2C 及 O2O 电子商务模式，运作的形式也不再拘泥于以企业为中心，而是向"客户需求"为导向转变，相继出现了G2B、G2C、B2F、B2M、C2T 等各种新型的电子商务模式，这些模式都有自身的特点及针对的群体和适用范围。新型电子商务模式的出现说明电子商务本身的不断进化与适应能力的不断提高。

3.6.1　政府的电子商务模式

政府的电子商务，也称电子政务，包括政府对企业(G2B)、政府对公众(G2C)、政府机构间(G2G)、政府与雇员间(G2E)的电子商务模式。下面主要介绍 G2B 和 G2C。

1. G2B

G2B(government to business)是指政府通过电子网络系统进行电子采购与招标，精简管理业务流程，快捷迅速地为企业提供各种信息服务。G2B 模式旨在打破各政府部门的界限，实现业务相关部门在资源共享的基础上迅速快捷地为企业提供各种信息服务、精简管理业务流程、提高办事效率、减轻企业负担，进而促进企业发展。G2B 模式目前主要运用于电子采购与招标、电子化报税、电子证照办理与审批、相关政策发布、提供咨询服务等。

2. G2C

G2C(government to citizen)是指政府与公众之间的电子政务。政府一般在互联网上发布政府部门的名称、职能、机构组成、工作章程及各种资料、活动，为公众与政府打交道提供便利，同时也接受公众的民主监督。此外，互联网是跨国界的，所以政府上网能够让各国政府相互了解、加强交流，适应全球经贸一体化的趋势。G2C 电子政务所包含的内容非常广泛，包括公众信息服务、电子税务、电子社会保障服务、电子医疗服务、电子就业服务、电子教育和电子交通管理等。

3.6.2　C2M电子商务模式

C2M(customer to manufacturer，顾客对工厂，简称"客对厂")，是基于社区 SNS 平台及 B2C 平台模式上的一种新型的电子商务模式。

C2M 模式是在"工业互联网"背景下产生的，它的提出源于德国政府在 2011 年汉诺威工业博览会上提出的工业 4.0 概念，是指现代工业的自动化、智能化、网络化、定制化和节能化。它的终极目标是通过互联网将不同的生产线连接在一起，运用庞大的计算机系统随时进行数据交换，按照客户的产品订单要求，设定供应商和生产工序，最终生产出个性化产品的工业化定制模式。这也被称为继蒸汽机、电气化、自动化之后人类的第四次科技革命。

C2M 模式应用最广泛的就是 C2M 定制。C2M 定制指的是将客户需求直接反馈到工厂，省去所有中间渠道，实现按需进行定制生产的过程。如今，C2M 定制已经延伸到家装领域，一些领先的家装企业利用 IMAX 云设计软件，将设计前置，由客户亲自参与前期设计阶段，提前看到家的未来模样，并根据自己的需求进行风格的选择和调整，大到整体设计，小到材料的品牌和风格，通过系统直接下单给工厂，生产完工后直接配送到用户家进行安装，形成一个高效定制的家装 C2M 销售模式。

3.6.3　C2T电子商务模式

C2T(consumer to team，个体对团队)指的是个体对团体的电子商务模式，简单来说，就是单个商家对团体消费者，是以团购为中心的创新型的商业模式。

C2T 模式最大的特点就是可以把分散被动的个体购买变为集中主动的大量购买，借助了人多力量大的优点，并且很好地与互联网相融合，在有效利用互联网信息传播快、传播广等优点后，可快速有效地促进商家在提高商品质量的同时降低商品的价格，这样也就很好地让客户实现了在取得低价购物的同时质量也能得到有效保障。C2T 模式不仅可以实现传统商品的消费，还可以进行服务业的消费，如美容美发、餐饮、KTV、体检、健身、旅游、买房、买车等。C2T 模式的出现真正使电子商务平台化的服务范围有了突破性的改变。

3.6.4　其他新型电子商务模式

除了以上 4 种新型的电子商务模式，还有其他新型电子商务模式，具体如下。

(1) C2B(customer to business，消费者到企业)电子商务模式是由消费者通过网络社群(如社交平台、在线论坛、反向拍卖网站等)发起的向某个产品或商家提出批量定制化购买需求的电子商务模式。

(2) BAB(business alliance business，企业联盟企业)电子商务模式是在 B2B 基础上提出的电子商务新模式，旨在解决企业在商务中"缺乏资源、信用难保"等问题。

(3) B2F(business to family，社区服务连锁)电子商务模式是随着社区垂直分类门户兴起而出现的一种全新电子商务模式，采用智能化电子商务和强大的物流配送系统与社区落地接待、配送相结合，是在价值网理论指导下的第四方电子商务模式的应用创新。

(4) "小门户+联盟"模式是行业中小 B2B 网站寻求发展的必然结果。未来网站将会不断细分，诞生出许多小门户网站。但行业过于细分既不利于行业网站自身的做大做强，也不利于电子商务产业链的打通与行业之间内部资源的整合，这就需要一个联盟式的平台力量将各行业网站的内容、流量、广告乃至资本等资源进行平等而有效的整合。

(5) P2C(production to consumer，商品到顾客)电子商务模式中产品从生产企业直接送到消费者手中，商品在流转过程中没有代理商、批发商、零售商等中间商，将商品的物流成本(消费者的购买价格减去商品的出场价)降到了最低，节约了社会资源。

(6) B2S(business to share，分享式商务或体验式商务)电子商务模式是指利用互联网将商家的产品体验信息发布并邀请其相关客户体通过互联网或到实体店中进行新产品或高端产品体验，并分享个人体验经验的电子商务模式。

(7) B2M(business to marketing，面向市场营销的电子商务企业)电子商务模式中 B2M 电子商务公司是根据客户需求为核心而建立起的营销型站点，并通过线上和线下多种渠道对站点进行广泛推广和规范化的导购管理，从而使得站点成为企业的重要营销渠道。

以上介绍的几种新型电子运作商务模式尚不能包括目前所有的新型电子商务模式，随着电子商务的不断发展，还将出现更多的新型电子商务模式。

3.7 生态电子商务模式

生态电子商务模式是以一个电子商务生态系统的运营为宗旨，为实现整个电子商务生态系统所确认的价值定位所采取的商业模式。简单来说，生态电子商务模式就是要构建一个电子商务生态系统。

3.7.1 电子商务生态系统的概述

1. 电子商务生态系统的含义

从生态系统和商业生态系统构成的角度出发可以发现，电子商务生态系统是企业、供应商、消费者、物流公司、金融机构、第三方支付机构、认证机构等一连串与电子商务交易紧密相关的企业、组织和个人，跨越地域的限制，利用电子商务平台企业所提供的网络平台作为竞争与信息沟通环境，通过互补优势与共享资源组成的有机生态系统。在该生态系统中，成员各司其职、各尽其责，不断促进资金流、物流与信息流的流动与循环，以实现价值创造。

电子商务生态系统是指由电子商务核心交易企业、金融服务企业、物流服务企业、政府等组织机构以联盟或虚拟合作等方式，通过互联网平台分享资源，形成的一种生态系统，其成员间信息共享、协同进化，实现自组织和他组织。当生态系统规模达到饱和或受到一些新的商业模式的致命威胁时，表明生态系统开始进入衰退阶段。在衰退阶段，如果生态系统中的核心种群能够颠覆原有的商业模式，就能够进化为一种全新的电子商务生态系统；如果不能够进行一定的革新，就会走向灭亡。

2. 电子商务生态系统的特征

随着众多的企业参与到整个电子商务行业中，电子商务形成了以平台为核心的生态系统，其内部结构比较复杂。电子商务生态系统和自然界的生态系统同样都呈现出自组织性、动态性、适应性、协同性、多样性的特点，但是与自然界的生态系统不同的是，电子商务生态系统具有人为性特点。因为人具有主观性，可以对整个电子商务生态系统进行调节和控制，从而可以改变整个系统演进的轨迹。电子商务生态系统特征表现在以下几个方面。

1) 自组织性

在传统外贸条件下，出口商品需要通过层层供应链到达消费者手中，因此制造商的利润被重重稀释。在电子商务模式下，国际贸易链更加扁平，一些中间环节被弱化甚至被替代，这部分成本可以转移出来成为生产商的利润或使消费者获得价格优惠。因为电子商务具有巨大的利润空间，所以众多中小企业自组织地加入电子商务队伍中，在这个过程中也衍生了一些服务型企业，如跨境物流、跨境支付、跨境咨询企业等。电子商务的参与者如同自然界的生物，为了共同的目标和利益，自组织地聚集在一起，相互协作，形成一个产业链。

2) 动态性

电子商务生态系统与自然界生态系统一样，时刻进行物质和能量的交换，稳步地向前发展。如果电子商务生态系统处于封闭、与外界隔绝的状态，那么系统内的熵值将越来越高，表现为混乱的状态。因此，电子商务生态系统必须对外开放，与外界进行交换，吸收一定的负熵，从而保证系统稳定有序地发展。

3) 适应性

任何一个系统，为了更好地发展，都需要不断地适应周边的环境，能否适应环境，决定了系统是否能够长远地发展，否则会偏离原来的发展轨迹。但是为了适应电子商务生态系统环境，各个参与主体要根据市场的需求去定位与调整战略，否则就会被市场淘汰，这就是"优胜劣汰"原则。

4) 协同性

参与者之间为了共同的利益，相互协作，信息共享，从而维持生态系统平衡与稳定。它们之间相互协同竞争或互惠共生，从而达到"1+1>2"的效果。

5) 多样性

随着国家政策利好的落地，越来越多的企业加入电子商务的行业中。早期的跨境出口电商平台包括兰亭集势、环球资源、中国制造、阿里巴巴等，而现在则涌现出了亚马逊、eBay、速卖通、Wish和敦煌网等众多交易平台。这些平台的兴起也带动了第三方物流、第三方支付平台的发展。

6) 人为性

不同于自然界生态系统，电子商务生态系统具有人为性特征。国家政策的支持和引导，促进了电子商务的发展，特别是近几年的跨界电子商务的发展，体现了更多的人为性。2012年12月，国家启动跨境贸易电子商务服务试点工作，设立了杭州、宁波、上海、重庆、郑州5个试点城市。杭州作为全国首批的5个试点城市之一，先后建设了下城、下沙、空港跨境电商产业园，率先开展"小包出口""直邮进口""网购保税进口"试点业务，试点经验得到国家相关部委充分肯定并向全国推广。受国家政策的影响，跨境电商主要集中在东南沿海、长三角和珠三角等传统外贸行业发达的地区。

3.7.2 电子商务生态系统的结构

同自然界生态系统和商业生态系统类似，电子商务生态系统也由生物主体和生态环境构成。按照成员的定位，从电商个体、电商种群、电商群落和电商生态系统四个方面对电子商务生态系统进行分层阐述。

1. 电商个体

自然界的生态系统由多种个体组成，如真菌、杨树、羊、鱼等。而在电子商务生态系统中，个体指电子商务提供商、电子商务需求方、电子商务交易平台、电子商务物流平台、电子商务支付平台、政府及公共服务机构等，如消费者、供应商、生产商、政府、咨询部门、服务培训机构等。

2. 电商种群

通常认为，种群是一个物种在自然界中生存、发展和进化的基本单位。种群指的是在同一个地域中，在空间和时间上具有一定联系的同种个体组成的复合体。电子商务生态系统种群指跨越时间和空间的限制，具有同种行为的物种组成的群体。根据定义，将电子商务种群分为领导种群、关键种群、支持种群和寄生种群四种。

(1) 领导种群。领导种群是电子商务平台企业，该类企业是电子商务生态系统的核心和中枢，通过提供整个系统运行的平台、核心技术、交易标准等，整合并协调电子商务生态系统中的资源，促使其他物种在该生态系统聚集繁衍并与其一起创造价值、分享收益，如淘宝网、京东、亚马逊等。

(2) 关键种群。关键种群是电子商务交易的主体，包括消费者、生产商、零售商、供应商等，它们是电子商务生态系统中其他成员一起服务的对象，并且依附于领导种群所提供的平台发布产品或服务信息，寻找买家或卖家，从而达成交易。

(3) 支持种群。支持种群是完成电子商务交易必须依附的组织。由于电子商务交易涉及资金流、物流、信息流的流动，所以电子商务生态系统中的支持种群包括金融机构、物流公司、支付中介、认证中心和政府等，这类主体其实并不是依赖电子商务系统而生存，它们也并不只是为电子商务系统中的成员提供服务，但它们的集聚对电子商务生态系统的良性运行起着必不可少的作用。

(4) 寄生种群。寄生种群是为电子商务交易提供各种各样增值服务的组织或个人，包括提供店铺装修的软件开发商、提供经营解决方案的咨询和培训机构、提供售前和售后服务的客服外包公司、提供流量推广的网络营销服务商等。这类成员寄生于电子商务生态系统中，它们的存在是以其所服务企业的存在为前提的，与电子商务生态系统共存亡。

电子商务生态系统种群描述实例如表 3-6 所示。

表3-6 电子商务生态系统种群描述实例

种群类别	种群实例
领导种群	淘宝网、京东、亚马逊等大型电子商务平台
关键种群	消费者、生产商、零售商、供应商等电子商务交易主体
支持种群	金融机构、物流公司、支付中介、认证中心和政府等支持机构
寄生种群	各类互联网咨询商、广告服务商、软件开发商、网上培训机构等增值服务的组织或个人

3. 电商群落

自然界中，种群与种群、种群与自然界都是独立存在的，它们之间相互作用、相互联系，在一定的时间和空间下形成群落。类似自然界的生态群落，电子商务群落也是如此。电子商务种群与种群、种群与环境相互联系、相互作用，形成电子商务生态群落。它不同于自然界的生态群落，而是超越了地理空间和时间的限制，个体之间借助互联网进行信息沟通与交流，因此电子商务群落之间界限模糊。

4. 电商生态系统

电商生态系统除了个体、种群及群落，影响主体生存的各种环境也包括在电子商务生态系统中，如：国内外的经济环境，与合同、知识产权、消费者权益保护等相关的法律环境，投资、税收等政策环境，通信、安全等技术环境，信用意识、信用评价和管理体系等信用环境，以及价值观念、风俗习惯等文化环境。

电商生态系统是一个由个体、种群及群落通过与内外环境的相互作用而形成的一个动态的电商生态系统。电子商务生态系统不断地与外界进行信息和能量的交换，具有一定的自我调节和修复能力，从而保持整个电子商务生态系统处于稳定的状态。电子商务生态系统生态结构如图3-8所示。

图3-8 电子商务生态系统生态结构

3.7.3 阿里巴巴电商生态系统

尽管阿里巴巴的业务范围广泛，但其许多业务都是由电子商务衍生而来的。从阿里巴巴的官方资料来看，电商业务仍是其核心业务，占据整个集团收入的 80% 以上。因此，从本质上讲，阿里巴巴商业生态系统是一个稳健的生态系统，系统中的生物种群和环境相互作用，形成了这一生态系统。

1. 成员分类

阿里巴巴旗下的电商平台吸引了许多消费者、零售商、供应商、金融机构、物流公司等相关组织和个人集聚。阿里巴巴集团和众多集聚者紧密协作、彼此依赖，共同组成了一个庞大的电子商务生态系统。目前，阿里巴巴电子商务生态系统中的四大种群都已"发育"得非常成熟，具体如表 3-7 所示。

表3-7 阿里巴巴电子商务生态系统中的四大种群

种群类别	个体描述
领导种群	阿里巴巴集团旗下的各个交易平台，包括淘宝网、天猫、1688、全球速卖通等
关键种群	使用阿里巴巴集团旗下电子商务平台进行交易的买家和卖家，包括进行国际贸易和国内贸易的消费者、生产商、零售商、供应商等
支持种群	支撑网络交易完成的相关机构，包括电信、金融机构、物流公司、互联网技术提供商、政府等，如蚂蚁金服、菜鸟网络、中国万网
寄生种群	为关键种群和支持种群提供增值服务的机构，如技术外包商、咨询和培训机构、客服外包公司、广告服务商等，代表性的有阿里妈妈、阿里云

领导种群在阿里巴巴商业生态系统中是阿里巴巴集团本身，它是整个电子生态系统的核心，通过其旗下的淘宝网、天猫、1688 等电商平台为其他种群提供可创造和分享价值的平台，促使其他物种在该生态系统中聚集繁衍。

关键种群是使用阿里巴巴集团旗下电商平台进行交易的买家和卖家。由于阿里巴巴既有面向全球也有面向国内的电商平台，既有 B2B 平台也有 B2C 和 C2C 平台，因此，阿里巴巴商业生态系统中的关键种群包括进行国际贸易和国内贸易的中小企业、个人卖家和买家等，他们依附于领导种群所提供的平台发布产品或服务信息，是阿里巴巴商业生态系统中其他主体共同服务的对象。

支持种群是支撑阿里巴巴旗下各电商平台完成交易的相关组织和机构，涵盖金融机构、物流企业、支付中介、电信服务商、认证中心及政府等，代表性的组织和机构有蚂蚁金服、各大商业银行、保险机构、菜鸟网络、中国万网及华信等第三方认证机构。这些个体不仅向阿里巴巴商业生态系统中的成员提供服务，而且依赖于阿里巴巴生态系统而生存，但其集聚对阿里巴巴商业生态系统的运行来说必不可少。

寄生种群是为阿里巴巴商业生态系统中的关键种群和支持种群提供增值服务的组织和个人，如技术外包商、咨询和培训机构、客服外包公司、广告服务商等，具有代表性的有阿里妈妈、阿里云等。它们寄生于阿里巴巴商业生态系统中，与整个生态系统共存亡。

2. 生态系统

同自然生态系统一样，除了生物种群，阿里巴巴商业生态系统还包括影响主体生存的各种环境，主要有经济环境、法律环境、政策环境、技术环境、信用环境和文化环境。具体来说，经济环境主要包括国内外的经济运行状况、发展趋势等；法律环境主要包括与合同、电子签名、电子支付、知识产权、消费者权益保护等相关的法律法规，具体的有《中华人民共和国民法典》《网络商品交易及有关服务行为管理暂行办法》《第三方支付管理办法》《中华人民共和国电子签名法》等；政策环境主要包括与电子商务相关的投资政策、税收政策、人才培养政策等；信用环境主要包括目前社会上的信用意识、信用评价和管理体系、信用数据的市场开放度等；技术环境主要包括网络数据通信技术、安全技术、电子支付技术、数据库技术等；文化环境主要指系统成员的价值观念、风俗习惯等。

3. 系统结构

以电子商务生态系统结构的分析为基础，可以将阿里巴巴商业生态系统的结构划分为核心层、支持层、延伸层和环境层四个部分，如图3-9所示。

(1) 核心层。核心层主要包括阿里巴巴集团的各个平台(淘宝网、天猫、1688、全球速卖通、阿里巴巴国际交易市场)及平台上的买方和卖方(消费者、生产商、零售商、供应商等)，买卖双方围绕平台进行电子商务交易。

(2) 支持层。支持层是直接参与阿里巴巴平台交易，为关键种群提供如网上支付、安全认证、物流配送、广告营销、咨询服务等各种服务的相关组织，包括提供支撑服务的支持种群和提供衍生服务的寄生种群，如蚂蚁金服、菜鸟网络、阿里云、阿里软件等。

(3) 延伸层。延伸层涵盖与电子商务交易存在关联的政府、行业协会、科研和教育机构及竞争者，如中国电子商务协会、网商大会、阿里研究院、京东和唯品会等。

(4) 环境层。环境层是与阿里巴巴核心电商业务及关联业务发展密切相关的外部环境，包括经济环境、法律环境、政策环境、技术环境、信用环境和文化环境等。

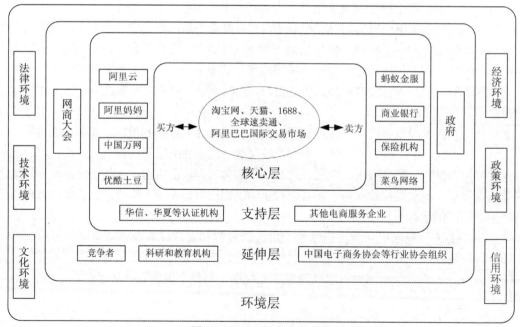

图3-9　阿里巴巴商业生态系统

核心概念

商业模式、B2C 电子商务、B2B 电子商务、C2C 电子商务、O2O 电子商务、垂直型电子商务、网络拍卖、电子商务生态系统

 思政微语

电子商务的商业模式是电子商务企业发展中备受关注的重要议题。众多知名企业，如阿里巴巴、京东、拼多多、美团等，借助互联网技术等信息科技，对商业模式进行了多元化的创新，推动商业活动向线上化、数字化和智能化方向发展。这些企业的成功实践不仅提高了商业运作效率，降低了运营成本，而且拓展了市场空间，推动了企业持续发展和壮大。我国当前重点发展的政策方向是"加快发展数字经济，促进数字经济和实体经济深度融合，打造具有国际竞争力的数字产业集群"。然而，围绕电商企业商业模式创新的争议也在不断出现，有些观点认为这种创新对实体企业造成了冲击，甚至有人呼吁取消诸如直播电商等新型电商模式。

请同学们认真思考商业模式与电子商务企业的紧密关联，以及商业模式如何确保电子商务企业的合法性、合规性和可持续发展。特别是在数字经济快速发展的背景下，探讨如何将数字经济与实体经济深度融合，推动数字产业集群的发展，对于确保我国电子商务企业的健康、稳定和持久发展具有重要的现实意义。

 思考题

1. 什么是商业模式？其由哪些要素组成？
2. 商业模式分为哪几个层次？
3. B2C 电子商务主要有哪些分类？
4. 简述 B2C 电子商务的盈利模式。
5. B2B 电子商务交易的特点有哪些？
6. B2B 电子商务的两种商业模式各自是如何获取利润的？
7. C2C 电子商务的运作模式有几种？介绍其主要的利润来源是什么？
8. 在现实中查找不同类别 O2O 的实例。
9. 目前还有哪些新型电子商务模式？
10. 电子商务生态系统是什么？查找其他电子商务生态系统实例并进行结构分析。

学习目标

(1) 掌握网络营销的内涵；

(2) 掌握网络消费者的购买行为及影响因素；

(3) 掌握网络营销的 4P、4C、4R 营销理论；

(4) 了解常见的网络营销工具。

引言

随着互联网、电子商务技术的出现，企业面临着如何在网上市场销售产品、服务的挑战，必须结合传统的营销理论与互联网的特性，开展新型营销方式及营销活动。网络营销由于便利性、成本低廉性和交互性等特点，已经成为很多企业开展营销最有利的通道。本章阐述了网络营销的概念、内涵及对网络消费者的分析，并介绍了常见的网络营销策略、工具和方法。

4.1 网络营销概述

4.1.1 网络营销的内涵

网络营销是以现代营销理论为基础，借助互联网、现代通信和数字媒体等新型媒体，为实现企业经营目标所开展的各种经营及销售活动的总称。我们可以从以下两方面来理解网络营销：一方面，网络营销采用互联网媒体、搜索引擎、网络社交媒体、手机移动端、网络自媒体等各种新型媒体；另一方面，网络营销包括企业经营整个过程的各类活动，如市场调查、客户分析、产品开发、生产流程、销售策略、售后服务和反馈改进等。

网络营销的核心在于实现组织和个体之间的信息大范围传播与高效交互。随着互联网技术的日益成熟与普及，其操作便捷且成本低，使得无论是企业还是个人，都可以轻松地将计算机或计算机网络接入互联网。网络环境为企业与顾客提供了主动、即时性的信息沟通，这种交互性极大地提高了用户的参与度和个性化需求的满足，同时也加强了企业营销策略的精准性。网络营销是建立在以高科技为支撑的互联网络基础上的，它涵盖了网络通信技术、信息处理技术、多媒体技术、数据库技术、人工智能技术等计算机硬件和软件技术。这些技术不仅提供了信息传播和交互的平台，还为企业提供了与顾客进行有效沟通的工具，进一步丰富了网络营销的方式和表现形式。

4.1.2　网络营销的内容

随着网络应用的深入发展，网络营销的内容体系不断完善，主要包括网上市场调查、网络消费者行为分析、网络营销策略的制定、网络营销管理与控制四个方面。

(1) 网上市场调查。网上市场调查是指企业利用互联网的交互式信息沟通渠道完成市场调查活动的行为。常用的市场调查方法包括在网络上发布调查问卷和通过网络收集调查所需的各种间接资料。网上市场调查的重点是利用网络调查工具提高调查的效率和效果，同时利用有效的工具和手段收集、整理资料。由于网络拥有海量的信息且结构复杂，质量参差不齐，因此，企业在收集所需的资料时，需要重点关注信息的甄别和筛选工作。

(2) 网络消费者行为分析。网络消费者群体与传统市场的消费者群体在性别构成、学历构成、年龄构成、地域构成等方面存在不同。网络消费者群体是一个较为独特的群体。在开展网络营销之前，了解网络消费者群体的需求特点、偏好、购买动机和购买行为模式等信息是非常重要的一个环节。互联网的发展为志同道合的消费者群体提供了一个聚集在一起分享和交流的平台，逐步形成了众多各有特色的网络虚拟社区。网络消费者行为分析的关键是要分析虚拟社区的特征和整体偏好，同时还要重点研究社区中具有影响力的核心人物的特征和消费偏好。

(3) 网络营销策略的制定。不同类型、不同规模和处于不同成长期的企业在市场中的影响力存在非常大的差异。企业需要结合自身的实际情况制定合适的营销策略，以实现营销目标。营销策略的实施需要企业各部门的有效配合，同时需要投入资金，在制定策略时还需综合考虑企业所处的内外部环境，识别各种影响因素。网络营销策略包括网络营销产品/服务策略、网络营销定价策略、网络营销渠道策略和网络促销策略。

(4) 网络营销管理与控制。网络营销是在开放的互联网平台上开展的营销活动，需要对网络营销的目标、成本、效益、风险进行管理，运用合适的方法及指标对营销活动进行分析评价，及时对营销活动进行调整以达到最终的目标。

4.1.3　网络营销的理论基础

20 世纪 90 年代中后期，利用互联网资源开展的营销活动迅速发展壮大，并以前所未有的力量冲击着人们传统的营销观念和消费理念，基于网络信息技术的发展、消费者价值观的改变和激烈的商业竞争的变化，通过对网络特性和新型消费者的需求和购买行为的重新考虑，形成了具有网络特色的营销理论。当前的网络营销理论基础还不是很成熟，往往更强调网络营销实践的可操作性和创新性，但是网络营销理论对实践具有一定的指导作用。

1. 网络消费者行为理论

消费者行为研究的是个人或组织如何选择、购买、使用和处置商品与服务以满足其需要和愿望，分析不同消费者的消费心理、消费行为及影响消费心理和消费行为的各种因素，揭示消费行为的变化规律。

网络消费者行为研究的核心问题是网络消费者如何做出购买决策。通常，将网络消费者的购买动机和购买行为概括为5W1H和6O，即市场需要什么(what)——有关的产品(objects)是什么，为何购买(why)——购买的目的(objectives)是什么，谁来购买(who)——购买的组织(organizations)是什么，何时购买(when)——购买的时机(occasions)是什么，何处购买(where)——购买的场合(outlets)是什么，如何购买(how)——购买组织的作业流程(operations)是什么。

2. 网络直复营销理论

直复营销是指依靠产品目录、印刷邮件、电话或附有直接反馈的广告及其他相互交流形式的媒体进行大范围营销活动。美国直复营销协会(ADMA)将直复营销定义为：直复营销是一种为了在任何地方产生可度量的反应和达成交易，而使用的一种或多种广告媒体的相互作用的市场营销体系。直复营销中的"直"是指不通过中间分销渠道而直接通过媒体连接消费者；"复"指企业和消费者的信息交互，包括企业和消费者的信息交互、产品信息及交易和支付信息的交互等。

网络直复营销是指生产厂家通过网络直接分销渠道、销售产品。直复营销和网络的结合，演变成了一种全新的、颠覆性的营销模式。网络直复营销活动中，企业与顾客之间所有的交互数据通过网络技术和数据库技术都可以进行保存、分析，进而提供决策依据。网络直复营销不仅可以让用户与企业实时进行信息的双向交流，而且可以实时精确掌握各种营销数据，这极大地降低了企业经营成本。对于广大的中小企业而言，网络直复营销是以小博大的一种有力工具。

3. 关系营销理论

关系营销是将营销活动看成一个企业与消费者、供应商、分销商、竞争者、政府机构及其他公众发生互动作用的过程。其核心是建立和发展与这些公众长期、稳定的良好关系，通过为顾客提供高度满意的产品和有效的服务来加强与顾客的联系，保持与顾客的长期关系，培育顾客忠诚度，并在与顾客保持长期关系的基础上开展营销活动，实现企业的营销目标。关系营销具有双向沟通、合作、双赢、亲密、承诺、控制等特点。

4. 网络整合营销理论

网络整合营销是对各种营销工具和手段的系统化结合，根据网络环境进行即时性的动态修正，以使交换双方在交互中实现价值增值的营销理论与营销方法。网络整合营销就是为了建立、维护和传播品牌，加强客户关系，而对品牌进行计划、实施和监督的一系列营销工作。其以市场为调节方式、以价值为联系方式、以互动为行为方式，是现代企业面对动态复杂环境的有效选择，并强调将营销中的各要素组合，使各种作用力统一方向，形成合力，产生协同效应，共同为企业的营销目标服务。

5. 网络软营销理论

网络软营销是指在互联网环境下，企业向顾客传送的信息及采用的促销手段更具理性化，更易于被顾客接受，进而实现信息共享与营销整合。在网络经济环境下，消费者个性消费回归，购买商品时不只是满足生理需求，还要满足心理和精神需求。网络软营销理论认为，在网络经济环境下顾客主动有选择地与企业沟通时，对于不遵守"网络礼仪"的信息会感到反感。网络软营销是相对"传统强势营销"而言的，软营销的主动方是消费者，而强势营销的主动方则是企业。网络营销从消费者的体验和需求出发，采用拉式策略吸引消费者关注企业，从而达到营销效果。

6. 数据库营销理论

数据库营销是企业通过收集和积累消费者的大量信息，经过处理后预测消费者购买某种产品的可能性，并利用这些信息精确定位产品，有针对性地制作营销信息，以达到让消费者去购买产品的目的。数据库是指营销数据库，其作用是存储客户、产品、市场、人口统计、销售趋势、竞争和交易等信息，企业可以通过一定的数据模型和软件对数据进行分析和利用，以便更好地进行消费者分析、确定目标市场、跟踪市场领导者及进行销售管理等。

7. 长尾理论

长尾理论是网络时代兴起的一种新理论，由美国人克里斯·安德森(Chris Anderson)提出。它描述了在互联网环境下，细分市场中的小众产品如何通过互联网的高效分发方式积累起来，形成比主流市场更大的市场。长尾理论的核心在于关注细分市场，将传统意义上的长尾(即销售量较少、占比不高的产品)通过网络平台进行聚合，使得这些产品能够以较低的成本获得更多的曝光和销售。这一理论的出现，打破了传统的二八定律。

长尾理论在电商领域的应用案例非常广泛。例如，淘宝、京东等平台通过长尾理论，将传统意义上的小众商品聚集在一起，使得消费者可以方便地购买到各种个性化的商品，从而极大地扩大了市场规模。此外，在内容产业中，如音乐、电影等，长尾理论也得到了广泛应用，通过在线平台，消费者可以轻松地找到自己喜欢的小众音乐或电影，从而推动了这些细分市场的发展。

4.2　网络消费者分析

4.2.1　网络消费者的内涵

1. 网络消费者的概念

网络消费是指人们以互联网络为工具手段而实现其自身需要的满足过程。网络消费者则是以网络为工具，通过互联网在电子商务市场中进行消费的人群。网络消费者不等同于网民，即网络消费者一定是网民,但网民不一定是网络消费者。

2. 网络消费者的类型

网络消费者可以分为以下几种类型。

(1) 简单型。简单型消费者需要的是方便、直接的网上购物。该类消费者只花少量时间上网,但其进行的网上交易却占了一半。零售商必须为这一类型的人提供真正的便利,让该类消费者觉得在网站上购买商品会节约更多的时间。

(2) 冲浪型。冲浪型消费者在网民中所占的比例不高,但他们在网上花费的时间却占很大比例,并且访问的网页数量比其他网民多得多。冲浪型消费者对经常更新、具有创新设计特征的网站很感兴趣。

(3) 接入型。接入型消费者是刚接触互联网的新手,很少购物。那些有着著名传统品牌的公司应对这类消费者保持足够的重视,因为网络新手更愿意相信自己生活中熟悉的品牌。

(4) 议价型。议价型消费者有一种趋向购买便宜商品的本能,著名的易贝网站中的一半以上顾客都属于这一类型,他们喜欢讨价还价,并有在交易中获胜的强烈愿望。

(5) 定期型和运动型。定期型和运动型消费者通常都是被网站的内容吸引。定期型消费者常常访问新闻和商务网站,运动型消费者则喜欢运动和娱乐网站。对于这些消费者,网站必须保证自己的站点包含该类网民所需要的和感兴趣的信息。

3. 网络消费者的主要特征

在互联网情境下,消费者群体的特征主要体现在以下三个方面。

(1) 中年轻人是主体。网络消费带动了消费形式的变革,由于中年轻人容易受到新事物的影响,接受新事物和新思想的能力较强,因此网络消费的主体以中年轻人为主。根据近几年CNNIC 互联网报告数据可以发现,30~39 岁群体具有丰富的互联网使用经验,逐步取代20~29 岁群体成为网民主力军,总体来看,20~49 岁群体占整体网民近六成。

(2) 学历较低的消费者占比较大。低学历网民作为互联网中的"超级大众",将是未来互联网市场内新用户的拓展人群,这类群体对于自身时间的自主性和可控性更高,同时对于个体来说他们职场社交的需求相对薄弱,从而更热衷于网上消费。根据近几年 CNNIC 互联网报告数据可以发现,初中及以下学历的网民群体占比近六成,高中学历的网民群体占比近两成,而大学专科、大学本科及以上教育的网民皆占比为一成左右。

(3) 中高收入者所占比例呈上升趋势。网络消费者的收入越高,购买力越强,对商品的品质要求就越高,超前消费和信用消费也越来越普遍。根据近几年 CNNIC 互联网报告数据可以发现,月收入在 2001~5000 元的群体占比最高超三成,月收入 5000 元以上的群体逐年缓慢递增,占比接近三成,而月收入在 1000 元以下的人群占比有明显的下降。

网络消费者的这些特征对于企业网络营销的决策和实施十分重要。网络营销企业要想吸引消费者,保持持续的竞争力,就必须对本地区、本国乃至全世界的网络用户情况进行分析,了解他们的特点,制定相应的对策。

4.2.2 网络消费者的购买行为

1. 网络消费者的购买决策过程

在互联网环境下，网络消费者行为与传统购物环境下的消费者行为相比，更追求消费的个性化、便利化。网络消费者的购买决策过程是一个较为复杂的过程，主要包括唤起需求、收集信息、比较选择、购买决策和购后评价五个阶段，如图 4-1 所示。

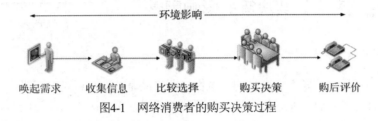

图4-1 网络消费者的购买决策过程

(1) 唤起需求。消费者的购买需求是整个购买过程的起点，主要来源于两方面：一方面是内在需求，如个人的生理感受引发的对食物的需求；另一方面是外在需求，如受他人购买的影响产生的购买欲望。

(2) 收集信息。网络消费者的信息来源非常广泛，包括商品的广告、其他消费者的购买评价情况、竞争商品的资料等。

(3) 比较选择。网络消费者在收集了商品信息并对商品有了深入了解的基础上，要对这些信息进行甄别、对比和选择，通过对商品性能、品牌、价格、用户评论等多因素的综合考虑，做出决策。

(4) 购买决策。网络消费者在比较选择的基础上，做出购买决策，选取能够最大限度满足自身需求的商品或服务。

(5) 购后评价。消费者购买商品后，都会有意无意地对购买的过程和商品进行反思总结，考虑购买的商品是否满意、服务的过程是否周到等，并对商品、商家、物流等进行评价。

2. 网络消费者购买行为特征

(1) 品牌忠诚度低。市场经济下，企业为了获得利润，不断创造和更新产品，以满足消费者的需求，扩大市场份额。消费者在求新求异的心理带动下，不断购买企业的新产品，缩短了产品生命周期，迫使企业对产品更快地更新换代，以适应市场需求。在这种市场环境下，消费者更加注重产品本身的更新，对企业的品牌忠诚度在不断降低。

(2) 追求物美价廉。价格虽然不是购买产品的决定性因素，但在消费者购买决策中也是非常重要的一个因素。网上购物之所以成为市场新宠，一方面是因为产品的多样性，另一方面是它的价格普遍低于实体店价格，例如，淘宝网上的商品就比很多实体商店的便宜，并且降价的幅度很大。

(3) 追求购物效率和消费体验。消费者购物心理出现两种趋势：一种是追求高效购物，经济高速发展带来的是人们生活节奏的不断加快，一部分对品牌和消费都比较稳定的日常消费者，追求用最少的时间和精力来获得产品，并且希望以最少的成本获得最高的价值；另一种是追求购物体验，他们把购物当作生活中的一种乐趣，追求购物带来的快感和精神享受。

(4) 重视线上口碑。线上口碑是以消费者为主导的企业与消费者之间的沟通渠道。线上口碑的主体是普通消费者，他们在购买产品后根据自身的购物体验发表评论，相比企业提供的完美产品信息，消费者认为线上口碑比企业更有可信度、更值得信赖，尤其是线上负面口碑对消费者的购买意向影响更大。对于企业而言，线上口碑的影响力和持久性都比传统的促销和广告好，是互联网时代新的线上营销重点。

4.2.3 网络消费者购买决策的影响因素

1. 产品特性

网上销售的产品一般要考虑产品的新颖性，即产品是新产品或是时尚类产品，可吸引消费者的注意。同时，产品的品牌形象也是吸引网络消费者的关键因素。此外，不同产品要求消费者的参与程度不同，可以根据产品的购买参与程度对网络营销及传统营销进行整合。

2. 产品价格

网上购物之所以具有生命力，重要的原因之一是网上销售的商品价格普遍低廉。此外，消费者对于互联网有一个免费的价格心理预期，那就是即使网上商品是要花钱的，价格也应该比传统渠道的价格要低。

3. 购物便捷性

购物便捷性是消费者选择购物方式时首要考虑的因素之一。一般而言，消费者选择网上购物时考虑的便捷性主要表现在两方面：一方面是时间上的便捷，即不受时间限制并能节省时间；另一方面是地域上的便携，即足不出户即可在很大范围内选择商品。

4. 售后服务质量

网上零售商店的信誉和服务质量等也是影响网上消费者行为的重要因素。在网络环境下，零售商提供的服务不仅包括网上服务(如商品信息的全面性、对顾客的解答、网页设计等)，而且包括商品的配送及售后服务，这些都会对消费者的购买意愿产生重要影响。

5. 其他环境因素

除了上述影响网络消费者购买的因素，还有心理、消费观念、购买过程的安全可靠性等。在网络环境下，影响购买意愿的心理因素包括消费者的兴趣、动机、能力及性格等，这是影响消费者行为的内在因素；外在因素主要包括消费者周围的人对其所产生的影响、网络消费者在接受网络信息传播时会明显地产生失个性化的现象、受到口碑等群体评价的影响等。此外，网络购买还必须考虑网上购物的安全性和可靠性，各个环节必须加强安全措施和控制措施，以保护消费者购物过程中的信息传输安全和个人隐私，以及树立消费者对网站的信心。

4.3　网络营销策略

4.3.1　基于4P的网络营销策略

20 世纪 60 年代，美国营销专家詹姆斯·麦肯锡(James O. Mckinsey)提出了 4P 营销策略，即产品(product)策略、价格(price)策略、渠道(place)策略和促销(promotion)策略。他认为，一次成功和完整的市场营销活动，意味着以适当的价格、渠道和促销手段，将适当的产品或服务投放到特定市场。

1. 产品策略

产品策略注重开发产品功能，要求产品有独特的卖点，将产品的功能诉求放在第一位。此策略需要定位目标群体，明确哪些是网络消费者选择的产品或服务。随着网络技术与环境的不断成熟，消费者与企业之间的直接对话变得更加便捷，这使得企业能够更加精准地把握个性化的消费需求，并据此进行产品的设计与开发。此外，网络销售渠道的低成本优势为企业带来了显著的竞争优势，不仅降低了销售成本，还增强了产品的市场竞争力。这为企业提供了更多的选择和灵活性，使得企业聚焦于产品的功能、使用场景、目标群体及卖点挖掘等方面，以全面展示产品的价值和吸引力。

2. 价格策略

在网络时代，价格是透明的。在网上销售产品可以使消费者同时得到某种产品的多个不同的价格，以做出购买决策。这就决定了网络产品的销售价格弹性较大，竞争也比较激烈。为此，企业在制定产品的销售价格时，一方面，可根据淡旺季变动、市场供需情况、竞争产品的价格变动和促销活动等因素，对价格进行调整；另一方面，可开诚布公地在价格目录上向消费者介绍本企业的价格制定程序，并将本产品的性能价格指数与其他同类产品的性能价格指数在网上进行比较，促使消费者做出购买决策。

3. 渠道策略

传统渠道下企业并不直接面对消费者，而是注重对经销商的培育和销售网络的建立，企业与消费者的联系是通过经销商进行的。网络将企业和消费者连在一起，给企业提供了一种全新的销售渠道或商业模式。这种新渠道或新模式为企业了解消费者的购物信息提供了途径和平台，方便企业收集消费者的购买数据，以更好地维护并拓展消费者，从而进行精准营销。网络营销渠道不但简化了传统营销渠道，而且集消费指南、便捷服务、分享平台、体验和服务于一体，将销售与售前、售后服务紧密联系在一起，因此具有更大的优势。

4. 促销策略

企业注重通过销售行为的改变来刺激消费者，以短期的行为(如让利、买一送一、营销现场气氛等)促进消费的增长，通过吸引其他品牌的消费者或促成提前消费来促进销售额的增长。网络营销促销的出发点是利用网络的特征实现与消费者的沟通。促销场所是网络营销促销的载体，其表现形式主要有网络广告、活动内容，或者将网络文化与产品广告相融合，借助网络文化的特点来吸引消费者。无论采用怎样的促销形式，主动权都在消费者手中，消费者可自主选择是否查看广告内容及参与营销活动，从而决定是否进一步做出购买决策。网络营销促销通过内容场所、社交场所分享营销内容，如视频广告、图片广告、文案广告等，使消费者产生兴趣，从而将消费者引流到购物平台购买产品，或者吸引消费者在内容场所、社交场所、购物场所主动查看营销内容，产生兴趣后进行线上询问，然后在线上或线下平台进行消费。

4.3.2 基于4C的网络营销策略

1990年，美国营销专家劳特朋(Robert F. Lauterborn)提出4C营销理论，它与传统的4P营销策略相对应。其以消费者需求为导向，重新设定了市场营销组合的4个基本要素，即消费者(customer)、成本(cost)、便利(convenience)和沟通(communication)。4C营销理论强调企业首先应追求消费者的满意度，其次应努力降低消费者的购买成本，再次要充分注意到消费者购买过程中的便利性，而不是从企业的角度来决定营销策略，最后应以消费者为中心实施有效的营销沟通。

1. 消费者策略

消费者策略主要是指消费者的需求。企业必须先了解和研究消费者，根据消费者的需求来提供产品或服务。同时，企业还要提供产品或服务，更重要的是通过提供产品或服务形成客户价值。其中，客户价值是指客户在评价、购买和使用企业所生产的产品或服务过程中感知到的产品价值的总和，这种认知是贯穿于客户购买全过程的整体价值体验。

消费者策略具体如下：第一，在网络营销中，商家首先要满足网络消费者的需求，开发适合网络消费者需求的产品或服务。通常可借助大数据分析技术，对电子商务网站数据进行分析，对网络消费者信息进行分类整理，根据消费趋向和市场消费热点等，开发有针对性的产品或服务。第二，在网络营销中，客户价值一般表现在以下层面：客户会对网上购物环境的舒适性、操作简易性、安全性及可信赖性产生不同的反应；客户会对网上所购商品与介绍资料的一致性、产品质量的稳定性、产品的可靠性做出不同的判断；客户会将网上所购商品的性价比等指标与卖场进行对比；客户会在购物行为发生前，对网上购物流程的便利性、信息沟通的准确性、产品服务的质量等进行分析。

2. 成本策略

成本不只是企业的生产成本(或者说是4P中的价格)，还包括消费者的购买成本，同时也意味着产品定价的理想情况应该是既低于消费者的心理价格，也能够让企业有所盈利。

消费者在购买某一产品时，不仅会耗费一定的资金，还会耗费一定的时间、体力和精力，这些构成了消费者总成本。由于消费者在购买产品时，总希望把货币、时间、体力和精力等成本降到最低，以使自己得到最大程度的满足，因此，网络商家必须考虑消费者，为满足其需求而愿意支付"消费者总成本"。商家可以将节约的资金成本转而让渡给顾客，减少顾客的支付成本。此外，网络商家推出的物流上门退换货服务，也帮助消费者节省了时间和精力，使消费者网上购物时无后顾之忧。

3. 便利策略

便利策略就是为消费者提供最大的购物和使用便利。4C 营销理论强调企业在制定营销策略时，要更多地考虑消费者的便利，而不是企业自己的便利。企业要通过好的售前、售中和售后服务来让消费者在购物的同时享受便利。便利是客户价值不可或缺的一部分。

目前处于过度竞争状态的电子商务企业应认真思考最大限度地让消费者享受便利的问题，主要包括以下几方面。第一，电子商务企业需要提供电子商务网站、手机 App、小程序等多种交易平台供用户选择，方便用户进行网上交易。第二，网上商城的界面设计要友善，通过图片短视频或直播的方式方便用户查看网上商品，实时沟通反馈信息。第三，网络商家应发挥大数据功能，根据用户的身份数据和行为数据等，预测用户潜在的消费需求，在合适的时间将合适的商品信息推送到合适的用户面前，节约用户的时间和精力，为用户创造便利的消费体验。

4. 沟通策略

在 4C 营销理论中，沟通被用于取代 4P 营销策略中的促销。4C 营销理论认为，企业通过与消费者进行积极有效的双向沟通，建立基于共同利益的新型企业或消费者关系。这不再是企业单向地向消费者促销和劝导，而是在双方的沟通中找到能同时实现各自目标的途径。

网络商家应设计好如下沟通策略。第一，完善用户会员等级制度建设，对不同等级的用户提供不同程度的优惠及功能权限，同时搭建好会员沟通平台，加强会员间的互相沟通。第二，定期在微博、微信公众号等新媒体平台上发布整理好的用户建议与相应的企业整改办法，做好与用户的终端沟通。第三，重视消费者购买行为分析，开展话题营销建设，利用时下的热门话题和新颖的网络商家与粉丝进行互动，网络商家可以用新媒体账号定期开展粉丝关注、点赞、投票、转发抽奖活动，强化企业与用户之间的交流。

4.3.3　从4P到4C的网络营销策略

在传统的市场营销策略中，由于技术手段和物质基础的限制，产品的价格、宣传和销售的渠道、商家所处的地理位置及企业的促销策略等就成了企业经营、市场分析和营销策略的关键性内容，即 4P 营销策略。而在网络环境下，这种营销策略将会发生很大的变化：一是没有了地域和范围的概念；二是宣传和销售渠道统一到了网络上；三是在剔除了商业成本后，产品的价格将大幅度降低等。另外，在网络环境下，一些新问题被纳入营销策略需要考虑的范畴。例如，如何做好主页和建立电子商务系统以方便消费者表达购买欲望和需求，如何满足消费者的购买欲望和降低其购买成本，如何使消费者能够很方便地购买产品，如何给消费者提供满意的物流和售后服务，如何使商家与消费者建立方便、快捷和友好的沟通等，即为 4C 营销策略。

这种以 4P 为基础的市场营销策略到以 4C 为基础的市场营销策略的转变过程是深刻的，因为网络环境和电子商务彻底改变了传统市场营销策略的基础，极大地拓展了原有的市场和营销概念。

1. 从产品策略到满足需求策略

在传统的营销策略中，产品策略是很重要的一部分。而在网络环境和电子商务环境下，产品策略中的信息元素所占的比重越来越大，传统的产品策略逐渐演变成满足消费者需求的营销策略。

(1) 产品从"物质"到理念的变化。传统产品策略中的产品是一种物理概念，即实实在在的东西。而在电子商务环境下，"产品"的概念逐渐从一种物理概念演变为一种综合服务和满足需求的概念。也就是说，企业售出的不只是一些物质型的产品，更是一种综合服务的理念，它包括直接消费市场或生产资料市场中的各类产品，产品的售后服务或纯服务类(无形)产品，产品形象、产品文化和后续产品的标准系列化，围绕消费者需求的新产品开发策略等。

(2) 产品生命周期的变化。原有的新产品在开发过程中有一个生命周期的概念。传统产品的生命周期分为 5 个阶段，即投入期、成长期、成熟期、饱和期和衰退期。在传统的环境中，企业由于不直接接触消费者，所以很难把握新产品研制的正确投向。另外，企业在掌握产品的饱和期和衰退期时总会不可避免地发生滞后。而在电子商务环境下，这种情况会发生改变，产品生命周期的概念会逐步淡化。由于生产者和消费者可以在网上建立直接的联系，所以满足大部分消费者的需求就是新产品开发的正确投向。另外，由于在网上能及时了解消费者的意见，产品投入市场后，企业就知道了应改进和提高的方向，因此，当老产品还处在成熟期时，企业就开始了下一代产品的研制。系列产品的推出取代了原有产品的饱和期和衰退期，使产品永远朝气蓬勃，保持旺盛的生命力。

2. 从按成本定价到按满足需求定价

传统产品的定价策略基本上是按"生产成本+生产利润+销售利润+品牌系数"来确定的。在这种价格策略中，生产厂家对价格起着主导作用。这种价格策略能否被消费者和市场接受是一个具有很大风险的未知数。而在网络环境和电子商务环境下，企业则能根据消费者和市场的需求来计算可满足这种需求的成本。在这一成本基础上开发出来的产品和制定出来的产品价格的风险是相对较小的，这就是由按成本定价到按满足需求定价的过程。

(1) 按成本定价。首先要根据产品及功能的设计核算出相应的生产成本，再根据相应的生产利润、商业利润、品牌系数等参数制定具体的产品价格。

产品价格=单位产品成本×(1+生产利润率)×(1+商业利润率)×品牌系数

(2) 按满足需求定价。首先要确定消费者的需求从而确定产品的功能，再计算生产该功能产品的成本及商业成本，以此为基础根据消费者的性能价格比偏好，确定最终产品价格。

产品价格≥(生产成本+商业成本)×消费者偏好性能价格比

3. 从传统商业到现代商业的运营模式

传统商业或营销策略有强烈的地域限制。企业在制定各种营销策略时，不得不考虑营销渠道和地域问题，且一般都会受到厂家所在地和目标市场所在地及用什么样的渠道来售出产品的限制。而商家在制定营销策略时，一般都会受到所在地区的商业覆盖范围、收入和消费水平、特点和职业结构等的限制。在现代商业或营销策略中，情况就大不相同了。企业和商家的营销过程中没有了地域的概念，营销渠道及宣传策略也变成了电子商务的过程。商务信息的交换和处理取代了原有商务运作过程中的大部分工作。在这种情况下，营销策略中要考虑的重要问题就是如何在网络上用丰富的产品信息资源吸引消费者，如何使所开发出的电子商务系统既安全又便于消费者购买。

4. 网络在线的实时沟通

在电子商务环境下，网络可以让厂家、商家和消费者之间进行在线实时沟通，这是由网络技术决定的。在营销策略中，企业可以利用这一技术特点与各界建立不同层次的广泛沟通，以达到提高经营效率和取得更大利润的目的。网络在线的实时沟通形式主要有组织内部的实时沟通、商业信息的实时沟通、文化和感情上的沟通及与消费者的沟通。

4.3.4　网络营销的发展分析

正如前面提到的，现有的网络营销观点主要是 4P 及 4C 组合。随着市场竞争不断加剧，营销需着眼于企业与顾客的互动与双赢，以关系营销为核心，注重企业和客户关系的长期互动。2001 年，唐·E. 舒尔茨(Don E. Schultz)在 4C 营销理论的基础上，提出了以关系(relationship)、反应(respond)、关联(relevancy)和回报(rewards)为要素的 4R 营销理论。

4P、4C 和 4R 营销理论的特点及对比如表 4-1 所示。

表4-1　4P、4C和4R营销理论的特点及对比

项目类别	4P营销理论	4C营销理论	4R营销理论
营销理念	生产者导向	消费者导向	竞争者导向
营销模式	推动型	拉动型	基于供应链
满足需求	相同或相近需求	个性化需求	感觉需求
营销方式	规模营销	差异化营销	整合营销
顾客沟通	"一对多"单向沟通	"一对一"双向沟通	"一对多"双向或多向沟通或合作
营销目标	满足现实的、相同或相近的顾客需求，获得企业目标利润最大化	满足现实和潜在的个性化需求，培养顾客忠诚度	适应需求变化并创造需求，兼顾商家利益和顾客需求，追求双方互惠关系最大化

4.4　网络营销方法

网络营销的职能需要通过一种或多种网络营销方法实现。常用的网络营销方法有企业官网、网络广告、搜索引擎营销、病毒性营销、自媒体营销、网络社群营销、软文营销及网络直播和短视频营销。下面简要介绍几种常用的网络营销方法。

4.4.1　企业官网营销

在所有的网络营销工具中，企业官方网站是较基本、重要的一个。其作为企业的网络门面和宣传窗口，是大量网络用户了解企业的基本方式之一，也是企业进行网络营销的综合工具，没有企业网站，许多网络营销方法将无用武之地。通过企业官网发布企业新闻、供求信息、人才招聘信息等，向供应商、分销商、合作伙伴、直接用户等提供某种信息和服务。企业官网向公众传递企业的品牌形象、产品信息、企业文化等基本信息，是企业营销中的主要信息源。图4-2所示为华为公司官网。

图4-2　华为公司官网

从企业开展网络营销的一般程序来看，网站建设的完成不是网络营销的终结，而是为网络营销各种职能的实现打下基础，如网站推广、在线服务等。有了企业网站，一些重要的网络营销方法如搜索引擎营销、邮件列表营销、网络会员制营销等才具备了基本条件。一般来说，网络营销策略制定以后，应先开始进行企业网站的策划和建设，随后逐步对其进行运营管理和优化。

4.4.2　网络广告营销

简单地说，网络广告就是在网络上做的广告，利用网站上的广告横幅、文本链接多媒体的方法，在互联网刊登或发布广告，通过网络传递到互联网用户的一种高科技广告运作方式。与传统的四大传播媒体(报纸、杂志、电视、广播)广告及近来备受青睐的户外广告相比，网络广告具有得天独厚的优势，是实施现代营销媒体战略的重要部分。目前，网络广告的市场正在以惊人的速度增长，网络广告发挥的营销效用越来越明显。网络广告的主要形式有文字广告、横幅广告(banner)、按钮(button)广告、竖幅广告、竞价广告和品牌华表、电子杂志广告、电子邮件广告、直播或插播广告、游戏式广告等。图 4-3 所示为横幅广告。

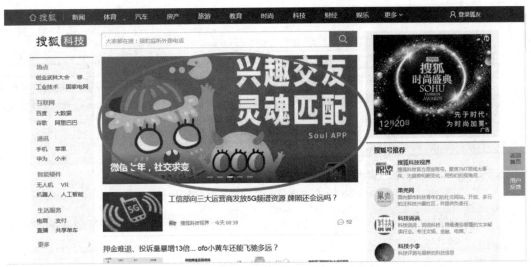

图4-3 横幅广告

浏览者对于每天浏览的网站往往比较信任,所以在这些网站的信息中夹杂广告主的信息比单纯的广告更有作用。广告不一定能吸引广大受众的注意,位于网页最上方的大块版位也不一定是最好的选择,广告内容若能与广告置放点四周的网页资讯紧密结合,效果可能比选择网页上下方的版位更好。此外,广告尺寸大小也并不能决定广告效果,尺寸小(如 120 像素×30 像素、77 像素×31 像素等)但下载速度快的广告形态,也会受到商业服务或金融业客户的青睐;工具栏形态的广告有如网页中的分隔线,可以巧妙地安排在网页内容里,虽然空间有限只适于做简单的图像和文字表达,但对预算有限的广告主而言也不失为一种选择。

4.4.3 搜索引擎营销

1. 搜索引擎营销的含义

搜索引擎营销(search engine marketing)是以搜索引擎平台为基础的网络营销。人们在使用搜索引擎时,企业的营销信息将自动地出现在搜索的信息中。搜索引擎是目前最主要的网站推广工具之一,尤其是基于自然搜索结果的搜索引擎推广,因为是免费的,所以受到众多中小网站的重视,搜索引擎营销方法也成为网络营销方法体系的主要组成部分。

2. 搜索引擎营销的方法

搜索引擎营销的方法主要包括竞价排名、搜索引擎登录、分类目录登录、付费搜索引擎广告、搜索引擎优化、关键词广告、地址栏搜索、网站链接策略。我们将简单介绍竞价排名、搜索引擎优化及关键词广告。

(1) 竞价排名。竞价排名是按点击量付费,推广信息出现在搜索结果中(一般是靠前的位置),如果没有被用户点击,则不收取推广费。因竞价排名是一种按效果付费的网络推广方式,因此用少量的投入就可以给企业带来大量潜在客户,有效提升企业销售额和品牌知名度。图 4-4 所示为百度常见的竞价排名展示方式。

图4-4 百度常见的竞价排名展示方式

(2) 搜索引擎优化。搜索引擎优化可以利用搜索引擎的搜索规则来提高目的网站在有关搜索引擎内的自然排名方式。它是针对搜索引擎对网页的检索特点，让网站建设的各项基本要素适合搜索引擎的检索原则，从而使搜索引擎收录尽可能多的网页，并在搜索引擎自然检索结果中排名靠前，最终达到网站推广的目的。

(3) 关键词广告。关键词广告是指在用户的搜索结果页面显示链接广告内容，实现高级定位投放，按点击次数收取广告费。选择合适的关键词对于企业而言尤为重要，企业在选择关键词时要从各个角度进行考虑。例如，根据企业产品的目标用户群选择合适的关键词然后根据市场反应进行调整，这样用户通过关键词搜索就能够直达企业的核心价值和核心业务，从而提高企业的市场地位。

4.4.4 自媒体营销

自媒体营销主要包括微博营销和微信营销。

1. 微博营销

1) 微博营销的含义

微博是基于社交关系的一种分享和传播信息的网络媒介和平台，以文字、图片和视频等为内容，实现即时发布和共享。微博营销以微博为营销平台，每个"粉丝"都是潜在的营销对象，商家利用不断更新自己微博的方式向网友传播企业信息和产品信息，建立品牌、推广产品、促成交易等。

2) 微博营销的主要方法

按照微博主体的不同，微博营销可分为个人微博营销和企业微博营销。

(1) 个人微博营销。个人微博是微博中最大的组成部分，数量较多。个人微博不仅是个人用户日常表达自己想法的场所，还是个人或团队营销的主要阵地。一般来说，个人微博的营销基于个人的知名度，通过发布有价值的信息来吸引微博用户关注，扩大个人的影响力，从而达到营销效果。其中，部分企业高管等的个人微博通常还会配合企业或团队微博形成影响链条，以扩大企业和品牌的影响力。

(2) 企业微博营销。企业微博营销是运用微博来增加企业的知名度，进行品牌的宣传与推广，最终达到销售产品的目的。由于微博具有更新速度快、信息量大等特点，企业在进行微博营销时，需要先建立自己固定的消费群体，通过与粉丝的互动与交流来带动宣传行为，扩大粉丝群体来进行企业的宣传。

现在主流的微博平台都提供了微博认证功能，可以针对个人、企业等进行认证，通过认证的微博名称后会有一个"V"标志。微博认证不仅可以增强、提高微博的权威性和知名度，同时会更容易赢得微博用户的信任，从而获得粉丝关注。此外，微博还为用户提供了内容丰富的会员功能，成为微博的会员后，可以享受更多特权，如对封面图和背景图进行个性化设置，进一步展示自己的产品或品牌。

2. 微信营销

1) 微信营销的含义

微信营销是网络经济时代的企业或个人营销模式，是伴随着微信的火热而兴起的一种网络营销方式，是社会化媒体营销中运用非常广泛的手段之一。微信营销是一个系统的营销过程，具体是指利用微信提供的所有模块和功能，将员工和客户的个人号、订阅号及企业公众服务号进行合理优化组合，建立有效的微信矩阵，从而形成一套精准的营销体系。

2) 微信营销的主要方法

(1) 微信公众号营销。不管是企业还是个人，都可以开通微信公众号，通过微信公众号推送文章并提供服务。有的企业的微信公众号积累了几千万名"粉丝"，可以直接针对自己的"粉丝"进行精准的信息推送，从而极大地提高企业的用户管理和运营水平。

(2) 微信群营销。当前，很多企业都会按照一定的属性为用户组建微信群，然后在群里发送 H5 活动海报、链接等相关信息，开展定期或不定期的营销推广活动，同时回答用户的咨询和疑问，处理售后相关事宜，提高用户的体验感和满意度。

(3) 微信朋友圈营销。在微信朋友圈中我们经常会看到朋友分享的内容，所以有的人就会大量加好友，然后在朋友圈发软文做推广。目前微信好友数量的上限是 5000 人，假如你拥有5000 个好友，就相当于拥有了一个活跃度很高的微博账户。通过在朋友圈发信息，然后转入微信聊天模式，进入微店成交，已经成为很多电商运营的重要模式。

(4) 微店营销。很多企业或商家也会开微店，把自己的产品或服务放在微店上，通过微信支付完成交易，所以通过微信构建各种消费服务的企业也非常多。

(5) 微信广告营销。微信针对中小企业主推出了广点通业务，也就是开通账户后，可以在微信公众号的文章底部插入用户的产品广告链接。有实力的企业还会投放朋友圈广告、微信群广告等。

4.4.5　社群营销

1. 社群营销的含义

社群是指两个及两个以上因某些共同点而聚集在一起的人的组合，社群成员通常具有共同的经历、喜好、群属、思想观念等，并且会互相影响、互动交流、共享同创指定性期望与目标。

在互联网背景下，社群的内涵与外延逐渐得到扩展和丰富。

社群营销就是基于社群衍生出的一种新型营销方式。社群营销是指通过互联网将有共同兴趣爱好的人聚集在一起，将一个兴趣圈打造成为消费家园，通过产品或服务来满足群体需求而产生的商业形态。社群营销是在网络社区营销和社会化媒体营销的基础上发展起来的用户连接及交流更为紧密的网络营销方式。例如，通过微信培养各种"粉丝"，先给"粉丝"传递价值，然后再谋求赢利，这是网络社群营销的普遍形式。网络社群营销聚集的人群会通过各种关系延伸到陌生群体，最后形成一个庞大的市场。

2. 社群营销的主要方法

(1) 清晰的社群定位。在建立社群之前，必须先做好社群定位，明确社群要吸引哪一类的人群。社群定位能够充分体现企业的核心价值定位，如小米手机的社群吸引的是追求科技与前卫的人群、逻辑思维的社群吸引的是具有独立思考标签的人群、豆瓣的社群吸引的是追求文艺和情怀的人群。只有当社群有了精准定位之后，才能推出契合成员兴趣的活动和内容，不断强化社群的兴趣标签，给社群成员带来共鸣。

(2) 持续输出价值。作为社群群主或管理员，每次分享都应该全力投入，不做保留。在很多社群中，分享者并没有将所有的内容分享出来，有的是知识有限，有的则是害怕其他成员超越自己，从而造成成员流失。这其实是一个误区，若要让社群发展壮大、长久生存，分享者应当将所有内容分享出来，让其他成员有所收获并得到他们的认可和信任，如此成员之间的黏性才会牢固。

(3) 保持用户活跃度。社群成员之间的在线沟通多依靠微信、QQ等社交群组，也可自建App或网站。对于社群运营而言，能否建立更加紧密的成员关系直接影响着社群最终的发展，因此社群活跃度也是衡量社群价值的一个重要指标。现在大多数运营成功的社群已经从线上延伸到线下，从线上资源信息的输出共享、社群成员之间的优惠福利，到线下组织社群成员聚会和活动，目的都是增加社群的凝聚力，提高成员的活跃度。

(4) 打造社群口碑。口碑是社群最好的宣传工具，社群口碑与品牌口碑一样，都必须依靠好内容、好服务进行支撑，并经过不断的积累和沉淀才能逐渐形成。一个社群要打造良好的口碑，必须先从基础做起，抓好社群服务，为成员提供价值，然后逐渐形成口碑，带动会员自发传播社群，逐渐建立以社群为基点的圈子，这样社群才能真正发展壮大。

4.4.6 短视频营销

1. 短视频营销的含义

短视频是一种视频长度以秒计，主要依托于移动智能终端实现快速拍摄与美化编辑，可在社交媒体平台上实时分享和无缝对接的一种新型视频形式。短视频内容融合了技能分享、幽默搞笑、时尚潮流、社会热点、街头采访、公益教育、广告创意、商业定制等主题。短视频长度从几秒到几分钟不等，由于内容较短，可以单独成片，也可以成为系列栏目。短视频的出现既是对社交媒体现有主要内容的一种有益补充，同时，优质的短视频内容亦可借助社交媒体的渠道优势实现"病毒式"传播。

国外比较有代表性的短视频发布平台有 Instagram、Vine、Snapchat 等。国内有代表性的短视频平台有抖音、快手、西瓜视频、火山小视频、小影、小咖秀、秒拍、美拍等。

短视频营销就是企业和品牌主借助于短视频这种媒介形式进行社会化营销(social marketing)的一种方式。近年来,各种短视频平台纷纷崛起,无论是普通百姓还是影视演员,都纷纷加入了短视频拍摄大军。短视频能拉近偶像与粉丝之间的距离是短视频 App 流行起来的重要原因之一,在巨额资金与海量内容生产背后是相当可观的用户注意力和流量,它们成为短视频营销商业变现的重要保障。

2. 短视频营销的主要方法

(1) 短视频创意定制。短视频内容采用专业生产内容(professional generated content,PGC)和用户生产内容(user generated content,UGC)等模式,按企业的要求进行内容定制,并在企业官方网站、微信公众号和短视频平台推送,该模式已经成为具有高转化效果的营销方式。"创新内容+短视频"的模式可以最大限度地体现内容的价值,让营销信息植入得更加自然。

(2) 短视频"病毒式"营销。就目前而言,"病毒式"营销在短视频领域主要包括两种模式:一种是用户自主分享到第三方平台,即用户在浏览短视频时,遇到能引起共鸣的内容,会自发评论,并将短视频转发给其他用户或第三方平台,以达到多次传播的效果;另一种是短视频作者在拍摄或后期制作过程,使用固定的主题或同一个背景音乐,虽然录制的内容不同,但是醒目的标题及相同的音乐往往能在第一时间吸引用户关注。

(3) 植入式短视频营销。有数据调查显示,对于传统意义上的单纯的硬广告,用户通常会有一定的抵触心理,一般情况下都会选择主动过滤。但是在短视频领域,企业可通过创意十足的剧情将产品信息或企业理念与故事情节进行完美结合,这样既不会让用户感到反感,又能使其在不知不觉中对产品产生兴趣,在潜移默化中接受这种营销方式,从而进行消费。

(4) 短视频多平台分发。除了美拍、秒拍这种专业的短视频平台,优酷、腾讯、爱奇艺这类视频门户网站和一些新闻、社交平台等都已成为短视频传播的渠道。一般情况下,企业应在多个平台投放短视频,以强化传播效果。

目前,除了以上形式,短视频+电商、短视频+网综等形式也正逐渐被越来越多的企业所运用,短视频营销的方式会越来越丰富。

4.4.7 直播营销

1. 直播营销的含义

直播营销于 2015 年兴起,于 2016 年开始成为网络营销的主流方式之一,并在电子商务营销中持续发力。直播营销是以直播平台为载体,以视频、音频为手段,在现场随着营销事件的发生、发展,同时制作和播出的视频营销模式。与图文相比,视频具有更加直观的场景表现力,特别是视频直播,可以与用户进行实时互动,快速建立起情感共鸣。目前,活跃用户较多的移动直播平台有抖音、快手、斗鱼、虎牙、映客、YY 直播、花椒等。

2. 直播营销主播的选择

一般而言，主播的选择将对直播营销产生巨大的影响。主播可以选择明星名人、网红达人或颜值主播，不同的主播能够带来不同的用户群体。同时，主播的选择对企业的能力和条件有所要求。

(1) 明星名人。明星名人本身就带有流量与话题，通过明星名人来进行营销可以充分调动明星名人自身的粉丝群体。这些粉丝数量庞大、互动性强，可以为直播营销带来较高的热度。但邀请明星名人需要一定的资金，企业需要在充足的预算下选择与自身商品和品牌形象相符的明星名人。

(2) 网红达人。网红达人定位清晰，往往贴有行业标签，如社交领域红人、美妆主播等，他们自带流量，能够吸引与自身标签相符的观看人群。通过网红的个人影响力，将大大提高品牌的知名度。一般而言，有独特性、符合品牌调性、粉丝聚集效果好的网红是比较适合的。

(3) 颜值主播。明星名人、网红达人固然能够带来庞大的流量，但其直播成本较高。在优秀商品的支撑下，选择颜值主播同样可以达到较好的效果，这类主播的个人形象非常重要。颜值主播通过有吸引力的容貌也能带来可观的流量，是进行前期引流的有效手段。

3. 直播活动的策划

直播营销需要在明确营销目的、目标人群的基础上进行设计，策划专门的营销活动执行方案，并根据方案来执行。一般来说，直播营销活动可以分为：直播开场，帮助观众获取感知；直播过程，提高观众的兴趣；直播结尾，促使观众接受营销内容。每个阶段的内容安排与营销技巧不同，下面分别进行介绍。

(1) 直播开场。开场的目的是让观众了解直播的内容、形式和组织者等信息，给观众留下良好的第一印象，以使观众判断该直播是否具有可看性。开场的观众主要来自前期宣传所吸引的粉丝、在直播平台随意浏览的观众，这些观众一般在进入直播间的 1 分钟内可以做出是否继续观看的决定，因此要做好直播活动的开场设计。直播活动的开场主要有 5 种，下面分别进行介绍。

① 直接介绍。在直播开始时直接告诉观众本次直播的相关信息，包括主播、主办方、直播话题、直播时间、直播流程等。但这种方式比较枯燥，容易引起部分观众的不耐烦，因此建议添加一些吸引观众的活动环节，如抽奖、发红包、请出特约嘉宾等，以最大限度地保留已有观众。

② 提出问题。提问可以引发观众思考，带动主播与观众之间的互动，使观众有一种参与感，同时，又能通过观众的反馈预期本次直播的效果。

③ 数据引入。对于专业性较强的直播活动，可以通过展示数据的方式来进行开场，增加直播的可信度。这种开场方式要求数据必须真实可靠，否则容易引起观众的质疑，为直播带来负面影响。

④ 故事开场。趣味性、传奇性的故事可以快速引发观众的讨论与共鸣，为直播活动营造一个良好的氛围。注意不要选择争议性太大的故事，这类故事容易引起观众的激烈讨论，反而无法快速进入主题，得不偿失。

⑤ 借助热点。参与直播营销的观众大都喜爱上网，对目前的热点事件非常熟悉，借助热点事件可以快速吸引观众，拉近与他们之间的距离。

(2) 直播过程。直播活动的过程主要是对直播内容的详细展示，除了全方位、详细地展示信息，还可设计一些互动活动，如抽奖、赠送礼物、发放红包等，以提高观众对活动的兴趣。发放红包时，主播要提前告知观众活动的时间，如"10 分钟后有一大波红包来袭""21：00 准时发红包"等，一方面，让观众知道抢红包的时间，做好准备；另一方面，暗示观众邀请更多人加入直播等待红包，提高直播的人气。此外，主播在直播过程中要关注弹幕的内容，特别是对于观众的一些提问、建议、赞美等，如"能介绍一下这个商品的原材料吗？""小姐姐皮肤真好，是用介绍的这个护肤品吗？"等，可挑选一些具有代表性的话题与观众互动。

(3) 直播结尾。直播从开始到结束，观众的数量一直在发生变化，到结尾时还留下的观众，在一定程度上都是本次营销活动的潜在目标消费人群，因此，一定要注重直播活动的结尾，最大限度地引导直播结束时的剩余流量，实现企业商品与品牌的宣传与销售转化。

① 引导关注。直播结尾时可以将企业的自媒体账号和关注方式告知观众，引导观众关注，使其成为自己的粉丝，便于后期的粉丝维护。

② 邀请报名。直播结尾时告知观众加入粉丝平台的方式，并邀请其报名。一般来说，加入粉丝平台的这部分观众对直播内容的认可度较高，能够快速参与直播互动，具有转化为忠实粉丝的潜力。

③ 销售转化。直播结尾时告知观众进入官方网址或网店的方法，促进销售转化。建议给观众提供一些与他们利益相关的信息或营造一种紧迫感，如打折、优惠或限量销售等。

4. 粉丝的发展与维护

通过直播活动获取的粉丝需要进行维护才能变为客户，再成为忠实客户，实现企业的营销目的。通过直播活动获取的粉丝可以在直播活动结束后通过线上与线下活动、信息分享、邀请粉丝参与策划等方式进行维护。

(1) 线上与线下活动。线上活动主要以折扣、促销信息、抽奖、有奖问答等为主。虽然直播是基于互联网进行营销的，但线下活动仍不可缺少。结合线上与线下活动可以更好地凝聚粉丝，培养粉丝对企业的忠诚度。常见的线下活动主要有聚会、观影、表演等，在开展线下活动时可以给参加活动的粉丝一些特殊的福利，如新品试用、优惠券等，同时利用这种面对面的交流获取粉丝的反馈意见，为企业下一阶段的营销策略做好准备。

(2) 信息分享。粉丝比普通用户具有更强的消费与互动能力，企业的各种营销信息要第一时间让粉丝知晓并提供一些专属服务，因此可在粉丝群体中定期分享最新资讯，如专属折扣链接、爆款商品提前购、红包口令、新品预购、限量抢购等，让粉丝感受到诚意，增加粉丝的忠诚度。

(3) 邀请粉丝参与策划。邀请粉丝参与下一场直播的策划，将粉丝的意见与创意融入营销计划，既可以缓解企业运营人员的压力，又可以让粉丝产生充分的参与感和归属感。一般而言，在直播的筹备阶段粉丝可以参与选题、文案策划、海报设计等环节。

核心概念

网络营销、4P 营销策略、4C 营销策略、搜索引擎营销、微博营销、微信营销、社群营销、短视频营销、直播营销

 思政微语

2021 年 7 月，河南省遭遇了严重的特大暴雨，造成了大规模的水灾。在此期间，社会各界都展现出了爱心，例如，国货品牌鸿星尔克在自身经营困难的情况下，却仍通过官方微博宣布："心系灾区，捐款 5000 万元物资支援河南"。此消息迅速登上了微博的热搜榜，并引发了大量网友的关注和热议，话题"鸿星尔克的微博评论好心酸"阅读量高达 8.9 亿。鸿星尔克的淘宝直播间也吸引了众多网友的关注，直播观看数达到了 3000 万。消费者们纷纷购买鸿星尔克的产品，导致其产品迅速断货。在短短两天内，鸿星尔克的销售额达到了 1.07 亿，创造了一个消费神话。中央纪委、国家建委等部门也对鸿星尔克的行为表示赞赏，肯定了这个拥有 20 多年历史的民族运动品牌一直在尽其所能履行中国企业的责任。此次事件使鸿星尔克在短短 10 天内增加了 1500 万粉丝，两次登上热搜，其 3 天的销量超过了过去半年的销量。鸿星尔克成功地运用了网络公益营销策略，通过实际行动展示了企业的社会责任，提高了品牌形象和知名度。

请同学们调研一下，最近有哪些较成功的网络营销事件。认真思考一下企业在什么情境下应用网络营销策略最为适宜。探讨一下有哪些比较好的营销策略及方法。

 思考题

1. 什么是网络营销？
2. 网络营销的内容有哪些？
3. 简述网络消费者的购买决策过程。
4. 试分析我们自己属于哪一类网络消费者？
5. 影响网络消费的因素有哪些？
6. 查找并分析基于 4C 的网络营销策略案例。
7. 网络营销的方法有哪些？

第5章 | 电子支付

📋 **学习目标**

(1) 掌握电子支付的内涵，了解电子支付系统的基本构成；

(2) 了解常用的电子支付工具；

(3) 了解网上支付的内涵；

(4) 了解网上银行的定义，熟悉网上银行的分类；

(5) 掌握第三方支付的内涵及业务，了解典型的第三方支付平台；

(6) 掌握移动支付的内涵，了解其商业模式；

(7) 了解常见的新型支付手段。

📝 **引言**

在电子商务中，企业、消费者、银行等交易参与方均迫切需要效率更高、成本更低、更快捷、更安全的支付方式，同时，互联网和数字技术不断发展成熟也提供了良好的技术支撑平台，这些因素导致了电子支付的兴起。本章主要对电子支付、网上支付、移动支付及各种新型支付方式等内容进行了较为详尽的阐述。

5.1 电子支付概述

5.1.1 电子支付的含义

中国人民银行发布的《电子支付指引(第一号)》中对电子支付(electronic payment)的定义为：电子支付是指单位、个人直接或授权他人通过电子终端发出支付指令，实现货币支付与资金转移的行为。根据目前金融法学界和电子商务法学界的研究，电子支付有广义和狭义之分，广义的电子支付包括卡类支付、网上支付和移动支付等，狭义的电子支付仅指网上支付。

与传统的支付方式相比，电子支付具有以下特点。

(1) 采用先进的技术通过数字流转来完成信息传输。电子支付是采用数字化的方式进行款项支付的；而传统的支付方式则是通过现金的流转、票据的转让等物理实体的流转来完成款项支付的。

(2) 电子支付的工作环境是基于开放的系统平台(如因特网)。而传统支付则是在较为封闭的系统中运作，如银行系统的专用网络。

(3) 采用先进的通信手段，如因特网、外联网。电子支付对软、硬件设施的要求很高，一般要求有联网的微机、相关的软件及其他一些配套设施。

(4) 方便、快捷、高效、经济。用户只要拥有一台上网的 PC 机，便可足不出户，在很短的时间内完成整个支付过程。

📖 **小贴士**

《电子支付指引(第一号)》

《电子支付指引(第一号)》由中国人民银行于 2005 年 10 月 26 日公布并施行。其规范了电子支付业务，从而防范了支付风险，保证了资金安全，维护了银行及客户在电子支付活动中的合法权益，促进了电子支付业务健康发展。

5.1.2 电子支付的类型

《电子支付指引(第一号)》按电子支付指令发起方式将电子支付的类型分为网上支付、移动支付、电话支付、销售点终端交易、自动柜员机交易和其他电子支付。

(1) 网上支付。网上支付又称在线电子支付，它是以金融电子化网络为基础，以商用电子化设备和各类交易卡为媒介，以电子计算机技术和通信技术为手段，以电子数据形式存储在银行的计算机系统中，并通过计算机网络系统以电子信息传递形式实现的流通和支付。网上支付主要分为网上银行支付、第三方支付、银联在线 ChinaPay 等。

(2) 移动支付。移动支付是使用移动设备通过无线方式完成支付行为的一种新型的支付方式。移动支付是移动运营商和金融机构共同推出的能够实现远程在线支付的移动增值业务，其所使用的移动终端可以是手机、PDA(personal digital assistant，个人数字助理)、移动 PC 等。

(3) 电话支付。电话支付是电子支付的一种线下实现形式，是指消费者使用电话(固定电话、手机)或其他类似电话的终端设备，通过银行系统就能从个人银行账户直接完成付款的方式。目前，绝大多数商业银行已经推出自己的电话银行，如工商银行为 95588、招商银行为 95555 等。电话支付终端类似于 POS 机，用户通过电话即可足不出户进行刷卡缴费、商品订购、自助金融等。

(4) 销售点终端交易。销售点终端交易(POS 交易)就是平时用的刷卡支付方式。在商品交付时，通过手持支付终端，只要提供银行卡和密码，便可以实现在线刷卡支付。它具有支持消费、预授权、余额查询和转账等功能。POS 系统的推广使用，使银行、商场、客户三方的交易都能在短时间内迅速完成，给三方都带来较大的经济和社会效益。

(5) 自动柜员机交易。自动柜员机即 ATM，是指银行在不同地点设置的一种小型机器，通常利用银行卡让客户可以通过机器进行提款、存款、转账等银行柜台服务。可见，自动柜员机交易就是到银行设置的自动柜员机根据提示办理转账支付。

(6) 其他电子支付。其他电子支付方式包括电子汇兑、预付卡支付、有线电视网络支付、虚拟货币支付等。

本书将在后面章节着重介绍网上支付和移动支付。

5.1.3 电子支付系统

基于互联网平台的电子支付系统主要包括消费者、商家、消费者开户行、商家开户行、支付网关、银行专用网、CA 认证机构等，如图 5-1 所示。

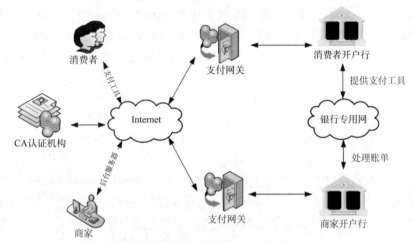

图5-1 电子支付体系的基本构成

(1) 消费者。消费者是指与某商家有交易关系并存在未清偿的债权债务关系的一方(一般是债务)，是支付体系运作的原因和起点。

(2) 商家。商家是拥有债权的商品交易的另一方，其可以根据客户发起的支付指令向金融体系请求获取货币给付。

(3) 消费者开户行。消费者开户行是指消费者在其中拥有账户的银行，消费者所拥有的支付工具就是由开户行提供的。在信用卡支付体系中，消费者开户行又被称为发卡行。

(4) 商家开户行。商家开户行又称为收单行，是商家在其中拥有账户的银行，其账户是整个支付过程中资金流向的地方。

(5) 支付网关。支付网关是公用网和金融专用网之间的接口，支付信息必须通过支付网关才能进入银行支付系统，进而完成支付的授权和获取。

(6) 银行专用网。银行专用网是银行内部及银行间进行通信的网络，包括中国国家现代化支付系统(CNAPS)、人行电子联行系统、商行电子汇兑系统、银行卡授权系统等。

(7) CA 认证机构。认证机构为参与的各方(包括客户、商家与支付网关)发放数字证书，以确认各方的身份，保证网上支付的安全性。

除以上参与各方，电子支付系统的构成还包括支付中使用的支付工具及遵循的支付协议，是参与各方与支付工具、支付协议的结合。其中，经常被提及的电子支付工具有银行卡、电子现金、电子支票等。

5.1.4 电子支付工具

随着计算机技术的发展,电子支付工具越来越多,常用的电子支付工具有电子银行卡、电子现金、电子钱包和电子支票等。

1. 电子银行卡

电子银行卡起源于美国,是主要的电子支付工具,也是全世界最早使用的电子支付工具。银行卡的产生和发展,推动了包括 ATM、POS 和 HB 在内的自助银行系统的产生和发展。相比现金和支票而言,它能够为消费者和商户带来更多的便利,充分地体现了银行卡的优越性。

目前,银行卡的种类有很多,如贷记卡、借记卡、复合卡、购物卡、转账卡等,根据结算方式、使用权限、使用范围、持卡对象,以及所用载体材料的不同,可以划分为多种类型的银行卡。

1) 按结算方式分类

按结算方式划分,电子银行卡从性质上分为贷记卡、借记卡和复合卡。

(1) 贷记卡。贷记卡是指银行向金融上可信赖的客户提供无抵押的短期周转信贷的一种手段,常称为信用卡,是银行最早发明的一种银行卡。

(2) 借记卡。银行在信用卡的基础上推出了借记卡。借记卡的持卡人必须在发卡行有存款。持卡人在特约商店消费后,通过电子银行系统,直接将顾客在银行中的存款划拨到商店的账户上。依据使用功能,借记卡又有多个品种,如转账卡、专用卡等。

(3) 复合卡。复合卡是一种兼具信用卡和借记卡两种性质的银行卡,我国称之为准贷记卡。复合卡的持卡人必须事先在发卡行缴存一定金额的备用金,当备用金账户余额不足时,允许在发卡行规定的信用额度内适当透支。

2) 按信息载体材料分类

按信息载体材料划分,银行卡经历了塑料卡、磁卡、集成电路卡、复合介质卡和激光卡等发展阶段。

(1) 塑料卡。20 世纪 50 年代末,发达国家率先用塑料制成信用卡。顾客消费时,必须出示此卡以示身份,验明无误后,即可享受信用消费。这种塑料卡与计算机无关。

(2) 磁卡。磁卡诞生于 1970 年,它是在塑料卡片上粘贴磁条而成,磁条里有 3 条磁道,可记录相关的信息。磁卡可直接输入终端机进行处理,是一种最简单有效的计算机输入介质。

(3) 集成电路卡。1974 年,法国工程师罗兰德·莫瑞诺(Roland Moreno)发明了一种便携式存储器,即集成电路卡(IC 卡),它是在塑料卡上封装一个非常小的微型集成电路芯片,用以存储记录数据。与磁卡相比,集成电路卡安全性高、很难仿制、存储容量大。

(4) 复合介质卡。鉴于磁卡已有广泛的应用市场,同时兼顾 IC 卡的发展,金融机构发明了一种混合性质的银行卡——复合介质卡,它在磁卡内藏 IC 芯片,在识别磁卡和 IC 卡的器具上都可以使用。

(5) 激光卡。激光卡也称光卡,国际标准称之为"光储卡",是在塑料卡片中嵌入激光存储器而成的。激光卡系统由激光卡、激光卡读写器和与之相连的计算机系统构成。与 IC 卡相比,激光卡不仅可提供多重功能服务,安全性也更高,储存量极大(比 IC 卡的存储量大百倍以上)。

电子银行卡支付通常涉及三方,即消费者(持卡人)、商家、银行。支付过程包括清算和结算,前者指支付指令的传递,后者指与支付相关的资金的转移,流程如下。

(1) 持卡人用卡购物或消费,结账时交验银行卡,将银行卡插入 POS 终端,输入的数据(卡号和支付金额)通过通信线路传到银行,请求授权支付。

(2) 发卡行经过核实持卡人账户的合法性和可用余额(或受信额度),告诉特约商户(POS)同意交易,然后从持卡人账户上扣除相应金额,划入特约商家的开户银行账户。

(3) 商家向持卡人提供商品或劳务,并要求持卡人在签购单上签字。

(4) 发卡行定期将对账单给持卡人。

2. 电子现金

电子现金(electronic cash,E-Cash)是一种将现金数值转换为一系列的加密序列数,通过这些序列数来表示现实中各种金额的币值。用户在开展电子现金业务的银行开设账户并存钱后,就可以在接受电子现金的商店购物了。

1) 电子现金的特点

(1) 银行和商家之间应有协议和授权关系。

(2) 用户、商家和 E-Cash 银行都需使用 E-Cash 软件。

(3) E-Cash 银行负责用户和商家之间资金的转移。

(4) 身份验证是由 E-Cash 本身完成的。E-Cash 银行在发放电子现金时使用了数字签名。商家在每次交易中将电子现金传送给 E-Cash 银行,由 E-Cash 银行验证用户支持的电子现金是否有效(如是否伪造或使用过等)。

(5) 匿名性。

(6) 具有现金特点,可以存、取、转让,适用于小的交易量。

2) 电子现金支付流程

电子现金支付的具体流程如图 5-2 所示。

(1) 预备工作中付款人、收款人(商家)、发行者都要在认证中心申请数字证书,并安装专用软件。付款人从发行者处开设电子现金账号,并用其他电子支付方式存入一定数量的资金(如使用银行转账或信用卡支付方式),利用客户端软件兑换一定数量的电子现金。接受电子现金付款的商家也在发行者处注册,并签约收单行用于兑换电子现金。

(2) 付款人与收款人达成购销协议,付款人验证收款人身份并确定对方能够接受相应的电子现金支付。

(3) 付款人将订单与电子现金一起发给收款人。这些信息使用收款人的公开密钥加密,收款人使用自己的私钥解密。

(4) 收款人收到电子现金后,可以要求发行者兑换成实体现金。发行者通过银行转账的方式将实体资金转到收单行,收款人与收单行清算。

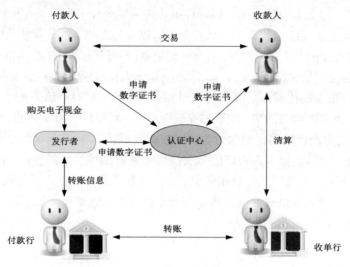

图5-2　电子现金支付的具体流程

3. 电子钱包

电子钱包(electronic wallet，E-Wallet)是消费者用来进行安全网络交易特别是安全网络支付并储存交易记录的特殊计算机软件或硬件设备，如同生活中随身携带的钱包一样，是电子商务购物活动中常用的一种支付工具，适用于小额购物。

一般而言，电子钱包的组成体系包括商家与银行支持的电子钱包服务系统、客户端电子钱包软件及电子钱包管理器等构件。

(1) 电子钱包服务系统。使用电子钱包，要在电子钱包服务系统中进行。目前，世界上最主要的三大电子钱包服务系统是 Visa Cash、Mondex 和 Proton。

(2) 客户端电子钱包软件。目前有许多客户端电子钱包软件，如 Microsoft Wallet、IBM 的 Consumer Wallet 等。这些电子钱包软件通常设计为浏览器的 Plug-In 软件，加载在 IE 或 Netscape 浏览器上。

(3) 电子钱包管理器。在电子商务服务系统中还设有电子钱包的功能管理模块，统称为电子钱包管理器。客户可以用它来改变保密口令或保密方式，查看利用电子钱包网络支付的记录及银行账号上收付往来的电子支付账目、清单和数据。

电子钱包支付流程如图 5-3 所示。

(1) 客户首先到电子钱包支持的银行申请一张相应的信用卡，随后在该银行网站通过网络下载得到对应的电子钱包软件；再到支持该行电子钱包的网上商家申请并安装对应的电子钱包服务器端软件。

(2) 客户成功安装下载得到的电子钱包软件，设置钱包的用户名与开包密码，以保证电子钱包的授权使用。成功安装后一般会在计算机桌面上看到对应的电子钱包的图标。

(3) 客户向自己的电子钱包添加对应的信用卡，申请并安装信用卡的数字证书。

(4) 客户使用计算机通过网络连接商家网站，查找购买的物品。

(5) 客户在网上填写、提交订单，商家电子商务网站回送"订单收到"的信息。

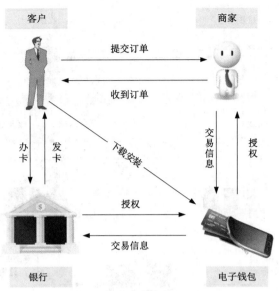

图5-3 电子钱包支付流程

(6) 客户检查且确认自己的购物清单后，利用电子钱包进行网络支付。电子钱包自动启动，客户确认自己的电子钱包，从电子钱包中取出对应信用卡付款。具体的网络支付过程是由取出的电子支付形式决定的。

(7) 发卡银行确认。

(8) 商家按照客户的订单要求发货，与此同时，商家或银行服务器端将记录整个交易过程中发生往来的财务与物品数据，供客户电子钱包管理软件查询。

4. 电子支票

电子支票的支付就是在互联网平台上利用电子支票完成商务活动中的资金支付与结算。电子支票的签发、背书、交换及账户清算流程均与纸票相同，用数字签名背书，用数字证书来验证相关参与者身份，安全工作也由公开密钥加密来完成。

1) 电子支票的优点

(1) 与传统支票类似，用户比较熟悉，易于被接受，可广泛应用于 B2B 结算。

(2) 电子支票具有可追踪性，因此当使用者支票遗失或被冒用时可以停止付款并取消交易，风险较低。

(3) 通过应用数字证书、数字签名及各种加密/解密技术，提供比传统纸质支票中使用印章和手写签名更加安全可靠的防欺诈手段。

2) 电子支票支付流程

一个完整的异行电子支票支付流程如图 5-4 所示。

(1) 付款人(消费者)和收款人(商家)达成购销协议并选择用电子支票支付。

(2) 付款人利用自己的私钥对填写的电子支票进行数字签名后，通过网络发送给收款人，同时向银行发出付款通知单。

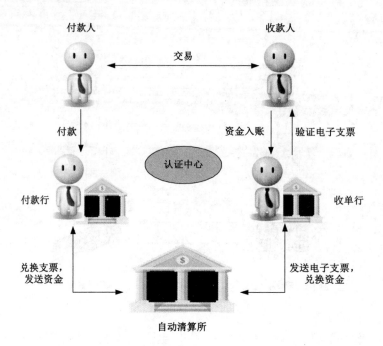

图5-4　一个完整的异行电子支票支付流程

(3) 收款人通过认证中心对付款人提供的电子支票进行验证，验证无误后将电子支票送交收单行索付。

(4) 收单行将电子支票发送给自动清算所的资金清算系统，以兑换资金进行清算。

(5) 自动清算所向付款人的付款银行申请兑换支票，并将兑换的相应资金发送到收款人的收单行。

(6) 收单行向收款人发出到款通知，资金入账。

5.2 网上支付

5.2.1 网上银行

网上银行又称网络银行，是指利用 Internet 技术，通过 Internet 或其他公用网络向客户提供各种金融信息，实现各种金融交易服务的银行。网上银行突破了传统银行的局限，融合银行、证券、保险等多种金融业务，向客户提供全能化的银行服务，大幅度地降低了银行的交易成本。

1. 网上银行的功能

网上银行分为由传统商业银行利用 Internet 发展线上业务的混合型银行和完全依赖 Internet 发展而来的纯网上银行两种。混合型银行所提供的网上银行业务在网上银行建设的初期占据了主导地位；而纯网上银行针对互联网的多媒体互动特性来设计提供的创新业务品种，这类业务以客户为中心、以科技为基础，真正体现了按照市场的需求"量身定做"的个性化服务特色，不仅充分利用互联网和信息技术优势，还打破了传统商业银行的各种条条框框，成了真正意义上的网上银行业务。

从业务品种细分的角度来讲，网上银行业务功能一般包括提供信息、决策咨询、账务查询、申请和挂失、网上支付、金融创新及互联网金融七个方面。

(1) 提供信息。银行通过互联网发布公共信息起到广告宣传的作用，便于客户了解银行的业务品种及业务运行规则。

(2) 决策咨询。网上银行一般以电子邮件、电子公告板为主要手段，向客户提供业务疑难咨询及投诉服务，并以此为基础建立网上银行的市场动态分析反馈系统。

(3) 账务查询。网上银行可以充分利用互联网门对门服务的特点，向企事业单位和个人客户提供账户状态、账户余额、交易明细等的查询功能。

(4) 申请和挂失。申请和挂失主要包括：存款账户、信用卡的开户，电子现金、空白支票的申领，企业财务报表的申报，各种贷款、信用证开证的申请，预约服务的申请，账户挂失，等等。

(5) 网上支付。网上支付主要向客户提供互联网上的资金实时结算功能，是保证电子商务正常开展的关键性基础功能，按交易双方客户的性质分为 B2B 和 B2C 两种商业模式。

(6) 金融创新。网上银行可以根据互联网特点，针对不同客户的需求开辟更多便捷的智能化、个性化服务，提供传统商业银行在当前业务模式下难以实现的功能。

(7) 互联网金融。银行在提供金融信息咨询的基础上，以资金托管、账户托管为手段，为客户的资金使用安排提供周到的专业化理财与融资建议方案。

2. 网上银行的特点

网上银行是电子商务迅速发展、银行业竞争加剧、人们生活需求提高、金融不断创新的结果。它源自传统银行并逐步得到了扩展与延伸。相较于传统银行，网上银行在发展中表现出了以下五个方面的特点。

(1) 服务方便、快捷、高效。可以在任何需要的时候使用网上银行的服务，不受时间、地域的限制，即实现 3A 服务(anywhere、anyhow、anytime)。

(2) 成本低廉。首先，网上银行创设费用较低，无须物理营业网点及装修费用；其次，节省了日常经营所需的水电等费用。另外，通过业务的自动化处理，降低了业务的交易费用。

(3) 服务更标准、规范。网上银行具有标准规范的业务处理流程，在一定程度上保障了客户满意度；而且网上银行还能利用其低成本的优势为客户提供一对一的专业服务，满足了客户多样化的金融服务需求，提高客户的满意度与忠诚度。

(4) 私密性强。网上银行通过对称与非对称两种加密系统对客户信息进行加密保护，具有很强的私密性。

(5) 信用的重要性更突出。与传统银行相比，网上银行更为重视信用，信息传递、系统的稳定性对信息处理的准确性都直接影响银行的信用。因此，信用的重要性更加突出，评估银行信用的标准也必然发生改变，银行技术系统的优劣将是评价信用的一个重要标准。

3. 网上银行的类型

1) 按照服务对象的不同，可以分为企业网上银行和个人网上银行

(1) 企业网上银行。企业网上银行将传统银行服务和现代新型银行服务结合起来，利用完善的高科技，保证企业使用的安全性和便利性，包括账务查询、内部转账、对外支付、代发工资、信用管理、集团支付、定活期存款互转、B2B 电子商务、银行信息通知等功能，涵盖并延伸了现有的对公银行业务。无论是中小型企业还是大型集团公司，网上企业银行都可以使企业随时掌握自己的财务状况，轻松处理大量的支付、发工资业务等。

(2) 个人网上银行。个人网上银行是主要面向个人及家庭的网上银行，体现网络时代的特点和满足顾客个性化需求。不同的银行根据实际情况，会选择不同的功能模块。

2) 按照组织经营形式的不同，可以分为纯网上银行和混合型网上银行

(1) 纯网上银行。纯网上银行是一种虚拟性质的银行，即通常所说的在线银行。这类开展网上银行服务的机构除了后台处理中心，没有任何物理上的营业机构，雇员很少，银行的所有业务几乎都是在 Internet 上进行。这样的银行又被称为直接银行，即发起人建立一家经营范围仅限于网上银行的子公司，除资本纽带外，在品牌、产品开发、企业文化和企业形象上，新的银行都有别于其发起人原有的公司(包括传统银行)。这种模式一般为市场的新成员采用，目的是通过全新的品牌形象和客户服务迅速进入新市场，力争占领市场的一定份额。美国的安全第一网络银行(security first network bank，SFNB)就属于纯网上银行，它通过 Internet 提供全球性的金融服务、全新的服务手段，客户足不出户就可以办理存款、取款、转账、付款等业务。

纯网上银行

中央提出"发展普惠金融，鼓励金融创新，丰富金融市场层次和产品"的理念，提倡以小微、民营经济撬动改革大局。2014 年 3 月，国务院批准成立 5 家自担风险的民营银行，其中包括由腾讯、阿里巴巴分别作为大股东的深圳前海微众银行和浙江网商银行，它们被认为是国内首批最早确认成立的纯网上银行之一。纯网上银行完全网络化运营，业务往来完全依托互联网渠道展开，覆盖面广、业务可塑性强、流动高效便捷，它们主要定位于小微金融，即传统金融所忽视的数量庞大的小微企业和工薪阶层、自由职业者等普通公众，深入开发长尾市场，利用大数据解决征信难题。微众银行与网商银行背后都有庞大的平台支撑，平台内用户因频繁的电子商务活动沉淀了海量大数据，通过对其进行分析，来评价客户的信贷能力。此外，借助大数据还能识别客户特征，进行精准营销；进行产品和服务的创新，并合理进行定价；同时，也有利于贷款的风险管理，提高风控能力，降低信用风险。

📖 **小贴士**

SFNB

纯网上银行不需要开设分支机构，并且只需要很少的雇员，因此，其最大的优点是节省费用，运营成本低。美国 SFNB 网上银行的员工只有 19 名，根据调查机构的估算，该银行的管理费用只占银行总资产的 1%，是一般传统银行的 1/4 到 1/3，节省下来的资金被用来提高银行的利息，吸引客户。

(2) 混合型网上银行。混合型网上银行又称为以传统银行拓展网络业务为基础的网上银行。它是一种依附于传统银行的模式。这种银行在传统银行基础上运用公共的 Internet 服务，建立新的网络服务窗口，开展传统的银行业务交易处理服务，通过其发展家庭银行、企业银行、手机银行等服务。这类银行一般具有一定的知名度和较强的实力，它将网上银行作为传统银行的一个新的业务部门，是商业银行发展新客户、稳定老客户的一种手段。它只是将传统银行业务延伸到网络上，在原有银行基础上再发展网上银行业务，是实体和虚拟结合的银行。

随着银行业竞争的日益激烈，在传统银行服务的基础上，提供网上服务已经成为银行国际化和先进性的一个重要特征，各个老牌的传统银行，如美国花旗银行集团、中国工商银行等纷纷推出了自己的网上银行服务。早期的网上银行服务，就是将其传统的柜台业务照搬到网上，本质上没有任何的改变，现在各大传统银行也纷纷探索网上银行业务的创新。如今，全世界最大的 100 家银行中，多数都拥有自己的网上银行。目前，我国开办的网上银行都属于混合型网上银行，如中国招商银行、农业银行的网上银行等。

网上银行两种类型的比较，如表 5-1 所示。

表5-1　网上银行两种类型的比较

类型	优势	劣势
纯网上银行	拥有自己的品牌 成本优势 打破传统银行体制，快速自由发展	客户和业务需要积累 资金来源有限，抗风险能力差 对客户问题应变能力较差，反应时间长
混合型网上银行	统一的品牌、信誉衍生 拥有业务和技术资源 降低经营成本	后来者在形象上不够突出 整合成本较高 网络业务开展受到传统业务束缚

4. 网上银行系统

一般来说，网上银行系统包括网上银行客户、Internet 接入、Web 服务、CA 中心、交易网关、后台业务系统和系统管理七个部分。

(1) 网上银行客户。网上银行客户通过拨号、Internet 或其他方式和网上银行相连，向银行发出查询、支付、转账等交易指令，从而取得网上银行的各种交易和信息服务。网上银行客户可以分为个人用户、小型企业和电子商务网站、大型企业。

(2) Internet 接入。Internet 接入包括过滤路由器(或拨号访问服务器)、DNS 服务器、入口实时监测和防火墙系统等，保证能够为网上银行系统提供安全可靠的 Internet 接入服务，Internet 接入系统必须统一规划、管理。

(3) Web 服务。Web 服务是网上银行框架的主体，主要涉及以下几部分：①外部 Web 服务器，负责提供银行咨询类服务，供顾客了解各种公共信息；②网上银行 Web 服务器，负责提供银行查询、交易类服务；③网上银行数据库服务器，负责存放网上银行客户开户信息、系统参数等数据。

(4) CA 中心。信息安全的一个重要方面就是信息的不可否认性，为实现这一目的，就要求有一个网上各方都信任的机构来做身份认证，这个机构就是 CA 中心。

(5) 交易网关。网上银行的业务核心部件包括网上银行交易网关系统和放在各个账户分行的网上银行前置机。

(6) 后台业务系统。后台业务系统就是指已建成或未来将建设的各种业务系统，如对公系统、储蓄系统、电子汇兑系统和信用卡系统等。

(7) 系统管理。系统管理提供整个网上银行系统的管理控制，并负责处理网上客户的咨询等，主要包括系统管理控制台、客户服务代表工作站。

5.2.2 第三方支付

1. 第三方支付概述

1) 第三方支付的概念

第三方支付(third-party payment)又称第三方代理支付，是指具备一定经济实力和信誉保障的第三方平台提供商与国内外的各大银行签约，为买方和卖方提供交易支持平台的网络支付模式。即在银行的直接支付环节中增加一个中介，其主要目的是通过一定手段对交易双方的信用担保，从而化解网上交易风险的不确定性，增加网上交易的成功率，并为后续可能出现的问题提供相应的其他服务。

1999 年，美国出台的《金融服务现代化法案》将第三方支付机构定性为非银行金融机构，将第三方支付业务定性为货币转移业务。2010 年，中国人民银行出台的《非金融机构支付服务管理办法》将第三方支付业务定义为，在收款人和付款人之间作为中介机构提供货币资金转移服务，包括网络支付、预付卡、银行卡收单等业务。在资金流转过程中，第三方支付平台只起到中转作用，但不拥有资金所有权，它主要解决不同开户行银行卡的网上对接及异常交易带来的信用缺失等问题，通过提供资金流通渠道完成消费者、商家及金融机构间的货币支付、资金清算、查询统计等过程。因此，我们可以认为第三方支付平台是指平台提供商通过先进的计算机技术和相关的信息安全技术，在银行和商家之间建立支付网关的链接，以便实现从消费者到金融机构及商家之间货币支付、现金流转、资金清算、查询统计的一个平台。

2) 第三方支付的优点和缺点

(1) 第三方支付的优点。

① 第三方支付具有便捷性。第三方网上支付平台可以支持国内各大银行发行的银行卡和国际信用卡组织发行的信用卡，第三方支付平台大大丰富了网上交易的支付手段，使网上交易渠道更加畅通。

② 第三方支付服务多样性及服务人性化。第三方支付平台手续费标准统一，而且结算周期可根据商家需求设定，服务更加人性化。

③ 第三方支付具有安全性。第三方支付平台可以对交易双方的交易进行详细的记录，从而防止交易双方对交易行为可能的抵赖，以及为在后续交易中可能出现的纠纷问题提供相应的证据。

④ 第三方支付作为中立的一方具有公信度。一旦发生交易纠纷，第三方支付会对消费者和商家采取双向保护，在交易双方之间进行公平、公正的协调处理，确保双方的合法利益得到最大限度的维护。

⑤ 第三方支付可以节约成本。对于商家，第三方支付平台可以降低企业运营成本；对于银行，第三方支付平台的服务系统可直接提供服务，帮助银行节省网关开发成本。

(2) 第三方支付的缺点。

① 资金风险。首先，在缺乏有效的流动性管理的情况下，资金在第三方滞留导致的资金沉淀存在资金和支付安全隐患。其次，第三方可以自由开立支付结算账户并短期保有资金的行为，存在非法转移资金和套现的金融风险。

② 恶意竞争风险。国内同行业间的价格战及一贯的价格营销策略都加速了这一行业利润被摊薄的恶性循环。

③ 交易中出现的纠纷存在取证困难的风险。

④ 支付平台存在流程上和安全上的漏洞风险，导致欺诈等不诚信的情况发生。

2. 第三方支付业务

1) 网络支付

网络支付是指依托公共网络或专用网络在收、付款人之间转移货币资金的行为，包括互联网支付、移动电话支付、固定电话支付、数字电视支付等网络支付业务，用户依托各种支付终端发起支付指令，支付机构作为网络支付服务提供主体，通过支付机构与各商业银行或银行卡清算组织之间的支付接口互联，完成资金由买家最终向卖家转移的过程。在计算机上通过淘宝平台购物，登录支付宝完成交易的付款即是一笔典型的互联网支付。

按央行支付许可证的业务划分，网络支付可分为互联网支付、移动电话支付、固定电话支付和数字电视支付。

(1) 互联网支付。互联网支付是以计算机网络为基础，通过将负载有特定信息的电子数据来取代传统的支付方式进行资金流转。这种支付方式通过一套完整的网络商务经营及治理信息系统进行，具有时效性。

(2) 移动电话支付。移动电话支付是指允许移动用户使用其移动终端(通常是手机)对所消费的商品或服务进行账务支付的一种服务方式。

(3) 固定电话支付。固定电话支付是通过增加安全加密和刷卡功能，使普通固定电话机变成多功能、自助式的金融终端，使持卡人足不出户即可享受支付便利。

(4) 数字电视支付。数字电视支付是指数字电视支付系统将电视和银行支付业务有机地结合起来，使电视用户能在电视机上方便快捷地完成缴费、查询欠费、订购节目包等业务，是一种更为安全便捷的面向家庭用户的支付手段。

2) 预付卡

预付卡是指以盈利为目的发行的、在发行机构之外或发行机构购买商品或服务的预付价值，可在商业、服务业领域使用的债权凭证，具体表现为购物券或消费卡，体现了持卡(券)人作为消费者对发行机构享有的债权，包括采取磁条、芯片等技术以卡片、密码等形式发行的预付卡。其中，由发卡机构发行，客户购买，存管银行向商户交付结算款，商户在收到结算款项之后向发卡机构进行佣金的返还。资金从购卡用户流转至发卡企业(或其签约存管银行)，发卡企业通过自主或第三方系统对客户信息和交易信息进行处理和存储。在预付卡发行与支付的过程中，资金清算系统处于核心地位。由于预付卡发行的备付金金额巨大，因此，巨额备付金对清算系统的效率和安全性的要求很高。如果清算系统出现风险，则整个预付卡系统将遭受巨大的损失。

3) 银行卡收单

根据 2011 年 12 月 5 日中国人民银行颁布的《银行卡收单业务管理办法(草稿)》(以下简称"办法")的定义，银行卡收单业务是指通过银行卡受理终端为银行卡特约商家代收货币资金的行为。

银行卡收单支付流程为，发卡行向持卡人发售银行卡，特约商家向持卡人提供相应的产品或者服务供持卡人消费，收单机构通过与各发卡银行或银行卡组织实现接口互联打通支付信息传输渠道，将客户的付款指令信息及账单直接传输至发卡银行或通过银行卡组织传递给发卡银行，发卡银行扣款成功后传递扣款成功的信息，收单机构据此通知特约商家并按约定的结算周期将款项结算至商家的银行结算账户。

第三方支付机构通常是寻找一个合作的收单银行，再通过线下 POS 机替商户收单，对于收单银行自己的持卡人交易，收单银行自己处理，其他银行的交易由合作收单银行转接到银联，由银联转接到其他发卡行处理。

3. 第三方支付机构的盈利

第三方支付机构的盈利主要来自以下几个方面。

1) 手续费

第三方支付平台的手续费主要来源于网络支付手续费价差及银行卡收单业务的手续费。在网关支付模式中，各商业银行对第三方支付机构的手续费与第三方支付机构对电子商务企业的手续费之间存在价差。由于第三方支付机构背后往往是多家电子商务企业，交易额相对较大，因此对各商业银行来说，第三方支付机构无疑在谈判上比单独一家电子商务企业更有筹码，商业银行也愿意给第三方支付机构更低的手续费率。通常各商业银行向第三方支付机构收取的手续费约为交易额的 0.5%，而第三方支付机构向电子商务企业收取的手续费约为交易额的 1%。考虑到第三方支付机构可以对接更多的商业银行，因此，即使第三方支付机构与各商业银行向电子商务企业收取的手续费相同，电子商务企业也依然会选择第三方支付机构进行接入。于是，交易额的 0.5%价差就成了支付网关最主要的收入来源。此外，第三方支付机构除了提供支付处理功能，还提供交易平台和交易担保等功能，因此，商户也愿意接入第三方支付机构的平台。关于银行卡收单业务，央行在 1999 年颁布的《银行卡业务管理办法》中明确了各个行业结算手续费的标准，手续费是交易金额的 0.5%～4%。

2) 转账服务费

第三方支付机构陆续开始对线上向银行卡转账征收服务费。例如，财付通于 2012 年 4 月 18 日正式征收，支付宝于 2013 年 3 月 31 日正式征收，费率区间为 0.1%～0.25%。受到第三方支付机构的冲击，各大商业银行及国有五大行纷纷表示手机银行境内人民币转账汇款免收手续费，小额网银转账也免费，以降低客户的费用支出。

3) 备付金的存款利息

网上支付、预付卡业务都存在备付金存款利息。2013 年，中国人民银行公布的《第三方支付机构客户备付金存管办法》允许第三方支付机构在满足日常流动性的基础上将多余的备付金以 12 个月以下非活期存款的方式存放在合作银行。备付金的存款可产生大量利息，利息收入可占到大型第三方网络支付机构利润的一半以上。在《关于规范商业预付卡管理的意见》颁布前，发卡机构除去存管的资金，剩下的部分直接由发卡企业自由支配，这就相当于为发卡企业提供了"零息贷款"。在《关于规范商业预付卡管理的意见》发布后，发卡企业的备付金需要第三方存管，这些备付金将为发卡企业带来一定的利息收益。

4) 锁定消费

预付卡作为一种营销工具，对于锁定消费意义十分明显，持卡者只能在发卡机构指定的企业或商户消费，因此商家可以拥有长期比较稳定的客户和利润来源。

5) 残值收益

预付卡分为记名预付卡和不记名预付卡。不记名预付卡一般具有有效期，超过有效期，持卡人只能放弃预付卡的使用，预付卡的押金、卡内残值等都变为发卡企业的收入。《关于规范商业预付卡管理的意见》出台后，记名商业预付卡将不设有效期，不记名商业预付卡有效期不得少于三年，对于超过有效期尚有资金余额的，发卡人应提供激活、换卡等配套服务，使得这项收入在未来将无法实现。对于不记名预付卡，消费者在预付卡过期之后向商家缴纳的延期手续费将成为发卡企业的又一收入来源。

6) 发卡手续费

发卡机构一般在销售预付卡的时候会向购卡者收取一定金额的手续费，手续费一般是预付卡面值的 1%～3%。这部分手续费在扣除卡片的成本后就成为发卡企业的净利润。

7) 商户返佣

商户返佣即商户支付的交易佣金。根据不同业态的利润率，商户返佣比例大致如下：商超百货 0.1%～2%，餐饮娱乐 5%～20%，生活服务 1%～5%，休闲健身 8%～10%，美容美发 8%～20%。

8) 其他增值服务

其他增值服务是以预付卡折扣、通用积分及咨询服务等方式获取的中间利润。作为银行卡收单业务的扩展和延伸，第三方支付机构可以通过不断开展业务和产品创新，为上下游个人和企业提供全面及个性化服务，从而拓宽利润来源。

4. 典型的第三方支付平台

1) 支付宝

支付宝最初是淘宝网为解决网络交易安全所设的一个支付功能，该功能首先使用"第三方担保运营模式"，由买家将货款打到支付宝账户，支付宝通知卖家发货，买家收到商品确认后，支付宝将货款发放于卖家，至此完成一笔网络交易。支付宝最初由阿里巴巴公司创办，在 2004 年 12 月独立为浙江支付宝网络技术有限公司，成为阿里巴巴集团的子公司，定位于电子商务支付领域。

2019 年 1 月，支付宝宣布其全球用户数已经超过 10 亿，其中，在国内的活跃用户中，70% 的用户使用 3 项及以上支付宝的服务。支付宝方面表示，仅以国内为例，在移动+服务已经渗透进了生活的方方面面，且支付宝月活跃用户已经超过 6.5 亿，仍保持了 50% 以上的高速增长。

支付宝业务贯穿消费、金融理财、生活、沟通等人们真实生活的各种场景，给世界带来微小而美好的改变。支付宝的支付方式包括支付宝账户余额支付、网上银行支付、快捷支付、信用卡支付、余额宝、蚂蚁花呗、指纹支付、手表支付。除了以上支付方式，支付宝还可通过话费充值卡、支付宝卡、货到付款和刷脸等方式完成支付。

2) 财付通

财付通是腾讯公司于 2005 年 9 月正式推出的专业在线支付平台，致力于为互联网用户和企业提供安全、便捷、专业的在线支付服务。财付通作为综合支付平台，业务覆盖 B2B、B2C 和 C2C 各领域，提供网上支付及清算服务。它为个人用户提供在线充值、提现、支付、交易管理等功能；为企业用户提供安全、可靠的支付清算服务和极富特色的 QQ 营销资源支持。

财付通的支付方式包括即时到账付款、财付通余额支付、手机支付、B2B 在线支付和企业付款功能。财付通还在原有的业务体系之外，大力拓展信用卡还款、大额支付和公共事业缴费等领域，采取了差异化和多元化的发展模式，并注重对物流、直销和电信等行业提供支付服务解决方案，有效保持了其行业地位。

3) 微信支付

微信支付是由微信及财付通于 2013 年 8 月联合推出，其支付和安全系统由财付通提供支持。微信支付在 2014 年的新年发红包活动中实现了全面爆发，利用微信原有的社交属性及庞大的用户群体，使得该功能在消费者中迅速地传播开来。

2018 年，腾讯发布报告显示微信的月活跃账户数达 10.58 亿。以微信支付为核心的"智慧生活解决方案"已覆盖数百万门店、30 多个行业，用户可以使用微信支付进行看病、购物、吃饭、旅游、交水电费等，微信支付已深入生活的方方面面。目前，微信支付已实现刷卡支付、扫码支付、公众号支付、App 支付，并提供企业红包、代金券、立减优惠等营销新工具，满足用户及商户的不同支付场景。

5.3 移动支付

5.3.1 移动支付概述

1. 移动支付的含义

移动支付没有统一的定义，不同的组织对移动支付有不同的定义。2005 年，中国人民银行发布的《电子支付指引(第一号)》给出的定义认为，移动支付是指单位、个人(以下简称用户)直接或授权他人通过移动通信终端或设备，如手机、掌上电脑、笔记本电脑等，发出支付指令，实现货币支付与资金转移的行为。国外著名移动支付联盟 mobile payment forum 根据可以通过无线方式发生支付行为的特性给出了移动支付的定义，它们认为移动支付就是通过无线连接，使用移动通信设备作为电子支付工具使付款人向收款人进行支付的一种电子方式转移。这种移动通信设备由至少一方参与者组成,通常是使用手机、PDA 或是当前其他较为复杂的电子设备。中国银联认为移动支付是指用户使用移动手持设备,通过无线网络(包括移动通信网络和广域网)

购买实体或虚拟物品及各种服务的一种新型支付方式。移动支付不仅能给移动运营商带来增值收益，而且可以增加银行业的中间业务收入，同时能够帮助双方有效提高用户的黏性和忠诚度。

移动支付的设备通常是手机、PDA、移动 PC 等，其中，手机是最为普遍的支付设备，因此移动支付也称为手机支付。移动支付是指基于无线通信技术，通过移动电话终端实现的非语音方式的货币资金的转账和支付，即允许用户使用其移动终端(通常是手机、PDA 等)随时随地对所消费的商品或服务进行账务支付。移动支付将终端设备、互联网、应用提供商及金融机构相融合，为用户提供货币支付、缴费等金融业务。

2. 移动支付的特征

移动支付属于电子支付方式的一种，因而具有电子支付的特征，但因其与移动通信技术、无线射频技术、互联网技术相互融合，所以又具有自己的特征，主要包括灵活性、及时性、定制化、集成性、成本低及安全性高等，具体表现在：可随身携带，消除了地域限制，运营商可以将移动通信卡、公交卡、地铁卡、银行卡等各类信息整合到以手机为平台的载体中进行集成管理，为用户提供便捷支付及身份认证渠道。而目前移动通信网络系统的鉴权、认证体系及交互式操作，极大地提高了支付的安全性和可靠性。

3. 移动支付的付费方式

(1) 通过手机账单收取。用户在支付其手机账单的同时支付了这一费用，其范围仅限于下载手机铃声等有限业务。例如，常见的手机话费支付方式，用户下载手机铃声、彩信的费用，通过手机话费直接扣除。

(2) 从用户的开通电话银行账户(即借记账户)或信用卡账户中扣除。此方式中，需要银行的支持，将用户的银行账号或信用卡卡号与手机号进行绑定。

(3) 无绑定手机支付。个人用户无须在银行开通手机支付功能，即可实现各种带银联标识的借记卡进行支付，采用双信道通信方式进行通信，非同步传输，更加安全快捷。

5.3.2 移动支付的通信技术

1. SMS技术

SMS 是移动网络的一种增值业务，它是指在手机之间发送文字信息或从个人计算机或手持设备向手机发送信息的一种方式。SMS 短消息服务是一种存储和转发业务，始终通过 SMS 中心进行转发，具有消息发送确认的功能，短信息发送人可以收到返回消息，通知他们短信息是否已发送成功。该技术的主要缺点有：无法保证短信的快速传输，仅限于发送文本短信息，不支持发送图片、视频或音乐文件。

2. IVR技术

IVR 即交互式语音应答，可以提高呼叫服务的质量并节省费用。系统采用用户导向的语音目录，根据客户选择(可以使用电话键盘或语音)完成相应的信息查询和命令执行。通过在 IVR

后端连接数据库，能为客户提供动态的实时信息。该技术的功能特点主要有：可实现 24 小时全天候服务；可同时处理多路来话；可同时运行多个不同应用。

3. WAP技术

WAP 是一种通信协议，具体来讲是一个应用环境和无线设备的通信协议集，它定义了无线移动设备与网络中的固定服务器进行通信的标准。WAP 协议可以支持各种移动通信设备(从只能够显示一行信息的设备到智能电话)，也可以运行于现有或计划中的服务(如 SMS、USSD、GPR5、CSD 等)，适合任何移动网络标准(包括 CDMA、GSM 等)，并支持多种输入终端(如键盘、触摸屏等)。

5.3.3 移动支付商业模式

移动支付平台在移动支付业务中占有核心地位，是信息流的交汇点。根据移动支付平台运营者的不同，可将移动支付分为移动运营商主导、金融机构主导、第三方移动支付运营商主导及运营商和银行结合四种商业模式。

1. 移动运营商主导

在运营商主导的商业模式中，移动运营商根据自身优势选择搭建移动支付平台所采用的技术及模式，与有意向的银行进行合作。从网络结构来看，这套移动支付系统位于移动运营商所控制的网络区域内，可应用于包括 GSM 和 CDMA 在内的任何一种移动通信网络，配合一些加密手段，通过 SMS 网关或 WAP 网关与用户之间进行交互。这时用户的手机既是一个无线通信工具，又是一个移动电子钱包，该电子钱包信用额度由移动运营商(电子钱包与手机话费挂钩)或银行(电子钱包与银行卡挂钩)来控制。外界商户及银行等可以通过互联网或 VPN 专线与移动运营商相连，为系统提供具体内容和强大的银行平台。

在移动运营商主导的移动支付商业模式中，其不仅可以获得通信流量费，还可以收取用户与银行的信息传递费和银行与商户的移动支付平台使用费；银行收取用户的信息定制费，并向移动运营商和商户收取利益分成；商户则从手机用户购买其商品中得益。

在移动运营商主导的移动支付模式中，移动运营商不仅是信息通道，而且是移动平台运营商，还可能是代理结算单位(如果小额支付费用直接从手机话费中扣除)；金融机构则是最终结算单位和账户管理者，并且要承担一部分平台维护工作。运营商主导的移动支付模式要求运营商调动和协调整个移动支付产业链。但是，移动运营商主导模式存在政策风险、用户利益保障及小额支付界限问题，有很多全新的工作有待开展。

2. 金融机构主导

在金融机构主导的移动支付商业模式中，金融机构可能购买，也可能自己开发移动支付平台，但必须独立运营移动支付平台，所有交易及信息流的控制均在金融机构一端，移动运营商只是充当此业务系统的信息通道，商家相当于系统上的一个 POS 终端。手机银行就是其主要体现。

在银行主导的移动支付模式中，移动运营商收取用户和银行的通信费；银行向商家收取平台使用费和利润分成，银行不对用户收取交易手续费，但可能收取金融信息定制费(包月形式)；商家付给银行平台使用费和交易手续费，并从用户的商品购买中得益。

金融机构主导模式所面临的问题主要包括法律风险、硬件问题及兼容性问题，解决这些问题，不仅需要新技术配合运营商，还需要银行之间展开内部与外部的充分的协调与合作。随着越来越多的移动数据应用得到用户的认可，手机银行业务的大规模发展也很快会水到渠成。

3. 第三方移动支付运营商主导

在第三方移动支付运营商主导的移动支付模式中，由第三方移动支付运营商来进行运营，移动运营商仅作为信息通道或代理结算单位(如果小额支付费用直接从手机话费账号中扣除)，银行是最终结算的单位和账户管理者，移动平台提供商(也可能是第三方移动支付运营商自己)向第三方移动支付运营商提供移动支付平台。

在第三方移动支付运营商主导移动支付模式中，第三方移动支付运营商收取商家平台使用费，并与金融机构分享利润分成；移动运营商收取用户和银行的移动通信费；银行从商家提取利润，也可以向用户提供金融信息以收取金融信息费；用户不用付给商家交易手续费，只付给移动运营商信息费。在第三方移动支付运营商主导的模式中，当第三方移动支付运营商和银联合作时，用户不用考虑银行彼此互不相连的因素，在任何一家银行接受移动支付的 POS 机上都可以进行操作；金融机构和商家通过接入移动商务平台，也可以共享不同运营商的用户。

如果协调得当，这种模式的信息交流最广，资源共享范围比前两种模式都大。就第三方移动支付运营商本身而言，它不仅要有灵活的机制和敏锐的市场反应能力，还需要具备整合移动运营商和金融机构等各方面的资源并协调各方面关系的能力。其面临的问题主要有信息安全、普及推广及运行框架等。

4. 运营商和银行结合

运营商和银行结合的模式集合了以运营商为主导模式与以银行为主导模式的优点，具有很好的适应性，容易为各方接受。

其特点主要表现如下。

(1) 移动运营商与银行形成一种战略联盟，合作控制整条产业链。
(2) 在信息安全、产品开发和资源共享方面的合作更加紧密。
(3) 运营商需要与各银行合作，或者与银行合作组织联盟。

5.3.4 移动支付的应用

移动支付的具体应用有短信支付、指纹支付、NFC 近场支付、扫码支付、声波支付、刷脸支付等。移动支付也是新型支付的一部分，扫码支付、声波支付、刷脸支付应用详见 5.4 节相关内容。

1. 短信支付

手机短信支付是手机支付的最早应用，将用户手机 SIM 卡与用户本人的银行卡账号建立一种一一对应的关系，用户通过发送短信的方式在系统短信指令的引导下完成交易支付请求，操作简单，可以随时随地进行交易。手机短信支付服务强调了移动缴费和消费。

2. 指纹支付

指纹支付即指纹消费，指顾客使用指纹注册成为指纹消费折扣联盟平台会员，通过指纹识别即可完成消费支付。相比于数字密码，指纹具有唯一性、稳定性和难以复制等特点，能有效提高支付的安全性，减少密码泄露的风险，同时提升用户体验。

3. NFC近场支付

NFC(near field communication，近场通信)，即近距离无线通信技术，又称近距离无线通信，是一种短距离的高频无线通信技术，允许电子设备之间进行非接触式点对点数据传输(在 10cm 内)交换数据。这种支付方式适合线下小额支付领域，如便利店、快餐店等。NFC 近场支付不需要使用移动网络，主要使用手机射频、蓝牙、红外灯通道，具有方便、快捷、灵敏，以及比二维码支付安全性高等优点，缺点是投资成本非常高，这也是此模式推广较慢的重要原因。

5.4 新型支付

5.4.1 人脸识别支付

人脸识别技术是一种基于人的面部特征，通过将输入的人脸图像或视频流与已知的人脸信息进行对比，进而识别出每个人身份的识别技术。刷脸支付系统正是一款基于人脸识别技术的新型支付平台。与传统的密码识别、指纹识别技术一样，刷脸支付需要通过进行相关数据的比对实现认证。消费者只需面对支付系统上的摄像头，该支付系统就会自动将识别出的消费者面部信息与个人账户关联，从而完成订单的支付，交易十分便捷。

2017 年，阿里巴巴旗下蚂蚁金服在杭州万象城的肯德基餐厅推出刷脸支付服务，这样消费者即便是忘带钱包或手机没电，也可以进行支付。刷脸支付技术最关键的是接收识别信息的 3D 摄像传感器，苹果公司所推出的 iPhone X 就已配置了 3D 结构光深度摄像头，增加了深度信息，达到 3D 成像的效果。微信和支付宝便在 iPhone X 推出后不久纷纷进行了版本更新，增加了刷脸支付功能，可见人脸识别支付在软硬件及实际应用上已经有了一定的发展。支付宝人脸识别支付的应用如图 5-5 所示。

人脸图像属于人本身固有的生物特征，不可复制，难以伪造，弥补了密码、签字、口令、证据等传统手段容易泄露、遗忘的缺点。因此，人脸识别作为一种重要的个人身份鉴别技术，比利用人体其他生物特征，如指纹、虹膜、语音等更为直观方便，它具有高精度、易使用、稳定性高、性价比高等优势，并具有极其广阔的市场应用前景。

图5-5　支付宝人脸识别支付的应用

5.4.2　二维码扫码支付

二维码又被称为 QR(quick response)码，其于 1994 年由日本 Denso-Wave 公司发明，是在一维条码基础上升级而成的集信息编码、图像处理、信息传递与数据加密等于一体的综合性电子标签技术，是当下信息采集与传递的重要媒介。在设计上，二维码由若干黑白相间的方块组合成一个正方形矩阵，该矩阵被划分为功能图形区和编码区。其中，黑色模块代表二进制"1"，白色模块代表二进制"0"，其符号规格可基于编码数据量自动进行调整，支持的数据类型包括字母数据、数字数据、8 位字节数据、汉字数据。二维码支持的信息类型非常广泛，包括图片、文本、视频与音频及网络链接等，且能够对各种类型的信息进行加密处理。二维码支付的应用场景如图 5-6 所示。

图5-6　二维码支付的应用场景

二维码支付是一种基于账户体系搭建起来的新一代无线支付方案。在该支付方案下，商家可将账号、商品价格等交易信息汇编成一个二维码，并印刷在各种报纸、杂志、广告、图书等载体上发布，用户通过手机客户端扫描二维码便可实现与商家支付账户的支付结算。商家根据支付交易信息中的用户收货、联系资料就可以进行商品配送，完成交易。同时，由于许多二维码扫码工具并没有恶意网址识别与拦截的能力，腾讯手机管家的数据显示，这给了手机病毒极大的传播空间，所以手机需要针对在线恶意网址、支付环境的扫描与检测来避免二维码扫描渠道"染毒"。

5.4.3 声纹识别支付

声纹识别(voice print recognition，VPR)，也称说话人识别(speaker recognition)，随着计算机和语音技术的高速发展，该技术也日趋成熟，已经有越来越多的声纹识别产品在市场上出现。声纹的唯一性可以作为人体的身份特征，是人体的一张"身份证"，且具有长期稳定的特征信号。声纹识别技术正是利用这一点，将未知人语音与已知人语音分别通过声纹图谱的语音声学特征进行比较和综合分析，以得出两者是否同一的判断过程。

在 2015 年的全球移动金融峰会(GMIC)上，百度百付宝总经理章政华在演讲时就展示了百度钱包的声纹支付技术。他通过手机百度页面，用手机百度的语音搜索功能分别喊出"外卖""肯德基""香辣鸡腿堡"等关键词进行操作，在随机选择一款食品后，手机上出现一串随机数字验证码"120167"，章政华用语音念出这串验证码后，页面显示支付成功，整个支付流程只需短短几秒。阿里巴巴人工智能实验室所推出的 AI 智能语音终端设备天猫精灵也配备了"声纹购"的功能，在使用前录入声纹信息，后期可以直接通过语音指令进行购物，只要确认了声纹信息，无须密码就可以轻松完成购物。声纹识别支付的应用场景如图 5-7 所示。

图5-7　声纹识别支付的应用场景

传统的身份鉴定方法主要是借助体外物，一旦证明身份的标识物品和标识知识被盗或遗忘，其身份就容易被他人冒充或取代。而生物识别技术则具有不易遗忘、防伪性能好、不易伪造或被盗、随身"携带"和随时随地可用等优点，比传统的身份鉴定方法更具安全、保密和方便性。所以，生物识别技术获得了各方面的大力支持，发展迅速，相信在不远的未来，依托生物识别技术的生物支付将成为大家生活中习以为常的存在。

声纹识别作为生物认证的一种重要认证手段，具有广阔的应用前景。但是，声纹识别技术在金融领域，尤其是支付领域并未得到广泛使用。声纹识别的应用具有特殊的优势，首先，声纹特征的获取比较方便、自然，语音的识别成本也很低廉；其次，声纹识别使用简单，除了麦克风也无须额外的录音设备，声纹辨认和确认的算法复杂度低，配合一些其他措施，如通过语音识别进行内容鉴别等，声纹识别的准确率可提升到极高程度。

5.4.4 声波支付

声波支付是利用声波传输完成两个设备的近场识别的支付手段，其具体过程是在第三方支付产品的手机客户端中内置"声波支付"功能，用户打开此功能后，用手机麦克风对准收款方的麦克风，手机会播放一段"咻咻咻"的声响，收款方手机接收到这段声波之后就会自动处理和确认，随后付款方手机中将会出现付款界面，用户仅需根据提示操作，就能顺利付款。原理其实很简单，首先是手机客户端发出声波，终端设备获取声波并转化为一个交易号；其次是用户确定购买商品后，输入交易密码，将"商品信息+交易号"发送到支付平台后端，生成账单，随后推送到客户端；最后是系统通过交易号来识别该订单的用户。

声波支付传递的超声波是一串随机生成的交易号，有效期很短，一般只有 5 分钟。所以无论是相同客户端的不同时间，还是不同客户端，发出的声波都不一样。这保证了即使发出的声波被完整记录下来，也不能再次被用来付款，从而解决了支付安全问题。声波支付的声波频段虽然很难被常人听到，但并不是超声波。低频段环境噪声干扰太大，如风声、敲击声等宽频段的干扰。对于这些被污染的低频信息，在终端做还原和纠错代价过大，所以目前大多在 18KHz 高频段携带信息。人耳的听觉范围是 20Hz～20KHz，常人一般能听到 15KHz 左右，所以 18KHz 虽然是听觉范围内的频段，但大部分人是听不到真正支付的声波频率的。支付宝的支付声波和人耳听到的"咻咻咻"声不是一回事。"咻咻咻"声只是为了使用户能够感受到该功能正在正常运行，而支付声波的传输需要人们将扬声器贴近售货机。

此外，声波支付有一个很大的特点就是不需要联网。声波传输的信息通过本地生成，不需要联网从服务器获取，所以手机在没有网络的情况下，照样能使用声波付款。这就是声波支付在地铁站自助售货机被大规模使用的原因，因为通常当地铁经过时，无线信号会受到影响。需要注意的是，售货机端一定要联网。

根据支付宝官方的介绍，声波支付是指用户打开支付宝钱包内"当面付—声波付"，对准商家所提供的声波接收终端(如麦克风或带声波支付功能的自助售货机)，并完成支付的模式，这一模式适用于线下实体店支付、自助售货机等场景。声波支付的应用场景如图 5-8 所示。

图5-8 声波支付的应用场景

5.4.5 AR/VR支付

当现实世界中点点头、挥挥手的支付方式还离我们比较遥远时，虚拟世界中的这种购物方式已翩然而至。AR/VR技术正在和网络购物行为结合起来碰撞出支付领域里的新火花。

在2016年全国"大众创业万众创新"活动周上，全球首个VR支付产品"VR Pay"在活动周上亮相，这项技术完全由中国企业自主研发。在虚拟环境中，不管是购物、直播还是游戏，当涉及支付时，用户再也不用取下VR眼镜，拿出手机打开支付应用付钱，而是可以直接通过触控、凝视、点头等交互方式，在3D虚拟现实中完成支付。据VR Pay研发团队蚂蚁金服工作室负责人林锋介绍，这一技术根据虚拟现实的特点，运用了独有的支付验证方式和安全体系机制，并结合生物识别技术，让支付更安全。随着VR支付标准的建立，不同场景的VR应用都能接入支付，这将是VR产业形成自身"造血"功能的最大推手。VR支付的应用场景如图5-9所示。

图5-9　VR支付的应用场景

VR支付可以更方便互联网平台在VR场景下进行收费服务或内容的线上营销，不仅能够满足VR开发者的多样化需求，也可以促进更多优秀VR内容的产出，让用户拥有更好的VR体验。

5.4.6 刷掌支付

刷掌支付是一种新型的生物识别支付方式，通过绑定个人账号，录入手掌纹样，在消费时将手掌对准支付设备的扫描区进行确认，即可完成支付。相较于传统的密码支付、指纹支付和刷脸支付，刷掌支付具有更高的效率和安全性，同时精准度也得到了提升，让用户体验更加流畅。

在2023年5月，大兴机场线建成了世界上第一条应用生物识别掌纹支付技术示范线，乘客在进入地铁前录入"掌纹"，与自己的微信支付账户绑定后，便可以快速进站并实现刷掌支付。与面部支付相比，掌纹支付减少了人们对面部敏感部位的心理压力，实现了更加自然、无感和符合人体工程学的交互体验。同时，掌纹支付所采集的非敏感生物信息降低了用户的心理负担和隐私担忧，使得用户更加容易接受这种支付方式。掌纹支付的应用场景如图5-10所示。

图5-10　掌纹支付的应用场景

相较于面部支付，掌纹支付可以减少人们对面部敏感部位的心理压力，实现更加自然、无感和符合人体工程学的交互体验。这是因为掌纹信息是非敏感生物信息，相较于面部信息更能保护用户的隐私，减少用户的心理负担。相较于二维码支付，刷掌支付可以大大简化支付过程，提高用户的无感支付体验。在二维码支付中，用户需要打开 App、找到二维码、进行扫描等步骤，而刷掌支付则只需要将手掌对准支付设备的扫描区即可完成支付，更加便捷快速。刷掌支付具有更好的亲和力，为用户提供了更好的接受度。在公共交通领域，刷掌支付可以实现智慧闸机的快速通过，私域的门禁识别、打卡签到等办公场景中掌纹支付同样具有较大的便利空间。

5.4.7　数字人民币支付

数字人民币(e-CNY)是由中国人民银行发行的数字形式的法定货币，具有两个主要特征：其一是数字人民币以数字形式存在，与传统的纸币和硬币等同；其二是数字人民币主要定位于M0(现金类支付凭证)，等同于现钞和硬币，在流通中发挥着重要作用。数字人民币支付具有便捷、安全、跨境支付能力及费用低廉等优势，进一步提高了其在日常生活使用场景中的便利性和安全性。在进行付款时，用户无须扫描二维码或手动输入付款码，只需使用手机轻触商家 POS机即可快速完成支付操作，高效便捷。数字人民币支付的应用场景如图 5-11 所示。

图5-11　数字人民币支付的应用场景

2019 年年底，数字人民币相继在深圳、苏州、雄安新区、成都及冬奥场景启动试点测试；到 2020 年 10 月，增加了上海、海南、长沙、西安、青岛、大连 6 个试点测试地区；2022 年 3 月，增加了天津、浙江(杭州、宁波、温州、湖州、绍兴、金华等)、福建(福州、厦门等)、广州、重庆等地区；2022 年 12 月，人民银行启动第四批数字人民币试点工作，将第一批试点的深圳、苏州、雄安、成都扩展至广东、江苏、河北、四川全省，并增加山东济南、广西南宁和防城港、云南昆明和西双版纳傣族自治州作为试点地区，形成了覆盖"5 省+4 直辖市+17 城"的试点格局。数字人民币试点工作启动以来，公众对其的认知度逐步提升，应用场景逐渐拓展。数据显示，截至 2023 年 6 月末，浙江全省累计开立数字人民币钱包 2959 万个，交易笔数 1.1 亿笔，交易金额 2641 亿元，支持数字人民币受理的商户共 215 万户；截至 2023 年 6 月末，深圳已有受理商户超 210 万家，开立数字人民币钱包超 3594 万个；截至 2023 年 8 月末，雄安试点地区共开立个人钱包 129.82 万个，对公钱包 30.34 万个，支持受理数字人民币的商户门店达 2.64 万个，业务达 1190.05 万笔，金额达 144.81 亿元，累计通过数字人民币发放各类贷款 8 亿元，发放各类财政补贴超 9000 万元，惠及企业千余家。数字人民币的应用场景还包括缴税、缴费、转账、理财等。随着数字人民币的普及，它的使用场景将会进一步扩大。数字人民币顺应了货币形态演变的必然趋势，满足了中国数字经济发展的内在需求，助力中国经济高质量发展。

 ## 核心概念

电子支付、电子现金、电子支票、网上支付、网上银行、第三方支付、移动支付、人脸识别支付、声波支付

 ## 思政微语

2023 年的"一带一路"国际合作高峰论坛期间，有记者随机街采了来自 20 多个国家的几十位外国青年谈中国印象，以及"最想把什么带回祖国"。采访中发现，中国人早习以为常的高铁、移动支付、共享单车、网购等元素是他们梦寐以求的。采用支付宝、微信等电子支付工具不仅可以快速便捷地完成支付，还可以为企业提供高效的支付解决方案，如企业间的转账和供应链融资，提高了资金管理的效率和便利性。电子支付等科技创新不仅改变了国人的生活方式，也受到了海内外受众的广泛认可。

请同学们调研一下，我们平时使用了哪些先进的电子支付方式。认真思考一下随着科学技术的发展还会出现哪些先进的新型电子支付方式或电子支付工具。

 ## 思考题

1. 什么是电子支付？
2. 电子支付的类型有哪些？
3. 常见的电子支付工具有哪些？

4. 什么是网上支付？网上支付分为哪几类？

5. 如何看待纯网上银行？

6. 常用的第三方支付平台有哪些？主要有什么业务？

7. 什么是移动支付？

8. 移动支付的常见方式有哪些？

9. 我们使用过哪些新型支付技术？它们的优缺点各是什么？

10. 电子支付的出现对我们有什么影响？

第6章 电子商务物流

📋 **学习目标**

(1) 掌握物流及电子商务物流的内涵;

(2) 熟悉电子商务物流管理内容;

(3) 掌握常见的电子商务物流模式及模式的选择;

(4) 熟悉常见的电子商务物流应用技术;

(5) 熟悉供应链及电子商务供应链的内涵;

(6) 了解电子商务对供应链管理的影响。

📋 **引言**

一个完整的商务活动必然包含信息流、商流、资金流和物流四个部分。物流在电子商务时代起着非常重要的作用,也是电子商务真正的经济价值实现不可或缺的重要组成部分,电子商务的发展给物流带来新的机遇的同时也提出了新的要求。本章节将介绍物流相关概念,并着重阐述电子商务的物流模式及相关技术,以及电子商务供应链管理相关内容。

6.1 电子商务物流概述

6.1.1 物流概述

1. 物流的由来

物流早期是从西方市场学理论中产生的,是指销售过程的物流,即通过对产成品销售环节的运输保管活动进行管理,达到降低成本、促进销售的目的。

1915年,美国学者阿·奇肖(Arch W. Shaw)在《市场流通中的若干问题》一书中首次提出了PD(physical distribution,传统物流)的概念。1935年,美国销售协会进一步阐述了PD的概念,即PD是包含于销售过程中的物质资料从生产场所到消费场所的流动过程中所伴随的经济活动。

随着物流在企业中的广泛应用，从内部领域扩展到企业外部经营管理的其他领域，物流管理开始注重外部分销商、顾客、供应商及第三方构成的多维、复杂、立体关系的研究，强调原材料采购、加工生产、产品销售、售后服务直到废旧回收等整个物资流通全过程的管理。

在第二次世界大战中，美国军队为了改善战争中的物资供应状况，研究和建立了 logistics(后勤)理论，并在战争活动中加以实践和应用。logistics 的核心是将战时物资的生产、采购、运输、配给等活动作为一个整体来进行统一布置，以求对战略物资进行补给的费用更低、速度更快、服务更好。实践证明，这一理论的应用取得了很好的效果，第二次世界大战后 logistics 的理论被应用到企业界，其内涵得到了进一步推广，涵盖了整个生产过程和流通过程，包括生产领域的原材料采购、生产过程中的物料运输与厂内物流到商品流通过程中的物流。因此，在欧美国家中一般所指的 logistics 比 PD 的内涵更为广泛，PD 一般仅指销售物流。

20 世纪 50 年代的日本正处于经济高速成长期，生产规模的迅速扩大导致流通基础设施严重不足，在这种背景下，日本从美国学到了 PD 理论。1965 年，日本在政府文件中正式采用"物的流通"这个术语，简称为"物流"，包括包装、装卸、保管、库存管理、流通加工、运输、配送等诸多活动。

物流概念引入中国大体历经了以下三个阶段。

(1) 20 世纪 80 年代初至 90 年代初。从日本和欧美市场营销理论引入，开始接触物流(PD)的概念，尽管当时在中国还尚未形成"物流"的概念，但是类似物流的行业是客观存在的。如同中国的"储运"业与国外的"物流"业很相似一样，只是限于这个时期中国的经济体制正处于转轨时期，真正意义上的现代物流尚未形成。

(2) 20 世纪 90 年代中期至 90 年代末期。一方面由于对外开放力度加大，大量跨国公司进入中国，将现代物流(modern logistics)的理念传播给中国；另一方面大量"三资"企业的生产和制造活动开始本地化，对现代物流产生了需求。于是一批传统储运企业开始向综合物流业务的现代物流企业转型。

(3) 20 世纪末至今。一方面由于世界经济一体化进程的推进，国际政治、经济、技术和管理对中国经济产生了深刻影响，促进了中国物流业的发展；另一方面由于中国社会主义市场经济体制建设的进程加快，现代物流发展的客观需求和市场环境基本具备，现代物流开始进入全面发展的新阶段。

2. 物流的定义

物流的定义有很多，目前，在国内外普遍采用的有以下几种。

1) 美国、欧洲、日本关于物流的解释

(1) 美国物流管理协会认为物流是供应链流程的一部分，是为满足消费者需求而进行的对货物、服务及相关信息从起始地到消费地的有效率、有效益的流动和储存的计划、实施与控制的过程。

(2) 欧洲物流协会将物流定义为，物流是在一个系统内对人员和商品的运输、安排及与此相关支持活动的计划、执行和控制，以达到特定的目的。

(3) 日本日通综合对物流的定义是，物品从供应地向接收地的物理性移动，创造时间性、场所性价值的经济活动。

3. 我国对物流的解释

《中华人民共和国国家标准物流术语》对物流的定义为：物品从供应地向接收地的实体流动过程，根据实际需要，将运输、储存、装卸、搬运、包装、流通加工、配送、信息处理等基本功能实施有机结合。其中的物品是指经济活动中涉及实体流动的物质资料。

6.1.2 电子商务物流简介

1. 电子商务物流的概念

近年来我国网络购物的交易规模增长迅速，由电子商务发展引起了一系列的物流问题，例如，物流如何保证网上交易的商品尽快送到客户手中，电商企业如何选择物流的运营模式，为满足电子商务的快速性如何以较低的成本、在较短的时间内完成物流的运作，等等。由网上交易所引发的物流问题，使人们认识到了物流的发展问题。如何在当今信息化的时代背景下，充分地利用现代信息技术——特别是计算机技术、Internet技术等来促进物流的发展，成为物流发展的一个热点问题。在此背景下，作为电子商务重要组成部分的"电子商务物流"产生了。

电子商务物流就是在电子商务的条件下，依靠计算机技术、互联网技术、信息技术及智能技术等进行的物流(活动)。当前电子商务物流主要有两种类型：一种是电子商务企业的物流业务的电子化或信息化集成，如京东物流、菜鸟物流；另一种是传统物流企业利用现代技术为电子商务进行的物流服务，如顺丰优选。电子商务物流的概念是伴随电子商务技术和社会需求的发展而出现的，它是电子商务真正的经济价值实现不可或缺的重要组成部分。

2. 电子商务与物流的关系

1) 物流是电子商务的重要组成部分

电子商务由电子商务实体、电子市场、交易事务和信息流、商流、资金流、物流等基本要素构成。从电子商务的构成可以看出，物流是电子商务的重要组成部分。

2) 物流是电子商务的关键与实现保证

"成也物流，败也物流"最好地说明了电子商务与物流的关系。控制物流就可以控制市场，这是很多以电子商务市场为主体的企业的生存之道，所以物流市场的争夺是必不可少的。因为物流是电子商务执行的保证，是实现"以顾客为中心"理念的根本保证，物流的周到服务保障了货物的准时送达，将正确的货物送到正确的消费者手中，这样才能真正地使消费者享受到快捷满意的服务，从而更好地留住老顾客、吸引新顾客。现代物流保障了电子商务购物的方便快捷，吸引了更多的顾客以电子商务方式购物而不是转向传统的购物方式，从而促进了电子商务的发展。

3) 电子商务是物流发展的重要推动力

在电子商务状态下，人们在进行物流活动时，会寻求物流的合理化，使商品实体在实际的运动过程中达到效率最高、费用最省、距离最短、时间最少的目的。电子商务可以对物流网络进行实时控制。在电子商务下，物流的运作是以信息为中心的，信息不仅决定了物流的运动方向，而且决定着物流的运作方式。电子商务的发展不断促进物流基础设施的改善和物流技术的应用，并不断改变物流企业的组织及管理手段。在实际运作中，网络的信息传递可以有效地实现对物流的实施控制，实现物流的合理化，推动物流的快速发展。

6.1.3 电子商务物流管理

1. 电子商务物流管理内涵

电子商务物流管理，简单地说就是对电子商务物流活动所进行的计划、组织、指挥、协调、控制和决策等。电子商务物流管理的目的是利用信息化技术使各项物流活动实现最佳的协调与配合，以降低物流成本，提高物流效率和经济效益。也就是说，电子商务物流管理就是研究并应用电子商务物流活动规律对物流全过程、各环节、各方面的管理。

电子商务物流管理的特点主要表现在以下几方面。

(1) 目的性。主要就是降低物流成本，提高物流效率，有效地提高客户服务水平。

(2) 综合性。从其覆盖的领域来看，它涉及商务、物流、信息、技术等领域的管理；从管理范围来看，它不仅涉及企业，而且也涉及供应链的各个环节；从管理的方式方法来看，它兼容传统的管理方法和通过网络进行的过程管理、虚拟管理等。

(3) 创新性。电子商务物流体现了新经济的特征，它以物流信息管理为出发点和立足点。电子商务活动本身就是信息高度发达的产物，对信息活动的管理是一项全新的内容，也是对传统管理的挑战和更新，如我国对互联网的相关管理手段、制度、方法均处于探索阶段，对物流活动如何进行在线管理，还需要产业界与理论界的共同努力。

(4) 智能性。在电子商务物流管理中，将更多地采用先进的科学技术与管理方法，实现对物流的智能决策、控制与协调等。

2. 电子商务物流管理内容

电子商务物流管理主要包括电子商务物流过程管理、电子商务物流要素管理和电子商务物流具体职能管理。

1) 电子商务物流过程管理

(1) 运输管理。运输方式及服务方式的选择；运输路线的选择；车辆调度与组织。

(2) 储存管理。原料、半成品和成品的储存策略；储存统计、库存控制、养护。

(3) 装卸搬运管理。装卸搬运系统的设计、设备规划与配置和作业组织等。

(4) 包装管理。包装容器和包装材料的选择与设计；包装技术和方法的改进；包装系列化、标准化、自动化；等等。

(5) 流通加工管理。加工场所的选定；加工机械的配置；加工技术与方法的研究和改进；加工作业流程的制定与优化。

(6) 配送管理。配送中心选址及优化布局；配送机械的合理配置与调度；配送作业流程的制定与优化。

(7) 电子商务物流信息管理。对反映物流活动内容的信息、物流要求的信息、物流作用的信息和物流特点的信息所进行的搜集、加工、处理、存储和传输等。

(8) 客户服务管理。对物流活动相关服务的组织和监督，如调查和分析顾客对物流活动的反映，决定顾客所需要的服务水平、服务项目等。

2) 电子商务物流要素管理

电子商务物流要素包括电子商务物流服务对象、电子商务物流所需设备管理、电子商务物流的从业人员、电子商务物流的方法和技术、电子商务物流涉及的财务、电子商务物流的信息管理等。

(1) 电子商务物流的服务对象管理。对电子商务物流活动的客体进行管理，主要包括电子商务物流活动诸要素，即物品的运输、储存、包装、流通加工等。

(2) 电子商务物流所需设备管理。对电子商务物流设备进行管理，包括对各种电子商务物流设备的选型与优化配置，对各种设备的合理使用和更新改造，对各种设备的研制、开发与引进等。

(3) 电子商务物流的从业人员管理。包括电子商务物流从业人员的选拔和录用、物流专业人才的培训与提高，以及电子商务物流教育和电子商务物流人才培养规划与措施的制定。

(4) 电子商务物流的方法和技术管理。包括各种电子商务物流技术的研究与推广普及、物流科学研究工作的组织与开展、新技术的推广普及，以及现代管理方法的应用。

(5) 电子商务物流涉及的财务管理。主要是指电子商务物流管理中有关降低物流成本、提高经济效益等方面的内容，包括电子商务物流成本的计算与控制、电子商务物流经济效益指标体系的建立、资金的筹措与运用、提高经济效益的方法。

(6) 电子商务物流的信息管理。掌握充分、准确、及时的物流信息，将电子商务物流信息传递到适合的部门和人员手中，从而根据电子商务物流信息，做出电子商务物流决策。

3) 电子商务物流具体职能管理

(1) 电子商务物流战略管理。电子商务物流战略管理是为了达到某个目标，电子商务物流企业或职能部门在特定的时期和市场范围内，根据企业的组织结构，利用某种方式，向某个方向发展的全过程管理。物流战略管理具有全局性、整体性、战略性、系统性的特点。

(2) 电子商务物流业务管理。主要包括电子商务物流运输、仓储保管、装卸搬运、包装、协同配送、流通加工及电子商务物流信息传递等基本过程。

(3) 电子商务物流企业管理。主要有合同管理、设备管理、风险管理、人力资源管理和质量管理等。

(4) 电子商务物流经济管理。主要涉及电子商务物流成本费用管理、电子商务物流投融资管理、电子商务物流财务分析及电子商务物流经济活动分析。

(5) 电子商务物流信息管理。主要有电子商务物流 MIS、电子商务物流 MIS 与电子商务系统的关系及物流 MIS 的开发与推广。

(6) 电子商务物流管理现代化。主要是电子商务物流管理思想和管理理论的更新、先进电子商务物流技术的发明和采用。

6.1.4　电子商务物流发展趋势

1. 智慧物流

当前，物联网、人工智能、大数据和移动互联网等新一代信息技术正以前所未有的速度蓬勃发展，这些技术的应用给中国物流行业带来了深刻的变革。物流信息化、现代化和智慧化已成为新趋势。

智慧物流是指通过智能软硬件、物联网、大数据等智慧化技术手段，实现物流各环节精细化、动态化、可视化管理，提高物流系统智能化分析决策和自动化操作执行能力，提升物流运作效率的现代化物流模式。智慧物流的发展大幅度降低了企业的物流成本，通过优化运输路径和资源利用，减少了人力和物力的浪费。智慧物流也促进了物流行业的发展，为企业提供了更多的发展机遇和竞争优势。

2. 绿色物流

绿色物流指通过充分利用物流资源，采用先进的物流技术，合理规划和实施运输、储存、装卸、搬运、包装、流通加工、配送、信息处理等物流活动，降低物流对环境影响的过程。绿色物流是以经济学一般原理为基础，建立在可持续发展理论、生态经济学理论、生态伦理学理论和物流绩效评估的基础上的物流科学发展观。

在现代社会中，绿色物流已经成为物流业可持续发展的必然趋势，有助于推进美丽中国建设，促进高质量发展。绿色物流在保障物流效率和服务质量的同时，最大限度地减少了对环境的负面影响。通过采用绿色生产、绿色储存、绿色运输等方式，降低污染排放、减少资源消耗，并有效保护生态环境。绿色物流还能够帮助企业降低经营成本，提升竞争力。

3. 协同物流

协同物流指各企业通过 Internet 提供服务并协调所有的商务活动，使生产企业、零售企业、运输企业用更低的成本解决企业内外物流问题，通过"竞争—合作—协调"方式，使系统不受任何外来的干预，而实现"系统空间—时间—功能"的结构重组，获得自组织能力，以提高利润和绩效为目的，供应链成员企业为了共同的客户服务目标协调它们的行动，直至建立稳定的合作伙伴关系，创造协同环境使各企业共享信息和资源。

物流协同化体系的建立，是电子商务发展到一定阶段的必然要求和结果。物流的协同化可以提高电子商务物流的速度和效率，加强电子商务过程中各个主体之间的合作，从而减少物流的时间和成本。当下，物流协同化有许多具体的表现，如众包物流配送、物流联盟、统仓共配等。随着电子商务的发展，这些模式在成本、效益、资源利用等方面呈现出较多的优势，具有广阔的发展空间。

4. 逆向物流

逆向物流，又称反向物流，是以高效、经济、协调为目标，以回收模式的选择和运营管理的优化为核心，开展的不断完善的物流活动，达到产品和物资的高效利用、发挥其最大的经济价值、整个供应链协调发展的最终目的。有别于传统的物流，逆向物流主要存在以下三个特征：物流方向的相反性、废弃产品价值的正确处置、环境保护和可持续发展的目的。

在电子商务情境下，逆向物流常表现为退货、维修返修、回收再利用等方式。对于消费者而言，逆向物流提供了更好的售后服务，降低了消费风险，提高了购物满意度。对于企业而言，逆向物流有利于企业充分利用外部废旧产品及其物料，减少可再用性资源的闲置和浪费。对于社会而言，逆向物流有利于减少污染，促进区域经济可持续发展。

6.2　电子商务物流模式

6.2.1　自建物流模式

1. 自建物流模式的内涵

自建物流模式是指电子商务企业为了实现经营目标,建设物流所需的仓库、配送中心、配送团队和运输设备等,并对企业内的物流运作进行计划、组织、协调、控制管理的一种物流运营模式,如图6-1所示,选取这种模式的电商代表是京东商城。

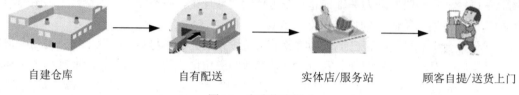

自建仓库　　　　　　　自有配送　　　　　　实体店/服务站　　　　顾客自提/送货上门

图6-1　自建物流模式

2. 自建物流模式的优劣势

1) 自建物流的优势

(1) 自建的物流系统符合电子商务企业实际。电商企业可以根据自身实际情况来建设物流系统,构建规模、形式、投资方向受自己控制。

(2) 优化用户体验。自建物流自行操控物流系统,有自己的配送团队,方便管理,可以提高服务水平,优化消费体验,提高顾客满意度和用户黏性,有助于电商企业抓住消费市场,扩大市场份额。

(3) 实时优化监控。自建物流具有反应快速灵活、信息反馈及时的特点,有助于电商企业对货物的全部物流过程进行实时监控,实现企业资源良性运转。

京东自建物流

面对国内第三方物流发展滞后,并预测这种状况在短期内不会得到改善的情况下,京东早在成立之初就有构建属于自己物流体系的打算。2007年,京东正式启用独立域名"京东商城"。随着企业的不断壮大,京东开始着手建立自己的物流配套体系。京东商城每年业绩的迅速增长吸引了众多投资者,2008年,京东成功融资2100万美元,并将其中70%的资金用于物流体系建设。此后,京东陆续在全国购买1200亩土地用于打造物流体系,2010年,在上海成立圆迈快递公司;2011年,筹建"亚洲一号"物流中心等。经过几年的积累,京东已拥有北京、上海、广州、成都、武汉、沈阳六大物流中心,配送站网络已覆盖300多个重点城市,可以向全国2551个县区提供自营配送服务,基本拥有自己较为完善的物流体系,并且是国内首家提供"211"限时达的企业。

"211" 限时达

"211" 限时达是京东于 2010 年在部分城市推出的物流配送服务, 具体是指当日上午 11: 00 前提交的现货订单, 当日送达; 夜里 11: 00 前提交的现货订单, 次日 15: 00 前送达。该服务支持的区域, 随着实际运营会有扩大、变更或调整。随后京东又推出了多样性的配送服务, 如次日达、夜间配、大家电夜间配、定时达、极速达、隔日达、京准达等。

2. 自建物流的劣势

(1) 自建物流前期投资与收益不匹配, 经营风险大。自建物流前期投资大, 很难与电商企业的利润相匹配, 如京东自建物流体系必须靠巨额的资金做后盾, 甚至以营业亏损来支撑物流建设, 资金链的风险性很高。

(2) 企业管理难度加大。物流作为一项专业性极强的经营, 并非电商企业所擅长的, 尤其是目前我国物流人才相对匮乏, 给电商物流企业人才培养和人才管理带来压力。

6.2.2 第三方物流模式

1. 第三方物流模式的内涵

第三方物流模式(third-party logistics, 3PL)是指电子商务企业将一部分或全部物流活动外包给专业的第三方物流企业去完成的物流运营模式, 如图 6-2 所示, 选取这种模式的电商代表是当当网。

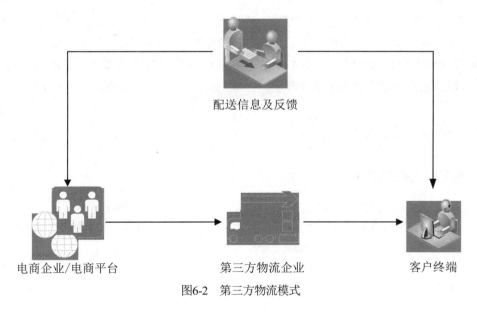

图6-2　第三方物流模式

当当网第三方物流

当当网是以图书销售为主的电子商务企业，1999年正式上线。在成立之初，当当网的物流配送全部依靠第三方物流企业来完成。随着企业的发展壮大，其货品种类及订单数量迅猛增加，吸引了众多投资者，当当网开始尝试建立自己的仓库。目前，当当网的注册用户遍及全国31个省区市，每天有450万独立UV及发出20多万个包裹，在全国11个城市设有21个仓库，共37万多平方米。当当网与国内上百家第三方物流企业建立合作关系，其只负责物流仓储环节，而把物流配送环节全部交由第三方物流企业来负责，所以本质上当当网是采用第三方物流模式。

2. 第三方物流模式的优劣势

1) 第三方物流模式的优势

(1) 电商企业可以集中精力发展核心业务。物流作为电商企业的一项辅助活动，外包给专业的第三方物流企业，可以实现资源的优化配置，把企业有限的人财物集中起来发展核心业务。

(2) 减少投资，降低企业经营风险。一方面可以减少固定资产的投资，如仓储、物流硬件设备、技术、信息系统等，减少资金占用；另一方面可以把物流建设投资带来的财务风险转移给第三方物流企业。

(3) 减轻人员管理压力。省去对物流人才的招聘、培训与管理费用。

2) 第三方物流模式的劣势

(1) 失去对物流过程的控制权。电商企业将物流外包给第三方，不能像自建物流一样对物流过程进行实时监控，无法保证服务质量和物流效率，而且对第三方物流的过度依赖，不利于企业长远发展。

(2) 物流服务水平无法保障。国内第三方物流企业良莠不齐，行业人员整体素质不高、服务意识差，常常会带来较差的用户体验，使电商企业名誉受损，丧失顾客。

(3) 反应速度慢、信息反馈不及时。由于电商企业和第三方企业站在不同的利益点上，所以常常对电商企业的营销计划不能及时反应。

6.2.3 物流联盟模式

1. 物流联盟模式的内涵

物流联盟模式是指两个或两个以上的经济组织为实现特定的物流目标而采取的长期联合与合作，是介于以上两种模式之间的物流模式，如图6-3所示，采用这种物流模式的电商代表是菜鸟网络。

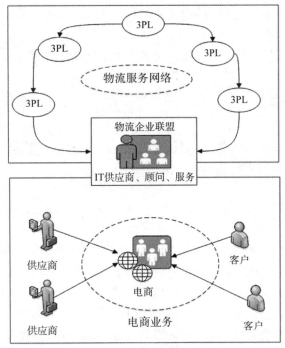

图6-3　物流联盟模式

菜鸟网络

2013 年，阿里巴巴集团宣布与银泰集团、复星集团、富春控股、顺丰集团、"三通一达"、宅急送、汇通，以及相关金融机构等共同筹建中国智能物流骨干网(简称 CSN)，共同组建菜鸟网络科技有限公司(简称菜鸟)。菜鸟名小志大，其目标是用 5～8 年时间努力打造一个开放的社会化物流大平台，在全国任何一个地方都能做到 24 小时内送达。阿里巴巴提出菜鸟网络是希望整合社会资源，其主要负责物流大数据的调度，整合"三通一达"与顺丰、中国邮政等"物流大佬"来组成一个物流联盟。因此，菜鸟网络几乎就是物流联盟模式的升级。

2. 物流联盟模式的优劣势

1) 物流联盟模式的优势

(1) 降低物流成本，避免重复投资建设。电商企业通过物流联盟，可以有效降低物流成本，提高企业竞争力，而对全社会来讲，避免了物流设施设备的重复建设，减少了资源浪费。

(2) 降低各个企业的经营风险，实现优势互补。电商企业可以借助于物流联盟节省自建物流所需的巨额资金，降低企业运营风险；物流企业可以借助电商企业的资金优势，采用先进设备，培养优秀人才，提高物流服务水平；投资方可以从两者的良性发展中获得收益，物流联盟是一个"共赢"模式。

2) 物流联盟模式的劣势

(1) 主导权问题。如菜鸟物流的主导权问题一直是合作各方争论不休的话题，"四通一达"都有自己完整的仓储、信息、网络等，将其整合并非易事。

(2) 联盟稳定性问题。联盟可以实现一定程度上的整体利益最大化，但各个合作伙伴未必都能获得自身最大收益，这就会影响合作的稳定性，在合作方式上难以达成一致，也不利于联盟稳定性的实现。

(3) 如何使配送方式标准化、格式化、集成化也是物流联盟面临的一个重大问题。

6.2.4 其他物流模式

随着电子商务商业模式的演变、信息技术的提升及物流市场的需求变化，一些新的物流模式也逐步出现，主要有第四方物流和众包物流两种模式。

1. 第四方物流模式

1) 第四方物流模式的内涵

第四方物流的概念最早由安达信咨询公司(现埃森哲咨询公司)于 1996 年提出，认为它是一个供应链集成商，对公司内部和具有互补性的服务供应商所拥有的不同资源、能力和技术进行整合和管理，提供一整套供应链解决方案，因此，又称为"总承包商"或"领衔物流服务商"。国内外学者皆对第四方物流的概念、内涵进行了研究探讨，认为第四方物流是一种更高维度的物流外包，为物流客户提供整体供应链管理咨询服务方案，并负责对方案的实施进行监督和管理，以追求整体供应链的高效运作。图 6-4 所示为第四方物流模式。在激烈的电子商务竞争环境下，企业间的竞争已经逐步演化为供应链之间的竞争，未来第四方物流模式将会起到越来越重要的作用，也将是现代物流发展的重要方向。

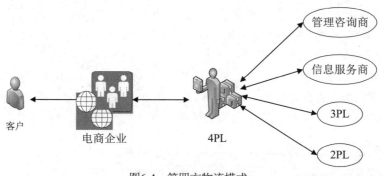

图6-4　第四方物流模式

第四方物流的行业应用

第四方物流模式发展还不成熟，其行业应用目前仍在探索中。其常见的方式有两种：第一种是第三方物流企业凭借丰富的物流资源及行业经验逐步拓展第四方物流业务，如 C.H. ROBINSON、UPS 等，其中 UPS 为电子商务企业提供的供应链解决方案不仅能够帮助企业顺利履行订单，还能支持业务拓展、品牌包装和退货管理；第二种是非物流企业凭借信息技术、管理咨询、服务能力进入第四方物流市场，如埃森哲咨询、菜鸟网络，其中菜鸟网络通过联合物流企业组建社会化的第四方大物流平台，利用数据信息优势、整合能力及其他资源提供一套完整的供应链解决方案，行业覆盖快消、3C、服饰等，有效帮助企业实现降低成本和整合资源的目的。

2) 第四方物流模式的优劣势

(1) 第四方物流模式的优势。

第四方物流能解决物流客户为提升供应链效率而对接多家物流服务公司(如 IT 公司、第三方物流公司等)带来的人力、资金等成本上升问题,同时能促使供应链实现优化、再造,提升物流客户的核心竞争力。

(2) 第四方物流模式的劣势。

第四方物流公司企业类型多样,有以管理咨询为主的企业,也有涉及具体物流服务(如仓储、运输等)的企业,因此与第三方物流公司存在一定的竞争关系,造成信息共享、工作协调等方面的困难。且第四方物流作为一种新的物流模式自身发展并不成熟,还需要不断地发展和完善,相关的行业规范、专业人才及行业应用经验等仍需不断积累。

2. 众包物流模式

1) 众包物流模式的内涵

众包的概念首次由 Howe 和 Jeff 提出,指公司或机构以开放的形式将任务外包给不特定的群众执行。众包物流是基于共享经济思想和互联网平台,将物流配送服务工作外包给社会上闲置的不特定大众服务人员的一种物流模式,可见目前众包物流模式主要应用于末端物流配送阶段,如达达快送。众包物流模式下主要有四个角色,即发货方(客户)、众包物流平台、承运人(配送员)和收货方,流程如图 6-5 所示。

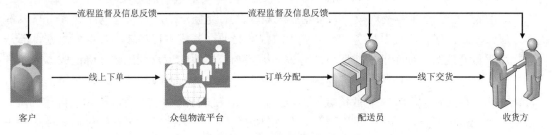

图6-5 众包物流模式流程

达达快送

2014 年 6 月达达快送正式上线,以众包物流模式开展本地即时配送业务。根据艾瑞咨询统计,2020 年达达快送在社会化同城配送的市场份额中位居第一。目前其业务累计覆盖全国 2700 多个县区市,日单量峰值超千万单,"骑士"数十万,主要以众包为核心运力模式,提供约 1 小时送达的同城配送服务,搭建起由即时配、落地配、个人配构成的全场景服务体系,服务于各行业知名企业、中小企业与个人用户。作为众包物流平台,信息技术是高效运营的保障,达达快送的全渠道履约系统无缝接驳 AI 智慧物流系统,能够实现智能路径规划、智能派单、供给需求调控等功能,从而全面提升配送效率。

2) 众包物流模式的优劣势

(1) 众包物流模式的优势。

众包物流能够有效利用本地闲置的大众运力,从而降低物流公司运输成本,提高运输问题的解决效率和有效性,并能缓解交通堵塞,减少二氧化碳的排放。另外,众包物流模式提供了大量的灵活就业机会，能充分利用社会闲置劳动力。

(2) 众包物流模式的劣势。

众包物流的劣势来源于配送任务外包给不特定的群众，而非专门的快递员，服务无法得到有效保障，特别是在订单集中度高时，众包物流的交付能力不稳定。另外，众包物流的主体较多且多种法律关系交织，在客户隐私泄露、交货延迟、配送安全等方面会出现责任分配不清、行政监管难的问题。

6.2.5　电商企业物流模式选择

作为一个电子商务企业来说，选择物流模式的过程中要综合考虑企业内部、消费市场及物流市场等因素，在不同的发展阶段选择适合其发展的物流模式很重要，企业可根据自身的实际情况选择多种物流模式混合使用。

1. 电子商务企业内部因素

(1) 电商企业自身发展需求及定位。如果物流在电商企业起到战略作用，即想以为客户提供高效快捷的物流服务作为自身的竞争力，则需要考虑自建物流；如果电商企业以提供优质及丰富的产品作为自身的定位及竞争力，物流服务的作用并不突出，则可以选用外包物流模式，再根据具体情况选择第三方物流、物流联盟、第四方物流及众包物流等模式。

(2) 电商企业自身实力及规模。如果企业规模较大，资金充裕，且自建物流能够带来成本优势，那么发展自建物流提升服务和控制能力就很有必要；若成本优势较小，也可通过将部分自建物流服务开放给其他企业提供服务的方式，提高物流模块的运营利用率，降低成本，创造利润。但是自建物流对企业物流管理能力要求较高，若无法有效保障物流管理，即使企业实力强，仍不建议自建物流；如果企业资金压力较大，那么既没有能力也没有必要建设自建物流。多数电商企业资金薄弱，不像阿里巴巴和京东那样规模巨大，因此应该选择外包物流模式。值得注意的是，若物流成本优势较大，可选择第三方物流模式；若物流成本优势较小，可选择物流联盟的方式来分摊成本，提升优势。

(3) 电商企业不同的发展阶段。考虑到电商企业在起步阶段实力较弱，可以选择第三方物流模式或物流联盟模式；随着电商企业规模不断壮大，订单数量不断增加，可以采用第三方物流的同时，再自建部分物流功能，以便储备物流人才及发展物流技术；电商企业发展到一定规模，实力、人才、技术等因素不断具备的情况下，逐步增加自建物流的比重，最终构建完备、成熟的自建物流模式，全面提升自身物流效率及服务质量。

2. 电子商务消费市场因素

(1) 宏观市场因素。若政府大力支持电子商务及物流行业，市场准入门槛不高，且具有较为宽松的贷款、税收、招商等政策及具有软硬件配套支持，则企业可考虑自建物流模式；相反则企业自建物流成本及风险皆太高，应当考虑外包物流模式。

(2) 消费者需求因素。如果电子商务企业的消费者交易额较大、购买频次高、消费者居住地较为集中、消费行为理念符合企业预期，则自建物流的成本能够得到有效分摊，从而有较大把握在较短时间内回收资金甚至给企业带来盈利，不仅能保障电商企业的服务，还能建立起品牌形象；否则消费者过于分散会增加企业物流成本，交易额不高也无法保障能有效回收成本，风险较高，应考虑外包物流模式，其中众包模式能较好地解决需求波动大、消费者分散的物流配送需求。

3. 物流市场因素

(1) 第三方物流服务因素。第三方物流公司是外包模式中的重要服务方，主要考虑其经济性、服务质量、协调性、稳定性等指标。若某一家第三方物流公司可满足电商企业的全部物流需求，则可选择第三方物流模式；若需要多家物流公司配合，且企业具有较强的沟通协调能力，则可选择物流联盟模式；若企业缺乏物流管理能力，则可选择第四方物流模式，交由其全权代理并从整体供应链的角度进行优化提升。

(2) 宏观物流市场因素。宏观物流市场主要考虑物流市场总体技术水平、市场供给等情况。若物流市场总体技术水平较高，且市场供给均衡，则物流市场内的服务方较为可靠且成本不高，选择外包模式能够带来效率的提升及成本优势；但若市场内服务方技术水平不佳或行业处于垄断情况下成本价格较高，则可考虑物流联盟或第四方物流的方式整合物流资源，为企业提供服务。

6.3 电子商务物流的应用技术

6.3.1 物联网

1. 物联网概述

物联网(Internet of things，IOT)的概念最早是在 1999 年提出的，它是通过 RFID 装置、红外感应器、GPS、激光扫描器等信息传感设备，按约定的协议，将任意物品与互联网相连接，进行信息交换和通信，以实现智能化识别、定位、跟踪、监控和管理的一种网络。简单地说，物联网就是"物物相连的互联网"。

物联网将新一代 IT 技术充分运用在各行业中，具体地说，就是把感应器嵌入和装备到电网、铁路、桥梁公路、建筑供水系统、油气管道等各种物体中，然后将物联网与现有的互联网整合起来，实现人类社会与物理系统的整合，在这个整合网络中，存在能力超级强大的中心计算机群，能够对整合网络内的人员、机器、设备和基础设施实施实时的管理和控制。在此基础上，人类能够以更加精细和动态的方式管理生产和生活，达到"智慧"状态，提高资源利用率和生产力水平，改善人与自然间的关系。

从技术架构上来看，物联网可分为传感层、网络层和应用层。传感层由各种传感器及传感器网关构成，包括温度传感器、湿度传感器、二维条码标签、RFID 标签、读写器、摄像头、GPS 等感知终端，传感层的主要功能是识别物体、采集信息；网络层由各种私有网络、互联网、有线和无线通信网、网络管理系统和云计算平台等组成，相当于人的神经中枢和大脑，负责传递和处理感知层获取的信息；应用层是物联网和用户(包括人、组织和其他系统)的接口，它与行业需求结合，实现物联网的智能应用。

2. 物联网在电商物流领域中的应用

电子商务物流行业是信息化及物联网应用的重要领域，物联网能够为物流企业提供信息化和综合化的物流管理和流程监控，不仅能给企业带来物流效率提升、物流成本降低等效益，也能从整体上提高物流信息化水平，从而带动整个物流产业的发展。可以说，物联网代表了下一代物流信息技术的发展方向。

近年来，物联网应用深入物流领域。在产品的智能可追溯网络系统方面，如食品的可追溯系统为保障食品的质量与安全提供了坚实的物流保障；在物流过程的可视化智能管理网络系统方面，能对物流过程实现实时车辆定位、运输物品监控、在线调度与配送可视化管理，实现物流作业的透明化和可视化管理；物联网也正在助推智能化物流配送中心的建设，例如，利用机器人码垛与装卸，采用无人搬运车进行物料搬运，自动输送到分拣线开展分拣作业。物流中心信息与企业资源计划(enterprise resource planning，ERP)系统无缝对接，整个物流作业与生产制造实现了自动化和智能化。

物联网的发展正在推动着中国智慧物流的变革。物联网的理念开阔了物流界的视野，并将实现物流配送网络的智能化、敏捷智能的供应链、物流系统中物品的透明化与实时管理、物品的可跟踪与追溯管理等。随着物联网的快速发展，一个智慧物流的时代必将到来。

6.3.2 信息技术

1. 条形码技术

1) 条形码技术基础

条形码技术是较早、较成功、较常用的自动识别技术之一，它是在计算机技术与信息技术基础上发展起来的一门集编码、印刷、识别、数据采集和处理于一身的新兴技术。条形码技术的核心内容是利用光电扫描设备读取条形码符号，从而实现机器的自动识别，并快速准确地将信息录入计算机进行数据处理，以达到自动化管理的目的。

条形码简称条码，是由一组按特定规则排列的条、空及其对应的字符、数字、字母组成的表示一定信息的符号。条形码通常是一组黑白相间的条纹。其中，黑色的"条"对光线的反射率较低，白色的"空"对光线的反射率较高。因"条"和"空"的宽度不同，光线扫描设备的扫描光线便产生不同的反射接收效果，从而转换成不同的电脉冲，形成可在计算机中处理的数字信息。这些条和空可以有各种不同的组合方法，从而构成不同的图形符号，即各种符号体系，也称码制，以适用于不同的场合。

目前，国际上广泛使用的条形码种类有 EAN 码和 UPC 码(在超市中常见，它们用于在世界范围内唯一标识一种商品)、Code39 码(可表示数字和字母，主要用于工业、图书及票据的自动化管理)、ITF25 码(即交叉二五码，在物流管理中应用较多)、Code bar 码(多用于医疗、图书领域)等。上述条形码均属于一维条形码。二维条形码也在迅速发展，并在许多领域得到了应用，如 Code49 码、Code16k 码、PDF417 码等。

2) 条形码在物流领域中的作用

条形码在原材料采购、生产和货物的运输、配送、零售等供应链的诸多节点上都扮演着重要的角色，而且发挥着越来越重要的作用。条形码常被运用于物料管理、产品跟踪管理、出入库管理、市场销售链管理、售后跟踪服务管理、货物配送管理、分货拣选管理等方面，通过将产品用条形码进行标识，在每次操作时对其进行跟踪并进行信息收集，从而完成后续复杂的管理操作，如库存管理、销售控制、配送管理等。由于条形码技术具有输入速度快、信息量大、准确率高、成本低、可靠性强等特点，因而发展十分迅速。

2. 射频及标签识别技术

1) 射频识别的基本知识

射频(radio frequency，RF)及标签识别技术又叫无线电频率识别技术，简称射频识别(radio frequency identification，RFID)，是从 20 世纪 80 年代兴起并逐渐走向成熟的一项自动识别技术，随着超大规模集成电路技术的发展，射频识别系统的体积大大缩小，从而应用也越来越广泛。

射频技术的基本原理是电磁理论。RFID 系统的优点是不局限于视线，识别距离比光学系统远。射频识别卡具有读写能力，可携带大量数据，难以伪造，且智能。近年来，便携式数据终端(portable data terminal，PDT)的应用多了起来，PDT 可把采集到的有用数据存储起来或传送至一个管理信息系统。便携式数据终端一般包括一个扫描器、一个体积小但功能很强并带有存储器的计算机、一个显示器和供人工输入的键盘。在只读存储器中装有常驻内存的操作系统，用于控制数据的采集和传送。

PDT 存储器中的数据可随时通过射频通信技术传送到主计算机。操作时先扫描位置标签，货架号码、产品数量都输入 PDT 中，再通过 RF 技术将这些数据传送到计算机管理系统，可以得到客户产品清单、发票、发运标签、该地所存产品代码和数量等。

2) RFID 系统的组成

RFID 系统在具体的应用过程中，根据不同的应用目的和应用环境，系统的组成会有所不同。但系统一般都由信号发射机、信息接收机和发射接收天线组成，如图 6-6 所示。

(1) 信号发射机。在射频识别系统中，信号发射机存在的形式很多，典型的形式是标签。标签必须能够在外力的作用下，把存储的信息主动发射出去。按标签获取电能的方式不同，可分为主动式标签、被动式标签；根据内部使用存储器类型的不同，标签分为只读标签、可读可写标签。

(2) 信息接收机。在射频识别系统中，信息接收机一般叫作阅读器。阅读器的基本功能是提供与标签进行数据传输的途径。此外，阅读器还提供相当复杂的信息状态控制、奇偶校验与更正功能等。

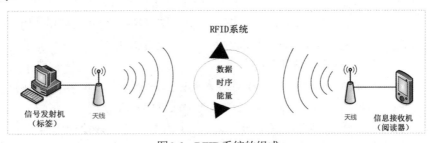

图6-6　RFID系统的组成

(3) 发射接收天线。天线是标签与阅读器之间传输数据的发射、接收装置。当信号接收机的天线与信号发射机的天线靠近时，天线之间形成磁场，被动式标签通过该磁场获取能量并返回电磁波，返回波被转换为数据信息。

3) 射频识别技术在物流管理中的应用

RFID 技术适用于物料跟踪、运载工具和货架识别等要求非接触数据采集和交换的场合，由于 RF 标签具有可读写能力，所以对于需要频繁改变数据内容的场合尤为适用。

我国对 RFID 的应用已经逐步普及，如一些高速公路的收费站口使用 RFID 可以不停车收费，我国铁路系统使用 RFID 记录货车车厢编号，一些物流公司也正将 RFID 用于物流管理中。

3. GIS和GPS技术

1) GIS 和 GPS 技术基础

GIS(geographic information system，地理信息系统)有时又称为"地学信息系统"或"资源与环境信息系统"，是多种学科交叉的产物，它以地理空间数据为基础，采用地理模型分析方法，适时地提供多种空间的、动态的地理信息，是一种为地理研究和地理决策服务的计算机技术系统。其基本功能是将表格型数据(无论它来自数据库、电子表格文件或直接从程序中输入)转换为地理图形显示，然后对显示结果浏览、操作和分析。其显示范围可以从偏远地区到非常详细的街区地图，显示对象包括人口、销售情况、运输线路及其他内容。GIS 技术常常与 GPS 技术结合起来使用。

GPS(global positioning system，全球定位系统)是 20 世纪 70 年代由美国陆海空三军联合研制的新一代空间卫星导航定位系统，其主要目的是为陆、海、空三大领域提供实时、全天候和全球性的导航服务，并用于情报收集、核爆监测和应急通信等。GPS 系统主要有三大组成部分，即空间星座部分、地面监控部分和用户设备部分。用户通过用户设备接收 GPS 卫星信号，经信号处理而获得用户位置、速度等信息，最终实现利用 GPS 进行导航和定位的目的。

2) GIS 的组成

GIS 由计算机硬件设备、计算机软件系统、地理空间数据、系统的组织管理人员和规范五个主要部分组成。

(1) 计算机硬件设备。计算机硬件设备为 GIS 提供运行环境，用于存储、处理、输入输出数字地图及数据。

(2) 计算机软件系统。计算机软件系统负责执行系统的各项操作与分析的功能，包括：信息数据输入和处理软件，数据库管理系统(database management system，DBMS)，空间查询、分析与视觉化工具，数据输出软件，等等。

(3) 地理空间数据。地理空间数据是 GIS 系统中最重要的部件，反映了 GIS 的管理内容，是系统的操作对象和原料。其主要有两类数据：一类是图形数据(空间数据)，以空间三维坐标(X，Y，Z)或地理坐标(经纬度和海拔高度)来表示；另一类是属性数据(非空间数据)，是空间实体的描述数据，如名称、面积、位置等。

(4) 系统的组织管理人员。系统的组织管理人员包括系统的建设管理人员和用户，是 GIS 系统设计、建库、管理、运行、分析决策处理系统中最重要的部分。

(5) 规范。规范是 GIS 的标准，成功的 GIS 系统具有良好的设计计划和本身的事务规律。规范对一个企业来说是具体的、独特的操作实践。

4. GIS在物流中的应用

GIS 在物流领域中的应用主要是指利用 GIS 强大的地理数据功能来完善物流分析技术，合理调整物流路线和流量及设置仓储设施，科学调配运力，提高物流业的效率。目前，已开发出了专门的物流分析软件用于物流分析。完整的 GIS 物流软件集成了车辆路线模型、最短路径模型、网络物流模型、分配集合模型和设施定位模型等。

(1) 车辆路线模型。用于解决一个起始点、多个终点的货物运输中如何降低物流作业费用，并保证服务质量的问题，包括决定使用多少辆车、每辆车的路线等。

(2) 最短路径模型。用于解决两个节点之间的最短路径的问题，主要包括确定起点的最短路径问题、确定终点的最短路径问题、确定起点及终点的最短路径问题。最短路径模型又称为最短路径算法，最常用的路径算法有 Dijkstra 算法、SPFA 算法\Bellman-Ford 算法、Floyd 算法\Floyd-Warshall 算法和 Johnson 算法等。

(3) 网络物流模型。用于解决寻求最有效的分配货物路径问题，也就是物流网点布局问题。例如，将货物从 N 个仓库运往 M 个商店，每个商店都有固定的需求量，因此需要确定由哪个仓库提货后送往哪个商店，所耗费的运输代价最小。

(4) 分配集合模型。可以根据各个要素的相似点把同一层的所有或部分要素分为几个组，用以解决确定服务范围和销售市场范围等问题。例如，某一公司要设立多个分销点，要求这些分销点要覆盖某一地区，而且要使每个分销点的顾客数目大致相等。

(5) 设施定位模型。用于确定一个或多个设施的位置。在物流系统中，仓库和运输线共同组成了物流网络，仓库处于网络的节点上，节点决定着线路，根据供求的实际需要并结合经济效益等原则，在既定区域内设立多少个仓库、每个仓库的位置、每个仓库的规模及仓库之间的物流关系等问题，运用此模型均能很容易地得到解决。

5. 基于位置的服务

基于位置的服务(location based service，LBS)是通过电信移动运营商的无线电通信网络(如 GSM 网、CDMA 网)或外部定位方式(如 GPS)获取移动终端用户的位置信息(地理坐标或大地坐标)，在地理信息系统平台的支持下，为用户提供相应服务的一种增值业务。

它包括两层含义：一是确定移动设备或用户所在的地理位置；二是提供与位置相关的各类信息服务。例如，找到手机用户的当前地理位置，然后在上海市 6340 平方千米的范围内，查找该位置周边 1 千米范围内的宾馆、影院、图书馆及加油站等场所的名称和地址。所以说 LBS 就是要借助互联网或无线网络，在固定用户或移动用户之间完成定位和服务两大功能。

6. EDI技术

EDI 是电子数据交互系统，该系统可将企业与企业之间、企业与管理机构之间进行数据信息的相互连接，以时时掌握订单、托运单、发票开具等情况，这一套系统将供应商、物流服务商、客户信息系统进行了准确的融合。这种系统能够将最新订单、库存、配送情况准确地进行数据传输，使不同的职能机构能够快速地划分自己的职能和任务，也实现了"无纸化贸易"，大大降低了商家的办公耗材费用。

7. 电子订货系统

电子订货系统(electronic ordering system，EOS)主要是通过手机或掌上电脑设备嵌入条码扫描软件，对商家的库存进行扫描，然后将扫描出的库存数据结果通过电话或计算机传递给配送中心的订货系统。EOS 电子订货系统的形式主要是以一个数据库为中心(供货商)，然后设立较多的客户端(连锁店、超市等)，客户端群体可以通过互联网直接向供货商发出进货需求，供货商根据收到的客户端信息进行对应商品的发货作业，极大地提高了进货渠道的稳定性，同时也能够准确地为不同销售点进行供货。

6.3.3 智能快递柜

1. 智能快递柜的定义

智能快递柜有多种不同的名称，如智能快件箱、智能提货柜，国家邮政局公布的智能快递柜实施标准《中华人民共和国邮政行业标准——智能快件箱》中定义智能快件箱是自助服务设备，一般安置在人群密集的公共场合，为快递企业等提供寄存快件的服务，简称快件箱。智能快递柜的主体包括主柜和副柜，共有数十个大小不一的快递格口，能够存放不同形状的快件，并且有监控系统保证快件的投递安全，快递员投递快件，收件人使用密码实现收件。这是收件人从"等快递"到服务点"取快递"的新形式，能有效解决包括上班族在内的大部分不便立即取件人群的收件问题。图 6-7 所示为智能快递柜的应用场景。

图6-7 智能快递柜的应用场景

2. 智能快递柜的使用流程

智能快递柜作为末端物流配送的辅助设施，可以节约快递员投递等候的时间，更加智能高效。其基本流程包括快递员投件和顾客取件，此外，智能快递柜还包括寄件功能。

1) 快递员的投件流程

快递员到达指定快递柜网点后，登录个人账户开启投件；对快递扫描，数据库查询信息，快递员输入收件人手机号码确认信息；确认无误后根据快递包裹的尺寸选择相应的柜子，柜门自动打开，放好物品后将柜门关闭；系统自动给收件人发送提货码，收件人可在任意时间到指定快递柜取件。快递员的投件流程如图 6-8 所示。

选择投件　　　扫描单号　　　柜门打开　　　发送短信　　　完成投件
　　　　　　　　　　　　　存放快递

图6-8　快递员的投件流程

2) 顾客的取件流程

收件人到达指定快递柜，点击取件服务，根据屏幕提示输入手机号和提货码进行身份确认，数据库系统查询无误后，将自动打开柜门，顾客取出快递后关闭柜门即可。由于快递柜两端都装有监控系统，顾客可当场查验物品是否有损坏，没有问题即可离开；如果发现物品有损坏，可联系快递柜客服进行解决。顾客的取件流程如图 6-9 所示。

选择取件　　　输入提货码　　　柜门打开　　　检查快递　　　完成取件
　　　　　　　　　　　　　取出快递　　　是否完好

图6-9　顾客的取件流程

3) 顾客的寄件流程

当顾客想要寄件时，既可以在手机客户端进行箱格预约，也可以直接拿着物品到快递柜网点进行操作；按照屏幕提示，完整填写收件人信息，选择相应的付款类型，将物品放置在柜子中并关好箱门，等待快递员收件。顾客的寄件流程如图 6-10 所示。

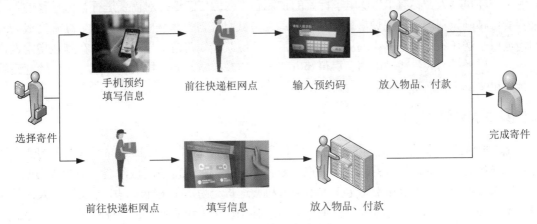

选择寄件

手机预约　　　前往快递柜网点　　　输入预约码　　　放入物品、付款
填写信息

前往快递柜网点　　　填写信息　　　放入物品、付款

完成寄件

图6-10　顾客的寄件流程

3. 智能快递柜的作用

对顾客来说，智能快递柜方便快捷，有效保护顾客隐私，24 小时服务，能够有效解决上班

族及学生的取件问题；对快递员来说，智能快递柜的使用可以极大地提高投递效率，减少投递等待时间及沟通时间，快递员无须爬楼，减少二次配送，有效实现快递的集中派送；对物业来说，智能快递柜收件模式可以节省物业的管理成本，减轻物业的收件压力，并且快递柜安静整洁，便于统一管理，物业公司能够将更多的人力物力投入为业主提供更高的服务水平上。

智能快递柜对各方来说都有极大的好处，因此在短短几年已初具规模，众多投资者纷纷涉足此行业，从刚开始的几家，到目前市场上从事智能快递柜的企业近百家，可见其发展潜力巨大。与此同时，国家邮政局也根据市场迅速出台了相关政策，提出了智能快递柜在总体功能、系统结构、硬件要求、控制系统、操作流程等各方面的要求，为快递"最后一公里"服务提供有力支撑。

6.3.4 信息配送技术

1. 无线电、数字拣货技术

无线电拣货系统实现了无纸化的数据交互，该设备一般是移动设备与计算机设备相结合，通常使用在推车和堆垛机上。当客户下单时，客户的订单信息会从计算机主机发往备货区的计算机上，此时计算机屏幕上会出现客户下单的商品，同时显示屏上还显示拣货的路线、商店名称、拣选的商品、数量及货号等，待拣货员按照客户的订单拣货完毕后，选择下一步操作，上一位客户订单备货完毕，并进入下一订单的拣货环节。而数字拣货技术如 CAPS、DPS，通常是指 LED 显示器显示客户的订单信息，主要在配货中心的各个货架上加装 LED 显示器，并在该显示器上显示订单的商品在该货架的第几层存放。

2. 智能机器人配送技术

机器人配送技术是将信息联网技术、RFID 射频技术、条形码技术、运动控制技术与机器人相结合，解决现有物流仓库运输配送过程中劳动力大、重复性大、配送问题不准确等一系列问题。智能机器人在标有 RFID 电子标签的物流仓库内的任意地点对需要进行物流转移的物品进行身份精确识别后自动规划出最优路径和运动方式且在自身承载能力内高效、准确完成物品的运输或配送任务。配送机器人从站点装货后，按照既定线路自动导航行驶。在到达指定送货地点后，配送机器人将通过电话、短信等方式通知客户收货，并支持人脸识别、短信验证码等多种人机交互方式快捷取货。

3. 无人机配送技术

无人机快递，即通过利用无线电遥控设备和自备的程序控制装置操纵的无人驾驶的低空飞行器运载包裹，自动送达目的地，其优点主要在于解决偏远地区的配送问题，减少人力成本，提高配送效率；缺点主要在于恶劣天气下无人机会送货无力，在飞行过程中无法避免人为破坏等。顺丰快递已有无人机配送技术，但未大范围使用。无人机具有 GPS 自控导航、定点悬浮、人工控制等多种飞行模式，集成了多种高精度传感器和先进的控制算法。通过 4G 网络和无线电通信遥感技术与调度中心和自助快递柜等进行数据传输，无人机能够实时向调度中心发送自己的地理坐标和状态信息，接收调度中心发来的指令等，在收到着陆请求应答之后，由快递柜指引无人机在快递柜顶端停机平台着陆、装卸快递及进行快速充电。无人机配有黑匣子，以记录状态信息，同时还具有失控保护功能，当无人机进入失控状态时将自动保持精确悬停，失控超时将就近飞往快递集散分点。

4. 冷链物流配送技术

冷链物流是保持物品处在低温环境下，以减少损耗和延长保存期限为首要目的的物流活动，它要求综合考虑商品从生产到消费的各个环节，协调生产、运输、销售之间的关系，以确保物品在生产和销售过程中实现保值甚至增值。作为一项系统工程，冷链物流涉及的技术领域广泛而复杂，包含了自动化冷藏技术、各类传感技术、自动化测量温控技术、无线射频识别技术、空间定位技术、动态信息监控技术等。实践中，冷链物流的运输工具应具备良好的保温和制冷效果，保证运输品在运输过程中的温度稳定。利用温湿度传感器，可以对运输品进行实时的温度和湿度监测。搭建冷链配送追溯和监管系统，利用无线射频识别技术和物联网技术，可以将温度数据、位置信息等实时数据传输到监管平台，实现全程监控和追溯。

6.4 电子商务供应链管理

6.4.1 供应链概述

1. 供应链的概念

供应链(supply chain)是指围绕核心企业，从配套零件开始，制成中间产品及最终产品，最后由销售网络把产品送到消费者手中，将供应商、制造商、分销商直到最终用户连成一个整体的功能网链结构。供应链管理的经营理念是从消费者的角度，通过企业间的协作，谋求供应链整体最佳化。成功的供应链管理能够协调并整合供应链中所有的活动，最终成为无缝连接的一体化过程。

供应链的概念是从扩大生产概念发展来的，它将企业的生产活动进行了前伸和后延。日本丰田公司的精益协作方式中就将供应商的活动视为生产活动的有机组成部分而加以控制和协调。哈理森(Harrison)认为供应链是执行采购原材料，将它们转换为中间产品和成品，并且将成品销售到用户的功能网链。美国的史蒂文斯(Stevens)认为，通过增值过程和分销渠道控制从供应商到用户的流动就是供应链，它开始于供应的源点，结束于消费的终点。因此，供应链就是通过计划(plan)、获得(obtain)、存储(store)、分销(distribute)、服务(serve)等活动而在顾客和供应商之间形成的一种衔接(interface)，从而使企业能满足内外部顾客的需求。

2. 供应链的基本要素

(1) 供应商。供应商指给生产厂家提供原材料或零部件的企业。
(2) 厂家。厂家即产品制造业，是产品生产的最重要环节，负责产品生产、开发和售后服务等。
(3) 分销企业。分销企业是为实现将产品送到经营地理范围每一角落而设的产品流通代理企业。
(4) 零售企业。零售企业是将产品销售给消费者的企业。

(5) 消费者。消费者是供应链的最后环节，也是整条供应链的唯一收入来源。

3. 供应链的特征

供应链是一个网链结构，节点企业和节点企业之间是一种需求与供应关系。供应链主要具有以下特征。

(1) 复杂性。供应链节点企业组成的跨度(层次)不同，供应链往往由多个、多类型甚至多国企业构成，所以供应链结构模式比一般单个企业的结构模式更为复杂。

(2) 动态性。供应链管理因企业战略和适应市场需求变化的需要，其中节点企业需要动态地更新，这就使得供应链具有明显的动态性。

(3) 响应性。供应链的形成、存在、重构都是基于一定的市场需求而发生的，并且在供应链的运作过程中，用户的需求拉动是供应链中信息流、产品/服务流、资金流运作的驱动源。

(4) 交叉性。节点企业可以是这个供应链的节点企业，同时又是另一个供应链的节点企业，众多的供应链形成交叉结构，增加了协调管理的难度。

6.4.2 供应链管理

1. 供应链管理概述

供应链管理(supply chain management，SCM)是指在满足一定的客户服务水平的条件下，为了使整个供应链系统成本达到最小而把供应商、制造商、仓库、配送中心和渠道商等有效地组织在一起进行的产品制造、转运、分销及销售的管理方法。供应链管理包括计划、采购、制造、配送和退货五大基本内容。

(1) 计划。这是 SCM 的策略性部分，需要有一个策略来管理所有的资源，以满足客户对产品的需求。好的计划是建立一系列的方法监控供应链，使它能够有效、低成本地为顾客递送高质量和高价值的产品或服务。

(2) 采购。选择能为产品和服务提供货品及服务的供应商，与供应商建立一套定价、配送及付款流程并创造方法监控和改善管理，把对供应商提供的货品和服务的管理流程结合起来，包括提货、核实货单、转送货物到制造部门并批准对供应商的付款等。

(3) 制造。安排生产、测试、打包和准备送货所需的活动，是供应链中测量内容最多的部分，包括质量水平、产品产量和工人的生产效率等的测量。

(4) 配送。很多"圈内人"称之为"物流"，即调整用户的订单收据、建立仓库网络、派递送人员提货并送货到顾客手中、建立货品计价系统和接收付款的过程。

(5) 退货。这是供应链中的问题处理部分。建立网络接收客户退回的次品和多余产品，并在客户应用产品出问题时提供支持。

现代商业环境给企业带来了巨大的压力，它们不仅要销售产品，还要为客户和消费者提供满意的服务，从而提高客户的满意度，让其产生幸福感。菲利普·科特勒(Philip Kotler)表示，顾客就是上帝，没有他们，企业就不能生存，一切计划都必须围绕挽留和满足顾客进行。若想在国内和国际市场上赢得客户，则必然要求供应链企业能快速、敏捷、灵活和协作地响应客户的需求。面对多变的供应链环境，构建幸福供应链成为现代企业的发展趋势。

2. 供应链管理中的"牛鞭效应"

"牛鞭效应"(bullwhip effect)是美国著名的供应链管理专家 HauL. Lee 对需求信息扭曲在供应链中传递的一种形象描述,由于这种信息扭曲的放大作用在图形显示上很像是一根甩起的赶牛鞭,因此被形象地称为"牛鞭效应",如图 6-11 所示。牛鞭效应是供应链上的一种需求变异放大的现象,是信息流从最终客户端向原始供应商端传递过程中,当供应链的各节点企业只根据来自其相邻的下级企业的需求信息进行生产或供应决策时,需求信息的不真实会沿着供应链逆流而上,产生逐级放大的现象,而当达到最源头的供应商时,其获得的需求信息和实际消费市场中的顾客需求信息发生了很大的偏差。

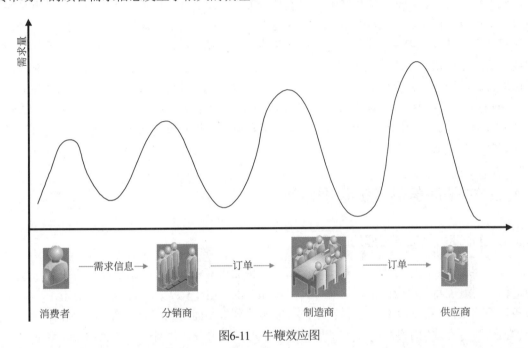

图6-11 牛鞭效应图

"牛鞭效应"的发现

20 世纪 90 年代中期,宝洁公司对某尿不湿产品的订单模式进行检查时,发现了一个奇怪的现象:该产品的零售数量是相当稳定的,波动性并不大,但在考察分销中心的订货情况时,吃惊地发现波动性明显增大了,但分销中心是根据汇总的销售商的订货需求量进行订货的。进一步研究后发现,零售商往往根据对历史销量及现实销售情况的预测,确定一个较客观的订货量,但为了保证这个订货量是及时可得的,并且能够适应顾客需求增量的变化,他们通常会将预测订货量做一定放大后向批发商订货,批发商出于同样的考虑,也会在汇总零售商订货量的基础上再做一定的放大后向销售中心订货。这样,虽然顾客需求量并没有大的波动,但经过零售商和批发商的订货放大后,订货量就一级一级地放大了。在考察向其供应商的订货情况时,也惊奇地发现订货的变化更大,而且越往供应链上游其订货偏差越大。这个现象就像一根甩起的赶牛鞭,顶端轻微的一点抖动就会在末梢转化为一条长长的弧线,因此把这个现象称为"牛鞭效应"。

显然,"牛鞭效应"对供应链管理是不利的,它造成批发商、零售商的订单和生产商产量峰值远远高于实际客户需求量,进而造成产品积压,增加了生产和库存成本,占用资金,延长了供应链的补给供货期,而且也会提高供应链的运输成本,使得整个供应链运作效率低下。随着供应链运作的企业越多,这种效应越加明显,整个供应链的管理会变得十分复杂、困难。"牛鞭效应"还会使供应链上企业间产生信任危机,供应链内的每个节点企业都认为自己做得尽善尽美,而将这一需求放大的责任归咎于其他节点企业,这就会导致供应链不同节点企业之间的互不信任,从而使潜在的协调努力变得更加困难。

消除供应链上的"牛鞭效应"最重要的就是减少信息传递中的误解。上下游企业间只有在供需双方相互信任、利益共享和风险共担的基础上,才能公开各自的业务数据,共享信息和业务过程,也只有在企业达成这种伙伴关系的前提下,利用先进的信息技术和信息管理系统,实现资讯共享,使各节点企业能从整体最优的角度做出决策,才能有效地解决各种因素的影响。但要从根本上解决"牛鞭效应",供应链节点企业的利益目标必须完全一致,一般来说,这是不可能的。然而,订立合理的契约,建立完善的激励机制和监督机制,实行有效的信息共享,可以减轻甚至消除"牛鞭效应"。在具体的运作中,可采用销售数据和库存信息共享、供应链环节的减少、订货提前期或交货时间的缩短、买卖双方订货协调及制造商价格方案的简化等策略来控制"牛鞭效应"。

6.4.3 电子商务供应链管理概述

1. 电子商务供应链管理的内涵

电子商务供应链管理指一个基于电子商务的集成供应链,是一种新型的联盟或合作性的供应链体系。电子商务供应链管理的所有合作者都实现了电子化运作,在满足一定电子商务客户服务水平的条件下,为了使整个供应链系统成本达到最小而把供应商、制造商、仓库、配送中心和渠道商等有效地组织在一起,利用互联网进行商品交易、信息变换、企业协作等活动。其主要特点包括以下几方面。

(1) 供应链的电子化、网络化。电子商务供应链上的所有合作组织通过互联网协同处理供应链各流程及流程间的诸多事务,快速及时地提供信息,满足市场对企业快速反应的要求。

(2) 供应链管理机构虚拟化。数字信息流和计算机网络改变了企业与企业及企业内部的运营模式,打破了企业内部各机构的传统分工和界限,需要一个与电子网络化供应链管理要求相适应的"虚拟管理机构"。

(3) 数据信息型的集中管理。通过对整个供应链实现集成、集约、规范和协同的数据信息化处理,电子商务不仅对单个企业的营销、生产、财务、物资等各方面事务运作的集中管理提供了支持,也对整个供应链实现数据信息型的集中管理提供了支持。

(4) 优化精练的协同化管理。供应链各合作企业通过内部业务流程的优化,杜绝了企业内部各部门之间的业务重复运作,减少了冗余的中间层次,以一个优化、精练、具有竞争实力的实体融入供应链系统中,参与供应链的协同运作和管理。

2. 电子商务供应链管理模式

1) 合计预测与补给

合计预测与补给(aggregate forecasting and replenishment，AFR)要求以分销中心或主要分销商为中心，联合其下游分销商及终端进行库存管理。系统中的用户能够交换销售与库存数据，共同进行预测、制订补给计划，是对传统单个企业库存管理模式的突破。AFR 是商业交易伙伴交互作用中应用较广泛的方法之一，但其缺乏集成的供应链计划，属于以客户需求为主导的传统库存管理模式，如图 6-12 所示。

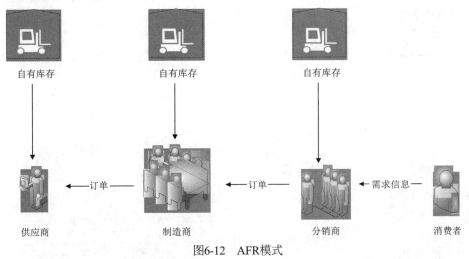

图6-12 AFR模式

2) 供应商管理库存

供应商管理库存(vendor managed inventor，VMI)是指供货商依据实际销售及安全库存的需求，替零售商下订单或补货，而实际销售的需求则是供货商依据由零售商提供每日的库存与销售资料，并以统计等方式预估而来的，整个运作上通常供货商具有一套管理的系统来做处理。VMI 本质上是将两级库存管理问题变成单级库存管理问题，如图 6-13 所示。

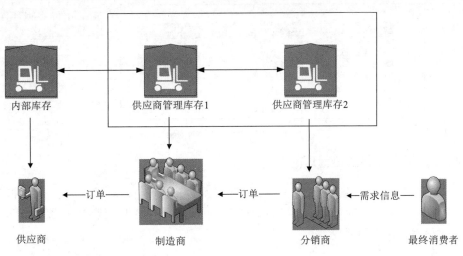

图 6-13 VMI 模式

3. 合作计划、预测和补给

合作计划、预测和补给(collaborative planning，forecasting and replenishment，CPFR)是应用一系列的处理和技术模型，提供覆盖整个供应链的合作过程，通过共同管理业务过程及共享信息来改善零售商和供应商的伙伴关系，提高预测的准确度，最终达到提高供应链效率、减少库存和提高消费者满意程度的目的的管理模式。CPFR 是供应链、价值链或需求链上的所有参与者都能享受到的一个可持续过程，是参与者在一致达成的标准平台之上共享数据信息、挖掘潜在市场、预测潜在风险，以便在供求预测结果之间平衡差异的管理模式，如图 6-14 所示。

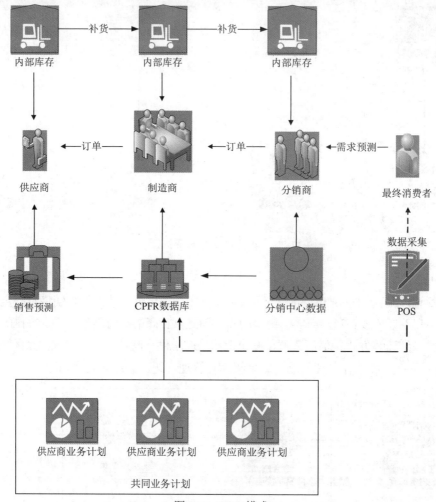

图6-14　CPFR模式

4. 电子商务对供应链管理的影响

近年来，电子商务迅速成长，消费者的消费品种多、差异化、需求波动变化大、客户体验要求高等都考验着企业对订单的快捷有效处理的能力。为了满足消费者的这种需求，电子商务开始优化自身的供应链系统。

(1) 反应速度要求更快。快速反应是消费者对电子商务提出的新要求，这需要零售商和制造商达成战略伙伴关系，用多频度、小数量配送方式连续补充商品，以实现缩短交货周期。

(2) 信息共享、集成化要求更高。供应链中的企业需要打破企业间的界限，实现更高程度的信息共享，从而能快速处理围绕着订单的相关实务。

(3) 开放化、柔性化。电子商务企业的供应链需要根据市场的变动进行及时的调整，这就要求电子商务企业的供应链管理要更加的开放化和柔性化。

(4) 合作伙伴关系更密切。电子商务对企业的采购、生产及供货都提出了更高的要求，使得供应链上的各个合作伙伴之间的关系更加的紧密，才能降低供应链总成本，增强信息共享而改善相互之间的交流，保持战略伙伴相互之间操作的一贯性，产生更大的竞争优势。

(5) 企业间的竞争转化为供应链之间的竞争。电子商务企业是核心企业，其他企业围绕着核心企业的业务组织生产或提供服务，如果其中一个环节出了问题，就会影响消费者的体验。因此，在电子商务环境下，核心企业之间的竞争更多的是考验其供应链的优劣。

5. 我国电子商务供应链管理发展趋势

1) 提高对供应链管理的认识

20 世纪七八十年代，美国和欧洲开始加强对供应链的管理，而我国的供应链管理思想则是在 20 世纪 90 年代与现代物流一起被引进的。经过十几年的努力，特别是近几年的实践，我国东南沿海的大型制造业和流通连锁企业的供应链管理日趋成熟。例如，家电制造业的美的、IT业的"领头羊"华为已从供应链的整合和重组中获得了巨大的利润空间和竞争力。

2) 对现有的供应链进行整合

对供应链的整合，主要是对业务流程的优化，不断加强其核心业务，将非核心业务外包，特别是物流的外包，使企业内部供应链外化，提高了企业的核心竞争力。例如，华为集中人力优势进行高科技的研发，将其他的产品制造及物流业务进行外包，打造华为高科技核心技术研发的竞争优势。整合供应链要对供应商和分销商进行优化选择、动态管理，使整个供应链对市场更具有快速反应能力，从整合中得到效率和效益。

3) 加速推广现代信息技术的应用

现代信息技术既是现代物流的基础，也是供应链管理的基础。信息共享是供应链管理的基点。实施供应链管理就要实施 POS 系统、EOS 系统、数据库系统的共享、EDI 和 VMI 在供应链管理中的应用，加速 Internet、Intranet、Extranet 的商务发展。

核心概念

物流、电子商务物流、电子商务物流管理、自建物流、第三方物流、物流联盟、第四方物流、众包物流、物联网、条形码、GIS、GPS、EOS、供应链、牛鞭效应、电子商务供应链管理

思政微语

2020 年新冠疫情的突然暴发，严重阻碍了人员、物质的交流与接触。然而，在这样的困境下，京东物流迅速展开行动，在武汉疫情核心区及时开展了智能配送工作。通过利用智能配送

机器人，他们实现了"无接触配送"，为武汉地区的医院提供了必要物资的配送服务。同时，对于被隔离的医院和小区，配送机器人也起到了重要作用，它们承担起物资运输与配送的任务，让物流科技成为抗击疫情的一支奇兵。此外，顺丰速运也积极应对挑战，安排了顺丰方舟无人机为武汉金银潭医院投送防疫物资。这种无人机配送方式不仅有效消除了道路限行和小区封闭等因素的影响，降低了配送时间，确保紧急物资能够在最短时间内送达指定地点，而且有效避免了配送人员与医务人员的面对面接触，减少了交叉感染的风险。

无论是企业还是个人，在担当与奉献的时刻，除了需要有勇气"敢担当"和有能力"能担当"，还需要注重方法和技巧，也就是要做到"善担当"。而这就需要我们不断学习新知识，掌握新技术，以科学的方式为国家贡献自己的力量。

请同学们调研一下，我们平时接触了哪些先进的电商物流服务。认真思考一下以后面对国家或自身遇到困难时，该如何发挥自己所学解决困难。

思考题

1. 什么是物流？什么是电子商务物流？
2. 电子商务与物流的关系是什么？
3. 电子商务物流管理包括哪些内容？
4. 电子商务物流体系的模式有哪些？
5. 电子商务企业如何选择物流模式？
6. 观察我们身边的物流行业，发现它们运用了哪些信息技术？
7. 未来为了应对电子商务的发展，物流行业会引入哪些新技术？
8. 什么是供应链？供应链的要素有哪些？
9. 电子商务供应链管理包括哪些内容？
10. 电子商务对供应链提出了哪些要求？

第 7 章 | 电子商务安全

学习目标

(1) 了解电子商务安全问题，掌握电子商务安全体系结构；

(2) 了解常见网络安全技术的应用；

(3) 掌握对称加密和非对称加密的基本原理，以及这两种加密算法的综合应用；

(4) 了解数字证书技术及身份认证技术；

(5) 了解各类电子商务安全协议；

(6) 了解电子商务安全管理制度的组成。

引言

近年来，中国电子商务发展迅速，但由于交易的虚拟性，也引发了许多安全问题，在保证电子商务高效率的同时，如何保障它的安全性是亟待解决的问题。电子商务是技术和商务的结合，因此需要从电子技术及管理机制两方面来保障安全。本章主要对电子商务所存在的安全问题及安全体系结构进行阐述，并从网络安全技术、加密技术、交易协议及安全管理制度进行详尽的介绍。

7.1 电子商务安全概述

7.1.1 电子商务安全的定义及特征

1. 电子商务安全的定义

电子商务安全就是保护电子商务交易双方的资产不受未经授权的访问、使用、篡改或破坏。电子商务由"电子""商务"两大部分组成，且电子商务作为依托互联网开展的商务活动，自然离不开计算机网络。因此，我们认为电子商务安全可分为电子商务网络安全和电子商务交易安全两大部分。

电子商务网络安全是通过采用各种技术和管理措施，使电子商务网络系统正常运行，从而确保网络数据的可用性、完整性和保密性，可以分为电子商务网络设备安全、电子商务网络信息安全、电子商务网络软件安全。电子商务网络系统的安全内容包括电子商务网络设备安全、电子商务网络传输设备安全、电子商务网络系统安全、电子商务应用软件安全、电子商务数据库安全等。其特征是针对电子商务网络本身可能存在的安全问题，以保证电子商务网络自身的安全性为目标，实施电子商务网络安全增强方案。电子商务交易安全则紧紧围绕商务活动在互联网上应用时产生的各种安全问题及相关电子商务安全制度、法律法规。因此，电子商务交易安全是在电子商务网络安全的基础上保障商务交易过程的顺利进行，实现电子商务交易信息的完整性、保密性、可鉴别性，使电子商务交易过程信息不可篡改、伪造和抵赖。

2. 电子商务安全的特征

电子商务安全具有系统性、复杂性、相对性、代价性和动态性等特征。

1) 电子商务安全的系统性

电子商务安全的系统性是指构成电子商务安全所包括的一系列因素，既有电子商务网络安全和电子商务交易安全等技术上的问题，也有电子商务管理上的问题，以及与社会的道德准则和人们的行为习惯等方面有关的问题。无论哪一个因素存在问题，都会给电子商务安全带来不利的影响。

2) 电子商务安全的复杂性

电子商务安全的复杂性是指无论从网络技术的角度，还是从管理规章、法律制度的角度来说，构建电子商务安全都是一个非常复杂的工程。

3) 电子商务安全的相对性

电子商务安全的相对性是指电子商务安全是相对而言的，而不是绝对的。电子商务网站不可能永远不受攻击、不出安全问题。因为网络的攻防是此消彼长、"道高一尺魔高一丈"的事情，尤其是安全技术，它的敏感性、竞争性及对抗性很强，需要不断地检查、评估和调整相应的安全策略。因此，电子商务安全是相对的，需要持续关注和努力维护。

4) 电子商务安全的代价性

电子商务安全的代价性是指电子商务安全是在特定环境下实现的，有时需要加大投入，并且会因多次的复杂运算使信息的传递速度降低。这也是维护电子商务安全所需的成本和代价。

5) 电子商务安全的动态性

电子商务安全的动态性是指电子商务安全需要从网络技术、管理规章、法律制度、安全防范的角度不断地检查、评估和调整相应的安全策略，以保证电子商务在不断拓宽服务领域时安全保障措施能够及时跟上。没有一劳永逸的安全，也没有一蹴而就的安全，它是不断发展的，也是动态的。

7.1.2　电子商务安全问题

从电子商务安全的内涵来讲，其安全问题可以分为计算机网络安全问题和交易安全问题两个方面。

1. 电子商务计算机网络安全问题

(1) 计算机网络设备安全威胁。它包括计算机网络设备的功能故障、电源故障、数据对外接口的信息失密、网络设备接口传输等风险。

(2) 自然灾害的威胁。计算机网络设备大多是精密仪器，核心网络设备需要存放在具备防尘、恒温、防水等标准的机房中，其他一些传输设备、中继设备由于存放在户外，各种自然灾害(如洪水、风暴、泥石流)、建筑物被破坏、火灾、空气污染等对计算机网络系统都会构成严重的威胁。

(3) 软件的漏洞。在计算机网络安全领域，软件的漏洞是指软件系统的缺陷，包括操作系统和应用软件，有些漏洞是由程序员根据需要预留的，为方便以后管理或对接，这也叫"后门"；也有的是非人为因素造成的漏洞，如微软定期发布的漏洞补丁、我国乌云网站定期检测到的漏洞问题等。这些漏洞会导致非法用户未经授权而获得访问系统的权限或提高其访问权限。

(4) 网络协议的安全漏洞。目前，各种网络服务提供的底层基础是通过各种协议来实现的，如广泛采用的 TCP/IP 协议族(如 TCP、FTP、HTTP、Mail 等协议栈)在安全方面或多或少存在着一定的缺陷或漏洞。如今，互联网上许多黑客实施的攻击行为就是利用了这些协议的安全漏洞才得逞的。

(5) 计算机病毒的攻击。互联网的发展和普及使得一些人为制造的病毒在网络上泛滥，病毒及其变种层出不穷，杀伤力也大为提高，这些都给商家和消费者带来了许多不便和经济损失。

万豪酒店3.83亿客户数据泄露

2019 年，酒店连锁巨头喜达屋母公司万豪国际酒店因其大数据泄露事件影响到 3.83 亿客户，其中有超过 500 万个未加密的护照号码和大约 860 万个加密信用卡号码被盗，该事件是有史以来最大的个人数据泄露事件之一。万豪表示，喜达屋集团自 2014 年以来一直在受到黑客攻击。万豪已提出，如果受影响的客人能够证明自己是数据泄露事件的受害者，他们将支付办理新护照的费用，这可能会让万豪公司损失 5.77 亿美元。

2. 电子商务交易安全问题

(1) 信息的截获。在传输过程中，如果没有采用加密措施或加密强度不够，攻击者可能通过 Internet 在电磁波范围内截获装置，或者在数据包通过的网关和路由器上截获数据，获取传输的机密信息，或者通过对信息流、通信频度和长度等参数的分析，推测出有用的信息，如消费者的银行账号、密码及企业的商业机密等。

(2) 信息的中断。在中断过程中，信息资源变得易损失或不可用。网络故障、操作错误、应用程序错误及计算病毒等恶意攻击都可能导致电子交易不能正常进行。因此，要对产生的潜在威胁加以预防和控制，以保证交易数据在确定的时刻、确定的地点是有效的。

(3) 信息的篡改。当攻击者熟悉了网络信息格式后，可能会通过各种技术和手段对网络传输的信息进行中途修改并发往目的地，从而破坏信息的完整性，如改变信息流的次序或更改信息的内容，更改购买商品的出货地址、删除某个消息或消息的某些部分、在消息中插入一些让接收方不懂或接收错误的信息等。

(4) 信息的伪造。当攻击者掌握了网络信息数据规律或解密了商务信息以后，可以伪装成合法用户或发送伪造信息来欺骗其他用户。

(5) 交易的抵赖。指在交易过程中用户与商户之间存在抵赖交易等。

(6) 交易的法律法规。指在电子商务交易过程中需要制定完整的交易制度，并需要遵守相应的电子商务法律法规。

"熊猫烧香"病毒

2006年年底，我国互联网上曾大规模爆发"熊猫烧香"病毒及其变种。一只憨态可掬、颔首敬香的"熊猫"在互联网上疯狂"作案"。在病毒卡通化的外表下，隐藏着巨大的传染潜力，短短三四个月，"烧香"潮波及上千万个人用户、网吧及企业局域网用户，造成直接和间接损失超过1亿元。次年，"熊猫烧香"病毒的制造者李俊落网。李俊向警方交代，他曾将"熊猫烧香"病毒出售给120余人，而被抓获的主要嫌疑人仅有6人，所以不断会有"熊猫烧香"病毒的新变种出现。李俊处于链条的上端，其在被抓捕前，不到一个月的时间至少获利15万元，而在链条下端的涉案人员张顺已获利数十万元了。一名涉案人员说，该产业的利润率高于目前国内的房地产业。大量盗窃来的游戏装备、账号，并不能立即兑换成人民币，这些虚拟货币只有通过网上交易才得以兑现。盗来的游戏装备、账号、QQ账号甚至银行卡号资料被中间批发商全部放在网上游戏交易平台公开叫卖。一番讨价还价后，网友们通过网上银行转账，就能获得那些被盗的网络货币。李俊以自己出售和由他人代卖的方式，每次要价500元至1000元不等，进行非法获利。经病毒购买者进一步传播，该病毒的各种变种在网上大面积传播，据估算，被"熊猫烧香"病毒控制的计算机数以百万计。

3. 电子商务交易双方面临的安全问题

传统的买卖双方是面对面地以一手交钱、一手交货的方式完成交易的，所以比较容易保证交易过程的安全性和可信性。而对于电子商务交易，买卖双方通过电话或网络进行联系，跨越时空、互不谋面，交易双方彼此之间很难建立安全和信任的关系。交易的买卖双方都面临不同的安全问题。

1) 卖方面临的安全问题

卖方(销售商)面临的安全问题主要有以下几个。

(1) 系统中心安全性被破坏。入侵者假冒成合法用户来改变用户数据(如商品送达地址)、解除用户订单或生成虚假订单。

(2) 竞争者的问题。恶意竞争者以他人的名义来订购商品，从而了解有关商品的递送状况和货物的库存情况。

(3) 商业机密的安全。客户资料被竞争者获悉。

(4) 假冒问题。不诚实的人建立与销售者服务器名字相同或相似的 Web 服务器来假冒销售者，也就是虚假订单，获取另一个人的机密数据。例如，某人想要了解另一人在销售商处的信誉时，以另一人的名字向销售商订购昂贵的商品，然后观察销售商的反应。假如销售商认可该订单，则说明被观察者的信誉高，否则，说明被观察者的信誉不高。

(5) 信用问题。买方提交订单后不付款。

2) 买方面临的安全问题

买方(消费者)面临的安全问题主要有以下几个。

(1) 虚假订单。一个假冒者可能会用某客户的姓名来订购商品，并有可能收到货，而此时此刻真正的客户却被要求付款或返还商品。

(2) 付款后不能收到商品。在要求客户付款后，销售商中的内部人员不将订单和钱转给执行部门，因而使客户收不到货。

(3) 机密性丧失。客户有可能将个人私密数据或自己的身份数据(个人身份证号码或个人识别号、口令等)发送给冒充销售商的机构，这些信息也可能会在传递过程中被窃听。

(4) 拒绝服务。攻击者可能向销售商的服务器发送大量的虚假订单来挤占它的资源，从而使合法用户得不到正常的服务。

(5) 涉嫌犯罪。近年来，利用互联网进行传销、集资诈骗等犯罪现象不断涌现，这些犯罪行为往往披上"电子商务"的虚假外衣，让用户难以防范，容易不慎涉嫌犯罪。

7.1.3 电子商务安全体系

电子商务建立在互联网技术的基础上，不是孤立地依赖于互联网技术，在电子商务的开展过程中，还需要社会环境、管理环境提供相应的保障。电子商务系统的安全体系是保证电子商务系统安全的一个完整的逻辑结构，由网络基础层、加密技术层、安全认证层、安全协议层、安全应用层五个层次，以及法律、法规、制度和管理策略、道德文化两个支柱组成，如图 7-1 所示。各层次之间相互依赖、相互关联构成统一整体。各层通过相互嵌套、相互支撑，保障电子商务系统的整体安全。

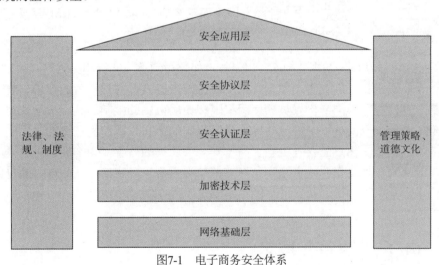

图7-1 电子商务安全体系

1. 网络基础层

网络基础层包含了网络连接硬件、网络操作系统等相关内容。网络硬件级别的安全主要是对网络设备的安全管理，配置硬件防火墙，保证内网的边界安全。对网络拨号用户的安全控制，提供链路层加密，保证数据在互联网上传输的安全性；网络系统级别的安全主要是从操作系统的角度考虑所采取的安全防范措施，防止对系统的非法操作。其主要内容包括对网络操作系统进行配置，使其达到尽可能高的安全级别，时常检测并发现操作系统存在的安全漏洞和隐患，对发现的操作系统安全问题做到及时有效的处理。

2. 加密技术层

加密技术是电子商务采取的主要安全技术手段，它不仅可以保证通信及存储数据的安全，还可以有效地用于报文认证、数字签名等，以防止种种电子欺骗。加密技术也是认证技术及其他许多安全技术的基础，是信息安全的核心技术。

3. 安全认证层

安全认证层中的认证技术是信息安全理论与技术的一个重要方面，也是保证电子商务安全的重要技术之一。采用认证技术可以直接满足身份认证、信息完整性、不可否认和不可修改等多项电子交易的安全需求，较好地避免了电子交易面临的假冒、篡改、抵赖、伪造等威胁。

4. 安全协议层

除了各种安全控制技术，电子商务的运行还需要一套完善的安全交易协议。不同交易协议的复杂性、开销、安全性各不相同，同时，不同的应用环境对协议目标的要求也不尽相同。目前，比较成熟的协议有 SSL、SET、S-HTTP 协议。

5. 安全应用层

安全应用层包含了保密性、完整性、认证性、抗否认性和有效性五大特性。它们是电子商务安全的基本要求。应用层主要用来保证各种应用程序运行和网络信息传输的合法性。应用层的安全防护是面向用户和应用程序的。因此，应用层可采用身份认证机制和授权管理手段等作为安全防护技术，从而提高整体安全性能，以确保系统信息的访问合法性和授权控制。

6. 两个支柱

两个支柱包含了法律、法规、制度，以及管理策略、道德文化等相关内容。制定法律、法规、制度首先要确定相关的权责，如指定相关设备的责任人，对该设备的维护、管理和使用的权限限制，以及对于不同身份人员的使用权限和使用范围的限制。其次应从法律角度对破坏系统安全、违反电子商务安全规定的行为予以相应的惩罚，以起到法律的威慑作用。制定安全管理策略及道德文化首先要确定电子商务安全要保护的内容，为了加强对电子商务安全的限制，一般认为一切没有明确表述为允许的都被认为是被禁止的，从而尽可能排除存在的安全隐患。

7.2 电子商务安全技术

7.2.1 网络安全技术

1. 防火墙技术

防火墙是用于在企业内部网和因特网之间实施安全策略的系统，它决定内部服务中哪些可被外界访问，外界的哪些人可以访问内部的哪些服务，同时还决定内部人员可以访问哪些外部服务，是保护企业保密数据和保护网络设施免遭破坏的主要手段之一。即使企业内部网络与因特网相连，也可用防火墙管理用户对内部网中某些部分的访问，保护敏感信息或保密信息。为使防火墙有效，所有来自或发往因特网的数据流都必须通过防火墙的检查，如图 7-2 所示。防火墙只允许已授权的业务流通过，而且其本身也应能够抵抗渗透攻击。攻击者一旦突破或绕过防火墙系统，防火墙就不能提供任何保护了。

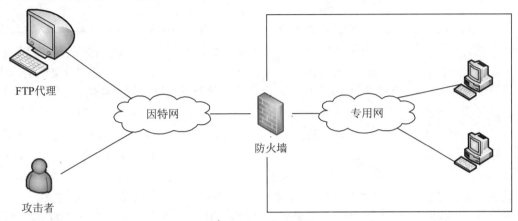

图7-2　防火墙示意图

防火墙技术也具有一定的局限性，因特网防火墙不能防止未经过防火墙的攻击，例如，内部网络中如果有一个未加限制的拨出，则内部网用户就可直接做 SLIP(serial line Internet protocol，串行链路网际协议)连接或 PPP 连接而进入因特网。用户如果对防火墙代理服务器所要求的认证过程感到厌烦，就可能直接向 ISP 购买 SLIP 连接或 PPP 连接，从而绕过防火墙的安全系统，如图 7-3 所示。因此，因特网防火墙不能防止公司叛徒或职员错误操作而产生的安全威胁，不能防范已感染病毒的软件或文件的传送，也不能防止数据驱动型攻击。

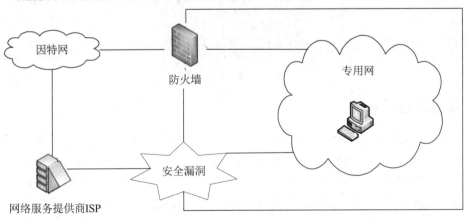

图7-3　数据驱动型攻击示意图

数据驱动型攻击

数据驱动型攻击是指表面看起来无害的数据被邮寄或复制到内部网主机中，一旦执行就发起攻击。数据驱动型攻击能够引起主机修改与安全相关的文件，使得入侵者能够容易地进入系统。

2. VPN技术

VPN(virtual private network)又称虚拟专用网，是一项保证网络安全的技术之一，它是指在公共网络中建立一个专用网络，数据通过建立好的虚拟安全通道在公共网络中传播。VPN解决了内部网的信息如何在Internet上安全传送的问题，可以帮助远程用户、公司分支机构、商业伙伴及供应商同公司的内部网建立可信的安全连接，并保证数据的安全传输。

VPN是一种连接，从表面上看它类似一种专用连接，但实际上是在共享网络上实现的。它往往使用一种被称作"隧道"(tunnel)的技术，数据包在公共网络(如Internet)上的专用"隧道"内传输，专用"隧道"用于建立点对点的连接。一个隧道由一个隧道启动器、一个路由网络(Internet)、一个可选的隧道交换机和一个或多个隧道终结器等组成。来自不同数据源的网络业务经由不同的隧道在相同的体系结构上传输，并允许网络协议穿越不兼容的体系结构，还可区分来自不同数据源的业务，因而可将该业务发往指定的目的地，并接收指定等级的服务。VPN的基本组成如图7-4所示。虚拟专用网具有传输数据安全可靠、连接方便灵活、用户可以完全控制自己的网络、成本低等特点。

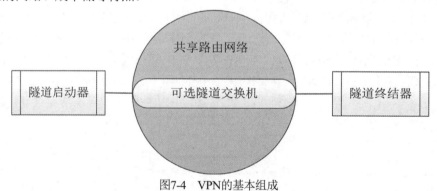

图7-4　VPN的基本组成

3. 病毒防治技术

病毒防治技术可以直观地分为病毒预防技术、病毒检测技术及病毒清除技术。计算机病毒的预防技术是指通过一定的技术手段防止计算机病毒对系统的传染和破坏。它是对病毒的行为规则进行分类处理，属于动态判定技术，后续在程序运行中凡有类似的规则出现即可以认定是计算机病毒。预防技术包括磁盘引导区保护、加密可执行程序、读写控制技术和系统监控技术等。计算机病毒的检测技术是指通过一定的技术手段判断出特定计算机病毒的一种技术，它是针对特定病毒的。计算机病毒的消除技术则是计算机病毒检测技术发展的必然结果，是计算机病毒传染程序的逆过程。目前，消除病毒大都是在某种病毒出现并对其进行分析研究后研制出来的具有相应解毒功能的软件。

在网络环境下，防范病毒显得尤为重要：第一，网络感染病毒具有更大的破坏力。第二，遭到病毒破坏的网络要进行恢复非常麻烦，而且有时恢复几乎不大可能。目前，网络大都采用浏览器/服务器的工作模式，需要从服务器和工作站结合来解决病毒防治问题。

典型的病毒防治技术有以下几个。

(1) 工作站防毒芯片。这种方法将防治病毒功能集成在一个芯片并安装在网络工作站上，以便经常性地保护工作站及其通往服务器的途径。

(2) 基于服务器的防毒技术。基于服务器的防病毒方法大都采用以 NLM(netware loadable module)可装载模块技术编程，以服务器为基础提供实时扫描病毒能力。

(3) 对用户开放的病毒特征接口。其做法是：一方面，开放病毒特征数据库；另一方面，用户可随时将碰到的带毒文件经过病毒特征分析程序，自动将病毒特征加入特征库，以随时增强抗病毒能力。

4. 网络入侵检测

入侵检测系统(intrusion detection system，IDS)可以弥补防火墙的不足，为网络安全提供实时的入侵检测及采取相应的防护手段，如收集证据、跟踪入侵、恢复或断开网络连接等。

网络入侵检测是通过对计算机网络或计算机系统中的若干关键点收集信息并进行分析，从中发现网络或系统中是否有违反安全策略的行为和被攻击的迹象。入侵检测系统包括：入侵检测的软件与硬件，其主要任务包括监视、分析用户及系统活动；审计系统构造和弱点；识别、反映已知进攻的活动模式向相关部门报警；统计分析异常行为模式；评估重要系统和数据文件的完整性；审计、跟踪管理操作系统；识别用户违反安全策略的行为；等等。

网络入侵检测的主要方法有静态配置分析、异常性检测方法、基于行为的检测方法，以及这几种方法的组合。

(1) 静态配置分析。静态配置分析是一种通过检查系统的当前系统配置，诸如系统文件的内容或系统表，来检查系统是否已经或可能会遭到破坏。

(2) 异常性检测方法。异常性检测技术是一种在不需要操作系统及其防范安全性缺陷专门知识的情况下就可以检测入侵者的方法，同时它也是检测冒充合法用户的入侵者的有效方法。

(3) 基于行为的检测方法。通过检测用户行为中与已知入侵行为模式类似的行为，以及利用系统中的缺陷或间接违背系统安全规则的行为，来判断系统中的入侵活动。

从上面几种检测方法可见，每种均有自身的特点，它们虽然能够在某些方面取得好的效果，但总体看来各有不足，因而越来越多的入侵检测系统都同时采用这几种方法，以互补不足，共同完成检测任务。

7.2.2　加密技术

加密技术就是使用数学方法将原始消息(明文)重新组织、变换成只有授权用户才能解读的密码形式(密文)。这样如果信息不幸落入非授权用户手中，由于是密文，非授权用户无法解读，信息将无任何意义。"解密"就是将密文重新恢复成明文。加密技术分为对称加密和非对称加密两类。

1. 对称加密

对称加密又称为私有密钥加密，是传统的加密形式。对称加密只用一个密钥对信息进行加密和解密，其加密解密过程如图 7-5 所示。它的优点是算法简单，密钥较短，加密和解密的速度快，适合对大数据量进行加密，但密钥管理困难。密钥必须通过安全可靠的途径传递，如果通信的双方能够确保密钥在交换阶段未曾泄露，则可以采用对称加密方法对信息进行加密。目前，常用的对称加密算法包括 DDS、3DES、AES 和 IDEA 等。

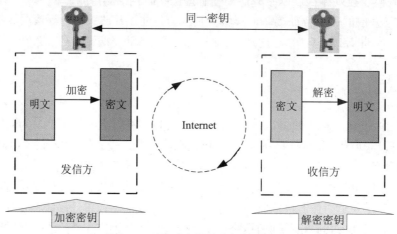

图7-5　对称式密钥技术加解密过程

下面举例说明对称加密的工作过程。甲和乙是一对生意搭档，他们住在不同的城市，由于生意上的需要，相互之间经常会邮寄重要的货物。为了保证货物的安全，他们商定制作一个保险盒，将物品放入其中。他们打造了两把相同的钥匙分别保管，以便在收到包裹时用该钥匙打开保险盒，以及在邮寄货物前用该钥匙锁上保险盒。只要甲乙小心保管好钥匙，那么就算有人得到保险盒，也无法打开。这个思想被用到了现代计算机通信的信息加密中。在对称加密中，数据发送方将明文(原始数据)和加密密钥一起经过特殊加密算法处理后，使其变成复杂的加密密文发送出去。接方收到密文后，若想解读原文，则需要使用加密密钥及相同算法的逆算法对密文进行解密，才能使其恢复成可读明文。在对称加密算法中，使用的密钥只有一个，发收信双方都使用这个密钥对数据进行加密和解密。

1) 恺撒密码

恺撒密码(Caesar cipher)或称恺撒加密、恺撒变换、变换加密，是一种较简单且较广为人知的加密技术。它是一种替换加密的技术，明文中的所有字母都在字母表上向后(或向前)按照一个固定数目进行偏移后被替换成密文。

使用恺撒密码加密，密钥是 3 时，明文字母表为 ABCDEFGHIJKLMNOPQRSTUVWXYZ；密文字母表为 DEFGHIJKLMNOPQRSTUVWXYZABC。

例如，将一组明文加密成密文，如图 7-6 所示；将一组密文解密为明文，如图 7-7 所示。

2) 多表代换密码

多表代换密码(playfair)将明文内容按照 N 个字符长度分成不同的分组，在各分组使用不同的变换规则，这种方式也叫作多表代替密码。多表代替密码由多个简单的代替密码构成，是恺撒密码的扩展版本，就是在恺撒密码的基础上改变变换方式。

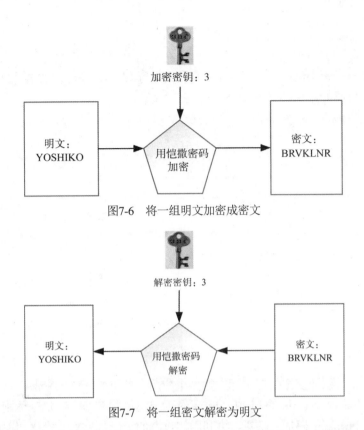

图7-6　将一组明文加密成密文

图7-7　将一组密文解密为明文

例如，要加密的明文为 ABCDEFGHIJKL，若将 N 值设为 3，也就是取三位的字符，则一共有 4 个三位字符：ABC、DEF、GHI、JKL，这 4 个三位字符要采取不同的变换方式。

(1) 假设前三个字符 ABC 的变换方式为隔一个字符变换，即 A—B，B—C，C—D。

(2) 第二个三位字符 DEF 采取的变换方式为隔两个字符变换，即 D—F，E—G，F—H。

(3) 第三个三位字符 GHI 采取的变换方式为隔三个字符变换，即 G—J，H—K，I—L。

(4) 第四个三位字符 JKL 采取的变换方式为隔四个字符变换，即 J—N，K—O，L—P。

(5) 最终得出明文 ABCDEFGHIJKL 的密文为 BCDFGHJKLNOP。

通过 N 值将字符分为 N 组，每组都要采取不同变换方式进行加密，这就是多表代替密码。

2. 非对称加密

非对称加密又称公开密钥加密，加密和解密使用不同的密钥。非对称加密技术算法中，无论用户与多少个客户交互，都只需要公钥和私钥两个密钥。公钥即加密密钥，解决了对称加密算法中密钥传递的问题。私钥即解密密钥，只有一个，解决了对称加密算法中用户管理众多私钥的问题。非对称加密算法的保密性比较好，因为最终用户不必交换密钥，但其加密和解密花费时间长、速度慢，不适合对文件加密，只适用于对少量数据进行加密。常用的非对称算法有RSA、ECC 等。

非对称密钥技术加解密过程，如图 7-8 所示。

(1) 每个用户都生成一对加密和解密时使用的密钥。

(2) 每个用户都在公共寄存器或其他访问的文件中放置一个密钥，即公钥，另一个密钥为私钥。每个用户都要保存从他人那里得到的公钥集合。

(3) 如果发送方想要向接收方发送私有信息，发送方可以用接收方的公钥加密信息。

(4) 当接收方收到信息时，可以用自己的私钥进行解密，其他接收方不能解密信息，因为只有接收方知道自己的私钥。

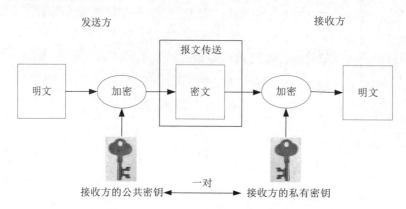

图7-8　非对称密钥技术加解密过程

3. 加密技术应用

数字信封是非对称加密体制在实际中的一个应用，是用加密技术来保证只有规定的特定收信人才能阅读通信的内容。数字信封中采用了对称密码体制和非对称加密体制。信息发送者首先利用随机产生的对称密码加密信息，再利用接收方的公钥加密对称密码，被公钥加密后的对称密码称为数字信封。在传递信息时，信息接收方若要解密信息，必须先用自己的私钥解密数字信封，得到对称密钥，再用对称密钥对密文解密得到原文。这样就保证了数据传输的真实性和完整性。

数字信封工作过程如图 7-9 所示。

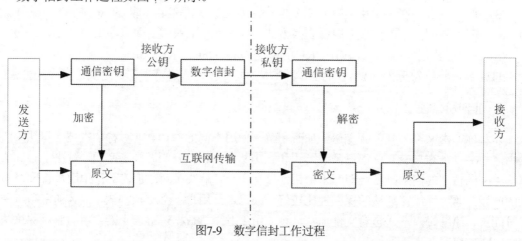

图7-9　数字信封工作过程

(1) 在发送文件时，发送方先产生一个通信密钥，并用这一通信密钥对文件原文进行加密后，再通过网络将加密后的文件传送到接收方。

(2) 发送方再把对文件加密时使用的通信密钥用接收方的公开密钥进行加密，即生成数字信封，然后通过网络传送到接收方。

(3) 接收方收到发送方传来的经过加密的通信密钥后，用自己的私钥对其进行解密，从而得到发送方的通信密钥。

(4) 接收方再用发送方的通信密钥对加密文件进行解密，从而得到文件的原文。

7.2.3　认证技术

针对如何应对电子商务交易时保证交易双方信息的真实、报文来源的完整和交易双方不可抵赖等问题，建立有效的电子商务认证体系是保证电子商务顺利发展的根本。安全认证是电子商务运行的第一道防线，也是非常重要的一道防线，建立一套完善的安全认证体系是电子商务大规模商业化运行的基础。随着网络及网络安全技术的发展，出现了身份认证、数字签名、数字证书、公钥基础设施及电子商务认证中心等认证技术，如图 7-10 所示。

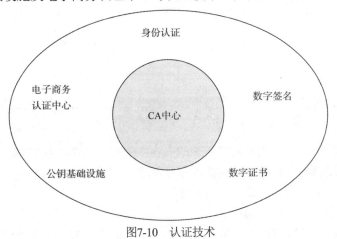

图7-10　认证技术

1. 身份认证

身份认证是实现网络安全的重要机制之一，在安全的网络通信中，涉及的通信各方常以某种形式的身份认证机制来验证彼此的身份，即验证其身份与他所宣称的是否一致，以确保通信的安全。身份认证的基本思想是通过验证被认证对象的属性来达到确认被认证对象是否真实有效的目的。被认证对象的属性可以是口令、数字签名，或者是指纹、声音、视网膜等生理特征。

(1) 身份认证方式。一般来说，用户身份认证可通过三种基本方式或其组合方式来实现，即所知、所有和个人特征。

(2) 身份认证方案。根据被认证对象的属性，电子商务中的身份认证方案有多种，其中主要有基于口令的身份认证方案、基于智能卡的身份认证方案和基于生物特征的身份认证方案三类。

(3) 报文验证。报文验证是指当两个通信实体建立通信联系后，每个通信实体对收到的报文信息进行验证，以保证收到的信息是真实可靠的。因此在报文验证过程中必须确定，报文是由确认的发送方发送的，并且其内容在传输过程中没有被修改过。其中，报文摘要(message digest)，也称消息摘要，是根据报文推导出来的能反映报文特征且具有固定长度的特定信息。由明文推导出报文摘要是由哈希函数完成的，输入变长的信息，该函数能够产生定长的输出。

对于任意两个不同的输入报文,其报文摘要值也会不同。目前,报文摘要应用较多的经典哈希算法是 MD5(message digest algorithm 5)。

2. 数字签名

数字签名是指附加在数据单元上的一些数据,或者是对数据单元所做的密码转换,这种数据或转换允许数据单元的接收者用以确认数据单元的来源和数据单元的完整性,并保护数据,防止被人(如接收者)伪造。通俗地说,数字签名是指信息的发送者通过某种签名方法产生的别人无法伪造的一段"特殊报文",该"特殊报文"就是签名,表明信息是由声称的发送方所发送的,且具有唯一性,他人不可仿造。数字签名与手工签名一样,签名主要起到认证、核准和生效的作用。数字签名过程如图 7-11 所示。

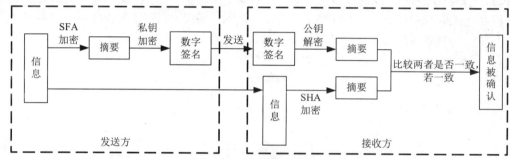

图7-11　数字签名过程

(1) 发送方首先用哈希函数将需要传送的内容加密产生报文的数字摘要。

(2) 发送方采用自己的私有密钥对摘要进行加密,形成数字签名。

(3) 发送方把原文和加密的摘要同时传递给接收方。

(4) 接收方使用发送方的公共密钥对数字签名进行解密,得到发送方形成的报文摘要。

(5) 接收方用哈希函数将接收到的报文转换成报文摘要,与发送方形成的摘要相比较,若相同,说明文件在传输过程中没有被破坏。

3. 数字证书

数字证书是由权威公正的第三方机构即认证中心 CA 签发的,以数字证书为核心的加密技术可以对网络上传输的信息进行加密和解密、数字签名和签名验证,确保网上传递信息的机密性、完整性,以及交易实体身份的真实性、签名信息的不可否认性,从而保障网络应用的安全性。目前,最常用的数字证书是 x.509 证书。

在发送者的软件将加密摘要附在明文文件后面时,它也会将发送者的证书的一份拷贝文件附在后面。在这个数字证书内容中,除了所有者的名字,还常包含一些关于用户的额外信息,如用户的公司及其所在的部门。除了一份该用户公钥的拷贝,证书还包含了有效日期,即证书会在特定的日期生效,到了特定的日期就会作废。一般来说,证书会有数年的生命周期,但是在特定的应用中,证书可能只有几个小时的生命周期。

4. 公钥基础设施及电子商务认证中心

利用公开密码体制实现的数字签名技术,为电子交易的顺利开展提供了保障。为使交易在公平公正的环境下进行，必须有第三方仲裁机构参与，该机构可以为用户颁发数字证书。

1) 公钥基础设施

公钥基础设施(public key infrastructure，PKI)是利用公共密钥理论和技术建立的，能提供安全服务的基础设施。PKI 希望从技术上解决通信对象的身份认证、报文的完整性及不可抵赖性等安全问题，为电子商务提供了可靠的安全服务。

PKI 的提出与研究经过了很长一段时间，并初步形成了一套完整的因特网安全解决方案，即目前被广泛采用的 PKI 体系结构。PKI 体系结构采用证书管理公钥，通过第三方 CA 认证中心，把用户的公钥和其他标识信息(如名称、E-mail、身份证号等)捆绑在一起，以方便网络中通信对象之间验证彼此的身份。

2) 电子商务认证中心 CA

CA 机构，又称为证书授证(certificate authority)中心，作为电子商务交易中受信任的第三方，承担公钥体系中公钥的合法性检验的责任，完善的电子商务系统必须有一套完整合理的 CA 系统来支撑。CA 的职责归纳起来有以下几个方面。

(1) 验证并标识证书申请者的身份。

(2) 确保 CA 用于签名证书的非对称密钥的质量。

(3) 确保整个签证过程的安全性，确保签名私钥的安全性。

(4) 证书资料信息(包括公钥证书序列号、CA 标识等)的管理。

(5) 确定并检查证书的有效期限。

(6) 确保证书主体标识的唯一性，防止重名。

(7) 发布并维护作废证书列表。

(8) 对整个证书签发过程做日志记录。

(9) 向申请人发出通知。

7.3 电子商务安全交易协议

7.3.1 SSL 协议

1. SSL 协议的内涵

SSL(secure sockets layer，安全套接层)是用以保障在 Internet 上的数据传输的安全，利用数据加密技术确保数据在网络传输过程中保持数据完整性及安全性的一种安全协议。SSL 协议是 Netscape 公司开发的主要用于 Web 的安全传输协议。该协议在 Web 上得到了广泛应用，并最终成为 Internet 上安全通信与交易的标准。SSL 协议是一个中间层协议，它处于可靠的面向连接网络层协议(如 TCP)和应用层协议(如 HTTP)之间，在传输层的基础上，为应用层程序提供一条安全的网络传输通道。

SSL 协议为数据传输提供安全支持。SSL 协议可分为 SSL 记录协议(SSL record protocol)和

SSL 握手协议(SSL handshake protocol)两层。SSL 记录协议建立在可靠的传输协议(如 TCP)之上，为高层协议提供数据封装、压缩、加密等基本功能的支持。SSL 握手协议建立在 SSL 记录协议之上，用于在实际的数据传输开始前，通信双方进行身份认证、协商加密算法、交换加密密钥等。SSL 安全协议主要提供以下三个方面的服务。

1) 认证用户和服务器，确保数据发送到正确的客户机和服务器上

认证包含两方面含义：一方面是客户对服务器的身份确认，SSL 服务器允许客户的浏览器使用标准的公钥加密技术和一些可靠的认证中心的证书，来确认服务器的合法性(检验服务器的证书和 ID 的合法性)。对于用户服务器身份的确认与否是非常重要的，因为客户可能向服务器本身发送自己的信用卡密码。另一方面是服务器对客户的身份确认，允许 SSL 服务器确认客户的身份，SSL 协议允许客户服务器的软件通过公钥技术和可信赖的证书，来确认客户的身份对于服务器客户身份的确认与否是非常重要的，因为网上银行等网络应用可能要向客户发送机密的信息。

2) 加密数据以防止数据中途被窃取

SSL 要求客户和服务器之间所有的发送数据都被发送端加密，所有的接收数据都被接收端加密，这样才能提供一个高水平的安全保证。

3) 维护数据的完整性，确保数据在传输过程中不被改变

SSL 协议会在传输过程中检查数据是否被中途修改。SSL 采用 Hash 函数和机密共享的方法来提供信息的完整性服务，建立客户机与服务器之间的安全通道，使所有经过 SSL 处理的业务在传输过程中能全部完整并准确无误地到达目的地。

2. SSL协议的工作过程

采用 SSL 技术，在用户使用浏览器访问 Web 服务器时，会在客户端和服务器之间建立安全的 SSL 通道。在 SSL 会话产生时，首先，服务器会传送它的服务器证书，客户端会自动分析服务器证书来验证服务器的身份；其次，服务器会要求用户出示客户端证书(即用户证书)，服务器完成客户端证书的验证来对用户进行身份认证。对客户端证书的验证包括验证客户端证书是否由服务器信任的证书颁发机构颁发、客户端证书是否在有效期内、客户端证书是否有效(即是否被篡改等)和客户端证书是否被吊销等。验证通过后，服务器会解析客户端证书，获取用户信息，并根据用户信息查询访问控制列表来决定是否授权访问。所有的过程都会在几秒钟内自动完成，并对用户是透明的。

SSL 协议的工作过程如图 7-12 所示。

(1) 建立连接阶段：客户通过网络向服务商打招呼，服务商回应。

(2) 交换密码阶段：客户与服务器之间交换双方认可的密码，一般选用 RSA 密码算法，也有的选用 Diffie-Hellman 和 Fortezza-KEA 密码算法。

(3) 会谈密码阶段：客户与服务商之间产生彼此交谈的会谈密码。

(4) 检验阶段：检验服务商取得的密码。

(5) 客户认证阶段：验证客户的可信度。

(6) 结束阶段：客户与服务商之间相互交换结束的信息。

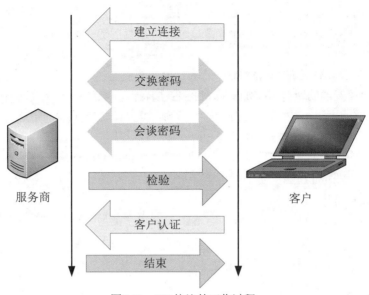

图7-12 SSL协议的工作过程

当上述动作完成后，两者间的资料传送就会被加密，另外一方收到资料后，再将编码资料还原。即使盗窃者在网络上取得编码后的资料，如果没有原先编制的密码算法，也不能获得可读的有用资料。当发送信息时，用对称密钥加密，对称密钥用非对称算法加密后，再将两个包绑在一起传送过去。接收过程与发送过程正好相反，先打开有对称密钥的加密包，再用对称密钥解密。

由于电子商务在交易过程中有银行参与，因此，按照 SSL 协议，客户的购买信息首先发往商家，商家再将信息转发给银行，银行验证客户信息的合法性后，通知商家付款成功，商家再通知客户购买成功，并将商品寄送给客户。

7.3.2 SET协议

1. SET协议的内涵

SET(secure electronic transaction，安全电子交易)协议是为确保消费者、商家和银行之间交易数据安全性、完整可靠性和交易不可否认性的一种安全电子交易协议。SET 协议是由 Master Card 和 Visa 联合 Netscape、Microsoft 等公司，于 1997 年 6 月 1 日推出的一种新的电子支付模型。SET 协议是 B2C 上基于信用卡支付模式而设计的，它保证了开放网络上使用信用卡进行在线购物的安全。SET 主要是为了解决用户、商家、银行之间的信用卡交易而设计的，它具有保证交易数据的完整性、交易的不可抵赖性等优点，因此成为目前公认的信用卡网上交易的国际标准。

SET 协议为电子交易提供了许多保证安全的措施。它能提供保证客户交易信息的机密性、数据完整性、身份的合法性和交易行为的不可否认性等服务。

1) 保证客户交易信息的机密性

SET 协议采用先进的公开密钥算法来保证传输信息的机密性，以避免 Internet 上任何无关方的窥探。公开密钥算法容许任何人使用公开的密钥将加密信息发送给指定的接收者，接收者收到密文后，用私人密钥对该信息进行解密，因此，只有指定的接收者才能读取该信息，从而保证信息的机密性。

2) 保证客户交易信息的数据完整性

通过 SET 协议发送的所有报文加密后，再通过 Hash 算法产生一个散列值，一旦有人企图篡改报文中包含的数据，该数值就会改变，从而被检测到，这就保证了信息的完整性。

3) 确保商家和客户身份的合法性

SET 协议使用数字证书对交易各方的合法性进行验证。通过数字证书的验证，可以确保交易中的商家和客户都是合法的、可信赖的。

4) 确保商家和客户交易行为的不可否认性

SET 交易中数字证书的发布过程也包含商家和客户在交易中存在的信息。因此，如果用 SET 发出一个商品的订单，在收到货物后客户不能否认发出过这个订单；同样，以后也不能否认收到过这个订单。

2. SET的系统组成

一个符合 SET 标准的网上安全支付应用软件系统应该由 4 个子系统组成，根据 SETCO 的规定，它们分别称为持卡人电子钱包、商家系统、支付网关系统及证书授权系统。

(1) 持卡人电子钱包，也叫作持卡人软件。该软件允许持卡人通过浏览器单击界面进行安全购物。用它可与商户的 SET 软件通信、核实商户的数字证书、管理和维护持卡人的数字证书和密钥。

(2) 商家系统。该系统包括与商户金融机构和持卡人进行安全通信需要的技术，要与 CA、持卡人、支付网关相连，还要管理交易前的数字证书交换，并负责管理及记录交易协议和付款书。

(3) 支付网关系统。该系统自动执行标准的支付处理，对来自持卡人的支付指令进行解密，并支持处理商户的数字证书请求。

(4) 证书授权系统。金融机构使用它使持卡人和商户为安全进行电子商务而注册其账目协议，并用它向持卡人和商户发行数字证书。证书授权机构的主要功能是，颁发由自己数字签署包括拥有者的识别信息的数字证书。

3. SET证书

SET 协议中最具有魅力及最有特色的就是证书认证机制。正是这与众不同的机制才最大限度地保证了网上交易的安全性。在这种机制中占举足轻重地位的就是证书管理，它保证了 SET 协议正常有序地运行。为了便于证书的管理，SET 协议定义了一套完备的证书信任链层，而 CA 作为证书管理的权威机构和主要执行者，就是通过这个信任链层来实现其职能的。CA 向交易各方提供了三种基本的基于 SET 协议的认证服务，包括证书颁发、证书更新和证书废除。正是这些体现证书管理的服务才使 SET 交易具备了商务活动所必需的安全性、保密性、完整性和不可否认性。

证书的信任链层作为证书管理的基石，奠定了一个基于实际应用的抽象的层次模型，SET 中几种主要的证书类型有持卡人证书、商家证书、支付网关证书、发卡机构证书和收款机构证书等。

(1) 持卡人证书，实际上是支付卡的一种电子化的表示。由于它是由金融机构以数字化形式签发的，因此不能随意改变。持卡人证书并不包括账号和终止日期信息，取而代之的是用单向哈希算法根据账号、截止日期生成的一个码，如果知道账号、截止日期、密码值，即可导出该码值，反之不行。

(2) 商家证书，用来记录商家可以结算的卡类型，也是由金融机构签发的，不能被第三方改变。在 SET 环境中，一个商家至少应有一对证书。若与多个银行打交道，一个商家也可以有多对证书，表示它与多个银行有合作关系，可以接受多种付款方法。

(3) 支付网关证书，用于商家和持卡人在进行支付处理时对支付网关进行确认及交换会话密钥。

(4) 发卡机构证书，发卡机构必须拥有一个证书以便运行一个证书颁发机构，它接受和处理持卡人通过公共网络或私有网络传来的证书请求和授权信息。

(5) 收款机构证书，收款机构必须拥有一个证书以便运行一个证书颁发机构，它接受和处理商家通过公共网络或私有网络传来的证书请求和授权信息。

4. 基于SET的网上信用卡安全交易

SET 电子商务的工作流程与实际的购物流程非常接近，使得电子商务与传统商务可以很容易融合，用户使用也没有什么障碍。从顾客通过浏览器进入在线商店开始，一直到所订货物送货上门或所订服务完成，以及账户上的资金转移为止，所有这些都是通过公共网络(Internet)完成的。如何保证网上传输数据的安全和交易对方的身份确认是电子商务能否得到推广的关键。这正是 SET 所要解决的最主要的问题。在 SET 协议环境下，应用信用卡进行支付需要在客户端下载一个客户端软件(电子钱包)，在商家服务端安装商家服务器端软件，在支付网关安装对应的网关转换软件等，并且要求各个参与者还要下载一个证实自己真实身份的数字证书，借此获取自己的公开密钥和私人密钥对。一个包括完整的购物处理流程的 SET 工作过程如图 7-13 所示。

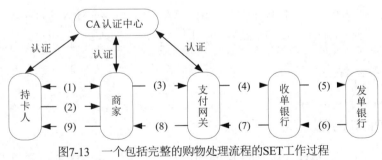

图7-13 一个包括完整的购物处理流程的SET工作过程

根据工作流程图，可将整个电子支付工作程序分为以下 9 个步骤。

(1) 持卡人使用浏览器在商家的 Web 主页上查看在线商品目录，浏览商品，持卡人与商家协商后，选择要购买的商品。

(2) 持卡人填写订单，包括项目列表、价格、总价、运费、搬运费、税费。订单可通过电子化方式从商家传过来或由持卡人的电子购物软件建立。有些在线商场可以让持卡人与商家协商物品的价格(如出示自己是老客户的证明或给出竞争对手的价格信息)。

(3) 商家收到订单后，向持卡人的金融机构请求支付认可及审核。

(4) 通过支付网关向收单银行提出请求。

(5) 到发卡机构确认，获取批准交易。

(6) 发单银行返回批准信息给收单银行。

(7) 收单银行对第(4)步请求进行确认。

(8) 支付网关对第(3)步请求进行确认。

(9) 商家给持卡人装运货物或完成订购的服务。到此为止，一个购买过程已经结束。商家可以立即请求银行将钱从持卡人的账号转移到商家账号，也可以等到某一时间，请求成批划账处理。

5. SET与SSL的比较

SET 协议与 SSL 协议都提供了在互联网上进行电子交易支付的手段，两者都被广泛使用。它们之间各有特点。

(1) SSL 协议实现简单、使用方便、成本较低，它独立于应用层协议，大部分内置于浏览器和 Web 服务器中，运行机制简单灵活，易普及推广。SET 协议实施成本较高，要依赖于可信赖的第三方认证机构，运行机制复杂。

(2) SSL 协议是一个面向连接的协议，可以通过数字签名和数字证书来实现浏览器和 Web 服务器双方的身份验证，不能实现多方认证。而 SET 协议能够对所有参与成员进行身份认证。

(3) SET 协议规范了整个商务活动的流程，对各个参与者之间的信息流必须采用的加密、认证都制定了严格的标准，从而最大限度地保证了安全性、商务性、服务性、协调性和集成性。而 SSL 只对客户端与服务器之间的信息交换进行加密保护，可以看作用于传输的技术规范。

(4) SSL 协议和 SET 协议处在网络协议的不同层次位置。SSL 协议是基于传输层的通用安全协议，而 SET 协议主要位于应用层。由于这两个协议所处的网络层次不同，为电子商务提供的服务也不相同，所以在实践中可以根据具体情况来选择这两种协议配合使用。

(5) 由于 SET 安全机制接近完美，网络和计算机处理要求较高，所以使得其性能不及 SSL 协议。SSL 协议配置简单，传输性能较高。

(6) 在应用领域方面，SSL 协议主要是应用在 Web 上，能够胜任只通过 Web 或电子邮件就可完成的电子商务应用。而 SET 协议能够为信用卡交易提供安全，应用更为广泛。

7.3.3　S-HTTP协议

1. S-HTTP协议内涵

S-HTTP 协议(secure hypertext transfer protocol，安全超文本传输协议)是以 HTML 语言和 HTTP 协议(超文本传输协议)为基础，实现在互联网上进行文件的安全传输协议。S-HTTP 协议为 HTTP 客户机和服务器提供了多种安全机制，这些安全服务选项适用于万维网上各类用户。S-HTTP 还为客户机和服务器提供了对称能力(及时处理请求和恢复，以及两者的参数选择)，以维持 HTTP 的通信模型和实施特征。

HTTP 协议是 WWW(World Wide Web，万维网)服务的支撑协议。它的工作过程是典型的客户机与服务器模式，如图 7-14 所示。

S-HTTP 是 HTTP 的一个扩展，扩充了 HTTP 的安全性，增加了报文的安全性。它的设计目的是实现在互联网上进行文件的安全交换。该协议能够为互联网的应用提供完整性、不可否认性及机密性等安全措施。在特定情况下，S-HTTP 可以作为 SSL 协议的替代选择，其应用形式为 https://www.made-in-china.com。

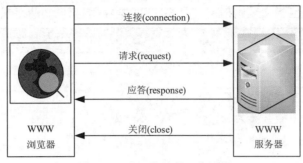

图7-14 HTTP协议的工作过程

2. 协议功能

(1) S-HTTP 协议为 HTTP 协议的客户机制服务器提供了多种安全机制，提供安全服务选项是为了适用于万维网上各类潜在用户。

(2) 使用 S-HTTP 协议的客户机与服务器提供了相同的性能(同等对待请求和应答，也同等对待客户机与服务器)，同时维持 HTTP 协议的事务模型和实施特征。

(3) 使用 S-HTTP 协议的客户机与服务器能与某些加密信息格式标准相结合。S-HTTP 协议支持多种兼容方案并且与 HTTP 协议相兼容。使用 S-HTTP 协议的客户机能够与没有使用 S-HTTP 协议的服务器连接，反之亦然，但是这样的通信明显不会利用 S-HTTP 协议的安全特征。

(4) S-HTTP 协议不需要客户机公钥认证，但它支持对称密钥的操作模式。这个功能意味着即使没有要求用户拥有公钥，私人交易也会发生。虽然 S-HTTP 协议可以利用大多现有的认证系统，但 S-HTTP 协议的应用并不必依赖这些系统。

(5) S-HTTP 协议支持端到端安全事务通信。客户机可能首先启动安全传播(使用报文头部的信息)，如它可以用来支持已填表单的加密。使用 S-HTTP 协议，敏感的数据信息不会以明文形式在网络上发送。

(6) S-HTTP 协议提供了完整且灵活的加密算法、模态及相关参数。选项谈判用来决定客户机与服务器在事务模式、加密算法(用于签名的 RSA 和 DSA，用于加密的 DES 和 RC2 等)及证书选择方面是否取得一致意见。

3. 协议结构

在语法上，S-HTTP 报文与 HTTP 报文相同，由请求或状态行组成，后面是信息头部和主体。显然信息头部各不相同并且主体密码设置更为精密。

正如 HTTP 报文一样，S-HTTP 报文由从客户机到服务器的请求和从服务器到客户机的响应组成，请求报文的格式如图 7-15 所示。

请求行	通用信息头部	请求头部	实体头部	信息主体

图7-15 请求报文的格式

为了与 HTTP 报文区分开来，S-HTTP 报文需要特殊处理，请求行使用特殊的"安全"途径和指定协议 S-HTTP/1.4。因此，S-HTTP 报文和 HTTP 报文可以在相同的 TCP 端口混合处理，例如，端口 80 为了防止敏感信息的泄露，URI 请求必须带有"*"。

S-HTTP 报文的响应报文采用指定协议 S-HTTP/1.4，响应报文的格式如图 7-16 所示。

状态行	通用信息头部	响应头部	实体头部	信息主体

图7-16 响应报文的格式

注意，S-HTTP 报文响应行中的状态并不表明展开的 HTTP 报文请求的成功或失败。如果 S-HTTP 报文处理成功，服务器会一直显示 200 OK，这就阻止了所达请求的成功或失败分析。接收器由压缩数据对其中正确的请求做出判断，并接收所有的异常情形。

7.4 电子商务安全管理及应用

在电子商务安全方面，人们往往只注重技术管理，而忽略了安全管理。事实上，安全管理同样重要，所谓"三分技术，七分管理"，电子商务中的 30%安全依靠计算机系统信息安全设备和技术保障，而余下的 70%则依靠企业管理模式的更新及用户安全管理意识的提高。

7.4.1 电子商务企业安全管理制度

电子商务是在计算机网络上进行的交易活动，除了会遭受来自 Internet 的各种攻击，还可能会受到来自企业内部的攻击，对于这些破坏电子商务安全性的攻击，仅靠技术手段是无法完全防范的，因此，建立和执行健全电子商务安全管理制度尤为重要。

电子商务安全管理制度是用文字形式对各项安全要求所做的规定。它是保证企业电子商务取得成功的重要基础工作，是企业人员安全工作的规范和准则。企业在开展电子商务之初，就应当形成一套完整的、适用于网络环境的信息安全管理制度，主要包括：电子商务系统的日常维护制度，病毒防范制度，保密制度，跟踪、审计、稽核制度，应急措施制度，人员管理制度等。

1. 电子商务系统的日常维护制度

(1) 电子商务系统硬件的日常管理和维护主要包括网络设备、服务器和客户机及通信线路的管理和维护。电子商务网络管理员必须建立系统设备档案，以便记录设备型号、生产厂家、配置参数、安装时间、安装地点、IP 地址、上网目录和内容等。

(2) 电子商务系统软件的日常管理和维护主要包括：电子商务支撑软件、应用软件及数据备份，定期清理日志文件、临时文件，定期整理文件系统，保持各客户机上的应用软件版本一致，对信息系统数据进行存储、备份和恢复等。

2. 电子商务的病毒防范制度

从事电子商务网上交易的企业和个人都应当建立计算机病毒防范制度。

(1) 安装防病毒软件。常见的防病毒软件有单机版和联机版两种。前者是事后查看消毒，适用于个人用户。后者属于事前防范，能在病毒入侵系统之前，将其挡在系统之外。

(2) 不打开陌生地址的电子邮件。电子邮件传播病毒的关键是其附件，因此当收到陌生地址的电子邮件时，无论是 Word 文件还是执行文件，最好不要随意打开电子邮件附件。

(3) 认真执行病毒定期清理制度。许多病毒都有一个潜伏期，病毒定期清理制度可以清除处于潜伏期的病毒，防止病毒的突然爆发，使计算机始终处于良好的工作状态。

(4) 控制权限。可以将网络系统中易感染病毒的文件的属性、权限加以限制，对各终端用户只允许具有只读权限，以断绝病毒入侵的渠道，从而达到预防的目的。

3. 电子商务的保密制度

电子商务网上交易涉及企业的市场、生产、财务、供应等多方面的机密，需要很好地划分信息的安全级别，确定安全防范重点，提出相应的保密措施。信息的安全级别一般可分为三级。

(1) 绝密级。如企业经营状况报告、订/出货价格、企业的发展规划等。此部分信息不能在互联网上公开，只限于企业高层人员掌握。

(2) 机密级。如企业的日常管理情况、会议通知等。此部分信息不在互联网上公开，只限于企业中层以上人员使用。

(3) 秘密级。如企业简介、新产品介绍及订货方式等。此部分信息在互联网上公开，供相关人员浏览，但必须有保护措施和保护程序，防止"黑客"入侵。

保密工作的另一个重要问题是对密钥的管理。大量的交易必然使用大量的密钥，密钥管理必须贯穿于密钥的产生、传递和销毁的全过程。密钥需要定期更换，否则可能使"黑客"通过积累密文增加破译机会。

4. 电子商务的跟踪、审计、稽核制度

跟踪制度要求企业建立电子商务网络交易系统日志机制，用来记录电子商务系统运行的全过程。系统日志文件是自动生成的，内容包括操作日期、操作方式、登录次数、运行时间、交易内容等。它对系统的运行监督、维护分析、故障恢复，以及对于防止案件的发生或在发生案件后为侦破提供监督数据，都可以起到非常重要的作用。

审计制度包括经常对电子商务系统日志的检查、审核，及时发现系统入侵行为的记录和对系统安全功能违反的记录，监控和捕捉各种安全事件，保存、维护和管理系统日志。

稽核制度是指工商管理、银行、税务人员利用计算机及网络系统，借助于稽核业务应用软件调阅、查询、审核、判断辖区内各电子商务参与单位业务经营活动的合理性、安全性，堵塞漏洞，保证电子商务交易安全，发出相应的警示或做出处理处罚的有关决定的一系列步骤及措施。

5. 电子商务的应急措施制度

应急措施是指在紧急事件或安全事故发生时，利用应急计划辅助软件和应急设施，排除灾难和故障，保障计算机信息系统继续运行或紧急恢复。在启动电子商务业务时，就必须制定交

易安全计划和应急方案，一旦发生意外，立即实施应急处理措施，以最大限度地减少损失，尽快恢复系统的正常工作。

电子商务运行中的灾难事件指的是导致参加交易活动的计算机不能正常运行的事件，如洪水、地震等自然灾害，供电事故，信息服务商及计算机系统本身产生的事故等。灾难恢复包括硬件的恢复，即使计算机系统重新运转起来，也包括数据的恢复。一般来说，数据的恢复更为重要，难度也更大。目前，运用的数据恢复技术主要有限时复制技术、远程磁盘镜像技术和数据库恢复技术等。

6. 电子商务的人员管理制度

电子商务网上交易是一种高智力的活动。从事网上交易的人员，一方面，必须具有传统市场交易的知识和经验；另一方面，必须具有相应的计算机网络知识和操作技能。由于相应人员在相当大程度上支配着企业的命运，而计算机网络犯罪又具有智能性、隐蔽性等特点，所以，加强对网上交易人员的管理变得十分重要。因此，需要严格选拔网上交易人员，落实工作责任制，贯彻电子商务安全运作基本原则(如双人负责、任期有限、最小权限原则等)。

7.4.2 网上银行安全

1. 网上银行安全问题

网上银行是与电子商务密切联系在一起的，是网络经济发展的产物。20 世纪 90 年代以来，在信息技术取得突破性进展的基础上，网络通信技术也得到了飞速的发展。这极大地推动了以通信网络为基础的电子商务的发展。电子商务通过互联网及其他多种电子途径，实现在网络中的消费、信息的交流、货币的转账支付与结算，形成低成本、高效率的经济活动。电子商务是网上银行的商业基础，而网上银行又是电子商务赖以生存和发展的核心。

与发达国家的网上银行相比，我国的网上银行起步较晚。目前，我国网上银行主要是依附型的。尽管我国网上银行起步较晚，但发展十分迅速。招商银行于 1997 年建立了网上银行，推出了网上企业银行和个人银行业务。如今，招商银行已逐步建立起了由企业银行、个人银行、网上证券、网上商城及电子支付等组成的较为完善的网上银行体系。继招商银行之后，国内的其他各家银行也相继建立了各自的网上银行。

一般来说，人们主要担心以下网上银行安全问题。

(1) 银行交易系统被非法入侵。

(2) 信息通过网络传输时被窃取或篡改。

(3) 交易双方的身份识别设备、账户被他人盗用。

2. 网络银行安全管理

从银行的角度来看，开展网上银行业务将承担比客户更多的风险。因此，我国已开通网上银行业务的招商银行、建设银行、中国银行等，都建立了一套严密的安全体系，包括安全策略、安全管理制度和流程、安全技术措施、业务安全措施、内部安全监控和安全审计等，以保证网上银行的安全运行。网络银行安全管理主要包括以下个几个方面。

1) 银行交易系统的安全性

为防止交易服务器受到攻击，银行主要采取以下三个方面的技术措施。

(1) 设立防火墙，隔离相关网络。一般采用多重防火墙方案，防止互联网用户的非法入侵，同时有效保护银行内部网。

(2) 高安全级的 Web 应用服务器。服务器使用可信的专用操作系统，凭借独特的体系结构和安全检查，保证只有合法用户的交易请求能通过代理程序送至应用服务器进行后续处理。

(3) 24 小时实时安全监控，进行系统漏洞扫描和实时入侵检测。

2) 采用身份识别和 CA 认证

电子交易不是面对面的，客户可以在任何时间、地点发出请求，传统的身份识别方法通常是靠用户名和登录密码对用户的身份进行认证。在网上银行系统中，用户的身份认证依靠基于 RSA 公钥密码体制的加密机制、数字签名机制和用户登录密码的多重保证。由于数字证书的唯一性和重要性，各家银行为开展网上业务都成立了 CA，专门负责签发和管理数字证书，并进行网上身份审核。

3) 加强网络通信的安全性

由于互联网是一个开放的网络，用户在网络中传输的敏感信息(如密码、交易指令等)在通信过程中存在被截获、破译、篡改的可能。为了防止此种情况发生，网上银行系统一般都采用加密传输交易信息的措施，使用最广泛的是 SSL 协议。

4) 提高用户的安全意识

银行卡持有人的安全意识是影响网上银行安全性的一个不可忽视的重要因素。目前，我国银行卡持有人安全意识普遍较弱，如不注意密码保护或将密码设为生日等易被猜测的数字，这样用户账号就可能在网络中被盗用，从而造成损失。因此一些银行规定，用户必须持合法证件到银行柜台签约才能使用网上银行进行转账支付，以此保障用户的资金安全。

7.4.3 移动电子商务安全

1. 移动电子商务安全问题

移动电子商务是基于移动通信系统的，当前移动电子商务主要面临来自移动通信系统和 Internet 的安全问题，包括移动终端安全威胁、无线链路安全威胁和服务网络安全威胁。

1) 移动终端安全威胁

移动商务所用的智能手机等终端设备主要面临以下安全威胁。

(1) 安全性相对较好的加密和认证安全措施难以使用。受限于移动终端设备的计算能力、存储能力及电池使用时间等，从而限制了复杂的加密认证程序的使用，带来安全隐患。

(2) 机密资料容易损坏、丢失或被盗用。移动设备在使用中较容易由于跌落而造成损坏，手机失窃的事件也屡见不鲜，容易丢失数据或被他人恶意地盗用，从而造成损失。

(3) 手机 SIM 卡等身份识别设备可能被复制而造成欺诈。一旦这些身份识别设备被恶意复制，在其他身份识别措施还不健全的情况下，用户的个人身份很容易被假冒，从而成为犯罪分子进行欺诈的手段，给用户造成损失。

(4) 企业缺乏移动终端相关的安全制度和安全技术。现有的信息安全机制往往仅考虑了公司的计算机，针对便携式移动设备的安全制度和安全技术还相对缺乏。

(5) 恶意程序的威胁。由于移动互联网及智能手机的快速发展，移动互联网恶意程序开始对人们的日常生活产生日益恶劣的影响，包括窃听通话、窃取信息、破坏数据等恶意行为。

2) 无线链路安全威胁

移动通信终端和服务所使用的无线网络相对于有线网络，更容易受到窃听、假冒身份、假冒用户信息等方式的威胁。

3) 服务网络安全威胁

这方面的威胁和有线网络类似，不再赘述。

2. 移动电子商务安全管理

技术的更新可以提高移动电子商务的安全性，但用户的安全意识、贸易行为的管理、贸易各方的信誉体系评估，也是促进移动电子商务的重要环节。

1) 加强交易主体身份识别管理

在移动电子商务的交易过程中，通过强化主体资格的身份认证管理，保证每个用户的访问与授权的准确，实名身份认证解决方案的应用，可以增强移动电子商务交易的安全性，保证交易各方的利益不受侵害。具体措施如购机实名制、移动电子商务平台加强对交易主体身份的审查和管理、使用"双向身份认证"和"密钥协商协议"技术，加强交易主体身份识别。

2) 加强移动电子商务安全规范管理

为了保证移动电子商务的正常、安全运作，必须建立起移动电子商务的安全规范，加强移动电子商务的法制建设，提升移动电子商务主体的安全意识，营造移动电子商务的整体诚信意识、风险营销意识和安全交易意识。

3) 加强移动电子商务诚信体系建设

为保障移动电子商务安全，必须推动社会诚信制度的建立，应当着手网络诚信机制的建设，建立个人社会诚信体系，及时收集和反馈用户信息并做出相应解决方案；还应该建立违反诚信的反映和举报渠道，使违反诚信的行为得到有力的追究和有效的制止。

4) 完善相关法律和制度，规范产业发展，构建安全交易环境

移动电子商务是虚拟网络环境中的商业模式，更需要政策来规范其发展。有了法律的保障，才能使交易各方具有安全感，才能逐步转变用户固有的交易习惯而参与到方便快捷的移动电子商务模式中。具体措施有：加强立法建设，加强法制宣传和教育，加强监管和管理。

5) 加强病毒防护

手机病毒不像计算机病毒是通过物理介质传播的，而是会随时在空中进行无线传播，以及随时对网络中的设备进行攻击。那么，如何才能减少手机病毒呢？通常，采取以下措施能有效防止手机病毒：关闭乱码电话；尽量少地从网络中下载信息；注意短信息中可能存在的病毒；慎重使用蓝牙功能；对手机进行病毒查杀。

7.4.4　电子商务消费者安全管理

用户是电子商务产品和功能的主要使用者，也是电子商务安全损失的主要承担者，面对复

杂的网络交易环境，除了依靠电子商务企业的技术和管理保障，还需从自身入手，对用户安全进行管理。

1. 加强消费者安全意识

作为消费者，在电子商务背景下，要不断加强电子商务安全学习，具备安全保护意识，具体包括信息安全意识、网络安全意识、购物安全意识、防诈骗安全意识等，用户可以通过参加安全防范意识教育及日常关注电子商务出现的安全问题并学习安全防范技能，从思想上武装自己，重视安全问题，自觉防范电子商务风险。具体可以从以下几点入手。

(1) 加强信息安全意识。在电子商务交易中信息通过网络进行传输可能存在被截取的风险，且信息可能存储在企业端，用户要重视信息的重要性，在互联网上采取最小化原则填写信息，注重保护个人敏感信息，如证件号码、银行账号、密码、人像等生物特征信息，也可通过技术手段进行信息保护。

隐私面单

2023 年 2 月发布的《快递电子运单》国家标准中设立专门章节，强化个人信息保护内容，主要有以下三点。

一是禁止显示完整的个人信息。快递企业、电子商务经营主体等应采取措施，避免在电子运单上显示完整的收寄件人个人信息，收寄件人姓名应隐藏一个汉字以上，联系电话应隐藏 6 位号码以上，地址应隐藏单元户室号。

二是推荐对个人信息进行全加密处理。快递企业、电子商务经营主体宜采用射频识别、手机虚拟安全号、电子纸等技术手段，对快递电子运单上的个人信息进行全加密处理。

三是规范个人信息相关内容的读取权限。快递电子运单上隐藏、加密的信息内容，仅限于快递企业及其授权的第三方和相关管理部门使用相关设备合法读取。

目前，淘宝、京东、饿了么等电商平台及顺丰、中通等快递企业皆提供"隐私面单"功能隐藏用户姓名、手机号、地址等信息，但各平台标准不一、用户设置等方面存在差异，在实际应用方面还有待进一步规范和优化。

(2) 加强网络安全意识。学习网络安全基础知识，及时关注公安机关、行业主管部门及互联网企业通报的网络安全防护知识，谨慎使用公用网络，如公共 Wi-Fi 等，学会使用安全软件保护网络安全。

(3) 加强购物安全意识。购物是电子商务交易的重要形式，用户需要具备甄别卖家、商品、价格等能力，如选择信誉较高等卖家，可借助平台的信用评分体系来判断；仔细查看商品的详细信息并咨询卖家确认关键信息，结合用户评价综合判断，警惕虚假宣传；了解商品价格定位，不轻信来历不明的打折、广告，可通过第三方平台查询商品历史价格进行综合判断，警惕价格欺诈。

(4) 加强防诈骗安全意识。法律安全意识包括两方面：一方面是用户学习各类网络防骗知识，了解最新的网络犯罪手法及各式各样的诈骗特点，掌握防诈技能并提高警惕；另一方面是要学会使用法律武器维护自身合法权益。

2. 常见的消费者安全防范措施

(1) 保障交易设备安全。在使用的计算机和移动设备中要安装安全软件，如防火墙、病毒查杀软件等，保持信息系统和安全软件更新至最新版本；避免在陌生设备上登录个人账号，如需使用，可在使用后主动删除相关记录及临时文件；谨慎使用自动登录、自动保存账号密码等功能，养成使用后主动退出账号的习惯。

(2) 保障交易平台安全。养成核实电子商务平台真实性的习惯，网站需从正规渠道链入且核实其域名、网址，手机 App 端需从官方网站或正规应用商店下载，不要轻易点击别人转发的链接及扫描来路不明的二维码；进行电子商务交易、售后、维权等操作时，不要离开官方平台进行操作。

(3) 保障交易密码安全。密码是保障账号安全的重要手段，用户设置密码不要与自身容易暴露的基本信息相关，如出生日期、电话号码等，也不要设置的过于简单，应当使用高强度密码，如数字、大小写字母、符号的组合。目前安全性要求较高的网站要求密码不少于三种类型的组合，在不同的网站应尽量设置不同的密码并定期更换密码。

(4) 保障网络环境安全。坚持"不轻信、不乱转"原则，对于互联网信息特别是微信、微博等新媒体账号上发布的信息要保持警惕，在权威单位公布之前不要轻易相信、转发；对于仅在互联网上发布的金融投资类、招聘类广告，以及中奖信息等保持高度警惕，避免卷入网络传销、网络非法集资等犯罪中，杜绝侥幸心理。

(5) 保障合法权益安全。用户在正规平台进行交易发生纠纷后，可以与商家沟通协商，若无法达成一致可进一步寻求平台客服部门的介入，若仍无法解决，可进一步寻求相关监管部门介入，如 12315、市场监督管理局等，交易过程中尽量使用能够保存的交易记录、聊天记录等内容，使用合理维权方式维护自己的合法权益。

 核心概念

电子商务安全、电子商务网络安全、电子商务交易安全、防火墙、VPN、对称加密、非对称加密、数字签名、数字证书、SSL、SET、S-HTTP

 思政微语

有一位热爱网购的大学生，在某天选择了一家并不熟悉的电商网站购买了一款高价值的商品。然而，不久后她发现这个网站存在重大的安全隐患，导致她的信用卡信息被不法分子盗取并用于欺诈交易，使她的财产遭受了严重损失。这个看似"寻常"的网购经历，实则暗藏诸多风险，不仅包括网络诈骗，还涉及用户信息泄露、交易欺诈及恶意攻击导致的系统崩溃等，所有这些都严重威胁到了消费者的个人隐私和财产安全。这个实例清晰地揭示了电子商务安全的重要性。在网购时，我们应始终选择信誉良好的电商平台，并确保网站采用了安全加密技术来保护我们的个人信息不被泄露。此外，我们还需要定期更新密码、使用双重认证等额外安全措施，以增强账户的安全防护。

请同学们调研一下，我们平时遭遇到哪些网络诈骗及电子商务安全问题。认真思考一下如何在日常生活中预防网络诈骗。

 **思考题**

1. 电子商务安全涉及哪些方面？
2. 电子商务安全具有哪些特征？
3. 电子商务安全体系包括哪些内容？
4. 简述你使用过的网络安全方面的技术。
5. 若明文为 ecommerce，密钥为 5，请使用恺撒密码对其进行加密。
6. 举例说明数字证书的应用。
7. 对比分析 SSL、SET 和 S-HTTP 协议。
8. 简述你认为生活中的好的电子商务安全管理案例。

第 8 章 | 电子商务系统建设与维护

📋 **学习目标**

(1) 掌握电子商务系统的内涵;

(2) 了解电子商务系统的建设方式;

(3) 掌握电子商务系统规划的内涵和内容;

(4) 掌握电子商务系统网站和 App 开发的基本步骤;

(5) 熟悉电子商务系统维护的内容。

📋 **引言**

　　电子商务系统是为满足电子商务企业生产、销售、服务等需要而提供商业智能的计算机系统,是企业开展电子商务的重要基础,在电子商务企业发展中占据着重要的位置。本章首先阐述电子商务系统的内涵及其建设方式,并从电子商务系统的规划、开发与维护等方面详细阐述。

8.1　电子商务系统概述

8.1.1　电子商务系统的内涵

　　电子商务系统是保证以电子商务为基础的网上交易实现的体系。网上交易的信息沟通是通过数字化的信息沟通渠道而实现的,一个首要条件是交易双方必须拥有相应信息技术工具,才有可能利用基于信息技术的沟通渠道进行沟通。同时,要保证能通过 Internet 进行交易,必须要求企业、组织和消费者连接到 Internet,否则无法利用 Internet 进行交易。在网上进行交易,交易双方在空间上是分离的,为保证交易双方进行等价交换,必须提供相应货物配送手段和支付结算手段。

　　由于我们对电子商务系统有不同的定义和理解,因此将其归纳为以下两种视角的定义。一种是从系统观点出发的定义,认为电子商务系统是由各种交易实体通过数据通信网络连接在一起的，实现电子商务活动有效运行的复杂系统。一个完整的电子商务系统包括供应商、客户、银行或金融机构、认证机构、配送中心和政府机构等各个方面。另一种是从技术角度定义，认为电子商务系统是支持商务活动的电子技术手段的集合，是指在 Internet 和其他网络的基础上，以实现企业电子商务活动为目标，满足企业生产、销售、服务等生产和管理的需要，支持企业的对外协作，从运作、管理和决策等层次全面提高企业信息化水平，为企业提供智能的计算机系统，即电子商务信息系统，包括电子商务网站、电子商务平台、App 等各种形式的信息管理系统。

8.1.2　电子商务系统的建设方式

1. 自主开发方式

自主开发方式是指电子商务系统建设过程中的主要工作均由企业内部人员完成，而企业外部人员没有或很少参与系统构建的方式。该方式的优点是有利于更好地进行系统分析，可以较好地满足企业自身的系统需求。该模式可以培养和锻炼自己的 IT 人才队伍，保证系统建成后完全由企业自主进行系统的维护，同时也便于日后进行系统升级等工作。

2. 外包方式

外包方式是指企业以合约的形式，将电子商务系统的开发或运行维护工作交给其他能够提供相应专业化服务的企业来承担的方式。选择外包方式需要慎重考虑承办商的技术实力、经营状况、售后服务等因素。

3. 购买方式

购买方式即为购买成熟的商业化软件产品。购买方式能节省开发时间，同时确保软件的可靠性和性能。此外，它也无须强大的开发团队支持。然而，要想找到完全适合本单位需求的系统并不容易。

安徽省烟草公司与电子商务系统

安徽省烟草公司是一个大型省级烟草企业，下辖17个地市级烟草公司、63个县级烟草公司和5个大型卷烟生产企业，在全省拥有近40万个零售户。安徽烟草公司原先的信息化建设了网点销售系统、网点访销系统、财务系统等，但各系统之间相对独立，缺乏数据交流等各项问题，因此安徽烟草公司的时任领导班子决定开始筹建电子商务系统。

安徽烟草公司为了把此仗打好，首先进行了省局中心机房和全省广域网方案的公开招标，紧接着就进行了电子商务软件项目的招标。由于其规划起点较高，且在全国烟草行业是第一家，所以引起了国内外很多大型软件公司的重视，前后有20多家软件公司参与了竞标。在进行多次方案交流和项目实地考察之后，沈阳东软软件股份有限公司(简称东软)凭借雄厚的技术实力和众多的电子商务成功案例，在竞争对手中脱颖而出，一举中标。

招标工作结束以后，双方又进行了更为详细的方案论证，进一步明确了电子商务项目的总体目标，以便更准确地预测市场，提高客户对企业的忠诚度和满意度。最终建成以电子商务平台为纽带的物流、资金流、信息流三流畅通又相互贯通的企业信息系统，并可以发展成为跨地域、跨行业的公共交易平台。

8.2 电子商务系统规划

8.2.1 电子商务系统规划的内涵

电子商务系统是用户与企业建立联系的平台，商家可以将经营的品牌分门别类地呈现在系统上，提供一体化的服务系统，而客户只需要在系统中浏览自己喜欢的商品，并通过快捷的支付方式购买产品即可，也可以随时了解企业的优惠和促销信息，以及已购买产品的企业物流信息。如果对产品的质量和功能有任何疑惑，也能够咨询在线客服，使客户方便快捷地买到心仪的产品，同时账户安全也能够得到企业的保障。但是无论是网站、App 还是其他平台，公司电子商务系统的运营都需要人力和财力的供给与支撑，而且电子商务系统产生的是长期效应，因而电子商务系统往往具有结构复杂与强动态变化的特点，所以为了建立一个功能强大的电子商务系统，进行详细规划与分析是十分必要的。

电子商务系统是企业开展网络商务活动的平台，是企业实现经营目标的一种战略工具。因此，对电子商务企业而言，电子商务系统的规划意义重大。规划工作是电子商务系统建设中最基础、重要的环节，也是最容易被忽视的环节。

电子商务系统规划是指在系统建设前对市场进行分析，确定系统建设的目的和功能，并根据需要对系统建设中的技术、内容、费用、测试、维护等做出规划，同时形成可行性分析报告。系统规划对系统建设起计划和指导作用，对系统的内容和维护起定位作用。

在电子商务系统规划过程中，不仅需要考虑一些事关系统的大方向的战略性内容，而且一些涉及系统的细节也应该进行良好的规划，作为一个电商企业的代表性平台应该将系统的建设当成企业的一项战略来进行规划。系统规划就是系统建设中的指导性纲领和建设的主要基础，系统规划质量的好坏关系着整个系统建设的成败，它在很大程度上决定了企业的电子商务系统未来的发展方向，同时也为后期系统推广起到了极大的作用。

8.2.2 电子商务系统规划目标

进行系统规划是对系统的发展进程和总体的概貌有大致的了解，并且根据系统的总体结构方案和基本发展战略来进行开发系统的确定、开发时间的安排及项目开发的主要次序等。系统规划要给后续各阶段的工作提供指导，为系统的发展制定一个科学合理的目标和达到该目标的可行途径，而不是代替后续阶段的工作。

(1) 规划整个系统的定位。电子商务系统的定位如同企业的战略一样，决定着整个系统的命运。系统定位就是确定系统要为谁做？做什么？主题是什么？它是系统的建设策略，系统的架构、内容、表现等都围绕这些系统定位展开。因此，准确、清晰的系统定位对于电子商务系统的建设和企业市场的开拓都是十分关键的。

(2) 规划整个系统的功能。系统功能规划是指整合企业资源，确定系统的功能。电子商务系统的功能关系到电子商务业务的具体实现、企业为用户提供的产品和服务项目的正常展开、用户能否按照企业的承诺快速地完成贸易操作等，使之更符合实际网上交易的需要。

(3) 规划整个系统的资源分配计划。主要是对电子商务系统后续开发、建设所需要的资源进行规划，包括所需要的技术人员、开发所需要的软硬件设备、项目开发的资金等，并且针对整体的项目规划进行可行性分析。

8.2.3　电子商务系统规划内容

1. 电子商务系统定位

(1) 目标及客户分析。明确建立系统的目的，是为了宣传产品，进行电子交易，还是建立行业性系统？是企业自身的需要，还是市场开拓的延伸？客户是企业员工还是网民，或者兼而有之？

(2) 主要产品和服务的项目。电子商务系统建设的目的之一就是宣传产品和服务。正确规划出企业的主要产品和服务，对于企业及其系统的生存与发展都是至关重要的。

凡客诚品(VANCL)的电子商务网站定位

凡客诚品成立后，业务迅速发展，以优良的服务赢得了许多新老客户，其经营的大多是低价高品质的商品，同时商品种类也很齐全，产品种类由原来的男装衬衫、Polo 衫两大类发展到男装、女装、童装、鞋、家居、配饰、化妆品七大类，融合舒适、时尚的元素，受到顾客的喜欢。

凡客诚品电子商务网站定位：一是打造品牌而非平台，从创立开始，其定位就是打造互联网快销品牌，而非快销平台，打造品牌才能独立于平台横行的 B2C 电子商务领域，做到新颖独特，能够基业长青；二是根植互联网，只做互联网营销，带来的好处是客户覆盖率极高，大大缩减了开支；三是重视体验而非服务，这给凡客诚品带来了极高的回头率和客户评价。

(3) 国内外网络市场分析。通过对国内外网络市场的分析，可以了解本行业网络市场状况，进而分析市场潜力、市场开拓难度及未来发展趋势等，从而更加全面地分析系统建设的目标。

(4) 竞争对手分析。在进行电子商务系统规划时，竞争对手的调查与分析是其中不可缺少的重要内容。竞争对手的分析将帮助企业了解自己与竞争对手的异同，分析各自的优势和劣势，使企业找出自己的市场切入点，从而制定发展战略、系统设计方案和战胜竞争对手的方法。

(5) 分析取胜机会。通过对市场和竞争对手的分析，企业应结合实际情况，实事求是地对自己在网络市场竞争中的优势和劣势进行评估，并分析企业的取胜机会。

(6) 制定相应策略和正确的操作步骤。针对上述对市场、竞争对手、企业自身的分析与把握，企业可制定出适合自身的电子商务系统的策略与实施步骤，这是电子商务系统目标定位中的关键一步，它将作用于电子商务系统开发的全过程。

2. 电子商务系统功能规划

电子商务系统的功能可归为信息发布、商务交易、信息交流和内部管理四大类。其中，信息发布功能可实现网上发布企业相关新闻信息、企业产品或服务相关信息等，为用户提供快捷、简便、灵活的查找所需信息的手段和途径，包括企业新闻信息发布、产品信息发布和其他信息发布等内容。商务交易功能能够实现企业向客户销售其产品或服务，主要包括用户选购、订单管理、网上支付及用户注册管理、安全验证等功能。信息交流功能具体包括提供聊天室、客户反馈意见、E-mail 联络等交流方法，实现包括有关产品的评价、意见反馈、服务投诉、客户与客户之间交流等功能。内部管理功能主要针对企业内部，该功能提供有效信息和日常的业务管理，主要包括企业内部业务管理、系统管理与维护、客户管理等。然而，在具体功能设计上，不同类型的系统建设有更详细的划分。

3. 电子商务系统资源规划

除了系统定位和功能的规划，总体规划还应涉及资源状况的规划，如对现有系统状况的了解，包括软件设备、硬件设备、人员、各项费用、开发项目的进展及应用系统的情况，应充分了解和评价，以及项目开发的时间安排、主次顺序和对相关信息技术的预测。电子商务系统战略规划必然受到信息技术发展的影响，因此，应对规划中涉及的软硬件技术和方法论的发展变化及其对应用系统的影响做出预测，有条件的还应进行评估，以提高技术选型和产品选型的正确性。这些资源的分析和分配都是制定电子商务系统规划的基础。

8.2.4 电子商务系统规划方法

1. 关键成功因素法

关键成功因素法源自企业目标，通过目标分解和识别、确定关键成功因素和识别性能指标，最终生成数据字典，这一过程犹如构建了一个数据库体系，细化至数据字典的层面。因此，有人将这种方法应用于数据库的分析与建立过程中。关键成功因素在于识别与系统目标紧密相关的主要数据类及其关联，而树枝因果图则是识别这些关键成功因素的有效工具。关键成功因素法包含以下 4 个步骤。

(1) 了解企业目标。

(2) 识别关键成功因素。

(3) 识别性能的指标和标准。

(4) 识别测量性能的数据。

关键成功因素法在企业高层中应用效果较好，因为每个高层领导人员日常总是在考虑什么是关键因素。对中层领导来说一般不太适合，因为中层领导所面临的决策大多数是结构化的，其自由度较小，对他们最好应用其他方法。

2. 企业系统规划法

企业系统规划法(business system planning，BSP)是通过全面调查来分析企业信息需求，以制定应用系统总体方案的一种方法。它有以下 4 个基本步骤。

(1) 确定各级管理的统一目标，各个部门的目标要服从总体目标。通过对企业管理目标的定义，才能界定应用系统的目标。

(2) 识别企业过程。这是 BSP 方法的核心。企业过程定义为逻辑上相关的一组决策和活动的集合。识别企业过程可对企业如何完成其目标有深刻的了解，并且有助于定义系统的功能和信息的流程。

(3) 定义数据类。在识别企业过程的基础上，分析每个过程利用、产生什么数据，或者说每个过程的输入和输出数据是什么，将所有的数据分成若干大类。在该步骤中重点是分析数据实体及其相互之间的联系，按照各层管理人员和业务人员的管理经验和一些形式化方法，对数据实体进行聚集分析，并将联系密切的实体划分在一起，形成一些实体组，即数据类。这些实体组内部的数据实体之间联系密切，而与外部实体联系很少，它们是划分数据类的依据，进而在数据类的基础上建立主题数据库模型，为企业的不同管理需求提供必要的、稳定的、共享的总体数据模型。

(4) 定义信息结构。定义信息结构也就是划分子系统，确定应用系统各个部分及其相关数据之间的关系。BSP 方法是根据信息的产生和使用来划分子系统的，它尽量将信息产生和使用的企业过程划分在两个子系统中，从而减少子系统之间的信息交换。

8.3　电子商务系统的开发

电子商务系统是电子商务交易最重要的部分，是买卖双方进行信息沟通传递的渠道。电商企业通过电子商务系统体现其企业形象、实施经营战略，是开展商务活动的平台基础。电子商务系统的开发包括电子商务系统网站的开发、电子商务系统的 App 开发及电子商务系统的二次开发。

8.3.1　电子商务系统网站的开发

1. 网站建设流程

电子商务网站是企业开展电子商务活动的物质基础，网站建设的好坏在一定程度上决定着企业实施电子商务的成败与否，因此，电子商务网站建设是企业实施电子商务过程中较基础、重要的环节，需要有计划、有步骤地进行。

电子商务网站建设分为以下四个方面。①网站规划与分析，主要内容有：电子商务网站的目标定位、功能规划；对用户需求、市场竞争及可行性进行分析；对总体解决方案的研究。②网站设计与开发，包含电子商务网站的内容设计、信息结构设计、可视化设计、网页制作、站点开发等内容。③网站评估与测试，需要进行电子商务网站整体评估、测试与系统运行调整及设计方案的修订和确定。④网站维护与推广，主要包括电子商务网站的安全维护、内容更新及主页的宣传推广。

电子商务网站建设流程如图 8-1 所示。

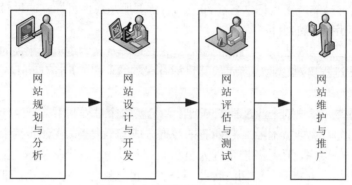

图8-1 电子商务网站建设流程

2. 网站域名注册

1) 域名命名规则

域名是企业的一种无形资产，是企业在 Internet 上的门牌号码，是企业的网上"商标"，是访问者通达电子商务网站的"钥匙"，也是企业网上信息、业务往来的基础。域名中只能包含 26 个英文字母、0～9 共 10 个数字、横杠"-"(英文中的连字符)，在国内只能注册三级域名，长度不得超过 20 个字符。企业在选择域名时，一般应遵循域名"简明易记""见名知义"的原则，从而使域名的选择与企业相关信息一致及避免文化冲突等。企业域名的注册要注意域名抢注与域名冲突问题。此外，需要注意的是，企业域名中不得使用或限制使用以下名称做域名：①注册含有"CHINA""CHINESE""CN""NATIONAL"等，特殊企业或机构如果需要使用这些域名需经国家有关部门(指部级以上单位)正式批准；②公众知晓的其他国家或地区名称、外国地名、国际组织名称；③县级以上(含县级)行政区划名称的全称或缩写，需相关县级以上(含县级)人民政府正式批准；④行业名称或商品的通用名称；⑤他人已在中国注册过的企业名称或商标名称；⑥对国家、社会或公共利益有损害的名称。

域名注册分为国际域名注册和国内域名注册两种。目前，国际域名注册工作由国际机构互联网信息中心 InterNIC(www.internic.net)负责，国内域名则由 CNNIC(www.cnnic.net.cn)负责。

2) 域名注册步骤

国内域名注册有两种方法：一种是企业自身向 CNNIC 申请；另一种是由 CNNIC 域名注册申请授权代理单位(一般为 ISP)帮助企业注册域名。企业自身通过 CNNIC 申请注册域名的操作流程：首先，申请者需要在网站上填写注册申请表并递交；其次，域名注册系统进行语法检查，并检查是否有单位已注册或预注册了要申请的域名；再次，合格后申请者邮寄或亲自递交申请材料；最后，系统进行注册材料的审核，再由申请者缴纳域名注册的费用，系统发出"域名注册证"和发票。目前，帮助企业域名注册的网站有中国万网(www.net.cn)、新网(www.xinnet.com)、西部数码 (www.west263.com/services/domain)、中国频道 (www.china-channel.com)、亿流网 (domainnamesales. com/domain/dns99.com)等。

3. 主机建设

主机建设主要包括自建站点、主机托管、虚拟主机及云主机方式。

1) 自建站点(自营主机)方式

规模较大的电商企业，如阿里巴巴、京东等，都有自己的信息部门。自建站点要求企业有专业技术人员和专门的设备，并拥有一定的财力支持，通过企业自身的力量，按照电子商务站点的计划书，设计、开发、维护和推广站点。这种方法得到的方案较易实现企业的需求，但是投资极大，技术要求也比较高。

2) 主机托管方式

主机托管是在具有与国际 Internet 实时相连的网络环境的公司放置一台服务器或向其租用一台服务器，客户可以通过远程控制，将服务器配置成 WWW、E-mail 和 FTP 服务器。

拥有一个良好的企业站点是企业发展、展示自己的重要手段。如果企业想拥有自己独立的 Web 服务器，同时又不必花费太多的资金进行通信线路、网络环境、机房环境的投资，更不想投入人力进行 24 小时的网络维护，可以考虑主机托管服务。主机托管具有投资有限、周期短、没有线路拥塞的担心等特点。

3) 虚拟主机方式

虚拟主机是使用特殊的软硬件技术，将一台网站服务器分为若干个"虚拟"的主机(有些专业服务商将一台主机分为数百甚至上千个虚拟主机)。每个虚拟主机都可以是一个独立的网站，可以具有独立的域名及完整的 Internet 服务器功能(如 WWW、E-mail、FTP 等)，同一台主机上的虚拟主机之间是完全独立的。从网站访问者来看，每一台虚拟主机和一台独立的主机(采用服务器托管、专线上网等方式建立的服务器)完全一样。

各个虚拟主机提供商大多依据空间大小、服务器的性能、服务器的存放位置(中国或美国)、用户操作系统等将虚拟主机划分为不同的级别或类型。不同级别或类型的虚拟主机其租用价格、硬件配置、网络速度、提供服务都不相同。

用虚拟主机建设网站具有降低建站费用、管理维护简便、拥有更加稳定的性能及提高网站建设效率等优点。同时也存在某些功能受到服务商限制的缺点，如可能耗用系统资源的论坛程序、流量统计功能等。网站设计需要考虑服务商提供的功能支持，如数据库类型、操作系统等。某些虚拟主机网站访问速度过慢，有些服务商对网站流量有一定限制，当网站访问量较大时，可能会出现无法正常访问等缺点。

4) 云主机

云主机是云计算在基础设施应用上的重要组成部分，位于云计算产业链金字塔底层，产品源自云计算平台。该平台整合了互联网应用三大核心要素——计算、存储、网络，面向用户提供公用化的互联网基础设施服务。云主机是一种类似 VPS(virtual private server，虚拟专用服务器)主机的虚拟化技术，采用虚拟软件，在一台主机上虚拟出多个类似独立主机的部分，能够实现单机多用户，每部分都可以做单独的操作系统，其管理方法与主机一样。而云主机是在一组集群主机上虚拟出多个类似独立主机的部分，集群中每个主机上都有云主机的一个镜像，从而大大提高了虚拟主机的安全稳定性，除非所有的集群内主机全部出现问题，云主机才会无法访问。

4. Internet服务提供商的选择

ISP 一方面为企业提供 Internet 的接入服务，另一方面通常也为企业提供各种 Internet 信息服务。我国 ISP 分为两类：第一类是官方性质的 ISP 服务，如中国公用信息网(CHINANET)和国家教育与科研网络(CERNET)；第二类则是新兴商业机构，它们能为用户提供全方位的服务，对较大区域的联网可以提供专线、拨号上网及用户培训等服务，如 263 首都在线、吉通等。这类 ISP 拥有自己的特色信息源，建设投资大、覆盖面广，是 Internet 建设的主要力量。

若 ISP 提供的接入速率很慢，会造成访问者在访问电子商务网站时下载时间过长，导致访问者没有耐心等待网页的全部打开而离开的后果；若 ISP 的服务可靠性差，往往会发生访问者根本无法访问企业网站页面的情况，同时也会影响顾客对企业的信心和企业开展网络营销的效果。因此，ISP 的选择对于企业创建网络营销环境，开展电子商务尤为重要。

5. Web服务器的选择

服务器是在网络环境下提供网上客户机共享资源的设备，具有性能较强、可靠性高、吞吐能力强、内存容量大、联网功能强、人机界面友好等特点，是目前网络计算机系统的主设备，也是电子商务网站建设的核心，在整个网站建设过程中起着极为重要的作用。

1) 服务器选择原则

市场上服务器产品种类繁多，档次高低不同，性能各有千秋，应用领域和范围也有差异。在选购网站服务器时，应选择适合实际需要的高效可靠的服务器。对于服务器的性能，通常可以根据综合性能、可管理性、可用性、安全性、可扩展性、可维护性等指标来衡量。

2) Web 服务器的分类

服务器根据其在网站中所起的作用和角色，可以分为 WWW 服务器、数据库服务器、文件服务器、邮件服务器、打印服务器等。另外，还可将其分为采用 UNIX 操作系统的服务器和 PC 服务器。其中，UNIX 服务器又可分为大型计算机和小型计算机。从目前使用情况来看，高端应用大多采用 UNIX 系统的小型计算机，而中、低端应用则大多采用 PC 服务器。

6. 系统软件选择

1) 网络操作系统

网络操作系统是网站软件系统的核心，在网站建设过程中，选择网络操作系统是关键之一。网络操作系统将决定网站的整体性能，以及使用什么样的应用软件、采取什么样的解决方案。目前，能够胜任电子商务网站运营需要的操作系统主要有 UNIX、Linux、Windows NT 系列。

UNIX 操作系统具有以下优点：①安全性强，可靠性高；②结构简单，便于移植；③开放性；④网络功能强大；⑤支持网络通信所需要的协议。Linux 网络操作系统是所有类 UNIX 操作系统中最出色的一个。它的意义不仅在于增加了一种操作系统，更重要的是它创建了自由软件的新天地。Windows NT 系列操作系统的特点主要是面向分布式图形应用程序的平台系统，其具有强大的内置网络功能，支持多任务、多线程并具有优良的安全性。

2) Web 服务器软件

Web 服务器(Web Server)软件的选择对于电子商务网站至关重要。选择 Web Server 软件时，不仅要考虑当前还应考虑将来的需要。在选择 Web Server 软件时，一般要考虑对操作系统的支持、响应能力及与后端服务器的集成能力。Web Server 软件除了直接向用户提供信息，还担负着与后端各种数据资源应用系统集成的任务，这样客户机就只需用一种界面来浏览所有后端服务器的信息。它能将不同来源、不同格式的信息转换为统一格式。而管理的难易程度、信息开发难易程度、稳定可靠性及安全性是评判 Web 服务器软件好坏的标准。常用的 Web Server 软件有 Apache、IIS、IBM Web Sphere、iPlanet Application Server 和 Oracle Web Server。

3) 数据库管理系统

数据库技术是电子商务的核心技术之一。在电子商务活动中，存在着海量的数据与信息，因而每个商务站点的后台必须有一个强大的数据库在支撑其运转，并保证数据存取的速度、安全、稳定和可靠。选择数据库管理系统时通常考虑其易用性、并发性、稳定性、数据完整性、可扩展性、安全性、容错性等方面。电子商务网站常用的几种数据库系统有 DB2 通用数据库系统、Oracle 数据库系统、Microsoft 的 SQL Server 数据库系统、MySQL 数据库系统及 Access 数据库系统。

8.3.2　电子商务系统的App开发

随着移动互联网的快速发展，很多电商企业一般都会开发一套移动电商 App 系统。移动电商 App 由于具有功能全面、用户黏度比较高、操作简便等特点，其开发备受电子商务企业的青睐。主流的四大 App 系统有：①苹果(iOS)系统版本，使用的开发语言为 Objective-C；②微软(Windows Phone)系统版本，开发语言是 C#；③安卓(Android)系统版本，开发语言是 Java；④塞班(Symbian)系统版本，开发语言是 C++。目前主要采用的是 iOS 和 Android 系统。常用的开发工具包括 MOTODEV Studio for Android、J2ME 开发插件 Mobile Tools for Java、NOKIA 手机开发包 gnokii、apk 文件修改工具 Root Tools、IDEA 的 Android 开发插件 idea-android、Android 开发工具 MOTODEV Studio。

App 的开发主要分为需求规划和技术开发两大模块，具体流程包括App 的需求分析与评估、App 的 UI 设计与构造、App 的软件开发与测试及 App 的运营维护与推广，如图 8-2 所示。

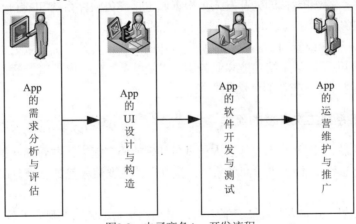

图8-2　电子商务App开发流程

(1) 需求分析与评估，需求分析与后期 App 的逻辑构建直接关联。确定需求时需要对 App 进行定位与功能细化。

(2) UI 设计与构造，包含 App 的界面交互逻辑设计、产品功能特点的构造。该流程应遵循简单、直观、便捷的原则进行设计。

(3) 软件开发与测试，需要对 App 整体功能进行实现，并进行评估、测试、系统调整及设计方案的修订与确定。

(4) 运营维护与推广，主要包括 App 的安全维护、内容更新及主页的宣传推广。

📖 **小贴士**

App开发模板

通常网络上具有各式各样的 App 模板。App 模板就是已经开发好的一套系统，基本的 App 应用的功能、图标、风格都已经制作好了，只需要用户或 App 开发公司根据自身的业务需求选择合适的模板来制作 App 软件即可。其优点为可以花费更少的时间进行制作更低成本、更高工作效率及更符合行业特性的 App。其缺点为功能细分不足及无创意性。制作完成的 App 可以发布至各大平台，进行自由下载。

8.3.3 电子商务系统的二次开发

1. 电子商务系统二次开发的内涵

随着信息化技术的不断发展，IT 行业涌现出了一系列优秀的开源作品，其作者或是个人，或是项目小组，或是软件公司。选择和应用这些优秀的开源软件，并在此基础上进行符合业务需求的二次开发，在给企业节省信息化成本(时间成本及开发成本)的同时，更带来了技术上的保障。

电子商务系统二次开发，即为开发人员根据原电子商务软件系统 SDK(软件开发工具包)中提供的公开的 API(应用程序接口)来访问软件原有的一些基本功能，并对这些基本功能组合扩展，进而形成更加专业或新的功能以完成用户特殊的需求。其具有工作量更小、风险更低的优势。此外，原有的电子商务系统功能和业务均可以被继承，在扩展了电子商务系统的基础功能的同时也满足了用户对于产品的个性化需求。

2. 电子商务系统二次开发的流程

电子商务系统的二次开发需要开发人员具备基础的语言能力，并熟知开源产品结构功能，进而进行跟踪、记录、反馈。电子商务系统二次开发的主要流程包括从平台出发、模块化设计和全程跟踪。

(1) 从平台出发。开发人员需要具备开源产品所用语言的语言基础，了解开源产品的功能，根据自身平台需求进行目标规划及战略制定。

(2) 模块化设计。要求开发人员熟悉开源产品的数据结构、代码逻辑、系统框架、核心功能及附加功能，并根据需求对系统进行扩展和修改。

(3) 全程跟踪。开发人员通过数字化身份管理并记录已进行二次开发的产品的信息反馈，为系统的进一步改进与提升做准备。

8.4　电子商务系统的维护

电子商务系统在完成系统实施、投入正常运行之后，就进入了系统维护阶段。系统维护是电子商务系统正常而可靠运行，并充分发挥其作用的保证。按照维护的对象来分，电子商务系统的维护可以分为内容的维护、软件的维护和硬件的维护三方面。

8.4.1　内容的维护

对于电子商务系统来说，只有不断地更新内容，才能保证生命力，否则不仅不能起到应有的作用，反而会对企业自身形象造成不良影响。如何快捷方便地更新网页和 App 内容，提高更新效率，是很多电子商务系统面临的难题。内容的维护主要包括商品更新及维护、信息维护、全程维护等内容。

1. 商品更新及维护

商品信息是电子商务系统的主体，随着外在条件的变化，商品的信息(如商品的价格、种类、功能等)也在不断地变化，系统中的相关信息必须追随其变化，不断地对商品信息进行维护更新，反映商品的真实状态。对经常变更的信息，尽量用结构化的方式(如建立数据库、规范存放路径)管理起来，以避免出现数据杂乱无章的现象。

2. 信息维护

电子商务系统的信息是客户了解企业的重要渠道，应将企业的重大活动、产品的最新动态、企业的发展趋势、客户服务措施等重要内容，及时、真实地呈现给客户，以此吸引更多的客户前来浏览和交易。企业要从管理制度上保证信息渠道的通畅和信息发布流程的合理性。

3. 全程维护

电子商务系统建设容易，但维护困难。内容更新是系统维护过程中的一个瓶颈，如何快捷地更新信息、提高更新效率，我们可以从以下几个方面考虑：①在系统设计时期的维护。在电子商务系统设计时期就应充分考虑到系统的维护计划，对后续维护给予足够的重视，要保证系统后续维护所需资金和人力。②在系统开发时期的维护。在系统开发过程中要对系统的各栏目进行细致的规划，并确定哪些是经常要更新的内容，哪些是相对稳定的内容。根据相对稳定的内容设计信息模板，这样既省费用，又有利于后续维护。③在系统运营时期的维护。在系统运营时期，需要建立信息管理体系，从管理制度上保证信息渠道的通畅和信息发布流程的合理性。系统中各栏目的信息往往来源于多个业务部门，要进行统筹考虑，确立一套从信息收集、信息审查到信息发布的良性运转的管理制度。

8.4.2 软件的维护

在系统开发过程中，虽然系统经过测试，但无论用何种方法，测试的局限性注定其只能最大限度地将系统错误减少到最低程度，但不能杜绝系统的错误。通常，有一些系统的错误在整个生命周期中对系统没有产生影响，所以没有暴露出来，但不能断言系统没有错误。但有的错误在系统运行过程中会暴露出来，这就要求对系统进行纠错性维护。系统的软件维护工作主要有程序的维护、数据文件的维护和代码的维护。

1. 程序的维护

一般来说，一个系统与某个具体的业务处理流程有密切的关系，如果该业务处理的流程或数据量发生变化，就会引起程序的变化。例如电子商务系统，电子商务发展迅速，业务流程及数据经常会发生变化，由此会引发系统功能的改变，因此电子商务系统的主要维护工作量是对程序的修改。程序的维护主要包括校正性维护、适应性维护、完善性维护及预防性维护四个方面，达到解决错误、适应环境变化、扩充功能及应对未来变化的目的。

程序维护通常是在旧有程序的基础上，对部分程序进行改写，并在变更通知书上写明新旧程序的不同之处，修改后还要填写程序修改登记表，表明程序名称、原程序设计员、修改内容批准人和修改日期等。对程序的维护不一定非要在条件变化时才进行，对效率不高的程序和功能不完善的程序也应不断加以改进。

2. 数据文件的维护

系统的业务处理对数据的需求是不断变化的，要经常对数据库文件进行修改，增加数据库的新内容或建立新的数据库文件等。数据库是数据维护的重点，主要包括以下几个方面。

(1) 数据库的备份、转储和恢复。针对不同的应用要求定期对数据库和日志文件进行备份，可分为自动备份和手动备份；转储是指将备份的数据库和日志文件转移到其他介质、设备上，以防发生物理灾害而导致数据丢失；恢复是指一旦数据库发生故障，能够利用备份的数据尽快将数据库恢复到某种已知的正确状态，并尽可能减少对数据库的破坏。

(2) 数据库的安全性控制和完整性控制。数据库的安全性控制主要是防止恶意的破坏和非法使用，需要根据不同用户的实际需要来修改操作权限；完整性控制是防止数据库中存在不合语义的数据和错误的输入/输出所造成的无效操作和错误结果。

(3) 数据库的重组和重构。由于数据库的增加、删除、修改会造成大量的指针链和存储垃圾，因此需要利用重组程序重新安排记录的存储位置，以提升数据库存储空间的利用率和数据的存取效率。

3. 代码的维护

随着电子商务系统环境的变化，旧的代码不能适应新的要求，有必要对代码进行订正、添加或删除等操作，则必须对代码进行变更。代码的变更包括制定新的代码系统(由代码管理部门讨论制定)或修改旧的代码系统，确定变更方式之后必须填写代码、修改登记表后再贯彻。为此，除了代码管理部门，各业务部门都要指定负责代码的人员，以便明确职责，确保新代码的正确使用。

8.4.3 硬件的维护

硬件的维护应有专职的硬件维护人员来负责，主要有以下两种类型的维护活动。

1. 定期的设备保养性维护

系统使用的计算机及其外部设备保持良好的运行状态是保证系统正常运行的重要条件之一。计算机硬件维护人员应对机器设备加强保养，定期检修，保养周期可以是一周或一个月不等。做好机器设备的日常管理维护工作，可在机器发生故障时及时进行修复。

2. 突发性的故障维护

当设备出现突发性故障时，由专职的维修人员或请厂商来排除故障，这种维修活动所花时间不能过长，以免影响系统的正常运行。对硬件系统的故障维修不应拖延过长时间，为了提高硬件系统的可操作性，一般可采取双机备份的形式，当一组设备出现故障时，立即启动另一组备用设备投入运行，故障排除后再一次进入双机备份状态。

在进行硬件系统的维护、更新时，可能会影响系统的正常使用，进而影响企业内部使用该系统的各业务部门的工作及客户的正常访问和交易，因此需要提前制订更新计划，并与硬件供应商、企业内部有关业务部门及其他相关机构进行协调，做好充分的准备工作。另外，硬件系统更新的时间不能过长，否则会耽误系统的正常运行。

通用电气公司(中国)网站维护案例

作为全球最佳电子商务企业之一的通用电气公司(general electric company，GE)在中国的分支，通用电气(中国)有限公司从2001年开始，将其中文门户网站的日常维护工作全权委托专业的网络应用技术服务商——上海火速网络信息技术有限公司来办理。

GE中国网站数据多，访问量大，每天都有众多客户和代理商、经销商通过该网站获取GE中国最新资讯，因此网站的数据服务显得特别重要。上海火速网络信息技术有限公司对GE中国网站进行全程托管服务，GE中国网站服务器位于上海各项条件都优越的机房，以确保数据的安全、服务器环境和访问出口带宽。此外，上海火速对于网络硬件维护还做出了网络联通性保证、电力的持续供应保证、紧急情况报告保证、技术支持保证、技术操作保证、投诉保证、机房开放保证七项服务承诺，以保证GE中国网站能安全、稳定、高效地运行。

上海火速为GE中国网站进行维护更新的服务从做好域名管理服务开始，其免费对每个客户的所有域名进行整理，并在每个域名到期前的一个月，提醒客户对域名进行续费，避免通用公司在忙于经营时，忽视了公司域名跟踪续费工作，由此带来诸如网站不能访问、域名被人抢注等众多麻烦。从明确GE网站规范(如网站CSS、目录结构等)开始，到每周网站访问统计报告发送给GE中国网站、定期发送网站维护工作报告等，事无巨细，确保网站维护更新的及时性和有效性。上海火速的维护更新工作为GE中国网站的有效运行提供了保证，让所有的功能都得到了充分的显现。

核心概念

自主开发、外包方式、关键成功因素法、企业系统规划法、主机托管、虚拟主机、系统维护

 思政微语

自新冠疫情暴发以来，中国在抗击疫情方面做出了许多创举，其中健康码是一项非常重要的措施。据报道，杭州余杭区在疫情初期成为重灾区，政府迅速成立了"政府+企业"专班，利用大数据智慧化管理手段助力疫情防控工作。令人瞩目的是，仅在一天时间内，即2020年2月5日凌晨5点，中国第一张健康码就在杭州诞生，并在24小时内推广至整个城市，随后又在几天内推广至整个浙江省。这一举措的迅速推广，为疫情防控工作提供了有力的支持。2月15日，国务院办公厅电子政务办指导支付宝、阿里云加速研发全国一体化政务服务平台疫情防控健康码系统，进一步加速了健康码在全国范围内的推广。值得一提的是，健康码的第一行代码现已成为中国国家博物馆的馆藏，它为抗击疫情做出了重大贡献，成为中国抗击疫情的成功经验之一。

对于同学们而言，我们可以从这一事件中深刻体会到科技与防疫的结合力量，以及政府和企业在面对疫情时的快速反应能力。请同学们认真思考一下用科技手段解决现实问题的重要性，以及以后遇到各种问题时我们如何想方设法利用科技手段解决问题。

 思考题

1. 如何理解"电子商务系统"的概念？
2. 电子商务系统的建设方式有哪些？
3. 电子商务网站规划的目标和主要内容是什么？
4. 电子商务规划的方法有哪些？
5. 电子商务网站建设的流程是怎样的？
6. 电子商务二次开发的主要流程是什么？
7. 电子商务系统的维护有哪些方面？
8. 东吴学院有一批文具和书籍需要销售。但因为没有专门的店面来销售，所以需要我们帮助学校将这批商品放在网络上销售。请规划一下，如何建立电子商务网站帮助学校销售这批书籍。请按照电子商务网站规划的步骤，逐步分析。
9. 目前，大学生就业是一个热门话题，请找出五个经营就业的网站，并分析它们的优势与不足。根据我们对目前学术概念的了解，写一份发布应届毕业生就业信息的网站设计报告。

第9章 | 电子商务发展演进

📋 学习目标

(1) 掌握移动电子商务的基本含义、特征及架构；

(2) 了解移动电子商务的关键技术及在行业中的应用和发展；

(3) 掌握新零售的基本含义、特征及架构；

(4) 了解新零售的关键技术及在行业中的应用和发展。

(5) 掌握跨境电商的基本含义、要素及分类；

(6) 了解跨境电商的发展历程及趋势；

(7) 掌握电子商务数据分析的含义、流程及常用模型；

(8) 了解电子商务数据分析的常见指标及在行业中的应用。

📋 引言

无线技术的出现带动了移动电子商务的快速发展，高效便捷的购物方式为众多企业提供了新商机，移动电子商务将成为电子商务发展的主要方向。而在"互联网技术"发展的猛烈冲击下，各类电子商务公司的出现拉开了第四次零售革命的帷幕，各种新技术的成熟使"新零售"成为可能。本章节将介绍移动电子商务、新零售的基础知识及其应用和发展。

9.1 移动电子商务

9.1.1 移动电子商务的含义

移动电子商务(mobile commerce)是指利用手机、PDA 等移动通信设备通过现代无线通信网络进行的 B2B、B2C 或 C2C 等各种类型的电子商务活动。移动电子商务是通过移动通信网络进行数据传输并利用移动终端开展各种商业经营活动的电子商务模式，涵盖了原有电子商务的营销、销售、采购、支付、供货和客户服务等交易过程，它是移动通信、PC 与互联网三者融合的信息化成果。移动电子商务以应用移动通信技术和使用移动终端进行信息交互为特性，其商务活动参与主体可以在任何时间、地点实时获取和采集商业信息。移动电子商务因其灵活、简单和方便等优势,已经成为电子商务发展的新方向。

移动电子商务是电子商务的一部分,其不仅扩展了电子商务市场,还增加了电子商务市场的交易量。移动电子商务不仅能提供互联网直接购物的服务,还是一种全新的销售和促销渠道。对于企业用户,移动电子商务可以帮助其降低成本,增加利润,获取竞争优势;对于个人用户,移动电子商务可以帮助其更加方便、快捷、安全地进行商业交易。作为新兴的商务活动模式,它将先进的移动通信工具和无线上网技术应用到传统的商务交易活动中,真正实现了以客户为中心,以现代无线通信网络为手段,以更高效、更方便及更低廉的成本完成传统商务模式的一系列交易活动。

9.1.2　移动电子商务的特征

1. 移动电子商务的技术特征

(1) 移动接入。移动接入是指移动用户凭借移动终端设备和相关的移动网络进行连接,并通过这种途径来获取相关的信息。目前,移动网络的覆盖面已经达到了较高的水平,移动用户可以在任何地点接受电子商务服务。

(2) 身份鉴别。对移动用户的身份鉴别主要是依靠移动用户所使用的 SIM 卡来实现,其所对应的用户是唯一的,因此可以实现对每个移动用户的身份进行鉴别。此外,通过对移动用户的 SIM 卡进行编程,可以实现对客户银行账号的存储,同时还可以使用证件等作为识别用户身份的有效凭证或对客户的数字签名、加密算法、公钥认证等进行安全防范,拥有这些手段以后,可以有效地拓宽电子商务的应用范围。

(3) 移动支付。移动支付是指客户通过移动终端设备来实现一定的电子支付业务。移动支付是移动电子商务发展的重要目标之一,也是今后移动电子商务业务发展的主要方向。

2. 移动电子商务的服务特征

(1) 用户位置的可确定性。随着移动通信技术的快速发展,移动电子商务凭借其定位技术可以十分便捷地实现对客户的定位,同时由于移动终端设备中存储了用户的信息,每个移动终端设备都具有唯一的标志特征,这为客户身份的鉴定及相关信息的收集和整理提供了极大的便利。

(2) 可以有效满足客户的实时性需求。移动网络具有极强的覆盖能力,可以为用户提供及时便利的服务而不受时间和空间的限制,从而有效地提升了服务的效率,极大地满足了用户的实时性需求。

(3) 渠道的扩展。移动电子商务不仅可以有效提升企业的通信能力,使企业根据自身的需求随时随地接受相关服务,还可以作为企业的一个新营销渠道,进一步提升企业与客户之间的关联度,为客户提供更为便捷的体验。

9.1.3　移动电子商务的架构

移动电子商务的架构包括网络基础层、中间件层、支撑服务层、移动应用层四层,以及移动电子商务政策法规和移动电子商务标准与规范两个支柱，具体架构如图9-1所示。

图9-1　移动电子商务架构

1. 网络基础层

移动电子商务架构的底层是网络基础层，它是所有移动应用的网络基础，通常由网络运营商负责该层的建设、运营和维护。通常说的 4G 或 5G 指的就是网络基础层的概念，该层主要决定了移动应用的网络质量，如带宽、传输速率等。

2. 中间件层

中间件层处于网络基础层之上，为支撑服务层的开发提供了一个统一的衔接平台。中间件层使得网络基础层"透明"，服务提供商无须考虑网络的具体性质。例如，WAP(wireless application protocol，无线应用协议)就是一种类似于中间件的技术，通过制定一系列标准协议使得 WAP 应用不受网络和终端设备的影响，从而实现多网络、多终端的服务。

3. 支撑服务层

支撑服务层是实现移动应用所需要的基础支撑服务，包括硬件、操作系统、数据库、支付工具等各种通用的服务。从表现形态来说，支撑服务层主要分为硬件和软件，硬件用于连接移动电子商务应用的各种移动智能设备和各种安全支付工具等；软件包括操作系统、数据库、支撑各种移动电商应用的 App 系统等。

4. 移动应用层

移动应用层由应用服务提供商开发和维护，可提供各种各样的服务，主要分为 3 个方面：①用于公共信息发布业务，如时事新闻、天气预报、交通路况信息等；②用于信息的个人定制接收业务，如服务账单、旅游信息、航班信息、行业产品信息等；③用于交互式业务，包括电子购物、游戏、证券交易、在线竞拍等。

根据上述架构可以将参与移动电子商务的主要角色划分如下：首先是用户，其次是网络运营商、应用服务开发商、内容或服务提供商。除此之外，还有设备制造商、软件开发或集成商、相关政府部门、行业协会等。由此可见，移动电子商务是多层次、多角色的体系，在发展移动电子商务时必须考虑各层次、各角色协调发展，从而保证整个系统的正常运行。

9.1.4 移动电子商务的关键技术

1. 移动通信网络技术

WAP(无线应用协议)是一个全球性的开放协议。无线应用协议通过定义可通用平台,将目前互联网上的超文本标记语言(hyper text markup language,HTML)信息转换为用无线标记语言(wireless markup language,WML)描述的信息,并显示在移动电话或其他手持设备的显示屏上。无线应用协议并不依赖于特定的网络而存在,即使在 4G、5G 时代到来后现有的无线应用协议服务仍然可能会继续使用,但传输速率更快,协议标准也会随之升级。

移动通信网络技术的发展阶段如下。

(1) "3G"(3rd-generation)即第三代移动通信技术,是指支持高速数据传输的蜂窝移动通信技术。3G 服务能够同时传送声音(通话)和数据信息(电子邮件、即时通信等)。自 2009 年初 3G 技术在我国应用以来,其发展速度令人惊叹。随着时间的推移,3G 的应用范围不断扩大,从最初的无线宽带上网拓展到了视频通话、手机电视、无线搜索、手机音乐等领域。

(2) "4G"(4rd-generation)即第四代移动通信技术。4G 集 3G 与无线局域网(WLAN)于一体,能够传输高质量视频图像。2014 年初中国进入 4G 时代。4G 主要具有兼容性好、传输速率快、网络频谱宽、数据通信速度高、内容更广阔等特点。

(3) "5G"(5rd-generation)即第五代移动通信技术,是 4G 之后的延伸。它具有更高的传输速率和更宽的带宽,网速可高达 10GB/s,预计比 4G 提高百倍以上,这意味着只需几秒钟即可下载一部高清电影。此外,5G 还具有高可靠性、低延时等特点,能够满足智能制造、自动驾驶等行业的特定需求。这不仅将拓宽融合产业的发展空间,还将有力支撑经济社会创新发展。

高通与腾讯游戏合作,打造5G时代的游戏内容和体验

2019 年 7 月 29 日,圣迭戈——Qualcomm Incorporated 子公司高通无线通信技术(中国)有限公司宣布与腾讯游戏签署非约束性的谅解备忘录(MoU),将在游戏领域展开全面战略合作。双方通过此次战略合作,期望对未来合作项目进行联合优化,其中包括:基于 Qualcomm 骁龙 TM 的移动游戏终端、游戏内容和性能优化,Snapdragon Elite Gaming 特性增强,云游戏、AR/VR、5G 游戏用例开发等。

移动技术正在不断演进,消费者对移动游戏的体验要求也越来越高,因此,整个移动游戏产业亟待建立更强大的合作关系。通过利用高通基于骁龙平台的核心产品与技术,以及腾讯在游戏开发领域的专长和广泛资源,双方旨在开发出消费者喜爱的高品质游戏,并让他们能够在骁龙平台和终端上进行体验。5G 应用的出现标志着全新连接时代的到来,更快、更强大的即时沉浸式游戏体验将使移动游戏产业的格局发生变革。

---

2. 移动定位系统

移动定位系统作为移动通信系统的特色之一,其定位服务一直被认为是未来移动增值业务的一个亮点。移动定位可帮助个人和集团客户随时随地获得基于位置查询的各种服务与信息。运营商可以利用自己的移动网络资源,结合短信息服务系统、GPS 和地理信息服务系统(电子地图),与内容和业务提供商进行合作,为个人和集团客户提供丰富多彩的移动定位应用服务。

移动电子商务的主要应用领域之一就是基于位置的业务，目前，移动定位业务的具体应用可大致分为公共安全业务、跟踪业务、基于位置的个性化信息服务、导航服务及基于位置的计费业务等。

3. NFC技术

NFC(near field communication，近场通信)，又称近距离无线通信，即近距离无线通信技术，是一种短距离的高频无线通信技术，其允许电子设备之间进行非接触式点对点数据传输(在 10 cm 内)交换数据。在前面章节中，我们提到 NFC 技术是目前移动支付的常见应用形式，是移动电子商务的重要技术基础。

4. 无线公开密钥体系技术

公开密钥体系(public key infrastructure，PKI)是利用公钥理论和技术建立的提供信息安全服务的基础设施。而无线公开密钥体系(WPKI)是将互联网电子商务中的公开密钥体系安全机制引入无线网络环境中的一套遵循既定标准的密钥及证书管理平台体系。用无线公开密钥体系来管理移动网络环境中使用的公开密钥和数字证书，可有效建立安全和值得信赖的无线网络环境，从而较好地提高无线网络上信息发送的安全性和内容的完整性。

无线公开密钥体系正处于产品开发和市场大力培育时期，国内外对无线公开密钥体系技术的研究与应用正处于不断探索之中。由于一些条件和因素的限制，无线公开密钥体系技术的进展相对比较缓慢，真正普及应用可能还会经历一段相当长的时间。

9.1.5　移动电子商务的应用及发展

1. 移动电子商务的应用

移动电子商务的应用领域非常广泛，主要包括移动电子支付、移动娱乐、移动办公、移动服务和移动营销等领域。

1) 移动电子支付

移动电子支付，就是用户使用手机、掌上电脑和笔记本电脑等移动电子终端设备，通过手机短消息、互动式语音应答(interactive voice response，IVR)、手机上网业务无线应用协议等方式，对所消费的商品或服务进行账务支付、银行转账等商务交易活动。

移动支付的具体应用有短信支付、扫码支付、指纹支付、NFC 近场支付、声波支付等，详细介绍见第 5 章电子支付。目前，市面上常见的用于移动电子支付的软件有支付宝、微信、Apple Pay 及手机银行 App，主要以扫码支付和 NFC 近场支付为主。在中国，由于二维码具有成本低、易操作的特点，且在国内移动支付两大巨头——支付宝、微信的推动之下，扫码支付成了使用最为广泛的移动支付应用形式，"扫一扫"或"付款码"的标志随处可见。而在国外，NFC 近场支付技术发展更为良好，欧美多使用有非接触式功能的信用卡或手机，而日本等国家则使用有 NFC 功能的充值卡或交通卡，两者都是接触即可完成支付，免除了扫描二维码和输入密码的步骤，虽然 NFC 在安全性和便捷性方面更胜一筹，但其对移动终端硬件有一定的要求，成本相对较高。未来中国移动支付将会出现二维码、NFC 等多种支付方式长期共存的局面。

2) 移动娱乐

娱乐是人类生活中不可或缺的一部分，其内容随着时代的变迁而不断发展。移动电子商务时代，娱乐的内容和方式均得到了进一步的发展，同时，随着4G、5G技术的发展应用，移动电子娱乐已经显现出与传统的计算机游戏、电视游戏和网络游戏并驾齐驱的趋势。

移动电子娱乐的内容丰富多彩，涵盖了以移动QQ、微信为代表的移动沟通服务，以移动广播、移动新闻为代表的移动信息服务，以及以移动游戏、移动音乐为代表的纯娱乐服务等多种形式。

传统的娱乐方式会受场所和设备的约束。而在移动电子商务时代，电子娱乐的方式趋向简单，目前主要的接入方式为手机接入，其操作方式简单，不受时间和空间的限制，成为未来娱乐的发展方向。

3) 移动办公

移动办公又称为"3A办公"，也叫移动OA，即办公人员可在任何时间(anytime)、任何地点(anywhere)处理与业务相关的任何事情(anything)。用户可以利用手机等移动终端设备，通过多种方式与企业的办公系统进行连接，从而将公司的内部局域网扩大成为安全的广域网，实现移动办公。

移动办公的设备主要包括手机、笔记本电脑和个人数字助理。移动办公的实现方式主要有以下几种。

(1) 通过短信实现邮件提醒服务。

(2) 通过WAP服务浏览详细公文、邮件内容。

(3) 通过无线局域网实现在公司内部的移动办公。

(4) 采用移动软件随时随地召开内部会议。

(5) 通过虚拟拨号远程访问内部办公网络。

中石化移动协同办公

中石化集团作为中国四大石油公司之一，参与了国家战略石油储备体系建设，已成为中国石油安全供应体系的重要成员，其仅下属黑龙江分公司就有上百个加油站便利店需要管理，有近170名员工需要协同办公。在日常工作中，中石化集团各部门之间，以及众多加油站便利店与总部之间时常有频繁的沟通和跨部门协作，因此也会出现各种同行业公司常见的问题。

而销售型企业+互联网移动办公协同这两者产生的化学反应在中石化销售部得到了很好的印证。现在，中石化销售部利用相关软件和CRM一站式的客户管理系统，让每个客户跟踪过程都能通过一个客户信息看到所有该客户订单相关的业务信息，包括客户来源、跟进过程、订单审批、合同、产品等。移动办公可以让销售人员实时记录沟通中每一次的时间、地点和内容，并关联过程中产生的方案资料和合同。

移动办公方便了管理者和员工利用许多碎片化时间处理工作。在中石化公司的决策人看来，这些节省下来的时间成本对于一个团队是弥足珍贵的。以前，让他们最头疼的就是出差回来以后办公桌上堆得厚厚一摞的文件。一些因为重要信息缺失，需要退回重复审批的文件更是让人不胜其烦。而现在，无论在国内还是国外出差，都可以通过计算机或手机及时批复各种申请、文件，如请假单、报批文件、工作报告等，自己提交的审批也可以通过"审批流程图"查看到审批情况，必要时可催办，完全不会因为任何问题打乱工作节奏。

4) 移动服务

(1) 移动金融。移动电子商务使人们能够随时随地通过互联网安全地进行个人财务管理，使用移动终端进行账户核查、账单支付、转账操作及接收付款通知等。

移动电子商务的即时性非常适用于股票等交易应用。此外，移动设备还可用于接收实时财务新闻和信息，确认订单，并安全地在线管理股票交易。手机证券是中国移动通过无线网络平台为中国移动用户提供的全新模式的证券应用服务。用户通过手机获取行情和交易资讯等一系列证券应用服务，其操作过程与在证券营业部一致，简单易用。

(2) 移动购物。借助移动电子商务，用户能够通过其移动通信设备进行网上购物，如订购鲜花、礼物、食品或快餐等。传统购物也可通过移动电子商务得到改进。例如，用户可以使用"无线电子钱包"等具有安全支付功能的移动设备在商店或自动售货机上进行购物。

通过互联网预订机票、车票或入场券已经发展成为移动电子商务的一项主要业务，其规模还在继续扩大。移动电子商务使用户能在票价优惠或航班取消时立即得到通知，也可支付票费后或在旅行途中临时更改航班或车次。另外，借助移动设备，用户还可以浏览电影和阅读评论。

(3) 无线医疗。医疗产业的显著特点是，每一秒钟对病人来说都非常关键，因此，这一行业非常适合开展移动电子商务。在紧急情况下，救护车可以作为进行治疗的场所，而借助无线技术，救护车可以在移动的情况下同医疗中心及病人家属建立快速、动态、实时的数据交换，这对每一秒钟都很宝贵的紧急情况来说至关重要。在无线医疗的商业模式中，病人、医生、保险公司都可以获益，因此也较愿意为这项服务付费。

阿德利亚科技无线医疗

阿德利亚科技公司应用无线网状网技术(wireless mesh)，开发了包括金梭 MSR1000、NMS1000 等全系列的无线宽带网络路由设备和管理系统，并针对医疗行业的应用形成了完整的无线宽带覆盖解决方案，使无线宽带网络无处不在、无时不在的美好愿望成为现实。阿德利亚科技公司提供的无线医疗系统解决方案所具备的移动性、灵活性和高可靠性，使得医院部署特殊的或专有的信息化应用成为可能。

在部署了阿德利亚无线 Mesh 宽带覆盖的医院中，通过使用 Wi-Fi 语音可以更好地调度医护人力资源、协同各部门间的工作、处理急诊呼叫等，而且医院内部的所有语音通信都是免费的。不同医院的医疗团队通过阿德利亚 Mesh 产品在医院内部署的无线网络覆盖及跨越 Internet 的网络连接，可实现随时随地的医疗资源共享，医生可按照病人实际症状及线上联合会诊结果，给病人提供实时、正确的医疗诊断。这不仅让病人享受到了更加完善的医疗资源，也免去了病人长途奔波的不便。同时，结合无线扫描设备，可以实现对患者随时随地的信息化管理，患者通过挂号可建立信息条码，在诊室检验诊断后可以利用无线网络录入或调出病历信息，药房取药付费等也可通过无线条码扫描设备进行识别，杜绝了差错现象。

(4) 移动旅游。移动旅游电子商务是指旅游服务产品消费者利用移动终端设备,通过无线和有线相结合的网络,采用某种支付手段来完成与移动旅游提供者的交易活动。其功能具体可以概括为以下四个方面:旅游信息服务、各种旅游服务的查询和预订、旅游电子商务网站的个性化服务、为旅游爱好者提供自主交流的平台。

与传统的旅游电子商务相比,移动旅游的终端具备可移动性和地理定位功能,从而可以随时随地获取基于位置的服务,如餐饮、住宿、景点介绍等,当遇到紧急情况时可及时处理。

(5) 移动打车。移动打车是指利用智能手机内安装的应用,发出招出租车的请求。打车软件通常分为司机端和乘客端,分别安装在司机和乘客手机内,双方匹配使用。乘客打开应用后,可以查看附近空车,发出打车请求。司机手机语音播报附近乘客的打车请求,可以选择接受或拒绝。

手机打车软件利用智能手机的卫星定位系统、地理信息系统和相应推送服务机制,可实现乘客和司机之间的信息交互。使用手机软件打车不仅提高了出租车服务的品质和效率,缓解了用户打车难的问题,还满足了用户高品质个性化服务需求。目前,国内市场主导地位的打车软件有滴滴出行和神州专车等。

5) 移动营销

移动营销(mobile marketing)指面向移动终端(手机或平板电脑)用户,在移动终端上直接向目标受众定向和精确地传递个性化即时信息,通过与消费者的信息互动达到市场营销目标的行为。狭义的移动营销即是指移动广告。移动营销能够帮助传统品牌企业快速有效地抢占移动互联网营销阵地,转化大量的线下消费者数据到线上,促进营销活动的线上和线下部分的有效整合。

移动营销在整体网络营销中的占比逐步增加,根据艾瑞咨询网的数据显示,2018年的移动广告占比约为78%。而且移动广告市场规模增速远高于整体网络广告市场的增速,2018年的增长速率为49.6%。由于传统广告媒体,如搜索、分类信息等,受到用户增速放缓的制约,因此广告曝光量趋于稳定,并保持较为稳定的增长。然而,在移动广告市场中,这些传统广告媒体的市场份额逐渐萎缩。相比之下,电商、社交和短视频领域由于用户增长迅速、依赖性不断增强,并且不断尝试新型广告形式,因此未来仍具有较大的发展空间。

2. 移动电子商务的发展

1) 手机网民的规模不断扩大

近年来,我国手机网民规模不断扩大,手机上网的覆盖率也在不断提升,2018年手机网民的规模达到了8.17亿人,占总体网民的比例为98.6%,超过其他终端成为第一大上网方式。网民互联网接入方式的改变,使移动电子商务的应用越来越广泛,移动电子商务的发展出现了一个崭新的局面。

2) 智能终端的性能不断提升

随着智能终端在手持设备领域的快速普及,消费者对于智能终端的选择也呈现多样化和个性化,特别是对于智能终端内容的选择已经成为消费者更为看重的一个关键因素。

目前的智能终端拥有更大的屏幕、更清晰的色彩,以及更快的速度,其性能的提升吸引了更多的用户购买和使用。在用户需求和技术发展的共同推动下,智能终端正向着更高速、更智能化的方向不断发展,进而吸引更多用户使用,并推动移动服务向更深层次发展和延伸。

3) 移动电子商务的应用不断创新

随着移动网络及智能终端的不断发展，移动电子商务业务范围也在逐渐扩大，我国移动电子商务应用数量呈现逐年缓步增长的态势，在 2018 年达到了 449 万款。移动电子商务涵盖金融、信息、娱乐、旅游和个人信息管理等领域，其中以游戏娱乐规模最大，2018 年游戏类应用数量达到了 138 万款，排名第一。移动电子商务的创新主要集中在生活服务类、电子商务类及主题壁纸类应用，应用规模较大，主要解决用户个人信息、购物、服务等方面的问题。近年来，金融类、社交通信领域引发了一轮创新浪潮，特别是在 2018 年，金融类移动应用增幅超过了20%，社交通信领域的新应用数量占比居各领域前列，不断开拓了移动电子商务的细分领域。

4) 安全性要求不断提升

移动电子商务的使用要求用户必须具备移动电子设备和移动互联网。移动设备小巧便捷，但非常容易遗失，一旦丢失，用户的信息和财产安全就会受到严重威胁，并且移动互联网中本身存在的安全问题，也会给用户的信息安全造成巨大的隐患。由于电子商务无法对信息进行直接保护，因此，移动电子商务研发者应充分意识到消费者在移动终端使用这一环节的安全问题。随着移动电子商务的进一步发展，相信相关部门也会尽快出台维护消费者权益的法律法规，以保护消费者的信息和财产安全。

5) 企业应用的移动化

在传统的商务模式分析中可以发现 B2B 的市场规模远远大于 B2C 和 C2C 市场之和。在移动电子商务领域，B2B 仍然具有巨大的发展空间。然而，目前大多数移动应用都面向个人用户，而面向企业用户的应用数量相对较少。由于企业对移动应用的要求高且消费能力强，如何为企业用户提供有价值的应用，如增加收入、提高工作效率等，将成为移动电子商务发展的重要方向。

6) 产业链的多元化

随着电子商务的不断发展，其涉及的商务产业类型也将越来越多。这些产业将通过不断整合，形成一条完整的产业链，并朝着多元化方向发展。根据消费者的需求，电子商务将融入餐饮、服装、娱乐等多种行业，提供全方位的服务。

9.2　新零售

9.2.1　新零售的含义

自 1852 年世界上第一家百货商店在法国诞生以来，有着上千年历史的"作坊"式零售模式逐渐淡出历史舞台。在随后的不到 80 年时间里，"百货商店""连锁便利店"和"超级市场"三种零售经营模式先后诞生并兴起。这三次零售经营模式的变革主要是由"效率和成本"驱动的，因此这三种零售模式也被称为三次零售革命。

20 世纪 90 年代中期开始，在互联网技术迅猛发展的猛烈冲击下，出现了各类电子商务公司，拉开了第四次零售革命的帷幕。经过 20 多年的发展，传统电商积累了大量有关"生产商""商品"和"消费者"的数据，为零售业数字化发展奠定了良好的基础。与此同时，云技术、计算能力、智能算法的突破及系统工程、价值工程和配送技术的成熟使"新零售"成为可能。

新零售，即企业以互联网为依托，通过运用大数据、人工智能等先进技术手段，对商品的生产、流通与销售过程进行升级改造，进而重塑业态结构与生态圈，并对线上服务、线下体验及现代物流进行深度融合的零售新模式。

9.2.2 新零售的特征

新零售的特征可以概括为以下五点。

1. 以消费者体验为核心，重构"人""货""场"

新零售是以用户体验为中心，强调消费体验场景化；由传统的生产引导转变为消费驱动，基于数字技术强劲的创造力，无限逼近消费者内心需求；掌握数据即意味着掌握消费需求；提供售前、售中、售后的全程优质服务，最终实现"以消费者体验为中心"，以此重构人、货、场，形成新的零售商业模式。

2. 数字化与智能化

新零售在实现消费者多样化的需求和场景体验的满足感时，要以大数据、云计算等新技术为依托。任何零售主体、消费者及商品均具有二重性——既是物质的又是数字的。基于数理逻辑，将消费者和商品转化为数据，通过分析大数据，最终实现整个零售生态系统的价值链重塑。这就是大数据在新零售中的作用，逐渐实现新零售的网络化和智能化，数字将作为隐藏推手贯穿于生产、营销、服务环节。未来，智能试装、隔空感应、拍照搜索、语音购物、VR逛店、无人物流、自助结算、虚拟助理等智能化应用都将真实地出现在消费者的生活中，并得到广泛应用与普及。

3. 全渠道

全渠道是新零售的重要驱动模式，是线上线下的有效融合(线上指的是云平台，线下指的是实体店或生产商)。业界用"I+N+n"的运营结构来定义它，即同一种品牌的商品拥有多个渠道(N)，提供线上线下的各种服务(n)，使得实体门店、电子商务和移动应用渠道能够融合在一起，即满足消费者任何时候、任何地点、任何方式的购买需求，为该品牌的消费者提供无差别的服务体验，同时实现企业利润最大化的目标。

4. 新支付体验

新零售通过融合线上线下的支付方式，进一步提升了用户在门店消费的支付体验。它全面覆盖各类收银场景，为用户提供多样化的支付选择，从而提高了支付的流畅度。基于云计算技术，新零售实现了收银软硬件一体化，有效提升了门店的管理效率，帮助企业适应新零售的发展趋势。

5. 智能物流

零售业线上线下的融合还要结合智能物流才能称得上新零售，即要由产品体验延伸到物流服务体验，形成产业间的协同。智能物流即在大数据驱动下，整合整个供应链，实现物流配送全程智能化，这样可以节约配送成本，提高服务效率，减少库存，并增加销量。

9.2.3　新零售的体系架构

新零售的体系架构主要包括基于云计算及智能技术等的技术层、所有与前端交易场景需要公用的资源层和前端表现的交易层三层，如图 9-2 所示。

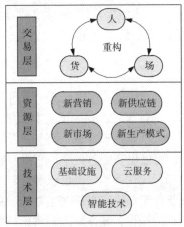

图9-2　新零售的体系架构

1. 新零售的交易层

正如新零售的特征中提到的，新零售的前端交易层体现在重构"人""货""场"。对于"人"，即消费者，新零售要求做到精准获客，对受众人群的购物心理和需求有精准把握，注重以消费者体验为核心，使消费者自发、自组织地参与生产。对于"货"，即需求，表现在从原来的功能属性、性价比、耐用升级到品质、个性化、参与感、文化属性等。对于"场"，表现在无处不在的消费场景，新零售从传统的百货购物中心延伸到了各种智能终端。

2. 新零售的资源层

新零售的资源层可将所有与前端交易场景需要共用的资源、能力聚集起来，以微服务的方式向前端商业提供服务。在营销渠道上，新零售建设了以消费者为核心的全域营销，打通了消费者认知、兴趣、购买历史、品牌忠诚度和分享的全链路。新零售面向的市场是全球一体化、实时化交易，并打破了传统商业思维和逻辑世界的新市场环境。新零售中的新型供应链是数字化生产制造、智能物流、数字化服务培训和门店数字化陈列。新零售的生产模式是借助强大的数据通路，由消费方式逆向牵引生产的新的生产模式。

3. 新零售的技术层

新零售必须建立在各种大数据等智能算法和新技术变革上，AR、VR、AI 等科技应用和大数据应用是标准配置，移动互联网和云服务是新零售的基础设施。

9.2.4　新零售的关键技术

1. 大数据处理技术

新零售的大数据处理技术包括大数据采集、大数据预处理、大数据存储和管理、大数据分析和挖掘、大数据展现和应用。根据相关研究报告，大数据处理技术能通过解析人、技术、事物的过去和现在的特质，实现对未来的"预测功能"，从而在新零售中挖掘出潜在的商业价值，主要包括顾客群体细分、模拟实际环境、强化供应链、产品和服务四种方法。

例如现有的新零售推荐系统，可通过大数据分析及挖掘等大数据处理技术，预测消费者的消费转换模式及发生概率，并根据消费者的购物偏好，为其推荐相关商品。

2. 云计算技术

新零售的云计算技术分为硬件、云操作系统、云平台软件和云应用软件四个关键环节，利用互联网的高速传输能力，将数据的处理过程从个人计算机或企业服务器转移到云上。

云计算技术在新零售中的应用，就是将云计算、商务、经济等相交叉而形成的新的盈利方式。其具有以下几个优点：第一，可以提高服务效率，它能够根据企业需求即时做出反应，为新零售企业实现弹性的扩展应用部署操作；第二，可以降低新零售成本，电商企业只需按照需求即可找到自己需要的服务，既能将更多的精力放在主要的业务上，同时又大大降低了企业的IT维护成本；第三，可以增强数据安全性，通过互联网将用户数据存储在"云"端，有效地避免了因本地设备、技术落后而产生的存储安全风险；第四，更便捷，可以帮助企业随时随地方便快捷地进行日常的商业活动，企业员工、消费者可以利用各类智能终端通过网络设备在任何时间、任何地点进行商品的查询、支付等商业活动。

3. 人工智能技术

人工智能技术是计算机科学技术的一个分支，是研究、开发用于模拟、延伸和扩展人的智能的理论、方法、技术及应用系统的一门新的科学技术，该领域包括机器人、语言识别、图像识别、自然语言处理和专家系统的各方面的综合技术。近年来，越来越多的企业开始利用人工智能技术布局新零售，主要集中在智慧供应链、智能客服、无人便利店等方面。

智慧化的供应链以市场和消费者需求为导向，围绕"人员、商品、场景"，以人工智能算法为基础，通过提供商品管理、动态定价、需求计划、订单承诺履行、库存管理、自动补货和调拨、协同计划、供应计划、成本效益分析等应用场景的解决方案，为上游企业构建和优化全新的运营计划和决策体系。例如，智能客服就涉及多项人工智能技术，如深度学习、深度神经网络、自然语言处理、语义分析和理解、机器学习、大数据等。

4. 物联网技术

物联网是整个新零售产业闭环的最后关键点。物联网作为一种感知层的物理实现，能够以极低的成本将商品信息数据化，从而将整个线下零售的所有商业行为都搬到互联网上，并用大数据和人工智能进行处理和分析，形成一个线上线下商业行为的全图景。

新零售的物联网技术核心是 RFID/NFC 和各类传感器技术，辅以二维码、机器视觉、GPS、ESL(electronic shelf label，电子货架标签)等技术。例如，安装在超市货架上的传感器可以感知哪些产品被拾取，然后被放回，而不是购买。收集这些数据将会更好地告知制造商，如何进行商品和包装设计，增加销售额。物联网技术前期主要应用在医疗健康和汽车行业，相关技术的逐渐成熟直接带动了全球物联网芯片市场的发展。随着物联网技术在各行各业应用的不断深入，零售行业将后发制人，超越其他领域。

5. 智能识别技术

智能识别技术主要是探究人的思维模式及思维过程，以此来形成具体的数据模式，利用数据信息和计算机程序有效地反映人类思维的技术。新零售涉及的智能识别技术主要有两种：一种是有生命的识别技术，包括声音识别技术、指纹识别技术和人脸识别技术；另一种是无生命的识别技术，包括智能卡识别技术、条形码识别技术和射频识别技术。

无人便利店通过使用计算机视觉(人脸和语音识别)、深度学习、RFID 技术融合、生物特征自主感知和物联网等技术，免去了传统收银结账的过程。通过人脸识别，系统能自主识别分析客户身份，帮助店员及时知晓 VIP 客户的到店情况和用户画像，极大地提高了服务质量；甚至可以通过检测客户的移动轨迹，描绘出门店的热区分布，让商家可以直观掌握进店顾客在门店内长时间逗留的区域和高关注度的货架，从而帮助商家优化产品陈列及人员配置。在对用户数量统计的同时，还可以对用户属性做一个归集分类，让商家更加了解到店客户的风格属性。

9.2.5 新零售的应用及发展

1. 新零售的应用

1) 便利店新零售：无人超市

日本罗森(Lawson)连锁便利店在测试的一款名为 RejiRobo 的收银机器人能够对消费者购物篮中的商品进行精准识别，并将顾客购买的所有商品及金额显示在屏幕中，当顾客完成支付后，机器人会自动将商品打包，顾客可以直接带走。亚马逊推出的无人便利店 Amazon Go 在全球范围内引发了广泛热议，顾客通过手机扫描二维码进入该门店后，所有的购物行为都会被系统存储在数据库中，顾客选购完商品并离开门店后，系统会自动结算并在其亚马逊账户中进行扣费。

国内部分零售门店开始尝试使用"RFID 芯片+防盗锁扣"的自助收银方式，当消费者将想要购买的商品放在收银机前时，收银系统会结合会员优惠、满减促销等情况快速计算出应付金额，消费者通过扫描屏幕上的二维码完成支付后，商品上的防盗锁扣就会自动失效，极大地提高了结算效率。自助收银的实现对减少门店人力成本也起到了关键作用。当前，零售企业面临着价格战和同质化竞争的压力，同时租金、人力、物流等成本也在不断上涨，而自助收银可以有效减少结算环节的人力成本，提高门店的经营效率。与此同时，高效便捷的自助收银也迎合了年轻消费群体的购物习惯，作为新一代消费主体的"80 后"及"90 后"，愿意接受新鲜事物，更加强调个性化，对门店售货员喋喋不休地营销推广有较强的抵触心理，而集新技术、新体验为一身的自助收银能够很好地满足他们的消费需求。

可以预见的是，随着自助收银不断走向成熟，将有越来越多的零售实体店为顾客提供自助收银服务，在提高门店的结算效率、降低人力成本的同时，还能让顾客获得更为优质的购物体验，在零售业乃至各行各业引发一场前所未有的颠覆性变革。

2) 生鲜新零售

本书以新零售中的典型——盒马鲜生(简称盒马)为例进行介绍。盒马鲜生的目标客户定位在 25～34 岁有一定消费能力的年轻人。这部分人群是网络购物的主力军，数量规模巨大，愿意尝试新鲜事物，相对价格更加注重追求商品新鲜度和便捷化购物体验。盒马根据客户定位，推出精美的产品及更加周到的服务。顾客可在任何时段下单，还可在线上订购线下没有的商品，甚至可在超市直接购买生鲜并加工等。这些产品和服务极大契合了目标客户的消费需求和消费观念。生鲜在零售总额中所占市场份额最大，毛利率高，消费频率也最高。盒马聚焦于消费者"吃"的需求，将生鲜超市、餐饮服务和基于门店的物流配送结合在一起，彻底改变了传统生鲜零售方式。由于盒马率先抢占了生鲜市场先机，再加上支付宝的用户基础和阿里的背书，其进入生鲜零售领域之初就掀起了顾客的购物热潮，一度成为"网红超市"。

盒马鲜生的核心价值是为顾客打造 3 千米理想生活区，提供更加便利的购物体验，满足顾客的多样化需求，并为顾客提供品类更全、更新鲜即时的商品，顾客可线上下单预订门店没有的商品。盒马采用小包装商品形式，满足消费者对生鲜即时的要求，并根据消费者需求区域性特点和消费数据的变化调整商品结构。盒马的餐饮服务实质是食品加工中心，提供食品加工半成品、成品，还针对年轻白领群体推出外卖服务。盒马的配送服务覆盖 3 千米范围，下单 30 分钟内送达，把门店作为前置仓，保证了线上线下同价同质，将线下流量持续引至线上以缓解线上流量瓶颈。为了实现"3 千米内 30 分钟送达"的配送目标，在消费者下单之后，盒马鲜生必须将商品分拣、打包、分配等环节与操作精确到秒，其中只要任何一个环节出现偏差或拖延，都有可能导致货物不能按时送达。自引入全新 AUTOID9 手持终端设备之后，在该设备的高效辅助下，商品分拣、打包在 1 分钟内就可完成。在这种情况下，配送员配送商品的时间就比较充裕，保证商品能按时送到。

盒马鲜生模式的出现对仓储、物流、点餐、收银等环节的工作效率提出了很高的要求，对手持终端设备的稳定性、性能、耐用性产生了极大的挑战。换个角度来说，正是由于手持终端设备不断升级，新零售模式才能对市场需求表现出良好的适应性。

3) 汽车新零售

汽车行业，作为传统行业中比较有代表性的产品，受低频高额、主机厂授权、征信数据的采集和判断等因素的影响，在新零售层面的突破性不强，但"天猫汽车超级试驾"在上海举办发布会后引发了广泛关注，因为它意味着汽车新零售时代的开启。对于消费者，只需要线上预约试驾，就可以到店通过人脸识别的方式自助提车，享受长达 3 天的自由试驾。这彻底改变了消费者购车前的试驾场景，让消费者像买消费品一样买汽车。

短短的时间，汽车消费方式已然有了翻天覆地的变化。阿里携手平台大搜车，加上主机厂福特全力支持，让汽车新零售路线图变得清晰起来。面对汽车贩卖机人们将不再惊叹，而是将其作为习以为常的购车方式。阿里巴巴、大搜车和汽车主机厂商恰好对应人、货、场：阿里巴巴坐拥 5 亿用户的线上流量，对应着"人"；汽车主机厂商作为产品提供方，对应着"货"；大搜车作为汽车交易服务平台，则对应着"场"。新零售模式是从用户体验出发，运用阿里巴巴的数字平台和大数据技术更好地服务厂商，赋能经销商，从而提升消费者的品牌体验，更精准地导流潜在客户到线下经销商店进一步咨询和购买。这条价值链既可以"从线上至线下"，也可以"从线下至线上"。汽车无人贩卖机聚集了线下精准用户，这些信息同样可以逆向引流至线上，通过阿里的大数据能力转化为精准的用户画像，以便于获取更多的潜在客户资源。汽车主机厂商通过入驻汽车无人贩卖机，也相当于开拓了与消费者互动及促进成交的全新渠道，并能对以往渠道效率进行赋能。

在使用传统方式购买汽车时，受主机厂区域保护、厂家对 4S 店的返利政策的影响等原因，线下价格混乱、购买门槛较高、付款方案有限。传统汽车行业的销售主要以追逐销量为目的，而新零售在汽车行业主要致力的方向是提升全渠道的用户体验、线上与线下融合、灵活的分离式业务模块，体验店、交车中心、服务中心将售前、售中、售后分离，让专业的人做专业的事。

4) 母婴新零售

作为国内领先的互联网母婴全平台，育儿网深耕母婴行业十几年，致力部署母婴智慧消费生态圈。其中，妈咪店是育儿网赋能线下中小型母婴门店、实现新零售战略合作的重要环节。与传统收银系统不同，妈咪店是一个能让使用门店获得更多收入的新零售工具。强大且免费的系统支持，使得妈咪店在上线后短短一年时间内快速扩张。妈咪店适配多个终端，为母婴店主提供计算机端客户端、手机 App、网页版后台，数据随时随地同步。针对传统进销存环节中存在的效率低下、货品管理分散、无法与他人分享货品信息资源等问题，提供优化方案。针对入库问题，妈咪店支持手机 App 随时录入商品、查库存等，支持多人同时上架商品，多门店库存集中处理，提高入库效率。库存预警功能提醒母婴店主时刻保证库存充足。

此外，妈咪店帮助母婴店自动生成线上微商城，店铺模板任性选择，会员一秒进入商城浏览下单并完成支付，支持门店自提、线上支付。商家拥有自己的独立微信支付、支付宝支付账号，实时到账，安全可靠。微商城入口可以多方位展示，新零售时代的小程序可以帮助母婴店联动门店、引流到店，持续更新的系统也在不断满足母婴店日常经营的各种场景。例如，位于北京银泰大红实体店的天猫首家智慧母婴室投入试运营，改造后的母婴室引入了天猫母婴产品无人贩卖机，可以满足妈妈人群急需买奶粉、纸尿裤等情况时产生的需要，此举也正式宣告阿里巴巴进军母婴智能零售，为母婴新零售提供试行样本。改造后的智慧母婴室除了设置有沙发、婴儿床、热水器等设施，还新增加了一台母婴产品自动贩卖机。消费者可通过扫描机器上的二维码购买到如胶囊奶粉、纸尿裤、储奶袋等商品。传统母婴室只能作为一个私密空间供母婴人群操作，在业内人士看来，以母婴室作为改造场景，通过在母婴室中摆设母婴产品自动贩卖机，借此展示品牌商品，或将成为母婴品牌接触用户的新触点。据银泰方面表示，改造母婴室是银泰加入天猫"3 千米理想生活圈"计划后的第一个大动作，未来该智能母婴室会持续运营，实体店也会与天猫一起探索更多合作商业模式。母婴室作为哺乳期妈妈的刚需，经常存在于火车站、汽车站、大型商场、妇幼专科医院等公共场所，伴随着"二孩"年代来临，各地对母婴室的需要日益增加。

5) 城市新零售

从 2018 年 4 月阿里巴巴宣布启动建设"新零售之城"起，北京、上海、杭州、苏州、成都、深圳、西安、南京、武汉和广州 10 个热点城市相继加入，随后天津、福州等城市也参与进来，核心城市无一例外。

城市竞相追逐的"新零售之城"并没有固定模式，是在各个城市自身特色的基础上结合阿里巴巴所提供的新零售基础设施对线上、线下、物流、数据等全面革新，这就为城市格局排序和重新崛起提供了可能。例如，"天字号计划"的"老字号卖全球"让北京的新零售充满传统文化底蕴；一度被认为"错过互联网机遇"的上海通过深化改革创新、加大政府扶持等措施，目前已经成为天猫小区和盒马鲜生覆盖最多的城市之一；西北首座"新零售之城"西安在合作领域加码签署了9个合作项目；银泰西选、智能卫生间、无人餐厅等新模式在杭州"成功内测"。"新零售之城"中，时空的传统观念正在被重塑。过去"南甜北咸"的老口味被新零售改变了，江浙沪地区的春季小吃"青团"成了北方网红，西部和北方的农产品销到全国，美食跨文化交流让全国消费者彼此更接近。

在"阿里巴巴效应"的激发下，新零售不仅给城市带来美好生活的化学反应，也为城市经济注入新的活力，促进城市消费升级、产业升级和创新升级。这些红利正加速拓展到更多城市，为城市发展打开更大想象空间，覆盖医疗、旅游、金融、交通等领域，一场波澜壮阔的城市改造即将到来。

2. 新零售的发展

电子商务发展到今天，已经占据中国零售市场主导地位。随着新零售模式的逐步落地，线上和线下将从原来的相对独立、相互冲突逐渐转化为互为促进、彼此融合，当所有实体零售都具有明显的"电商"基因特征之时，传统意义上的"电商"将不复存在，人们经常抱怨的电子商务给实体经济带来的严重冲击也将成为历史。

新零售未来的发展趋势主要体现在商品交易上，消费者的诉求会从单纯的"商品+服务"过渡到"商品+服务+内容"。对于产品，消费者不仅关心性价比、功能、耐用性等指标，而且更加注重产品的个性化专业功能、价值认同与参与感及产品背后的社交体验，基于DT技术的定向折扣、个性化服务、无缝融合等都会给消费者带来全新的体验。

在改变传统的经营方式和经营理论的基础上，新零售业态将以企业效率为中心的传统零售转变为以用户体验为中心的经营模式。我国的零售业目前还未得到一个有力的发展，因此呈现出一个线下实体零售变革加剧而线上电商零售业发展缓慢的状态。因此，要改变这种状态，构建新的社会生产关系，这决定了我国的零售业发展应以一种崭新的姿态面对消费者，在大数据、云计算、区块链等技术的支持下做到线上线下的八个融合，打造出零售与产业生态链、零售与消费者体验真正结合的新零售经营模式，以适应社会经济发展的需要。

9.3 跨境电商

9.3.1 跨境电商的含义

跨境电子商务(cross-border e-commerce)，简称跨境电商，是指分属不同关境的交易主体通过电子商务平台达成交易、进行支付结算，并通过跨境物流送达商品、完成交易的一种国际商业活动。从狭义上看，跨境电子商务近似于跨境零售电子商务，主要模式为境内消费者进口境外商品。但从广义上看，跨境电商指的是电子商务在对外贸易中的应用，是传统国际贸易商务流程的电子化、数字化和网络化。

跨境电商也是不同国家或地区的交易双方通过互联网将传统贸易中的展示、洽谈和成交环节数字化，实现产品进出口的新型贸易方式。运用线上平台进行货物的摆列、展出、搜索、比较、下单、付款、服务等活动，借助跨境物流将货物实现从境外输送至国内消费者等一系列与它相关的交易活动，成了一种创新型电商运营模式。

9.3.2　跨境电商的基本要素

在全球化和互联网的共同作用下，国际贸易的结构发生了显著的变化。传统的链状结构逐渐被网状结构所取代。在跨越不同国家和地区的贸易活动中，地理距离、市场和法律制度的差异为跨境电子商务带来了多重挑战。这通常需要多种商业角色共同参与和合作，才能顺利完成跨境交易。

跨境电商以跨境电商平台为中心，其组成涵盖了采购方、供应方、跨境电商平台、服务商及政府机构五个关键要素。各要素之间相互依赖、相互促进，形成了一个有机且高效的系统。在这个生态圈中，各种信息流、资金流和物流得以快速、准确地流动，从而推动了跨境电子商务的快速发展。

(1) 采购方。采购方是指跨境电商进口商品的购买者，可以是个人消费者也可以是企业。采购方通过互联网或移动终端等方式接入跨境电商平台，获取商家信息，进行洽谈并达成交易。

(2) 供应方。供应方是指自境外向境内采购方出售商品的企业，为商品的货权所有人。供应方通过跨境平台发布产品或服务，接受采购方的咨询及订单，进行一系列的商务运作及业务管理。

(3) 跨境电商平台。跨境电商平台为交易双方提供商品展示、交易撮合、国际物流、海关通关、支付结算等服务，帮助采购方和供应方实现跨境贸易。

(4) 服务商。境内服务商是指在境内为跨境电商提供各种服务的企业或机构。这些服务商主要包括支付服务机构、物流企业、报关企业及市场营销、数据分析等服务机构。一般服务商需具备相应的运营资质和许可证，如支付业务许可证、快递业务经营许可证等，并需遵守相关法律法规和监管要求，确保提供的服务安全、可靠、合法。

(5) 政府机构。跨境电商常涉及的政府机构主要有商务局、海关、检验检疫局、税务局和外汇管理等相关部门，这些政府机构不仅对跨境电商起到监督管理的作用，同时也能为其保驾护航，推动跨境电商的发展。

跨境电商的基本流程(以出口为例)是供货方将商品通过跨境电子商务平台进行线上展示，在商品被采购方选购下单并完成支付后，跨境电子商务平台将商品交付境内物流企业进行投递，经过出口国和进口国的海关通关、商检等操作后，最终经由境外物流企业送达采购方消费者或企业手中，从而完成整个跨境电商交易过程，跨境电子商务具体流程如图9-3所示。

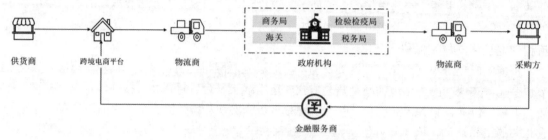

图9-3　跨境电子商务具体流程

在实际操作中，有的跨境电商企业直接与第三方综合服务商合作，让第三方综合服务商代办物流、通关商检等一系列环节的手续；也有的跨境电商企业通过设置海外仓等方法简化跨境电商部分环节的操作。

9.3.3　跨境电商的特征

跨境电子商务是国际贸易和电子商务融合发展的产物，它通过互联网将不同国家和地区的商业活动联系在一起，具有全球性、多边性、复杂性、非中心化和数字化五个特征。

(1) 全球性。跨境电子商务的最大特征就是全球性。它突破了地理空间的限制，使得商业活动可以在全球范围内进行。无论是哪个国家或地区的企业或消费者，只要通过互联网，就可以进行跨境电子商务交易。这种全球化的交易方式使得企业可以拓展更广阔的市场，消费者也可以获得更多的选择和更优惠的价格。

(2) 多边性。跨境电子商务的另一个重要特征是多边性。在传统的国际贸易中，双边贸易占据主导地位，但跨境电子商务却可以通过不同国家的交易平台、支付体系、物流平台等实现多个国家和地区之间的直接贸易。这种多边交易方式不仅可以减少交易成本，还可以提高交易效率，为各方带来更多的商业机会。

(3) 复杂性。跨境电子商务的复杂性主要表现在其交易过程中涉及的多种要素上。这些要素包括信息流、资金流、物流和商流等，每个要素都需要不同的管理方式和操作流程。此外，由于跨境电子商务涉及不同国家和地区的法律法规、货币汇率、税收政策等，因此其交易过程也更加复杂。

(4) 非中心化。网络是一个没有边界的媒介体，因此跨境电子商务也具有非中心化的特点。在跨境电子商务中，交易双方可以直接进行沟通和协商，不需要通过中间商或第三方机构进行干预。这种非中心化的交易方式可以减少交易成本和时间，提高交易效率。

(5) 数字化。跨境电子商务的交易过程数字化，所有的交易活动都可以通过互联网进行实现。信息发布和接收可以通过电子邮件、在线聊天等方式进行；资金支付和结算可以通过网上银行转账、第三方支付等方式进行；货物交付也可以通过物流公司进行配送。这种数字化的交易方式不仅提高了交易效率，还减少了交易成本和风险。

9.3.4　跨境电商的分类

1. 按交易主体划分

跨境电商按照交易主体可以分为 B2B 跨境电商、B2C 跨境电商和 C2C 跨境电商三种类型。

(1) B2B 跨境电商。其是指企业之间通过互联网平台进行商品或服务的交易。在这种模式下，企业通过在线平台发布产品信息，寻找合适的供应商或买家，并进行在线交易。B2B 跨境电商的优势在于可以减少交易成本、提高交易效率、扩大市场范围等。目前，B2B 跨境电商代表企业有阿里巴巴、环球资源网、中国化工网等。

(2) B2C 跨境电商。其是指企业通过互联网平台直接向消费者销售商品或提供服务。在这种模式下，企业可以通过在线商城、官方网站等方式向消费者展示产品信息，并接受消费者的订单。B2C 跨境电商的优势在于可以满足消费者的个性化需求、提供便捷的购物体验等。目前，B2C 跨境电商代表企业有亚马逊、天猫国际、京东全球购等。

(3) C2C 跨境电商。其是指消费者之间通过互联网平台进行商品或服务的交易。在这种模式下，消费者可以通过在线拍卖、二手交易等方式进行交易。C2C 跨境电商的优势在于可以满足消费者的个性化需求、提供便捷的购物体验等。但是，由于存在语言门槛、物流时效无法保证、管理成本较高等局限性，C2C 跨境电商的发展受到一定限制。

2. 按服务类型划分

跨境电商按照服务类型可以分为信息服务平台、在线交易平台和外贸综合服务平台三种类型。

(1) 信息服务平台。其是跨境电商的基础服务之一，主要提供信息发布、展示、查询和匹配等功能，帮助企业或个人在平台上进行信息交互和共享。信息服务平台通常包括商品信息发布、价格查询、供求信息匹配等功能，用户可以通过平台了解市场动态、竞争对手情况等信息，从而做出更明智的商业决策。信息服务平台代表企业有阿里巴巴国际站、中国制造网等。

(2) 在线交易平台。其是跨境电商的核心服务之一，主要提供在线交易、支付、物流配送等功能，帮助企业或个人实现线上销售和采购。在线交易平台通常包括在线商城、支付系统、物流配送系统等功能，用户可以通过平台完成商品购买、支付和物流配送等操作，实现线上交易的全程数字化管理。在线交易平台代表企业有敦煌网、国际速卖通等。

(3) 外贸综合服务平台。其是跨境电商的高级服务之一，主要提供外贸全流程服务，包括市场调研、产品采购、质量控制、单证制作、报关报检、物流配送等功能，帮助企业或个人实现外贸业务的综合管理。外贸综合服务平台通常包括外贸流程管理系统、外贸咨询服务等功能，用户可以通过平台实现外贸业务的数字化管理和优化，提高外贸业务的效率和准确性。外贸综合服务平台代表企业有阿里巴巴等。

3. 按平台运营模式划分

跨境电商按照平台运营模式可以分为第三方开放平台、自营型平台、外贸电商代运营服务商三种类型。

(1) 第三方开放平台。其是一种较为常见的跨境电商平台运营模式，具有开放性和共享性特点。第三方开放平台通过线上搭建商城，为跨境电商提供销售渠道和服务支持并整合物流、支付、运营等服务资源，吸引商家入驻，为其提供跨境电商交易服务。同时，平台以收取商家佣金及增值服务佣金作为主要盈利手段。第三方开放平台代表企业有敦煌网、环球资源网、阿里巴巴国际站等。

(2) 自营型平台。其是指由企业自行搭建和运营的跨境电商平台。自营型平台通常由企业根据自身需求和特点进行开发和管理,因此具有较强的自主性和个性化特点。在自营型平台上,企业可以根据自身的品牌形象和产品特点进行定制化的设计和功能开发,同时也可以更好地掌握消费者需求和市场趋势。但是,自营型平台的开发和运营需要较高的成本和技术支持,因此对于一些中小企业来说可能存在一定的门槛。自营型平台代表企业有京东全球购等。

(3) 外贸电商代运营服务商。其是一种专门为外贸企业提供电商运营服务的第三方机构。这些机构通常由专业的技术团队和管理团队组成,为外贸企业提供包括平台搭建、产品发布、订单管理、物流配送等一站式服务。外贸电商代运营服务商可以帮助外贸企业快速拓展海外市场,提高品牌知名度和销售额。此外,这些机构还可以为外贸企业提供市场调研、营销推广、数据分析等增值服务,帮助企业更好地了解市场需求和趋势。外贸电商代运营服务商代表企业有四海商舟等。

4. 按货物流向划分

跨境电商按照货物流向可以分为进口跨境电商和出口跨境电商两种类型。

(1) 进口跨境电商。其是指境外的商品通过电子商务平台达成交易,然后通过跨境物流运送至境内完成交易的国际商业活动。进口跨境电商的传统模式就是海淘,即境内的买家在电子商务网站上购买境外的商品,然后通过直邮或转运的方式将商品运送至境内的购物方式。国内代表电商平台有考拉海购、天猫国际等。

(2) 出口跨境电商。其是指境内企业借助电子商务平台与境外企业或个人买家达成交易,通过跨境物流将商品送至境外,完成交易的商业活动。出口跨境电商国内代表电商平台有全球速卖通、阿里巴巴国际站、敦煌网、环球资源网等。

9.3.5　跨境电商的发展

跨境电商的发展历程可以分为以下几个阶段。

1. 跨境电子商务萌芽阶段(1999—2003年)

随着互联网技术的发展和应用,以及国际贸易中对于新交易方式的探索和应用,跨境电子商务孕育而生。在该阶段,跨境电商主要以信息展示和交易撮合为主,尚不涉及物流配送、支付等环节。参与跨境电商的企业主要是外贸企业,它们通过互联网平台发布产品信息,寻找海外买家。

这个阶段的主要代表平台有亚马逊、ebay、阿里巴巴国际站等。阿里巴巴成立于1999年,开启了中国跨境电子商务的发展。最初,阿里巴巴的中国供应商只是互联网上的黄页,向全球客户展示中国企业的产品信息,并在B2B大宗贸易中定位自己。买家通过阿里巴巴平台了解到卖家的产品信息,然后双方离线协商交易,所以当时大部分交易都是离线完成的。2000年前后,一小部分中国人开始尝试在ebay和亚马逊等外国平台上进行跨境电子商务。当时互联网的普及率很低,跨境电商的规模也很小,主要是一些企业通过邮件、传真等方式进行跨境贸易。随着互联网的普及和电子商务的兴起,跨境电商开始进入萌芽与起步阶段。

2. 跨境电子商务快速发展阶段(2004—2013年)

随着互联网技术的不断发展和普及，跨境电商也开始进入快速发展阶段。在该阶段，有非常多的企业开始进入跨境电商领域，通过建立自己的电商平台或在第三方平台上开设店铺，向全球消费者销售或购买产品，跨境电商的交易规模和商品种类得到了大幅提升。同时，物流配送、支付等相关配套服务也开始逐渐完善，为跨境电商的发展提供了更好的支持。

这个阶段的主要代表平台有敦煌网、速卖通、洋码头、跨境通等。敦煌网创建于 2004 年，是一家致力于帮助中小企业通过跨境电商走向全球市场的 B2B 跨境电子商务交易平台。在此时期，跨境电商 B2C 出口平台逐渐起步，具有代表性的平台有速卖通、兰亭集势等；依托电商平台进行进口商品买卖的活动被称为"海淘"或"海外代购"，如洋码头、跨境通、万国优品等应运而生，境内消费者可通过这些电子商务平台实现足不出户逛遍全球。这些平台的出现，完善了跨境电商的形态，实现零售业的无国界运行。随后跨境电商开始为大家所熟知，国家也开始重视。至此，跨境电商生态得以完全形成。

3. 跨境电子商务稳定发展期(2014年至今)

从 2014 年开始，跨境电商进入了一个稳定发展的阶段。虽然交易规模和商品种类还在不断增加，但是市场竞争已经变得异常激烈，平台竞争也日趋白热化。在该阶段，跨境电商企业开始注重品牌建设、产品质量提升及客户体验优化等方面，以提升自身的竞争力。同时，跨境电商也开始逐渐走向全球化、多元化的发展道路。一方面，越来越多的中国跨境电商企业开始进军海外市场，拓展自身的业务范围；另一方面，越来越多的海外品牌和商家也开始入驻中国的跨境电商平台，提供更多元化的商品和服务。

在这个阶段，人工智能、大数据等技术的应用也进一步提升了跨境电商的运营效率和服务质量。同时，对跨境电子商务整体要求也越来越高，2018 年，中国政府发布了《关于促进跨境电子商务健康发展的若干意见》，提出了扩大跨境电商综合试验区范围、优化跨境电商进口流程、加强跨境电商知识产权保护等一系列政策措施，为跨境电商的发展提供了更加良好的环境。越来越多的跨境电子商业体正在稳步发展，跨境电商的发展至今呈现出稳定良好的趋势。2023年，我国的跨境电商行业渗透率达到 38.86%，跨境电商规模达到了 1.98 万亿元，其中出口达到了 1.44 万亿元，与去年同期相比，增加了 24.5%。

9.4　电子商务数据分析

9.4.1　电子商务数据分析的含义

随着企业信息化程度的提高和电子商务的不断发展，企业逐步开始思考如何利用数据创造价值，电子商务企业本身的业务信息化的特点，使得企业内部的环节几乎都可以用数据进行呈现，大数据时代的到来对电商企业而言既是机遇也是挑战。电子商务数据分析是指通过收集电子商务经营过程中所产生的数据，并利用适当的方法和工具对数据进行处理、分析，从中获取有价值的信息，从而帮助决策者更好的做出判断，以便正确有效地采取行动。

电子商务数据分析的常见内容有市场与行业数据分析、竞争数据分析、商品数据分析、客户数据分析、销售数据分析、供应链数据分析等。电子商务数据分析主要从以下三个方面进行。

(1) 现状分析。通过对业务数据、指标进行分析，展现电子商务企业现阶段整体运营现状、业务构成及业务变动情况，帮助企业更好地做出企业经营评价，发现优势及潜在的不足，及时调整运营方案。例如，电子商务企业经常通过客单价、顾客复购率、好评率等评价顾客的忠诚度，从而及时发现可能流失的顾客并采取挽救措施。

(2) 原因分析。当现状分析发现企业存在的问题时，就需要根据具体的业务问题确定可能的原因并制定出相应的数据分析方案，收集数据并选择适当的方法确定问题根源所在，最终根据数据发现现实业务中存在的具体问题，从而进行改进、解决问题。例如，发现销售额下降的原因主要由顾客复购率降低引起，在调查顾客后发现主要是由售后服务态度差导致的，最终制定客服服务改进方案。

(3) 预测分析。对电子商务企业的未来发展趋势做出预测，便于企业制订运营计划、调整战略。例如，企业可以通过历史的销售额及业务周期变化等数据，进行未来一段时间的销售额预测，从而制定销售部门的经营目标及员工考核的依据。

9.4.2　电子商务数据分析的流程

电子商务数据分析的流程基本包含 6 个步骤，即明确数据分析需求、数据收集、数据预处理、数据分析、数据可视化及报告撰写，如图 9-4 所示。

图9-4　电子商务数据分析流程

1. 明确数据分析需求

明确数据分析需求可以为后期数据收集、分析提供清晰的目标，是确保数据分析过程有效性的首要条件。数据分析之初应先了解需求来源的核心问题，详细了解该问题涉及的具体电商业务过程，并对业务所牵涉的人员需求进行调研、梳理，对需求进行筛选、排序后，确定本次数据分析的目标及分析对象，根据分析目标确定整体数据分析的框架和思路。整个过程中需要分析人员具备相关业务背景知识及统计知识，能够合理利用统计、管理等方法，将某个业务问题转化为统计分析问题。

2. 数据收集

数据收集需要按照确定的数据分析目标及分析框架，有目的地收集、获取相关数据，数据收集是数据分析的基础，而要获得良好的数据分析结果，数据的质量及数量是十分重要的。数据的来源主要有两种：一种是直接来源，也称为第一手数据，主要来源于直接的调查或实现的结果，例如，公司的业务数据库中可直接获取原始的业务数据，包括用户信息、流量数据等，也可根据分析问题设计问卷，并发放给顾客填写或设计实验让顾客参与获得数据；另一种是间接来源，也称为第二手数据，主要来源于公开出版或报道材料及他人调查的数据，是结果加工整理后的数据，如公开出版的年鉴统计类出版物、专业咨询公司发布的市场调研数据、淘宝指数、生意参谋等数据来源。

3. 数据预处理

数据预处理主要是指在具体的数据分析之前，对收集到的数据进行加工、整理，解决数据缺失、格式错误、逻辑错误、数据冗余等问题，从而保障数据分析的质量及效率。数据预处理主要包括数据清洗和数据整合两个部分：数据清洗是指将无用或错误的数据删除或修正，以避免对数据分析的干扰；数据整合是指将来自不同渠道的数据合并成一张表格或数据库，以便后续的分析。

4. 数据分析

数据分析是整个流程中最为核心的环节，是发现数据价值、挖掘信息的关键所在。数据分析具体可以分为描述性分析、诊断性分析、预测性分析及规范性分析四个层次，需要根据数据分析的问题及目标选择合适的分析方法及工具，掌握各类数据分析方法的原理、使用范围、优缺点及结果的解释，从而能更好地运用于实际的业务问题分析中。常见的数据分析工具(即软件)主要有两类：一类是 Excel，它是基础的办公软件，使用门槛不高，是较常用、较简单的数据分析工具之一，许多公司常使用 Excel 分析业务数据库中导出的数据来解决多数数据分析题；另一类是 SPSS、MATLAB 等专业分析软件，使用门槛较高，但功能强大，能进行专门的数据分析、建模等。

5. 数据可视化

数据分析的结果多数是一些抽象、难懂的数据，数据可视化是将数据分析的结果表示为视觉图像的技术，主要是以图表、图形等形式呈现，以便更好地理解数据，也更利于发现隐藏在数据之间的关系，使信息的交流更加清楚、有效。常用的图形有饼图、柱状图、散点图、直方图、雷达图、平行坐标、树映射图等，需要了解不同图形的特点，从而适应具体的数据展现场景。多数情况下，人们对数据可视化形式的接受度从大到小依次为图形、表格、文字。

6. 报告撰写

数据分析完成后一般会形成一份数据分析报告，它是对整个数据分析过程的总结，是给企业决策者的一种参考，为决策者提供科学、严谨的决策依据。一份优秀的数据分析报告，需要有一个明确的主题及一个清晰的框架，图文并茂地阐述数据、条理清晰地展现内容，使决策者能一目了然地看出报告的核心内容。在报告的最后需要加上结论和建议，并提供解决问题的方案和想法，以便决策者在决策时参考。

9.4.3　电子商务数据分析的常用模型

电子商务数据分析涉及企业众多业务范畴，相关业务领域都有较为成熟的分析模型可借鉴，本节主要介绍漏斗模型、RFM 模型、5W2H 模型及波士顿矩阵。

1. 漏斗模型——AARRR模型

漏斗模型是基于业务流程的一种数据分析模型，它通过将业务流程的各个环节进行拆解，寻找合适的指标将业务起点到终点的各环节进行量化，直观地展示业务指标的变化，帮助定位业务环节中存在的问题。漏斗模型适用于业务流程比较规范、周期长、环节多的流程分析，整个业务指标转化过程就像一个口大径小的漏斗，因此被称为漏斗模型。目前，漏斗模型被广泛应用于 CRM(customer relationship management，客户关系管理)系统、SEO(search engine optimization，搜索引擎优化)、用户留存转化、流量监控等产品营销、运营的各个方面，其中AARRR 模型被广泛应用于电商营销方面的用户分析。

AARRR，即用户生命周期中的 5 个重要环节，分别对应用户获取(acquisition)、用户激活(activation)、用户留存(retention)、用户付费(revenue)和用户推荐(referral)。

(1) 用户获取。用户获取是指让潜在的用户首次接触到产品，或者可以更宽泛地理解为"吸引流量"，主要通过各个渠道发布产品信息，吸引用户使用的过程。例如，投放各大门户网站广告、SEO、ASO(App store optimization，应用商店优化)等，可通过新增用户数、下载量等指标进行衡量。

(2) 用户激发。获取用户后下一步是激活用户，引导用户完成特定任务，使之转化为活跃用户。任何促使客户正确而高效体验产品核心价值的行为，都是这一步的关键策略，如可用商品添加至购物车的数量、视频的完播率等指标进行衡量。

(3) 用户留存。当用户成功激活后，接下来就是尽可能地让用户持续使用，形成一种信赖与依赖。通常开发一个新用户是维护老用户的十倍成本，因此提高用户留存，是维持产品价值、延长生命周期的重要手段。可以根据业务情况设定具体的时间期限，测量用户经过一定时间后，仍然会完成某项特定活动的情况，一般使用留存率指标、距上次使用时间等指标进行衡量。

(4) 用户付费。产品要能在市场上存活下来、持续发展，必须是盈利，在有限的用户生命周期中，尽可能去完成商业价值的开发和转化，盈利方式可以分为产品及服务变现及流量变现，可以依靠用户画像分析，划分不同的用户群体进行评估。常用的衡量指标有 ARPU(average revenue per user，平均每用户收入)、ARRPU(average revenue per paying user，平均每活跃用户收入)、客单价等。

(5) 用户推荐。社交网络的兴起促成了基于用户关系的病毒传播，这是低成本通过用户口碑传播，推广产品的全新方式。近年来也不断有新的社区平台崛起，如微信、微博、小红书、抖音、淘宝直播等，常用的衡量指标有转发率、自传播率等。

2. RFM模型

RFM 模型被广泛应用于客户关系管理中，它是衡量客户价值和客户创利能力的重要工具和手段，该模型通过客户近期最近一次购买时间(recency)、近期购买的总体频率(frequency)和近期的消费金额(monetary)三项指标来描述每个客户的价值状况，从而对客户进行分类、精细化管理，如表 9-1 所示。R 值越高代表购买时间间隔越小，F 值越高代表购买频率越高，M 值越高代表购买金额越大，RFM 模型在具体使用时还需对原始数据进行一定的处理，模型中的"近期"时间、频次高低、金额大小的评判需要根据行业情况、具体业务进行设定，没有统一的规定，这需要数据分析人员具备相关的业务经验。RFM 模型最终根据客户购物行为的 R 值、

F 值、M 值对客户进行具体划分，从而制定差异化的营销策略，最终将客户逐步转化为最有价值的重要客户。

表9-1 RFM客户分类

客户细分	指标特征
重要价值客户	R 值高；F 值高；M 值高
重要保持客户	R 值高；F 值低；M 值高
重要发展客户	R 值低；F 值高；M 值高
重要挽留客户	R 值低；F 值低；M 值高
一般价值客户	R 值高；F 值高；M 值低
一般保持客户	R 值高；F 值低；M 值低
一般发展客户	R 值低；F 值高；M 值低
一般挽留客户	R 值低；F 值低；M 值低

RFM 模型较为动态地显示了一个客户的全部轮廓，这对个性化的沟通和服务提供了依据，通过改善这三项指标的状况，来为更多的营销决策提供支持。RFM 非常适用于生产多种商品的商家，而且这些商品单价相对不高，如消费品、化妆品等；也适用于少数耐久商品和部分消耗品结构的商家，如打印机、汽车维修等；另外，运输、快递、证券等行业也很适合。

3. 5W2H模型

5W2H 模型又叫七问分析法，最早出现在第二次世界大战中，由美国陆军兵器修理部所创。由于 5W2H 模型简单方便、易于理解、实用性强，富有启发意义，广泛用于企业管理和技术活动，对于决策和执行性的活动措施非常有帮助，也有助于弥补考虑问题的疏漏。5W2H 即为 5个 W 和 2 个 H 提出的 7 个关键词进行业务问题的分析，是一种定性分析模型，如表 9-2 所示。

表9-2 5W2H模型

关键词	分析内容
what	是什么？做什么？即事件内容
why	为什么？理由是什么？即事件缘由
who	谁？由谁来做？即事件主体
when	何时？什么时间？即事件时机
where	何处？在哪里做？即事件地点
how	怎么做？实施方法？即事件方式
how much	多少？做得怎么样？即事件效果

5W2H 模型的好处就是提供了一种几乎全面的分析角度，可以迅速地去界定和清晰地表述问题，非常实用，不仅能提高工作效率，而且可以有效掌控事件的本质，完全地抓住了事件的核心，有助于思路的条理化。但是该模型只适用于分析宏观问题或简单问题，如客户购买商品的决策问题，可通过详细分析顾客的特征及购买数据来发现问题和机遇，但 5W2H 模型面对非常具体的复杂问题会比较吃力，需要根据实际的业务问题进行选择使用。

4. 波士顿矩阵

波士顿矩阵(BCG matrix)又称为市场增长率—相对市场份额矩阵、四象限分析法等，通过把企业生产经营的全部产品组合成整体进行评价分析，从而采用相应办法的策略。波士顿矩阵按企业产品的市场占有率和产品的销售增长率两个指标把平面分为四个象限，如图9-5所示。

图9-5 波士顿矩阵图

波士顿矩阵的横轴表示企业产品的相对市场占有率，是指企业产品的市场份额与该市场最大竞争对手的市场份额之比，相对市场占有率一般以1.0作为分界点划分高低两个区域；纵轴表示销售增长率，是指企业产品市场销售额增长的百分比，销售增长率一般以10%作为分界点划分高低两个区域。企业可以根据电子商务的运营数据对各类产品的相对市场占有率和销售增长率指标进行计算，最终将平面图划分为四个象限，从而将企业产品划分为四种不同的类型。

(1) 明星产品。该产品处于第Ⅰ象限，即高增长—强竞争的地位，产品具有很强竞争力的同时其所处的行业也是正在发展的行业，有着极好的长期发展机会。企业对其的策略应是发展，加大人力、物力等资源投入的力度，使其尽快增长。

(2) 金牛产品。该产品处于第Ⅱ象限，即低增长—强竞争的地位，产品具有很强的竞争力，行业处于成熟期，销售增长缓慢。企业对其的策略应是维持，以较少的投入获取丰富的利润，获得大量现金流可以用来支持其他业务的发展。

(3) 问题产品。该产品处于第Ⅲ象限，即高增长—低竞争的地位，产品的竞争力低，产品所处的行业是正在发展的行业，需要企业大量的投入，但由于市场占有率低，能够生成的资金很少。企业对其的策略应是谨慎，分析判断其成为明星产品的成本、风险及盈利，决定其是否值得投入。

(4) 瘦狗产品。该产品处于第Ⅳ象限，即低增长—低竞争的地位，产品的竞争力低且市场没有发展前景，企业对其的策略应是撤退，即退出该经营领域。

9.4.4 电子商务数据分析的常见指标

电子商务数据分析一般包括总体运营分析、流量分析、商品分析、销售分析、客户分析、营销分析、竞争分析、供应链分析等方面，每个领域皆有对应的指标体系可供分析，不同的业务领域、不同的企业关注点不同，则所选指标体系会有所差异，本节主要介绍以下几种。

电子商务总体运营指标包括总体财务指标、总体销售业绩指标、订单生产效率指标三个一级指标，二级指标如表 9-3 所示。

表9-3　总体运营指标

一级指标	二级指标	一级指标	二级指标
总体财务指标	销售毛利	总体销售业绩指标	成交金额
	毛利率		销售金额
订单生产效率指标	总订单数		客单价
	访问到下单转化率		—

电子商务流量指标包括流量数量指标、流量成本指标、流量质量指标及会员类指标四个一级指标，二级指标如表 9-4 所示。

表9-4　流量指标

一级指标	二级指标	一级指标	二级指标
流量数量指标	页面访问数	流量成本指标	访客获取成本
	独立访客数	会员类指标	注册会员数
	新访客数		活跃会员数
	新访客比例		活跃会员率
	访问 IP		会员平均购买次数
流量质量指标	页面/App 在线时长		会员复购率
	页面访问数		会员回购率
	跳出率		会员留存率

电子商务商品指标包括商品总体指标、上架指标、产品类目指标、品牌指标四个一级指标，二级指标如表 9-5 所示。

表9-5　商品指标

一级指标	二级指标	一级指标	二级指标
总体指标	SKU 数	上架指标	上架商品 SKU 数
	SPU 数		上架商品 SPU 数
	在线 SPU 数		上架商品在线 SPU 数
产品类目指标	商品类目数		上架商品数
	商品类目结构占比		上架在线商品数
	各类目销售额占比	品牌指标	品牌数
	各类目销售 SKU 集中度		在线品牌数

注：SKU(stock keeping unit)为库存量单位。SPU(standard product unit)为标准产品单位。

电子商务销售指标主要围绕用户下单流程，包括购物车指标、下单指标、支付指标、交易指标四个一级指标，二级指标如表 9-6 所示。

表9-6　销售指标

一级指标	二级指标	一级指标	二级指标
购物车指标	加入购物车次数	交易指标	交易成功订单数
	加入购物车买家数		交易成功金额
	加入购物车商品数		交易成功买家数
	购物车—支付转化率		交易成功商品数
下单指标	下单笔数		交易失败订单数
	下单金额		交易失败订单金额
	下单买家数		交易失败买家数
	浏览—下单转化率		交易失败商品数
支付指标	支付金额		退款总订单量
	支付买家数		退款金额
	支付商品数		退款率
	浏览—支付买家转化率		—
	下单—支付金额转化率		—
	下单—支付买家数转化率		—
	下单—支付时长		—

电子商务客户指标主要包括总体指标、新客户指标、老客户指标三个一级指标，二级指标如表 9-7 所示。

表9-7　客户指标

一级指标	二级指标	一级指标	二级指标
总体指标	累计购买客户数	老客户指标	最近一次购买时间
	客单价		消费频率
新客户指标	新客户数		消费金额
	新客户获取成本		重复购买次数
	新客户客单价		—

电子商务营销指标主要包括市场营销活动指标和广告投放指标两个一级指标，二级指标如表 9-8 所示。

表9-8 营销指标

一级指标	二级指标	一级指标	二级指标
市场营销活动指标	新增访问人数	广告投放指标	新增访问人数
	新增注册人数		新增注册人数
	总访问次数		总访问次数
	订单数量		订单数量
	下单转换率		访问到下单的转化率
	活动投资回报率		广告投资回报率

电子商务竞争指标主要包括市场份额指标、网站排名两个一级指标,二级指标如表 9-9 所示。

表9-9 竞争指标

一级指标	二级指标	一级指标	二级指标
市场份额指标	市场占有率	网站排名	交易额排名
	市场扩大率		流量排名
	用户份额		—

电子商务供应链指标主要包括配送成效指标、供应链成本指标两个一级指标,二级指标如表 9-10 所示。

表9-10 供应链指标

一级指标	二级指标	一级指标	二级指标
配送成效指标	配送种类数	供应链成本指标	平均仓储成本
	发货时长		平均包装成本
	配送时长		平均配送成本
	收货时长		平均信息处理成本
	未送达占比		平均退货成本
	退货占比		—

以上为电子商务业务领域常见的数据分析指标,但电子商务业务种类繁多,不同业务有其特定的衡量指标,如:微信公众号的文章阅读数、广告点击率等;短视频的播放量、完播率等;直播领域的点赞率、在线人数、互动率等,分析人员需要深入业务内容,结合数据分析需求设计合适的指标体系从而解决问题。

9.4.5 电子商务数据分析的应用

1. 客户行为分析

客户行为是电子商务成功的关键。数据分析可以帮助电商企业洞察客户行为,了解他们的购物习惯、偏好、行为路径和关注点等,分析购买过程中的需求和疑虑,从而找出客户需求背后的规律和趋势。企业可以通过数据分析，了解用户购买模式，制定更好的营销策略，有效提高企业销售额和盈利能力。

2. 客户情绪分析

从文字和语音等数据中提取出客户情绪，并帮助企业了解客户的真实需求，实现更好地服务用户的目的。建立情绪分析数据管道为企业提供了及时、准确、有用和实时的数据，有效地帮助企业了解和应对不断变化的市场和用户需求，提高用户满意度和业务竞争力。客户情绪分析将数据分析提升到一个全新的层次。提供了客户对产品或服务的感受的实时视图，以此提高客户满意度并帮助识别不满意的客户。

3. 产品运营分析

通过对产品运营数据的分析，企业可以深入了解产品的销售情况和发展规律，如销售额、付款时间、退换货率、商品关联度等，这些数据可以帮助企业优化产品结构，如产品价格、库存管理和采购计划，提高产品利润率和库存周转率。同时，还可以发现商品的未来趋势及商品之间的潜在关联，从而帮助企业在产品发展方向上做出更加明智的决策，如增加新品推广、捆绑销售、停止滞销产品等。

4. 市场竞争分析

电商行业竞争激烈，每个企业都需要关注自身的竞争力，这就需要对市场竞争情况进行深入的监测和分析。数据分析可以帮助企业了解顾客需求变化，如品牌、价格偏好等，从而发现经营中出现的问题并解决问题，同时借助行业研究报告及专业数据工具进行市场行情预测，及时发现新的市场机遇；分析竞争对手的市场份额、产品特点、价格策略、营销手段等方面的信息，可以为自身的营销策略和商业模式做出必要的调整。

5. 营销活动分析

数据分析可以分析各种营销方式的效果，如点击率、转化率、成本等，对营销活动带来的流量进行质量评估与价值计算，从而确定哪一种营销方式效果最佳、最适合企业；企业可以通过分析并在了解消费者消费行为和偏好的基础上，来创造更符合客户心理预期的广告和营销方案，以精准地吸引目标客户，有效提高广告的展示率和点击率。数据分析可以给客户带来更有针对性的流量，推荐越个性化，增加转化的可能性就越高，这种方式比传统的营销方式更加高效、精准、可靠。

精准数据营销

以一家在线旅游平台为例，该企业利用精准数据营销策略实现了显著的客户增长，主要分为以下几个环节。

(1) 客户细分：通过对客户数据的分析，企业将客户划分为不同的细分市场，如家庭游客、商务出行、背包客等。

(2) 定制化推荐：根据不同细分市场的需求，平台为客户提供定制化的旅游线路、酒店选择和活动推荐。

(3) 营销活动：针对不同客户群体，企业制定有针对性的促销活动，如家庭套餐折扣、商务优惠等。

(4) 提高客户满意度：通过精准数据营销，企业不仅提高了客户的购买率，还提升了客户满意度，加强了客户与品牌的关系。

(5) 优化客户关怀：利用客户数据，企业了解到客户的喜好和需求，为他们提供更个性化的关怀服务，如在重要节日提前发送祝福信息、定期发送旅行贴士等。

(6) 效果评估：企业通过数据监测，定期评估各项营销活动的成效，对低效活动进行调整和优化，从而实现持续的客户增长。

6. 物流数据分析

库存和采购是电子商务企业物流管理的重要环节，它们对整个供应链的资产、成本及响应速度产生直接影响。因此，运营过程中需要对库存数据进行实时监测和分析，如商品数量和库存结构等，以确保商品数量的准确性，并及时调整库存结构，保持库存的健康状态。另外，还需整合销售数据来调整采购计划，同时整合商品采购价格数据和渠道成本数据，选择合适的时机进行采购，以实现最低成本。除此之外，还需要进行采购策略分析，并根据状态调整优化，最终达到优化物流和提高采购决策的准确性。

 ## 核心概念

移动电子商务、移动接入、NFC、移动办公、新零售、智能识别技术、跨境电商、境内服务商、电子商务数据分析、漏斗模型、RFM、SKU

 ## 思政微语

我国发起的"一带一路"倡议有效地推动了沿线国家和地区的贸易交流，其中，跨境电子商务尤为突出，为各国的经济增长注入了新的活力。自 2014 年我国政府在政府报告中首次提及"跨境电子商务"后，连续十年，这一领域都是国家政策关注的重点。经过逐步完善，商品清单、关税减免、监管试点和创新发展等方面均取得了显著的进步。到了 2022 年，政府进一步加大对跨境电商综合试验区的扶持力度，目前国内跨境电商综合试区数量已达到 165 个，显然，跨境电商已经成为"一带一路"贸易的新动力。此外，跨境电商也加强了各国质检部门的交流与合作，进一步促进了经济、文化的交流和发展，生动地展现了人类命运共同体的真实理念。

电子商务不断演进，呈现出新形态与新趋势，继续推动着全球贸易的繁荣和进步。请同学们分析跨境电子商务对"一带一路"倡议的重要性，并认真思考一下未来电子商务的发展将如何演进？

 **思考题**

1. 如何理解移动商务的概念？举出相应的实例。
2. 移动电子商务具有哪些特征？
3. 请列举目前移动商务应用的行业及发展情况。
4. 新零售的含义和特征分别是什么？
5. 说一说我们身边的新零售应用。
6. 跨境电子商务中哪个要素最为重要？原因是什么？
7. 我们身边有哪些跨境电商平台？
8. 如何理解电子商务数据分析的内涵？
9. 电子商务数据分析的流程是什么？
10. 结合时代发展趋势，谈一谈未来电子商务企业哪方面最离不开数据分析？

第 10 章 | 电子商务应用案例

📋 学习目标

(1) 掌握电子商务的应用分类；

(2) 了解电子商务的应用实例；

(3) 熟悉电子商务企业的发展路径。

📋 引言

根据中国互联网信息中心(China Internet network information center，CNNIC)的分类标准，本书将电子商务的应用分为基础应用类、商务交易类、网络金融类、网络娱乐类及社会服务类五大类，针对每一类应用选取具有代表性的应用实例进行简单介绍，并选取具有代表性的电子商务企业进行深入剖析，了解其运营、盈利模式，以获得运营启示。

10.1 电子商务应用概述

目前，电子商务已经渗透到社会生活的各个方面，本节主要将电子商务的应用分为基础应用类、商务交易类、网络金融类、网络娱乐类及社会服务类五大类，并列举相关代表性的应用实例进行介绍。

10.1.1 基础应用类

基础应用类应用包括即时通信类应用、搜索引擎类应用、网络新闻类应用、社交类应用和线上办公类应用。即时通信类应用有微信、WhatsApp、QQ；主流搜索引擎类应用有百度、谷歌等；网络新闻类应用包括中央新闻媒体、商业新闻媒体；社交类应用有微博、Twitter 等；线上办公类应用有钉钉、腾讯会议、飞书等。本节选取部分应用进行介绍，如表 10-1 所示。

表10-1 基础应用类应用详情

类别	应用名称	应用简介
即时通信类	微信	微信(weixin.qq.com)是腾讯公司于2011年1月21日推出的一个为智能终端提供即时通信服务的免费应用程序,主要面向个人用户,可以通过网络快速发送免费文字、语音、图片和视频,在中国即时通信软件中排名第一,后于2016年推出企业微信,面向企业提供通信与办公一体的服务
	WhatsApp	WhatsApp(www.whatsapp.com)于2009年创立于美国,2014年被Facebook公司收购,提供了免费的消息和语音通话功能,以及社交功能,与Facebook实现了互通。其软件界面简单,用户量大,覆盖了近200个国家,目前在全球即时通信应用软件中排名第一
搜索引擎类	百度	百度(www.baidu.com)于2000年创立于北京市中关村,致力于提供简单、可依赖的信息获取方式,用户可以通过搜索框输入词语,免费获取相关的网页信息列表,是全球最大的中文搜索引擎,也是中国互联网最重要的入口之一
	谷歌	谷歌(www.google.com)于1998年创立于美国,用户能免费搜索、获取海量的信息资源,服务覆盖两百多个国家,目前被公认为是全球最大的搜索引擎。其于2010年宣布关闭在中国大陆市场的搜索服务
网络新闻类	人民日报	《人民日报》作为世界十大报纸之一,为了适应媒体变革的形势,于2014年发布了人民日报客户端。该客户端以有品质的新闻为使命,为用户提供一站式的资讯获取和政务服务,不仅是一个新闻内容生产者,同时也向专业媒体、党政机关等开放,成为新闻聚合者,也是国内中央新闻媒体电商应用的佼佼者
	今日头条	今日头条(www.toutiao.com)由字节跳动公司于2012年发布上线,是一款为用户推荐信息、提供连接人与信息服务的产品,主要靠广告盈利。其基于个性化推荐技术为用户提供千人千面的信息服务,受到了用户的认可,用户量迅速增长,成为国内商业新闻媒体巨头
社交类	微博	微博(www.weibo.com)是新浪公司于2009年发布上线的基于用户关系的社交媒体平台,其以文字、图片、视频等多媒体形式,实现信息的即时分享、传播互动。初期微博字数限制在140字以内,2016年宣布取消该字数限制。微博的出现促进了原创内容的产生,推进了国内社会化媒体的进程
	Twitter	Twitter(www.twitter.com)是美国Obvious公司2006年推出的社交网络及微博客服务。用户可以在Twitter上发布不超过40个字符的短消息,并将其分享给关注者。Twitter于2013年底在纽约证券交易所上市,但在2022年被特斯拉创始人马斯克收购并退市。2023年7月,Twitter宣布改名为X
线上办公类	钉钉	钉钉(www.dingtalk.com)是阿里巴巴集团于2015年发布上线,专为中国企业打造企业级智能移动的办公平台,是数字经济时代的企业组织协同办公和应用开发平台。钉钉的核心功能主要包括DING功能、视频电话会议、免费电话、企业通信录、团队组建等。钉钉对外开放API接口,具有强大的原生能力
	腾讯会议	腾讯会议(meeting.tencent.com)是腾讯云旗下一款云视频会议软件,于2019年12月底上线,其可以进行远程音视频会议、在线协作、会议录制、会管会控、指定邀请、布局管理等操作,极大地提高了企业会议质量与效率,降低了远程视频会议的成本

10.1.2　商务交易类

商务交易类应用主要包括网络购物、网上外卖和旅行预订三大类。其中，网络购物类应用的数量和类型较多，可以按商品品类分为综合型与垂直型。综合型应用有淘宝、拼多多等，垂直型应用有叮咚买菜、酒仙网、小红书、博客来等。如果按照商品的进出口划分，进口的网络购物应用有考拉海购，出口的网络购物应用有敦煌、速卖通等。网上外卖类应用有美团、饿了么。旅行预订类应用有携程、Airbnb 等。商务交易类应用详情如表 10-2 所示。

表10-2　商务交易类应用详情

类别			应用名称	应用简介
网络购物类	商品品类	综合型	拼多多	拼多多(www.pinduoduo.com)于 2015 年创立于上海市，是中国典型的社交电商应用之一。其是一家商家入驻模式的第三方移动电商平台，以农产品起家，后拓展为全品类综合性电商平台，目前是中国第三大综合电商平台，详见 10.2 节
		垂直型	叮咚买菜	叮咚买菜(www.100.me)于 2017 年创立于上海市，是一款自营生鲜平台及提供配送服务的生活服务类 App。其创立了"29 分钟配送到家"的行业标准，业务主要覆盖长三角、珠三角、京津冀及成渝地区，是目前中国生鲜电商行业的龙头企业
			酒仙网	酒仙网(www.jiuxian.com)于 2009 年创立于山西省太原市，是以品牌运营为核心的酒类全渠道、全品类零售及服务商。该公司与国内外知名酒企在酒水采销、产品开发、品牌合作与推广等方面深度合作，推动了"保真、快到"的渠道品牌和"高性价比"的酒类专销产品及品牌的双品牌驱动战略
			小红书	小红书(www.xiaohongshu.com)于 2013 年成立于上海市，是一个定位年轻人生活方式的平台。其以社区 UGC 为主要核心，用户可自行创作和发布内容，包括文字、图片、视频等形式。另外小红书还上线了电商平台"福利社"，实现了社交与商业的结合
			博客来	博客来(www.books.com.tw)于 1995 年创立于台湾省，也是台湾省最大的图书市场销售平台。其初期以销售图书为主，是两岸三地最早成立的网络书店。近年来，其利用集团优势进行通路整合、平台多元化经营，跨足百货商品领域，发展成为全方位网购零售平台
	进出口类型	进口	考拉海购	考拉海购(www.kaola.com)创立于 1995 年，原为网易旗下跨境电商平台，原名"网易考拉"，于 2019 年被阿里巴巴全资收购，更名为"考拉海购"。其以跨境进口业务为主，主打官方自营，并以全球直采的零售模式，主打母婴用品、美妆个护、食品保健、家居数码和服饰鞋包等类目
		出口	敦煌	敦煌网(www.DHgate.com)于 2004 年创立于北京市，是中国首个跨境出口 B2B 的在线交易平台，后随着业务发展逐步成为以在线交易为核心的 B2B+B2C 双赛道跨境平台，帮助中小企业实现了"买全球，卖全球"的梦想，助力中国品牌无忧出海
			速卖通	速卖通(seller.aliexpress.com)，即全球速卖通，创立于 2010 年，是阿里巴巴旗下面向全球市场打造的在线交易平台，被广大卖家称为国际版"淘宝"。像淘宝一样，其将商品编辑成在线信息，通过速卖通平台发布到海外，与 220 多个国家和地区的买家达成交易，以赚取利润

(续表)

类别	应用名称	应用简介
网上外卖类	美团	美团网(www.meituan.com)创立于 2010 年,为用户提供美食、酒店、电影等信息,主打"吃喝玩乐全都有"的宣传口号,目标是为消费者提供最值得信赖的商家,让消费者享受最优优惠。同时也为商家做互联网推广,找到更多适合的消费人群。美团目前的主要业务有美团团购、美团外卖、美团酒店、猫眼电影等
	饿了么	饿了么(www.ele.me)于2008年创立于上海市,由拉扎斯网络科技(上海)有限公司开发运营,2018 年阿里巴巴联合蚂蚁金服对饿了么完成全资收购。饿了么主营在线外卖、新零售、即时配送和餐饮供应链等业务,拥有强大的即时配送网络,是中国领先的本地生活服务及即时配送平台
旅行预订类	携程	携程旅行网(www.ctrip.com)于 1999 年创立于上海市,2003 年携程网在美国纳斯达克上市,2021 年携程集团在香港联合交易所上市。携程是全球领先的一站式旅行平台,与全球 234 个国家和地区的 34.4 万多家酒店,以及国内国际各大航空公司均有合作,为用户提供全面而便捷的旅行服务
	Airbnb	Airbnb(www.airbnb.cn)也称为爱彼迎,于 2007 年创立于美国,是一个在线住宿预订平台,基于共享经济的理念,将当地旅游人士与房主空闲的住宅资源相连接。2020 年底其在美国纳斯达克上市。截止到 2023 年,其业务覆盖 220 多个国家和地区,服务了 15 亿人次客户

10.1.3　网络金融类

网络金融类应用主要包括网络支付和互联网理财两大类,网络支付类应用有支付宝、云闪付等;互联网理财有腾讯理财通、众安保险等。网络金融类应用详情如表 10-3 所示。

表10-3　网络金融类应用详情

类别	应用名称	应用简介
网络支付类	支付宝	支付宝(www.alipay.com)成立于2004年,是蚂蚁集团旗下业务,也是国内第三方支付开放平台,已经与超过 200 家金融机构达成合作,为上千万小微商户提供支付服务。支付宝还融合了支付、生活服务、政务服务、理财、保险、公益等多个场景与行业,推出了跨境支付、退税等多项服务
	云闪付	云闪付(yunshanfu.unionpay.com)发布于2017年,是由中国银联携手各商业银行、支付机构等共同开发建设、维护运营的移动支付 App,汇聚各家机构的移动支付功能与权益优惠,致力成为消费者省钱省心的移动支付管家
互联网理财类	腾讯理财通	腾讯理财通(qian.qq.com)自2014 年 1 月份在微信钱包上线,是腾讯官方推出的理财平台,有货币基金、银行类、保险类、券商类等理财产品,满足随买随取、7～28 天、1～12 个月、1 年及以上等不同期限的理财需求,总用户数已经突破 1.5 亿,资产保有量也已经突破 8000 亿元

(续表)

类别	应用名称	应用简介
互联网理财类	众安保险	众安保险(www.zhongan.com)于 2013 年创立于上海市，是由阿里巴巴的马云、中国平安的马明哲、腾讯的马化腾联手设立的众安在线财产保险公司，其目标是通过场景设定扩充产品组合，以超越传统保险，触达客户的日常生活。众安保险是中国首家互联网保险公司，2017 年在香港联合交易所主板上市

10.1.4　网络娱乐类

网络娱乐类应用主要包括网络音乐、网络文学、网络游戏、网络视频和网络直播五大类。其中，网络音乐类应用有网易云音乐等；网络文学类应用有起点中文网等；网络游戏类应用有米哈游等；网络视频类应用有爱奇艺和抖音等；网络直播类应用有斗鱼等。网络娱乐类应用详情如表 10-4 所示。

表10-4　网络娱乐类应用详情

类别	应用名称	应用简介
网络音乐类	网易云音乐	网易云音乐(music.163.com)发布于 2013 年，是一款由网易开发的音乐产品，也是国内非常受年轻人喜爱的领先在线音乐平台之一。通过专注发现与分享音乐，依托独立音乐人、UGC 内容、"云村"社区等，为用户打造具有社区属性的全新音乐生活
网络文学类	起点中文网	起点中文网(www.qidian.com)创立于 2002 年，是国内领先的原创文学网站，隶属于阅文集团旗下。2003 年，起点中文网开启"在线收费阅读"服务，成为真正意义上的网络文学赢利模式的先锋之一。目前形成了创作、培养、销售为一体的电子在线出版机制，并得以向文化产业全面延伸
网络游戏类	米哈游	米哈游(www.mihoyo.com)于 2011 年成立于上海市，是一家深耕二次元文化的互联网企业，推出了众多高品质人气游戏产品，包括《原神》《崩坏》系列等，并围绕原创 IP 打造了动画、音乐及周边等多元产品
网络视频类	爱奇艺	爱奇艺(www.iqiyi.com)于 2010 年上线，为百度公司旗下的视频平台。爱奇艺打造涵盖电影、电视剧、综艺、动漫在内的十余种类型的丰富的正版视频内容库，拥有海量付费用户。2018 年，爱奇艺在美国纳斯达克上市
	抖音	抖音(www.douyin.com)于 2016 年上线，是字节跳动旗下的一款音乐创意短视频社交软件，最初是一个专注年轻人的 15 秒音乐短视频社区。该平台弱化了搜索功能，主要通过基于大数据下的人群标签匹配程度来分发推荐内容。目前抖音还融入了广告、直播、电商、游戏等功能
网络直播类	斗鱼	斗鱼(www.douyu.com)的前身为 ACFUN 生放送直播，2014 年正式更名为斗鱼，是一家弹幕式直播分享网站，为用户提供视频直播和赛事直播服务。其以游戏直播为主，涵盖了娱乐、综艺、体育、户外等多种直播内容。2019 年，斗鱼在美国纳斯达克上市

10.1.5 社会服务类

社会服务类应用主要包括网约车、在线教育、互联网医疗和线上健身四大类。其中，网约车类应用有滴滴；在线教育类应用有中国大学 MOOC；互联网医疗类应用有平安健康；线上健身类应用有 Keep。社会服务类应用详情如表 10-5 所示。

表10-5　社会服务类应用详情

类别	应用名称	应用简介
网约车类	滴滴	滴滴(www.didiglobal.com)现指滴滴全球股份有限公司旗下的一站式多元化出行平台。2012 年，市场上推出了滴滴打车和快的打车应用，两者迅速成为网约车市场巨头，并于 2015 年宣布战略合并，目前发展成为中国网约车行业龙头
在线教育类	中国大学 MOOC	中国大学 MOOC(www.icourse163.org)是由网易和高教社于2014 年携手推出的在线教育平台，承接教育部国家精品开放课程任务，向大众提供中国知名高校的 MOOC 课程。课程由各校教务处负责统一管理运作，各高校创建并指定老师负责课程，以及制作和发布课程。注意，所有老师都必须实名认证
互联网医疗类	平安健康	平安健康(www.jk.cn)创立于 2014 年，是平安集团管理式医疗模式的重要组成部分及医疗健康生态圈的旗舰，于 2018 年在香港联合交易所上市。其凭借支付方资源、供应商网络、服务体系及平安生态赋能等核心竞争优势，打造了"管理式医疗+家庭医生会员制+O2O 医疗健康服务"的独特商业模式
线上健身类	Keep	Keep(www.gotokeep.com)于 2015 年创立于北京，致力于提供健身教学、跑步、骑行、交友及健身饮食指导、装备购买等一站式运动解决方案。Keep 发布初期以结构化健身课程为主，后推出社区、消费品、健身器材等产品及服务。2023 年 Keep 在香港联合交易所上市

10.2　拼多多案例分析

10.2.1　拼多多的公司简介

拼多多是上海寻梦信息技术有限公司旗下的一个商家入驻模式的第三方移动电商平台。它以农产品零售起家，专注于农业领域，开创了以拼团为特色的农产品零售新模式。经过逐步发展，拼多多已经成为一家以农副产品为特色、全品类覆盖的综合性电商平台，也是全球规模较大的纯移动电商平台之一。截至 2021 年 6 月，拼多多平台年度活跃用户数达到 8.499 亿，商家数达到 860 万，平均每日在途包裹数逾亿单，是中国大陆地区用户数最多的电商平台，更是全世界最大的农副产品线上零售平台。

拼多多成立于 2015 年，创始人黄峥注意到，虽然中国电商市场已经有了淘宝、京东等巨头，但这些平台存在着产品品质高价格却相对昂贵的问题，而普通消费者对于低价商品的需求仍然很大，同时，微信等社交平台虽然拥有庞大的用户流量，但却缺少与之匹配的商业模式使其实现高效的销售收入，这让他萌生了进军社交电商领域的想法，并于 2015 年正式推出了以销售水果为主、让用户在社交软件上进行低价团购的"拼好货"社交平台，"拼多多"因此诞生，用户通过发起和朋友、家人、邻居等的拼团，可以以更低的价格拼团购买优质商品，旨在凝聚更多人的力量，用更低的价格买到更好的东西，体会更多的实惠和乐趣，自此拼多多迅速在中国市场崛起，并于 2018 年成功在美国纳斯达克上市。根据《星图数据 2023 电商发展报告》显示，拼多多已经成为继天猫、京东后中国第三大综合电商平台，其 2022 年 GMV(gross merchandise volume，成交总额)占综合电商市场份额的 24%，紧追京东 26% 的市场份额，至此，中国综合电商平台已经形成淘宝、京东、拼多多三足鼎立的格局。拼多多的发展历程如图 10-1 所示。

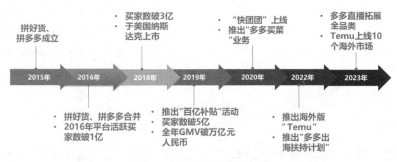

图10-1　拼多多的发展历程

10.2.2　拼多多的运营模式分析

1. 商业模式创新

"拼多多"是一个以社交和低价拼单为特色的 C2B 社交电商平台。其低价和社交电商的特色源于商业模式的创新。这种商业模式具有高效率和新颖性两个特点。

(1) 高效率。拼多多通过商业模式创新提高交易效率，弱化了搜索，通过反向推荐和低价拼团打造爆款。同时，直接对接工厂，最大限度地缩短供应链。低价拼团使得交易量大幅增长，商家实现批量定制化生产，节约了成本，顾客享受到了最低的价格，减少企业与所有利益相关方之间的交易成本。

(2) 新颖性。拼多多的拼团模式是在电商中加入社交元素，通过社交分享完成拼团。这是一种新的交易方式，将微信等社交平台纳入商业模式的结构中，成为新的交易方。另外，拼多多通过 C2M 模式和反向推荐打造低价爆款，颠覆了以往以搜索为主流的电商模式。

2. 用户定位差异

在用户定位方面，拼多多在早期就不再执着于淘宝、京东关注的主流一二线城市用户群体，而是将目标人群下沉，更注重三四线及以下城市和农村用户。由于三四线城市人口回流加速、消费升级等因素，消费人群稳步扩大，低线城市消费者对购物的需求逐步增加，对性价比的追求也更加突出，2018年中国拼购电商的用户中就有一半以上的用户来自三四线及其以下城市，这与拼多多产品的低价特质相匹配。同时，拼多多又将对低价购物更为敏感的女性作为重点目标，一般大部分女性用户都会负责家居购物，因此购物需求更多。拼多多的差异化、精准的用户定位，使其能更好地实施低价路线，其主张要做的不是满足某一类人的所有需求，而是满足所有人的高性价比需求。

3. 营销创新

在营销推广方面，拼多多通过裂变游戏建立入口，让消费者通过砍价链接可以直接由微信界面进入拼多多平台，极大地缩短了传播路径，也提高了留客率。拼多多早期是团长发起团购并成团后才能购买，现在发展为拼单购买和单独购买两种方式供客户选择，并且拼单购买低于单独购买价，这些营销方式皆鼓励用户调动自身人脉资源，从而使拼多多以更低的获客成本获得更多的流量。

"百亿补贴"活动是拼多多营销的另一大亮点，为打破消费者对拼多多的刻板印象——廉价、低品质商品，其通过百亿补贴活动让大品牌、正品商品低价出售，即直接对商品进行补贴，从之前的广告获客转变为补贴获客，直观地呈现商品优惠力度，逐渐吸引中高端用户。同时，加上"天天领现金""免费领商品""0元免单"等众多游戏玩法，吸引了用户的持续参与，巩固了拼多多的社交电商属性。

4. 战略发展

拼多多的战略可以概括为农业、品牌、海外和本地生活四大类，这些战略可让拼多多在下沉市场、海外市场与其他电商平台形成差异化竞争，并因此持续盈利。

农产品类目是拼多多创立时的主打类目，也是现在的关键业务之一。拼多多高管表示，重投重补农业板块，是拼多多的长期战略，从成立之初一直实行农产品商家零佣金政策，并从2019年起，连续举办4届农货节，辐射产区逐年扩大，近2000个。

拼多多在品牌战略上分为两个方向：招商引入成熟品牌、将工厂白牌或厂牌及农户升级为品牌。2022年初，老字号、新国潮等众多国货品牌入驻拼多多，同比增长了270%，327个品牌销量过亿。拼多多期望通过平台优势和流量赋能，为众多工厂、农户、手工业者等提供包括数字化工具、品牌策划推广、技术研发、设计支持等全方位的专业品牌服务。

在海外战略方面，2022年9月，拼多多正式上线跨境电商平台Temu，主要进入美国、加拿大、新西兰和澳大利亚的海外市场，将对出海的制造业企业提供全方位的基础设施服务，包括国内外仓储、跨境物流及售后服务等，为制造企业打通"全链路"的跨境通道。

拼多多还积极拓展本地生活业务领域，主要就是旗下的微信社群团购小程序——快团团，可以帮助商家快速发布团购、线上收单、收款的工具，助力微信生态内商家经营私域流量，致力于提供"找货—找人—把货/服务卖给人"的全链路解决方法，为用户提供优质社群购物体验。

10.2.3　拼多多的盈利模式

根据拼多多发布的2022年财务报表显示，其盈利主要由在线营销服务费及其他、交易服务费和商品销售收入三部分组成。

1. 在线营销服务费

在线营销服务费主要是指广告收入，即拼多多为商家提供推广营销而收取的费用，具体体现形式为竞价排名服务。商家若想推广商品，使其出现在平台的搜索结果中，就需要按照想要出现的搜索结果的位置进行竞价，成功后则支付相应的服务费。拼多多平台积累了数百万商家，他们具备巨大的、长期的、频繁的竞价需求，使得广告收入成为拼多多核心收入来源，2022年拼多多在线营销服务费突破千亿元，占总收入的 78.8%。

2. 交易服务费

第三方电商平台常见的交易服务费主要包括平台入驻费和交易佣金两部分。目前拼多多为吸引商户入驻，实施了"0 元入驻"政策，即不收取入驻费，但需要交纳一定的保证金，用于保障消费者的权益和平台的秩序。交易佣金主要是根据平台商家的交易金额收取一定比例的费用，具体费率根据商家等级、商品类别等因素来确定。除此之外，平台也会提供一些基于交易需求的增值服务(如金融服务等)来收取相应的费用。2022 年拼多多交易服务费达到 276 亿元，占总收入的 21.2%。

3. 商品销售收入

商品销售收入即自营业务收入，主要是指拼多多从供应商处采购商品并直接销售给客户所获得的收入。拼多多于 2015 年成立之初主要是靠自营业务收入(占比 90%以上)，后于 2017 年放弃自营销售，逐步转为以平台为主的经营模式。2020 年拼多多重拾自营业务，当年商品销售收入与交易服务费收入持平，并列为其第二大营收来源。但自营业务发展并不顺利，2021 年增速过缓，只占总收入的 7.7%，到 2022 年下降至 0.1%，因此，拼多多财报中明确提出将缩减商品销售方面的业务。

10.2.4　拼多多的运营启示

1. 差异化商业模式是核心

拼多多成功的关键在于商业模式的设计及实施，高效、创新的商业模式使其能在电子商务网络零售红海中找到蓝海，这不仅依赖于创始人敏锐的市场洞察力，发现市场的趋势和消费者对产品的特定需求，还依赖于企业的创新精神。拼多多起初是游戏公司内部孵化的电商项目，公司创新性地用游戏化的思路来运营，再结合低价产品的定位，向市场和消费者突出了自身的特色，展示差异化定位。另外，精准的用户定位、企业营销活动的配合、企业战略的适时调整，都进一步保障了拼多多商业模式的有效实施和优化，最终迅速崛起。

2. 专注移动购物体验

拼多多 CEO 陈磊曾表示，在拼多多创立之初，就研判了未来线上线下将加速融合的趋势，因此他们将拼多多设计为一个专注于移动体验的平台。因为线下的购物、社交等需求会转移到线上，所以不仅要考虑产品的属性，还要考虑平台的社交属性，不断地更新"玩法"，加强用户之间的互动、社交，保持用户的增长和高活跃度。

3. 对微信高依赖度

拼多多商业模式中的社交属性主要依赖于微信平台。早期由于微信的高容忍度，拼多多在微信群中广泛传播并获得了巨大的流量。但 2019 年，微信官方发布了《微信外部链接内容管理规范》，其中最引人瞩目的就是对拼多多诱导分享链接方面的封禁，虽然可以通过技术手段应对，且 2021 年工信部也明确表示各平台要解除屏蔽，开放合法链接，但这一现象也说明了拼多多对微信的依赖度非常高，作为其重要的流量来源，很容易受制于人，因此需要采取必要措施保障流量，如建立合作、寻找其他流量来源等。

4. 提升购物体验

目前，淘宝、京东、拼多多的用户规模已达到 9 亿左右，未来用户增长空间有限，中国电商行业将会从增量市场转变为存量市场的竞争阶段，意味着谁能保持住客户谁才能持续发展，这就对平台的服务提出了新要求。商品的价格、品质是基本保障，个性化、定制化商品和服务的需求会不断增加，电商平台需要更加注重数据分析和精细化运营，为消费者提供更好的购物体验。此外，随着直播电商的崛起，直播已经成为平台争夺用户注意力的重要手段，拼多多需要更多元的内容来盘活用户存量。

10.3　敦煌网案例分析

10.3.1　敦煌网的公司简介

敦煌网(www.DHgate.com)隶属于世纪富轩科技发展(北京)有限公司，创立于 2004 年，是中国首个跨境出口 B2B 在线交易平台，后随着业务发展逐步成为以在线交易为核心的 B2B+B2C 双赛道跨境平台，帮助中小企业实现"买全球，卖全球"的梦想，助力中国品牌无忧出海。通过整合传统外贸企业在关检、物流、支付、金融等领域的生态圈合作伙伴，敦煌网打造了集相关服务于一体的全平台、线上化外贸闭环模式，极大降低了中小企业对接国际市场的门槛，不仅赋能国内中小产能，也惠及全球中小微零售商，并成为两者之间的最短直线。敦煌网目前已拥有 230 万以上累计注册供应商，年均在线产品数量超过 2500 万，累计注册买家超过 3640 万，覆盖全球 223 个国家及地区，拥有 100 多条物流线路和 10 多个海外仓，71 个币种支付能力，在北美、拉美、欧洲等地设有全球业务办事机构。目前，敦煌网采用集团架构，包括敦煌网、Myyshop、DHLink 及驼驼数科，以跨境在线交易、社交电商、跨境物流及金融服务构建跨境数字贸易生态平台。敦煌网的发展历程如图 10-2 所示。

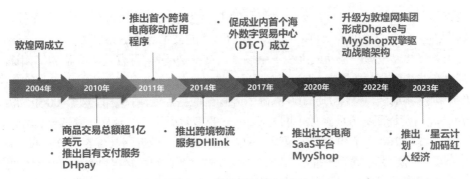

图10-2 敦煌网的发展历程

10.3.2 敦煌网的运营模式分析

1. 商业模式创新

2004 年以前,全球跨境电子商务皆处于萌芽期,互联网的普及率很低,企业主要在互联网上展示公司及产品相关信息,然后通过邮件、传真等方式进行沟通及跨境贸易,而中国国内没有出现跨境在线交易的情况。当时阿里巴巴的黄页模式(提供企业黄页信息)覆盖了国内大多数的跨境贸易企业,在这种环境下,2004 年敦煌网创始人王树彤充分考虑到跨境贸易的复杂性、特殊性,并与逐渐新兴的电子商务相结合,创立了国内第一个跨境 B2B 在线交易平台,使得商家不仅可以在平台上维护公司及产品信息,还可以进行在线咨询、报价,实现在线交易,使得交易更加安全、便捷、低成本。该商业模式的创新在当时吸引了广大企业的加盟,自此奠定了敦煌网国内 B2B 跨境在线交易平台头把交椅的地位。

2020 年 8 月,敦煌网再次进行商业模式创新,上线了 Myyshop——一款去中心化社交电商平台,让社媒内容创作者、网红、KOL 等带有私域流量的人群在该平台轻松建站,实现社交流量交易、变现。Myyshop 提供从建站、选品、营销到履约的全链条服务,直连中国供应链,也为中国工厂、供应商和品牌商打开增量市场,最大限度地降低了社交电商启动门槛,实现了"让人人可参与全球贸易",形成 DHgate 与 MyyShop 双擎驱动战略架构,成为以在线交易为核心的"B2B+B2C"双赛道跨境平台。

2. 精准的用户定位

在用户定位方面,敦煌网面向的是中小型企业。中国出口贸易市场规模庞大,大型企业有能力自建平台或通过其他方式完成跨境业务,而敦煌网主要是帮助中国中小型供货商与海外庞大的采购商群体建立连接。敦煌网抓住了中小企业贸易的特点,即交易金额不大、交易频繁、人才等资源欠缺,他们没有资金参加各种展会、进行面对面交流,对成本极为敏感,迫切需要第三方服务平台助力其更高效地完成跨境交易,因此敦煌网成立之初采取免费发布信息,成功达成交易后收取交易佣金的运营方式,迅速地打开了市场。

3. 全链路服务

跨境贸易相较于国内贸易业务具有交易链条长、参与主体多、环境复杂等诸多特点,企业进入门槛较高，这就使得众多想从事跨境贸易的中小企业望而却步或业务不佳，而敦煌网正是抓住了这点为中小企业提供了支付、物流、营销、智能技术等全链路服务。

支付服务方面，敦煌网覆盖线上线下全场景，支持 29 种支付方式，覆盖 71 个币种，还联合银行推出在线小额贷款等服务。物流服务方面，敦煌网与 UPS 等物流公司结成业务合作伙伴，覆盖 225 个国家和地区，整合了超 100 家国内外物流服务商资源，提供超过 100 条物流线路及 10 多个海外仓。营销服务方面，敦煌网与 Google 等搜索引擎公司合作，获取平台 45%左右的流量来源，开辟了 100 多条线上营销渠道。智能技术方面，敦煌网具备 5 个分布式数据中心，利用多年沉淀的跨境大数据为跨境出口商、企业、平台及金融机构提供高效、可靠、低成本的综合性金融科技产品服务和解决方案。此外，敦煌网还提供培训、代运营等服务，覆盖跨境贸易全链路。

10.3.3　敦煌网的盈利模式

敦煌网的盈利主要由交易服务费和增值服务及其他服务费组成。

1. 交易服务费

第三方电商平台常见的交易服务费主要包括平台入驻费和交易佣金两部分。敦煌网在创立初期免收平台入驻费，后于 2019 年 2 月发布对新用户开始收取平台入驻费(敦煌网称为平台使用费)，老客户暂缓收取；2021 年底敦煌网发布通知称将对新老用户皆收取平台使用费，目前平台使用费为其固定收入。

敦煌网的交易服务费是根据单笔订单金额采用"阶梯佣金"的收取方式，具体费率根据商品类目、订单金额的大小等因素来确定。敦煌网 2020 年的财务报表显示，交易佣金占当年总营业收入的 49.3%，可见其是重要的收入来源。对于敦煌网而言，它与商家有着共同的目标，即提升销售业绩，因此为平台上的商家提供更优质的服务是敦煌网的核心战略。

2. 增值服务及其他服务费

增值服务及其他服务费指敦煌网为商家提供发货、资金结算、营销推广、平台运营等一系列服务而收取的服务费用，主要包括物流服务、支付服务、营销服务和其他服务。敦煌网 2020 年的财务报表显示，物流服务占当年总营业收入的 36.2%，支付服务占 4.4%，营销服务占 9.4%，其他服务占 0.6%。近年来，敦煌网交易服务费的增长放缓，而增值服务费有了显著提高，其中物流服务费增速最为显著，2020 年平台内卖家物流服务费与非平台卖家物流服务费比例约为 2∶3，非平台物流服务费首次超过了平台物流服务费。

10.3.4　敦煌网的运营启示

1. 第一个吃螃蟹的人

敦煌网在创立之初，借鉴了国内第三方电商交易平台的商业模式，并将其运用到了跨境贸易中。其创新之处在于，在当时的市场环境下，电子商务在跨境贸易中主要作为信息服务平台，而敦煌网是首个提供交易服务的公司，可以说是国内跨境交易服务平台的先驱。敦煌网对行业形势有着敏锐的洞察力，与阿里巴巴等平台不同，它以中国数量巨大的中小企业为定位，采取免费入驻、上架商品的政策，并在订单成交后抽取佣金的盈利方式，这极大地降低了商家的使用顾虑。此外，敦煌网不断完善的贸易服务解决了众多中小企业的痛点，使其成为领先的全球中小零售商一站式贸易和服务平台。

2. 深耕跨境服务

敦煌网深知其面向的中小企业没有大企业的渠道和人才等优势，为了让商家将有限的精力和资源集中在产品的设计和研发上，从而增加自身的核心竞争力，敦煌网深耕跨境服务，力争将除商品外的一切流程全部解决。但敦煌网自身实力毕竟有限，因此它采取外包、整合的办法，将供应链相关服务商进行整合，覆盖物流、支付、营销等全链路服务，其中最为突出的就是物流服务。敦煌网将商家大量的需求汇集起来与物流服务商谈合作，这样不仅有了很高的议价能力，使得部分物流服务商的费用降至市场价的 50% 以下，极大节约了成本，同时也能够根据需求进行定制服务。敦煌网还在不断地扩展服务链条，除了促成交易的各项服务，还覆盖到交易售后服务阶段，真正地参与到用户的核心交易中，并在其中提供服务价值，打通供应链上下游的服务通道。敦煌网的核心竞争力在于其供应链整合能力及资源，因此需要不断地深挖用户需求，让用户能够无后顾之忧地进行跨境交易。

3. 优化盈利模式

从敦煌网 2020 年的财务报表可以看出，该年敦煌网成功扭亏为盈。近年来，其不断优化调整其盈利模式，具体体现为以下几点：第一，2019 年仅针对新用户收取平台服务费，2022 年则全面实行，增加了新的盈利点；第二，物流服务收入大幅提升，一方面来源于平台内的物流服务收入快速增长，另一方面来源于非平台物流服务，作为独立服务主要提供给中国从本地的运货商网络集结国际物流服务需求的企业客户，使他们能够利用敦煌网的全球分销网络，这种开放物流服务模式充分利用了敦煌网的供应链整合优势，将是未来有力的盈利来源；第三，敦煌网曾于 2016 年推出"敦煌全球购"内测平台，旨在利用其海外布局进军跨境进口电商业务，但目前已关闭，2018 和 2019 年财报显示的线上直销利润，也于 2020 年关闭；第四，2020 年推出了 Myyshop、驼驼数科业务，寻求新的利润来源。长效的盈利模式对企业至关重要，敦煌网要想在盈利上有突破，还需不断进行盈利模式优化。

4. 寻求市场突破

目前，敦煌网的表现相对平稳，尚未有太大的突破。自成立以来，敦煌网多次传出上市的消息，但至今未能实现。在市场上，敦煌网并未展现出明显的头部优势，其市场占有率有待提升。另外，互联网上有较多关于敦煌网客户纠纷的事件，这对品牌造成了不利影响，在跨境市场竞争环境异常激烈的现状下，敦煌网需要维护好平台的声誉，提高自身在商家心中的信誉度，在此基础上再不断地优化客户服务，才能做到可持续发展。敦煌网是一家综合服务平台，应当结合自身供应链整合优势，在服务上寻求突破点，如在物流、信用体制、售后处理等服务方面建立自身独特的优势，以此牢牢抓住顾客，在市场立足。

10.4　博客来案例分析

10.4.1　博客来的公司简介

博客来创立于 1995 年，目前是我国台湾省最大的图书市场销售平台。其初期以销售图书为主要营运范围，是两岸三地最早成立的网络书店。近年来，博客来利用集团优势进行通路整合、平台多角化经营，跨足百货商品领域，发展成为全方位网购零售平台。

1995 年，张天立先生申请创立博客来数位科技股份有限公司，对当时消费者而言还是新兴事物的网络购物吸引了足够多的关注，网站创办不到两个月就有数万的浏览量，关注度的上升也带动了企业营业量的快速提升。1999 年，博客来开始扩编，仓储和办公合一，营运效率大为提升，百万册的图书配送量及快速的送达效率使博客来再次成为业界明星。2009 年，博客来推出会员分级制度，差异化经营提升了会员的黏着度和信任感。2014 年，博客来开始加强布局海外市场，加入跨境行列，启动"博客来订购，香港 7-11 门市取货"的新服务，首次将到店取货服务延伸至海外地区，打造博客来成为香港品项最齐全、规模最大的网络书店。2015 年，博客来上线营运 20 周年，将网购百货、图书商品到店取货服务拓展至澳门。2019 年，菲律宾 7-11 门店取货服务上线，海外网购取货据点逾 3000 处，全球宅配可达 154 个国家和地区。2021 年，营业额更是达到新台币 75.6 亿元。博客来的发展历程如图 10-3 所示。

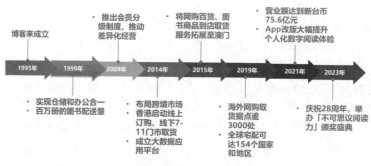

图10-3　博客来的发展历程

10.4.2　博客来的运营模式分析

1. 商业模式创新

博客来的主要营业范围包括 B2C、B2B2C 及 B2B。在 B2C 部分，主要分为书籍相关商品销售及非书籍的百货业务，包含美妆保健、服饰配件、美食饮品、创意生活、玩艺玩具、3C、家电。在 B2B2C 部分，主要是博客来旗舰店，引进统一流通集团下的公司及陆续引进其他策略性的品牌公司，特别设立安心食材专卖店引进各式健康的食材品牌。在 B2B 部分，主要提供优惠使企业客户大量采购商品，以及提供博客来福利金供企业福委会赠礼员工，员工可凭福利金选购博客来所有商品。

博客来秉承"以数位科技应用，结合虚拟与实体，成为消费者品味阅读、质感生活的推动者"的企业定位，使其在台湾省的网络书店业领域站稳了脚跟。在发展过程中，博客来凭借科技平台，以提供最新、最全图书资讯，倡导人性化的互动服务模式，以消费者为行销中心，打造出了完美的使用体验，成为了台湾省图书销售的第一大通路。

2. 营销创新

博客来通过打造"博客来 AP 策略联盟"来吸引更多的关注与更加深入的合作，主要是透过加入的合作伙伴网站协助，将商品或是活动讯息传播出去，以接触到更多的消费者，并于消费者完成交易后，以反馈金(佣金)方式，提供给合作伙伴网站议定的报酬。同时，依会员等级实施不同的补贴策略，等级高的会员可获得较高额的补贴，得以以较好的折扣购买商品。

3. 战略发展

1) O2O 商业模式，阅读体验再进化

在实现虚实整合方面，博客来已经在 7-11 的部分门市设置了展售书柜。为了适应消费者阅读习惯的变化，博客来利用多年累积的图书销售大数据，为不同商圈推荐智慧选书书单，旨在提供更优质的阅读体验。这促使了结合书香的 7-11 复合店的诞生！去年，在台大公馆商圈全新开幕的"Big7 复合店"内，博客来的书香阅读区紧邻咖啡、烘焙区，实现了实体书店愿景，并开创了超商设立完整阅读空间的先例。而门市没有陈列的书籍，消费者也能够透过博客来快找 App 购买，并在门市取货，创造一个虚实整合、无缝接轨的服务体验。

2) 加码跨境服务，持续导入创新

当博客来确定秉持"当客户有退货需求时，整个流程更简单便利，更能够掌握退货处理进度，期待消费者在博客来更敢买、更愿意尝试"的理念目标后，接下来就要进行资料的搜集、整理，找出最适合的算法及验证成效的方式等，整个流程涉及很多层面与跨部门专业和经验的结合。博客来透过长期观察取货付款的模式，发现客户偏好透过 7-11 取货付现的自主取货服务，并将这样的服务模式进一步应用在跨境服务上，自 2014 年起陆续在我国香港和澳门，以及新加坡和马来西亚导入。2019 年 9 月，在我国台湾率先推出了菲律宾 7-11 取货服务，成为第一个导入这项服务的企业。目前，博客来的海外网购取货据点逾 3000 处，为物流行业提供了除宅配空运之外的新选择。2019 年更是博客来服务优化的一个重要里程碑，因为其在 9 月起提供了海外客户在线申请退货服务，而针对不同地区的消费者，也将陆续推出透过 7-11 门市自助退货的服务。

3) 大数据应用平台，精准量身推荐

自 2014 年起，博客来正式成立大数据应用平台。通过收集客户在博客来的浏览、搜寻、购买等数据，进行会员 DNA 行为分析和商品关联分析。从不同的角度切入，依据客户偏好量身推荐商品和活动，并将其广泛应用于搜寻关键字推荐、商品采购补货建议和客户服务等方面。近年来，随着跨境业务的拓展，博客来还针对不同地区的客户提供了个性化的推荐商品清单。

10.4.3　博客来的盈利模式

博客来以 B2C 商业模式为主，其盈利主要来自商品销售和广告收入。商品销售方面，2021

年的营业收入中六成来自原本图书销售，其他四成来自文创设计和百货类商品。2021 年，博客来 App 改版，大幅提升了个人化数字阅读体验，带动了下载量，较改版前增长逾六成，同年 11 月推出有声书、影音课程服务，服务推出以来业绩增长六倍。广告收入方面，博客来作为网购领域的强势品牌，拥有高人气的书籍杂志和虚拟影音销售渠道，其优质的客服品质和顾客高忠诚度带来了强大的回购能力。凭借这些优势，博客来打造了各类广告板块的经营，并取得了不错的业绩。2021 年，博客来总收入达到 75.6 亿新台币，相比 2020 年的 69 亿新台币增长了 9.5%。

10.4.4　博客来的运营启示

1. 跨境业务的必要性与可行性

我国台湾地区的图书市场规模受地区面积、人口数量的限制，市场规模有限，总体经济形势不容乐观，经过十多年的快速发展后，电子商务增长速度减缓。信息科技发展导致了网络书店进入门槛低，网络书店林立之下，网络图书销售竞争激烈。近年来，台湾电子商务业者探索发展跨境服务已成为一种潮流，一些网络书店已经有了部分的境外业务，并计划在未来的一两年内也在剩余的网站中进行境外交易。综上，图书市场不再局限于本土市场，发展跨境业务具有必要性和可行性。

2. 数字化转型的必然性

随着数字时代的到来，以网络书店为代表的数字化阅读等新型模式开始成长，实体门店利润大幅度下降，市场份额流失，库存出现积压，给传统实体业者造成了一定的冲击。为了更好地解决这一问题，博客来销售的商品种类也从图书产品扩大到文创类型及百货产品，利用网络资源与基础，积极推动书店转型，开展 O2O 种类的新型商业模式。同时，博客来还致力于营造文化氛围和提升人文关怀，以促进企业的可持续发展。

10.5　盒马鲜生案例分析

10.5.1　盒马鲜生的公司简介

盒马鲜生创立于 2015 年，是中国首家以数据和技术驱动的新零售平台。其以打造"新零售"、构建"商品力"、推动"产业数字化"、发展"数字农业"为主，致力于满足消费者对美好生活的向往，用科技和创新引领万千家庭的"鲜·美·生活"。

盒马鲜生首店于 2016 年 1 月在上海金桥广场开出，被视为阿里巴巴新零售样本。2018 年 8 月，盒马宣布与全国 500 家农产品基地、品牌供应商一起围绕买手制打造"新零供"关系。其不向供应商收取任何进场费、促销费、新品费等传统零售行业名目繁多的渠道费用，让供应商围绕消费者需求，专注做好商品生产研发。2018 年 9 月，盒马新发布零售系统 REXOS。2020

年 8 月，盒马首创"网订柜取"新模式，采用档口现制、顾客手机提前点单、自助柜取餐模式经营，整个数字化履约 2 分钟内完成。2020 年 10 月 1 日，全国第一家盒马 X 会员店在上海浦东开业，成为仓储式会员制门店模式中的首个中国品牌。盒马 X 会员店需要办理会员才可消费，内部采用仓储式货架，商品品质高，一般包装都较大，且采用线上线下一体化运营。2021 年 5 月 8 日，数字人民币接入盒马子钱包。2021 年 7 月，盒马打造普惠版"盒区房"——盒马邻里，用户线上下单后可选择邻近的自提点(盒马邻里服务站)提货。盒马从城市外圈和郊区做起，创新服务方式解决了百姓菜篮子里的实际问题，满足消费者日常生活和一日三餐的一站式消费需求。而作为伴生业态诞生的"盒马奥莱"的主要目的是消化来自盒马鲜生、盒马 X 会员店的尾货商品，盒马奥莱门店会依据不同品类、不同商品的有效期，设置不同折扣。自有品牌的打造，是未来盒马奥莱发展的关键。"盒马鲜生+盒马 X 会员店+盒马奥莱"构成盒马经营的"三驾马车"。2022 年 6 月 9 日，全国首批零碳认证有机蔬菜统一在盒马全国门店上线。2022 年 11 月 15 日，盒马在杭州自建的供应链中心正式投产。2023 年 3 月 30 日，盒马正式宣布上线"1 小时达"服务，为距离门店约 3～5 千米以内的区域提供最快 1 小时送达的配送服务。截至 2022 年，盒马鲜生的主力门店(不包括 X 会员店和奥莱店)共计 296 家，遍布 18 个省份和 27 座城市。盈利方面，盒马年销售额为 610 亿元，同比增长达到了 25%；盒马 X 会员店渠道增长超 247%；奥莱渠道的增长则高达 555%。盒马鲜生的发展历程如图 10-4 所示。

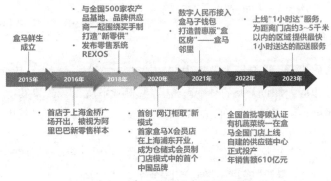

图10-4　盒马鲜生的发展历程

10.5.2　盒马鲜生的运营模式分析

1. 商业模式创新

盒马鲜生的"生鲜零售+餐饮+电商配送"的经营模式是商业模式的一大创新。线上平台可以实现快速引流，线下门店承载生鲜超市、餐饮体验、快速配送的功能，能够给消费者带来更好的消费体验。作为阿里新零售的先驱，盒马自诞生开始坚持科技驱动重塑"人、货、场"，以消费者需求为出发点重塑产业链，探索新型的零售企业—消费者互动模式，实现零售行业的全新升级，并通过重构零售企业与供应商的关系，让符合消费需求的商品在线上线下获得更多销售机会，并与品牌商一起，基于消费需求的变化进行商品创新。盒马坚持"商品力"是零售企业的"灵魂"，持续推出富有创新性、质优价优的产品，广受消费者喜爱。其建立的零售行业数字化标准体系，形成了消费者、门店、供应链三点一线的完整的数字化解决方案，从源头把控商品品质，以销定产。盒马在全国 25 个省建立了 185 个盒马村，以推动农产品实现标准化、精细化、品牌化，从而助力农民增收。

"盒马鲜生"的主要销售对象为中高档人群，年龄在 25～35 岁。该人群对产品质量有更高的要求，更注重服务，但对价格却没有那么敏感。目前，"盒马鲜生"主要分布在国内一二线城市的核心商业区和居住区，并计划在全国范围内开 2000 家门店，以 3 千米为辐射半径，解决生鲜物流的末端问题。与其他线下超市不同，"盒马鲜生"主要以"吃"为主，其产品中食物占 60%，百货占 25%，生鲜占 15%，其中，中高档进口产品占据很大的比例，致力于做一家集餐饮、商超、电商于一体的生鲜零售连锁超市。

2. 营销创新

盒马为了创造良好的经济效益，在营销中采用了无界零售、全渠道经营及数据驱动销售，打造 O2O 线上与线下相结合的模式。消费者可以在官方 App 上下单，由线下门店提供配送服务，也可以在门店选购商品，享受线上优惠。该模式打破了传统零售和电商之间的壁垒，使得消费者更加方便快捷地购物。盒马强调全渠道经营，通过各种渠道获取消费者，除了线上线下渠道，还在社交媒体、小程序等平台上推广产品和服务，以留住客户。盒马鲜生依托阿里巴巴大数据技术，对消费者数据进行深度分析，通过对消费者需求的洞察，对消费目标人群进行精准定位，并提供个性化服务，从而提供了更多的营销机会。

3. 建设战略发展

从盒马鲜生的布局来看，其选址主要集中在一线和新一线城市。盒马更倾向于在商圈成熟、人口密集的区域进行布局。然而，这并不代表盒马不重视下沉市场。事实上，盒马曾经试图通过盒马菜市、盒马邻里等模式进入下沉市场，而当前着力发展的盒马奥莱也是攻入下沉市场的"利器"。

盒马启动"三驾马车"积极探索多个方向市场。除了盒马鲜生主力店的稳步发展，盒马 X 会员店和奥莱店或将成为盒马达成目标增长的两个重要"引擎"。

10.5.3 盒马鲜生的盈利模式

2022 年，盒马鲜生的销售额为 610 亿元，门店数为 300 个，单店平均销售额超过 2 亿元。2022 年，盒马鲜生销售额同比增长超 25%，盒马 X 会员店增长超 247%，奥莱和邻里的增长高达 555%，"三驾马车"的威力初显。

1. 商品销售收入

盒马鲜生通过销售生鲜商品获得收入。无论是线上平台还是线下实体店，都会销售各种生鲜商品，包括蔬菜、水果、肉类、海鲜等。盒马鲜生通过与供应商合作，获得优质生鲜商品，并借助阿里巴巴的物流网络，保证商品的新鲜度和品质。对自主品牌产品实行买断、专卖的模式，同时合作方需要生产只能由盒马鲜生才能使用的产品，专供产品不得提供给其他企业。

2. 平台手续费

盒马鲜生作为一个电商平台，会向入驻商家收取一定的平台手续费。该手续费根据不同商品和交易类型而定，可以是固定金额，也可以是佣金形式。随着盒马鲜生的规模不断扩大，平台手续费也将成为其重要的盈利来源。

3. 增值服务收入

盒马鲜生还通过提供各种增值服务来增加收入，如在线下单、快递配送、会员福利等。这些服务能够吸引更多用户，提高他们的黏性，并增加平台的收入。

10.5.4　盒马鲜生的运营启示

1. 从商品采购逻辑到品类专家逻辑的转变

在传统零售中，采购决策通常基于"费用、毛利和实力"进行。也就是说，谁家给的渠道费用高，就给谁好的陈列位置，谁家毛利高，就选谁家，谁家愿意账期支持或联营，就选谁家。新零售的品类专家逻辑是回归商品本质，从商品最本真的一面去考量，如有机、绿色、工序、质量安全等角度。通过调研和尝试，发现最好的商品通过授权或联合开发形成自有品牌，全程对商品的生产工序进行把关。

2. 从渠道需求到用户需求的转变

在物质匮乏年代，供应商供应什么，零售商就卖什么；在渠道多元化的年代，零售商要什么，供应商就供什么；在消费多元化的年代，用户需要什么，零售商和供应商就卖什么。而在新零售时代，需要从渠道需求向用户需求转变。盒马之所以能够抓住用户需求去做定制化的自有品牌，是因为其背后有大数据和云计算的技术支撑，以及品类专家对用户需求的严谨判断。因此，只有真正了解了用户需求，才能做出好的产品。

第 11 章 电子商务法律问题

📋 **学习目标**

(1) 掌握电子商务法的概念;

(2) 熟悉电子商务法的性质、特征及基本原则;

(3) 了解国内外电子商务相关法律的背景和内容;

(4) 熟悉电子商务中典型的权益保护。

📋 **引言**

随着计算机与通信技术的发展及商业化的广泛应用,商务交易形式问题变得越来越多样化、复杂化,必须由专门的法律规范对其进行调整。电子交易形式已经成为必须由法律调整的重要社会关系,创造一个良好的法治环境是推动电子商务正常有序发展的前提和保障。本章主要阐述电子商务法的内涵,并阐述现有国内外电子商务法律制度。

11.1 电子商务法概述

11.1.1 电子商务法的概念

电子商务法是政府用来调整企业和个人使用数据电文作为交易手段,通过信息网络所产生的,因交易形式所引起的各种商事交易关系,以及与这种商事交易关系密切相关的社会关系、政府管理关系的法律规范的总称。从具体法律层面可以定义为,电子商务法是指用来调整平等主体之间通过电子行为设立、变更和消灭财产关系与人身关系的法律规范的总称。

11.1.2　电子商务法的性质和特征

1. 电子商务法的性质

1) 电子商务法是私法

电子商务法是私法体现在：其一，作为电子商务法对象的自然人、法人或其他组织，都是私法的主体。其二，电子商务法调整的是发生在商事活动中的个人之间的关系。它所调整的电子商务法律关系实质上是发生在电子商务活动中的平等主体之间的财产关系，即私法调整对象的必要组成部分。其三，电子商务法规定的权利是主体从事电子商务活动的权利，确保主体的权利实现，是电子商务法作为私法的任务。

2) 电子商务法是一个渗透着公法因素的私法领域

电子商务法是一个非常庞大的法律体系，涉及诸多领域，既包括传统的民法领域，又有新的领域，如电子签名法、电子认证法等。这些法律规范以私法规范为基础，同时又包括诸多公法规范。这些公法规范主要体现在一些具有行政管理性质的规范，如：认证机构的许可与监管，对违反电子商务法进行行政处罚或刑事处罚的规定，电子商务法中的有关行政机关审批、登记的规定等。因此，电子商务法是一个渗透着公法因素的私法领域。

3) 电子商务法的调整对象

调整对象(adjustment object)是立法的核心问题，也是电子商务法区别于另一法的基本标准。根据电子商务的内在本质和特点，电子商务法的调整对象应当是电子商务交易活动中发生的各种社会关系，而这类社会关系是在广泛采用新型信息技术并将这些技术应用到商业领域后才形成的特殊的社会关系，它交叉存在于虚拟社会和实体社会之间，有别于实体社会中的各种社会关系，且完全独立于现行法律的调整范围。电子商务是利用电子手段开展的商务活动，所以电子商务法的调整对象应当包括技术领域与商务领域。

(1) 电子商务法所涉及的技术范围。电子商务是通过电子手段传递信息的，如通过因特网进行的自由格式的文本的传递、以电子数据交换方式进行的通信、计算机之间以标准格式进行的数据传递、利用公开标准或专有标准进行的电文传递。电子商务法在考虑比较先进的通信技术，如电子数据交换和电子邮件的同时，也应考虑到适用于不太先进的通信技术，如电传、传真等，并且任何通信技术均不应排除在电子商务法范围之外，未来技术发展也必须顾及。

(2) 电子商务法所涉及的商务范围。从本质上讲，电子商务仍然是一种商务活动。因此，电子商务法需要涵盖：电子商务环境下的合同、支付、商品配送的演变形式和操作规则；交易双方、中间商及政府的地位、作用和运行规范；涉及交易安全的大量问题；某些现有民商法尚未涉及的特定领域的法律规范。

4) 电子商务法是独立的法律部门

电子商务关系是因互联网在经济活动的应用而产生的一种新型社会关系，这种新型社会关系交叉存在于实体社会和虚拟社会之间，具有独特的性质。传统法律能够调整其中部分内容，而对于另一部分因使用数据电文等网络交易手段产生的一系列新问题，如网络通信记录与电子签字效力的确认、安全标准与电子认证机构的确立、网站及在线交易主体的设立与市场准入、电子合同的订立与证明、电子产品交付与电子支付等，建立在传统书面形态下的法律体系是难以调整的，必须制定新的专门法。因此，电子商务法并不应当试图去构建所有的网络贸易秩序规则，而应当将重点放在因交易手段和方式的改变而产生的特殊商事法律关系的调整上。也就是说，电子商务法是调整网络贸易中产生的、传统法律难以调整的商事关系的规则。电子商务法以其独立的、特有的调整对象，使之成为一部独立的部门法。电子商务法是一部非常庞杂的法律体系，实践中，电子商务法的基本框架由《中华人民共和国电子商务法》及其他配套相关的法律规范构成。相关的法律法规涉及许多领域，既包括传统的民法领域，如知识产权相关法律、消费者权利保护法，以及民法典的合同编、侵权责任编等，又包括新的领域，如数字签名法、数字认证法等。为此，电子商务法有其独特的调整对象和适用领域。

2. 电子商务法的特征

法律特征上，电子商务法律具备民商事法律的一般特点，但由于调整对象与调整方式的特殊性，电子商务法律还有着自身独有的特征。

(1) 技术性。电子商务原本就是现代网络信息技术在商业领域应用的结果，交易环境的创设、交易过程的监控、交易纠纷的解决等环节都在不同程度上依赖于信息网络技术的实现。完整的电子商务法律体系应当包括相关信息网络技术与安全管理等方面的规范。

(2) 开放性。电子商务法律是调整电子商务活动的各类法律规范的总称，涉及商法、经济法、知识产权法等诸多法律门类，是一门新兴的法律领域。从构成上看，电子商务法律可以分为两类：一类是为适应电子商务发展而创设的单行法规，如《中华人民共和国电子签名法》(以下简称《电子签名法》)；另一类则是来自其他法律部门的相关法律规定，如《中华人民共和国民法典》(以下简称《民法典》)中关于数据电文的规定。电子商务法目前尚无独立、成熟的理论体系，但一直在不断丰富相关法学学科的研究视野，如网络虚拟财产保护、网络版权保护、在线纠纷解决机制探索等。

(3) 国际性。电子交易的重要特征就是其无国界性。加强国际立法、司法的协调与统一是电子商务充分发展必不可少的条件。相关国际组织已经在电子商务统一立法方面做了大量卓有成效的工作。

11.1.3 电子商务立法的基本原则

电子商务法的基本目标是在电子商务活动中建立公平的交易规则，这是商法的交易安全原则在电子商务法上的必然反映，以达到交易和参与各方利益的平衡，实现公平的目标。由于电子商务立法是调整新型商业活动的法律，因此需要有立法的基本原则。

1. 严格范围原则

因为电子商务具有跨时空、跨领域的特点，所以电子商务法一般把调整范围严格限定在本国管控范围内，限定在通过互联网等信息网络销售商品或提供服务，因此对金融类产品和服务，以及对利用信息网络提供的新闻、信息、音视频节目、出版及文化产品等方面的内容服务都不在该法律的调整范围内。

2. 促进发展原则

因为电子商务属于新兴产业，所以大部分国家把支持和促进电子商务持续健康发展摆在首位，拓展电子商务的空间，推进电子商务与实体经济深度融合，在发展中规范、在规范中发展。法律对于促进发展、鼓励创新做了一系列的制度性的规定。

3. 包容审慎原则

目前，很多国家电子商务正处于蓬勃发展的时期，渗透广、变化快，因此，新情况、新问题层出不穷，在立法中既要解决电子商务领域的突出问题，也要为未来发展留出足够的空间。各个国家的电子商务法不仅需要重视开放性，而且也需要重视前瞻性，以鼓励创新和竞争为主，同时兼顾规范和管理的需要，为电子商务未来的发展奠定了体制框架。

4. 平等对待原则

电子商务技术中立、业态中立、模式中立的原则是指法律应当对交易使用的手段一视同仁，不应把对某一特定技术的理解作为法律规定的基础，而歧视其他形式的技术。因此，不论电子商务的经营者采用何种电子通信的技术手段，其交易的法律效力都不受影响。在立法过程中，各个方面逐渐对线上线下在无差别、无歧视原则下规范电子商务的市场秩序，达到了一定的共识。

5. 均衡保障原则

这些年的实践证明，在电子商务有关三方主体中，最弱势的是消费者，其次是电商经营者，最强势的是平台经营者，所以大部分国家的电子商务法在均衡地保障电子商务中三方主体的合法权益时，适当加重了电子商务经营者，特别是第三方平台的责任义务，加强了对电子商务消费者的保护力度。

6. 协同监管原则

根据电子商务发展的特点，只有通过法律才能够完善和创新符合电子商务发展特点的协同监管体制和具体制度。法律规定国家建立符合电子商务特点的协同管理体系，各级政府部门根据职责分工，各自负责电子商务发展促进、监督、管理的工作。在这样的情况下，监管的要义就在于依法、合理、有效、适度，既非任意地强化监管，又非无原则地放松监管，而是宽严适度、合理有效。

7. 社会共治原则

电子商务立法运用互联网的思维，充分发挥市场在配置资源方面的决定性作用，鼓励支持电子商务各方共同参与电子商务市场治理，充分发挥电子商务交易平台经营者、电子商务经营者所形成的一些内生机制，来推动形成企业自治、行业自律、社会监督、政府监管这样的社会共治模式。

8. 消费者权益保护

电子商务活动的特点要求对消费者的权益进行更为有力的保护,所以电子商务法必须为电子商务建立适当的保护消费者权益的规定,还必须协调制定国际规则,让消费者可以明确对某一贸易如何操作及所应使用的消费者权益保护法。

9. 安全性原则

维护电子商务活动的安全成为电子商务立法的主要任务之一,电子商务法应该以维护电子商务的安全为基本原则。电子商务以其高效、快捷的特性,在各种商务交易形式中脱颖而出,具有强大的生命力,而这种高效、快捷的交易工具,必须以安全为前提,它不仅需要技术上的安全措施,同时也离不开法律上的安全规范。

10. 法律衔接原则

电子商务法是电子商务领域的一部基础性的法律,大部分国家制定都相对较晚,所以其中的一些制度在其他法律中间都有规定,这就需要做好电子商务法与其他法律的衔接。电子商务立法应针对电子领域特有的矛盾来解决其特殊性的问题,在整体上处理好电子商务相关法律与已有的一些法律之间的关系,重点规定其他法律没有涉及的问题,弥补现有法律制度的不足。例如,在市场准入上与现行的商事法律制度相衔接,在数据文本上与《民法典》和《电子签名法》相衔接。在纠纷解决上,与现有的消费者权益保障法律相衔接。在电商税收上与现行税收征管法律和相关税法相衔接。在跨境电子商务上,与联合国国际贸易法委员会制定的《电子商务示范法》《电子合同公约》等国际规范相衔接。

11.2 国际的电子商务法律制度

联合国国际贸易法委员会在 1996 年 6 月 14 日通过的《电子商务示范法》中允许贸易双方通过电子手段传递信息、签订买卖合同和进行货物所有权的转让,为实现国际贸易的"无纸操作"提供了法律保障。我国于 1999 年 10 月开始实施的新的《中华人民共和国合同法》(2021 年 1 月开始实施《民法典》,同时该法废止)也引入了数据电文形式,从而在法律上确认了电子合同的合法性。了解和研究电子合同这一新的合同形式,对于依法开展电子商务具有十分重要的意义。

1. 数据电文的法律承认

联合国《电子商务示范法》第 2 条规定,"数据电文"系指经由电子手段、光学手段或类似手段生成、储存或传递的信息,这些手段包括但不限于电子数据交换(EDI)、电子邮件、电报、电传或传真。根据《电子商务示范法》的规定,利用数据电文进行的各种信息传输是有效的,不得仅以某项信息采用数据电文形式为理由而否定其法律效力、有效性或可执行性。我国《民法典》也已将数据电文列为"可以有形地表现所载内容的形式"。

联合国《电子商务示范法》第 6 条规定，如法律要求信息须采用书面形式，则假若一项数据电文所含信息可以调取以备日后查用，即满足了该项要求。很明显，《电子商务示范法》第 6 条的目的是注重于信息可以复制和阅读这一基本概念。实际上，它表达的这一概念提供了一种客观标准，即一项数据电文内所含的信息必须是可以随时查找到以备日后查阅。使用"可以调取"字样意指计算机数据形式的信息应当是可读和可解释的，并且应保留使这些信息变得可读所需的软件。"以备"一词并非仅指人的使用，还包括计算机的处理。至于"日后查用"概念，它指的是"耐久性"或"不可更改性"等会确立过分严厉的标准的概念，以及"可读性"或"可理解性"等会构成过于主观的标准的概念。我国《民法典》也将传统的书面合同形式扩大到数据电文形式，其第四百六十九条规定，书面形式是合同书、信件、电报、电传、传真等可以有形地表现所载内容的形式。也就是说，不管合同采用什么载体，只要可以有形地表现所载内存，即视为符合法律对"书面"的要求。这些规定符合联合国国际贸易法委员会建议采用的"功能等同法(functional-equivalent approach)"的要求。

2. 数据电文的要素

"收到"这一概念，在电子商务贸易过程中具有相当重要的法律意义。在国际货物销售合同公约和大陆法系中，不论是发盘还是接收，均以抵达接收人或发盘人作为生效的条件之一。而英美法系则规定，信件或电报一经发出，立即生效，生效的时间以投递邮件收据上邮局所盖邮戳为准，而不管对方是否收到。

为了避免在未来的电子商务交易中产生贸易纠纷，联合国《电子商务示范法》第 15 条详细规定了发出和收到数据电文的时间与地点。

(1) 除非发端人与收件人另有协议，一项数据电文的发出时间以它进入发端人或代表发端人发送数据电文的人控制范围之外的某一信息系统的时间为准。

(2) 除非发端人与收件人另有协议，数据电文的收到时间按下述办法确定：①如收件人为接收数据电文而指定了某一信息系统，则以收件人检索到该数据电文的时间为收到时间；②收件人并未指定某一信息系统，则以数据电文进入收件人的任一信息系统的时间为收到时间。

(3) 即使设置信息系统的地点不同于根据第(4)款的规定所视为的收到数据电文的地点，第(2)款的规定仍然适用。

(4) 除非发端人与收件人另有协议，数据电文应以发端人设有营业地的地点视为其发出地点，而以收件人设有营业地的地点视为其收到地点。就本款的目的而言：①如发端人或收件人有一个以上的营业地，应以对基础交易具有最密切关系的营业地为准，又如果并无任何基础交易，则以其主要的营业地为准；②如发端人或收件人没有营业地，则以其惯常居住地为准。

我国《民法典》第四百七十四条规定，要约到达受要约人时生效，以非对话方式作出的采用数据电文形式的意思表示，相对人指定特定系统接收数据电文的，该数据电文进入该特定系统时生效；未指定特定系统的，相对人知道或者应当知道该数据电文进入其系统时生效。该法第四百九十二条同时规定，采用数据电文形式订立合同的，收件人的主营业地为合同成立的地点；没有主营业地的，其住所地为合同成立的地点。

11.3 中国电子商务法

11.3.1 立法背景

随着科技的发展，中国网民总数和电子商务交易额迅速增长，中国将成为全球规模较大的电子商务市场，因此电子商务产业将成为较具发展潜力、较有国际竞争力的产业。与电子商务迅猛发展的实践相比，《中华人民共和国电子商务法》(以下简称《电子商务法》)颁布之前，实践中规范、指导电子商务发展主要依靠各部门的规章制度，各部门先后制定了《关于利用电子商务平台开展对外贸易的若干意见》《快递服务国家标准》《中华人民共和国电子签名法》《中国互联网络域名管理办法》《信息网络传播权保护条例》《中华人民共和国税收征收管理法》《网络商品交易及有关服务行为管理暂行办法》《第三方电子商务交易平台服务规范》《网络购物服务规范》等办法及规定。国务院办公厅出台了关于加快电子商务发展的若干意见。国家发改委、国务院信息办发布了电子商务发展"十一五"规划。工信部发布了电子商务"十二五"发展规划。商务部先后发布了关于网上交易的指导意见、关于"十二五"电子商务发展指导意见等。国家工商总局发布了《网络商品交易及有关服务行为管理暂行办法》。

为了保障电子商务各方主体的合法权益，规范电子商务行为，维护市场秩序，促进电子商务持续健康发展，中华人民共和国第十三届全国人民代表大会常务委员会第五次会议通过了《中华人民共和国电子商务法》，并于 2019 年 1 月 1 日开始执行。

📖 **小贴士**

立法进程

2013 年 12 月 7 日，全国人民代表大会常务委员会在人民大会堂召开了《电子商务法》第一次起草组的会议，正式启动了《电子商务法》的立法进程。

2014 年 11 月 24 日，全国人民代表大会常务委员会召开《电子商务法》起草组第二次全体会议，就电子商务重大问题和立法大纲进行研讨。

2015 年 1 月至 2016 年 6 月，开展并完成《电子商务法》草案起草。

2016 年 12 月 19 日，十二届全国人民代表大会常务委员会第二十五次会议上，全国人民代表大会财政经济委员会提请审议《电子商务法》草案。

2016 年 12 月 27 日至 2017 年 1 月 26 日，《电子商务法》在中国人民代表大会网向全国公开电子商务立法征求意见。

2018 年 6 月 19 日，《电子商务法》草案三审稿提请十三届全国人民代表大会常务委员会第三次会议审议。

2018 年 8 月 27 日至 8 月 31 日举行的第十三届全国人民代表大会常务委员会第五次会议对《电子商务法》草案进行四审。

2018 年 8 月 31 日，全国人民代表大会常务委员会表决通过《电子商务法》。2018 年 8 月 31 日，中华人民共和国主席习近平签署中华人民共和国主席令(第七号)，《中华人民共和国电子商务法》于 2018 年 8 月 31 日由中华人民共和国第十三届全国人民代表大会常务委员会第五次会议通过。

11.3.2　电子商务法核心内容

1. 电子商务法适用范围

《电子商务法》第 2 条规定，中华人民共和国境内的电子商务活动，适用本法。本法所称的电子商务，是指通过互联网等信息网络销售商品或者提供服务的经营活动。法律、行政法规对销售商品或者提供服务有规定的，适用其规定。金融类产品和服务，利用信息网络提供新闻信息、音视频节目、出版以及文化产品等内容方面的服务，不适用本法。

《电子商务法》是一部综合性法律，涵盖电子商务各个环节，因此存在与其他相关法律之间的衔接问题。具体地，当现行法律、行政法规中已经有较为成熟、全面的规定，可以延展至电子商务领域适用。如果《电子商务法》根据电子商务特点对同一行为作出补充性规定，应与一般法律规定配套适用。如果《电子商务法》中对同一种交易行为的规定与一般法律规定不一致，则应当根据《中华人民共和国立法法》规定的特别法优于一般法、新法优于旧法的法律适用原则确定。在原有法律规范未对电子商务领域作出特殊规定的情况下，《电子商务法》的规定应当属于特别法，优先于原有法律规范适用；在原有专门法律规范已对某领域电子商务经营行为作出特殊规定的情况下，应当属于特别规定，优先于《电子商务法》中的一般规定。

2. 电子商务经营者

电子商务经营者是指通过互联网等信息网络从事销售商品或提供服务的经营活动的自然人、法人和非法人组织，包括电子商务平台经营者、平台内经营者及通过自建网站、其他网络服务销售商品或提供服务的电子商务经营者。电子商务法所称电子商务平台经营者是指在电子商务中为交易双方或多方提供网络经营场所、交易撮合、信息发布等服务，供交易双方或多方独立开展交易活动的法人或非法人组织。平台内经营者是指通过电子商务平台销售商品或提供服务的电子商务经营者。

电子商务经营者应当依法办理市场主体登记，但是个人销售自产农副产品、家庭手工业产品，或者个人利用自己的技能从事依法无须取得许可的便民劳务活动和零星小额交易活动，以及依照法律、行政法规不需要进行登记的除外。电子商务经营者应当依法履行纳税义务，并依法享受税收优惠。依照规定不需要办理市场主体登记的电子商务经营者在首次纳税义务发生后，应当依照税收征收管理法律、行政法规的规定申请办理税务登记，并如实申报纳税。电子商务经营者从事经营活动，依法需要取得相关行政许可的，应当依法取得行政许可。电子商务经营者销售的商品或提供的服务应当符合保障人身、财产安全的要求和环境保护要求，不得销售或提供法律、行政法规禁止交易的商品或服务。电子商务经营者销售商品或提供服务应当依法出具纸质发票或电子发票等购货凭证或服务单据。电子发票与纸质发票具有同等法律效力。

3. 电子商务合同的订立与履行

电子商务当事人使用自动信息系统订立或履行合同的行为对使用该系统的当事人具有法律效力。在电子商务中推定当事人具有相应的民事行为能力，但是有相反证据足以推翻的除外。电子商务经营者发布的商品或服务信息符合要约条件的，用户选择该商品或服务并提交订单成功，合同成立。当事人另有约定的，从其约定。电子商务经营者不得以格式条款等方式约定消费者支付价款后合同不成立；格式条款等含有该内容的，其内容无效。电子商务经营者应当清晰、全面、明确地告知用户订立合同的步骤、注意事项、下载方法等事项，并保证用户能够便利、完整地阅览和下载。电子商务经营者应当保证用户在提交订单前可以更正输入错误。

合同标的为交付商品并采用快递物流方式交付的，收货人签收时间为交付时间。合同标的为提供服务的，生成的电子凭证或实物凭证中载明的时间为交付时间；前述凭证没有载明时间或载明时间与实际提供服务时间不一致的，实际提供服务的时间为交付时间。合同标的为采用在线传输方式交付的，合同标的进入对方当事人指定的特定系统并且能够检索识别的时间为交付时间。合同当事人对交付方式、交付时间另有约定的，从其约定。

电子商务当事人可以约定采用电子支付方式支付价款。电子支付服务提供者为电子商务提供电子支付服务，应当遵守国家规定，告知用户电子支付服务的功能、使用方法、注意事项、相关风险和收费标准等事项，不得附加不合理交易条件。电子支付服务提供者应当确保电子支付指令的完整性、一致性、可跟踪稽核和不可篡改。电子支付服务提供者应当向用户免费提供对账服务及最近三年的交易记录。

4. 电子商务争议解决

国家鼓励电子商务平台经营者建立有利于电子商务发展和消费者权益保护的商品、服务质量担保机制。电子商务平台经营者与平台内经营者协议设立消费者权益保证金的，双方应当就消费者权益保证金的提取数额、管理、使用和退还办法等做出明确约定。消费者要求电子商务平台经营者承担先行赔偿责任及电子商务平台经营者赔偿后向平台内经营者的追偿，适用《中华人民共和国消费者权益保护法》(以下简称《消费者权益保护法》)的有关规定。电子商务经营者应当建立便捷、有效的投诉、举报机制，公开投诉、举报方式等信息，及时受理投诉、举报。电子商务争议可以通过协商和解，请求消费者组织、行业协会或其他依法成立的调解组织调解，向有关部门投诉，提请仲裁，或者提起诉讼等方式解决。消费者在电子商务平台购买商品或接受服务，与平台内经营者发生争议时，电子商务平台经营者应当积极协助消费者维护合法权益。在电子商务争议处理中，电子商务经营者应当提供原始合同和交易记录。因电子商务经营者丢失、伪造、篡改、销毁、隐匿或拒绝提供前述资料，致使人民法院、仲裁机构或有关机关无法查明事实的，电子商务经营者应当承担相应的法律责任。电子商务平台经营者可以建立争议在线解决机制，制定并公示争议解决规则，根据自愿原则，公平、公正地解决当事人的争议。

5. 法律责任

电子商务经营者销售商品或提供服务，不履行合同义务或履行合同义务不符合约定，或者造成他人损害的，依法承担民事责任。电子商务经营者未取得相关行政许可从事经营活动，或者销售、提供法律、行政法规禁止交易的商品、服务，或者不履行义务，电子商务平台经营者采取集中交易方式进行交易，或者进行标准化合约交易的，依照有关法律、行政法规的规定处罚。

《电子商务法》对电子商务经营者违反规定提供搜索结果，或者违反规定搭售商品、服务的；电子商务经营者违反法律、行政法规有关个人信息保护的规定，或者不履行规定的网络安全保障义务的；电子商务平台经营者违反规定对平台内经营者在平台内的交易、交易价格或与其他经营者的交易等进行不合理限制或附加不合理条件，或者向平台内经营者收取不合理费用的；电子商务平台经营者违反规定对平台内经营者侵害消费者合法权益行为未采取必要措施，或者对平台内经营者未尽到资质资格审核义务，或者对消费者未尽到安全保障义务的；电子商务平台经营者违反规定，对平台内经营者实施侵犯知识产权行为未依法采取必要措施的；电子商务经营者违反规定，销售的商品或提供的服务不符合保障人身、财产安全的要求，实施虚假或引人误解的商业宣传等不正当竞争行为，滥用市场支配地位，或者实施侵犯知识产权、侵害消费者权益等行为的，依照有关法律的规定处罚。依法负有电子商务监督管理职责的部门的工作人员，玩忽职守、滥用职权、徇私舞弊，或者泄露、出售或非法向他人提供在履行职责中所知悉的个人信息、隐私和商业秘密的，依法追究法律责任。

11.4　电子商务中的权益保护

在电子商务所引发的问题中，法律问题是最为敏感的，而保护知识产权则在其中占据首要地位。20 世纪 90 年代以来，商业应用在因特网上的高速发展令人瞠目，以因特网为基础的电子商务蓬勃发展，因此建立网络时代清楚而有效的版权、专利、商标等保护制度是非常必要的。

11.4.1　网络隐私权的保护

隐私又称私人生活秘密或私生活秘密，是指私人生活安宁不受他人非法干扰，私人信息保密不受他人非法搜集和公开等。而隐私权就是关于隐私的权利，这一权利延伸到网络及网络环境中，便产生了网络隐私权。网络隐私权是指在网络交易过程中，公民享有私人生活安宁和私人信息依法受到保护，不被他人非法侵犯、知悉、搜集、利用或公开的一种人格权，也包括第三人不得随意转载、下载、传播所知晓他人的隐私及恶意诽谤他人等。根据该定义，网络隐私权包括两方面的意义：一方面是在积极意义上，用户依法享有保持个人的生活安宁，保护个人信息秘密不被他人非法侵扰、知悉、搜集利用和公开，即不受侵扰；另一方面是在消极意义上，用户能够自由决定个人生活和个人信息的状况和范围，并能够对其进行利用，即个人对于其个人隐私应有主动积极控制支配的权利。具体而言，公民的网络隐私权应包括如下内容。

1. 知悉权

知悉权是网络隐私权的基本权利，是指用户不仅有权知道网站收集了哪些信息，以及这些信息的内容是什么，而且还有权知道这些信息将用于什么目的。当网络服务提供者搜集的是用户的个人信息资料时，用户就有权知道上述事项，否则这种知悉权就是不完整的，当然也就无法充分、正确地行使其他的隐私权利。

2. 选择权

用户的选择权主要体现在个人信息资料的收集和使用上。在目前情况下，绝大多数网站所提供的服务都与用户付出的信息资料直接相连。如果用户不提供个人信息，或者不完全提供网站所需的全部个人资料，就无法获得网站的绝大部分服务，甚至被拒绝访问。这样不利于用户选择权的充分实现。因此选择权的真正实现尚待时日，尚需各方的共同努力。

3. 控制权

控制权也称为支配权，是隐私权的核心。这一权利包括通过合理的途径访问个人资料，并针对错误的个人信息进行修改、补充、删除，以保证个人信息资料的准确、完整。网站向用户收集资料的目的是利用该信息，而网站对个人信息资料合法、合理的利用，有利于网络环境的安定、有序及公共利益的维护。

4. 安全请求权

用户有权要求网站采取必要的、合理的措施，保护个人资料信息的安全。不论网站所收集的是何种个人信息，只要涉及网络隐私权，就必然与信息资料的安全问题有密切关系。不论是人为的信息泄露或被窃取，还是技术上的缺陷，抑或操作上的失误致使信息资料或数据丢失，都将严重地影响个人信息资料的正常使用和用户网络隐私权的保护，所以个人信息资料的安全是网络隐私权制度的基础。

美国功能性运动品牌Under Armour 1.5亿用户信息泄露

美国功能性运动品牌 Under Armour(安德玛)旗下饮食和营养管理 App 及网站 MyFitnessPal 曾经有大规模的数据泄露，多达 1.5 亿用户的信息被盗。此次数据泄露事件影响的用户数据包括用户名、邮箱地址和加密的密码。安德玛表示，该数据泄露事件并没有涉及用户的社会安全号码、驾驶证号和银行卡号等隐私信息，安德玛通过电邮和 App 消息提醒用户立刻更改密码，当晚其股票市值下跌了 4.6%。

5. 赔偿请求权

赔偿请求权指当个人信息数据未经权利主体被他人利用，或者个人信息数据遭到他人恶意篡改、披露、窃取或因服务商的过失造成个人信息数据的毁损等情况时，权利主体有权要求侵权人消除损害、赔礼道歉、赔偿损失。若网站利用个人信息资料侵犯用户隐私权时，用户有权要求网站经营者承担相应责任，造成损失时有权要求赔偿。

11.4.2 网上消费者权益保护

消费者权益是指消费者依法享有的权利及该权利受到保护时给消费者带来的应得利益。它包括消费者权利和消费者利益两个方面，核心是消费者权利。我国网上消费者的权益保护主要依托《消费者权益保护法》《电子商务法》《民法典》等法律法规，常见的消费者权益保护体现在以下几个方面。

1. 消费者信息知情权

《中华人民共和国消费者权益保护法》第 28 条规定，采用网络、电视、电话、邮购等方式提供商品或者服务的经营者，以及提供证券、保险、银行等金融服务的经营者，应当向消费者提供经营地址、联系方式、商品或者服务的数量和质量、价款或者费用、履行期限和方式、安全注意事项和风险警示、售后服务、民事责任等信息。

消费者知情权的实施是与传统购物方式中的看货、演示、试用、交易、送货等一系列环节配套的，而这些环节在电子商务中往往变成了虚拟方式，消费者与供应者不见面，通过网上广告了解商品信息，通过网络远距离订货及电子银行结算，由配送机构送货上门。在这样的情况下，经营者必须以较多方式使消费者获得充分、真实的商品信息，以保证消费者知情权的实现。

"三无"侵权枕套

消费者张先生在天猫某旗舰店购买了一件 58 元的枕头套。货送到后，张先生发现该款枕头套无厂名厂址、成分、洗涤方式等产品标识，遂向该旗舰店所属的柯桥区 12315 投诉，要求按《消费者权益保护法》退赔。

该案中，枕套生产厂家假冒他人注册商标的行为侵犯了消费者的知情权、公平交易权，误导了消费者的购买意向，扰乱了正常的市场秩序。对该消费者构成欺诈行为，按照"新消法"退一赔三规定，加大惩罚性赔偿力度；启动"诉转案"，以行政刚性维护消费者合法权益。

2. 消费者安全使用产品的权利

《中华人民共和国消费者权益保护法》第 7 条规定，消费者有权要求经营者提供的商品和服务，符合保障人身、财产安全的要求。消费者网上购买商品或服务，与通过常规方式购买商品或服务一样，享有商品安全使用权。如果商家出售的商品给消费者造成人身或财产损害，商家要承担法律规定的责任。

电视机无端起火受损害

消费者徐某在网上某家电售卖店购买了一台彩色电视机，大约半年后，徐某看电视时突然信号中断，于是徐某拔下插头下楼吃中饭，饭后发现放电视的房间起火，造成各类损失 6 万余元。经消防部门鉴定，起火点是从电视机开始的，但电视机销售方拒绝赔偿。后经消费者权益保护委员会调解，电视机生产厂家最终同意补偿徐某人民币 35 000 元。

3. 消费者退换货的权利

《中华人民共和国消费者权益保护法》第 25 条规定，经营者采用网络、电视、电话、邮购等方式销售商品，消费者有权自收到商品之日起七日内退货，且无需说明理由，但下列商品除外：(一)消费者定作的；(二)鲜活易腐的；(三)在线下载或者消费者拆封的音像制品、计算机软件等数字化商品；(四)交付的报纸、期刊。除前款所列商品外，其他根据商品性质并经消费者在购买时确认不宜退货的商品，不适用无理由退货。消费者退货的商品应当完好。经营者应当自收到退回商品之日起七日内返还消费者支付的商品价款。退回商品的运费由消费者承担；经营者和消费者另有约定的，按照约定。

消费者在网购时难以见到实物，很难辨别产品的真实性。消费者和商家的信息极不对称，因为商家可能隐瞒了商品的负面信息，但由于无法直接接触商品，消费者可能被蒙在鼓里而遭受损失，对消费者权益保护不利，而"7 日内无理由退货"制度能够较好地弥补买卖双方的平等地位。

4. 网络交易平台提供者的责任问题

《中华人民共和国消费者权益保护法》第 44 条规定，消费者通过网络交易平台购买商品或者接受服务，其合法权益受到损害的，可以向销售者或者服务者要求赔偿。网络交易平台提供者不能提供销售者或者服务者的真实名称、地址和有效联系方式的，消费者也可以向网络交易平台提供者要求赔偿；网络交易平台提供者作出更有利于消费者的承诺的，应当履行承诺。网络交易平台提供者赔偿后，有权向销售者或者服务者追偿。网络交易平台提供者明知或者应知销售者或者服务者利用其平台侵害消费者合法权益，未采取必要措施的，依法与该销售者或者服务者承担连带责任。

这一法条明确了网络交易平台提供者作为第三方要承担的相应的责任：一是在无法提供销售者或服务者的真实名称、地址和有效联系方式的情况下，承担先行赔偿责任；二是在明知或应知销售者或服务者利用平台损害消费者权益的情形下，未采取必要措施的承担连带责任。同时规定，网络交易平台做出更有利于消费者的承诺的，应当履行承诺，防止承诺不兑现。消费者在各大电商平台购物过程中，往往难以找到经营主体，而上述规定则起到了督促电商平台履行审查义务，有利于消费者实现索赔。

另外，2010 年 5 月 30 日由国家工商行政管理总局出台的《网络商品交易及有关服务行为管理暂行办法》也规定了电商平台除审核义务、信息披露义务外，还负有其他应尽义务，如保障网络服务安全、告知消费者风险防范、规范信用评估服务、保护消费者个人信息、制定纠纷解决规则及协助解决争议、协助举证义务等，电商平台不履行应尽义务，损害消费者权益的，也要承担相应责任。这对于规范网络商品交易、保证消费者利益等都起到了积极的作用。

5. 直播权益保护

国家互联网信息办公室、公安部、商务部等七部门联合发布《网络直播营销管理办法(试行)》，自 2021 年 5 月 25 日起施行。通过互联网站、应用程序、小程序等，以视频直播、音频直播、图文直播或多种直播相结合等形式开展营销的商业活动，适用本办法。直播间运营者、直播营销人员从事网络直播营销活动，应当遵守法律法规和国家有关规定，遵循社会公序良俗，真实、准确、全面地发布商品或服务信息，不得发布虚假或引人误解的信息，欺骗、误导用户，不得营销假冒伪劣、侵犯知识产权或不符合保障人身、财产安全要求的商品。直播间运营者、直播营销人员应当依据平台服务协议做好语音和视频连线、评论、弹幕等互动内容的实时管理，不得以删除、屏蔽相关不利评价等方式欺骗、误导用户。直播间运营者、直播营销人员应当依法依规履行消费者权益保护责任和义务，不得故意拖延或无正当理由拒绝消费者提出的合法合理要求。

网红直播带货虚假宣传

某网红抖音账号拥有过亿粉丝，其于 2022 年 9 月在直播间上架一款婴幼儿特护霜商品。商品页面所宣传的"富含 50 亿益生菌、4000+拒绝添加成分、100%天然成分"等内容当事人无法提供真实来源，涉嫌虚假宣传。

2023 年 3 月，杭州市高新区（滨江）市场监督管理局对涉事产品认定为虚假宣传，对涉事产品所属的优上公司进行了行政处罚。该案中，直播营销人员发布虚假或引人误解的信息，欺骗、误导消费者，消费者有权要求退一赔三。

6. 跨境电商零售进口权益保护

跨境电商零售进口是指中国境内消费者通过跨境电商第三方平台经营者自境外直接购买商品，并通过"网购保税进口"或"直购进口"运递进境的消费行为。2018 年年底，商务部等六部委发布的《关于完善跨境电子商务零售进口监管有关工作的通知》，通知明确跨境电商零售进口经营者(跨境电商企业)、跨境电商第三方平台经营者(跨境电商平台)、境内服务商、消费者是跨境电商零售进口的参与主体，应切实承担相关主体责任。

跨境电商企业应承担商品质量安全、如实申报、消费者权益保障责任。消费者权益保障服务包括但不限于商品信息披露、提供商品退换货服务、建立不合格或缺陷商品召回制度、对商品质量侵害消费者权益的赔付责任等。当发现相关商品存在质量安全风险或发生质量安全问题时，应立即停止销售，召回已销售商品并妥善处理，防止其再次流入市场，并及时将召回和处理情况向海关等监管部门报告。履行对消费者的提醒告知义务，会同跨境电商平台在商品订购网页或其他醒目位置向消费者提供风险告知书，消费者确认同意后方可下单购买。

跨境电商平台应建立质量安全风险防控、防止跨境电商零售进口商品虚假交易及二次销售的风险控制体系。建立消费纠纷处理和消费维权自律制度，消费者在平台内购买商品，其合法权益受到损害时，平台需积极协助消费者维护自身合法权益，并履行先行赔付责任。

11.4.3　虚拟财产保护

以网络游戏为代表的文化创意产业日益成为经济发展的重要推动力，伴随着文化创意的飞速发展，网络虚拟财产的保护日益成为一个重要课题。

为了解决网络游戏中虚拟货币带来的经济社会问题，文化部、商务部于 2009 年 4 月联合发布了《关于加强网络游戏虚拟货币管理工作的通知》。此外，因网络虚拟装备产生的纠纷也层出不穷。当前，对于网络虚拟财产的法律定位与保护机制均处于缺位状态，司法实践中往往只是将虚拟财产视作一种应受保护的财产对待，回避其法律定位。实践中，因虚拟财产引发的纠纷主要有以下几种类型。

(1) 虚拟财产被盗。玩家的虚拟财产被盗是实践中最为常见的纠纷类型。对此，有两个问题需要注意：①财产被盗的举证责任分配。在运营商看来，玩家装备失窃有两种情形可能，一种情形是财产确实被他人盗取，另一种情形是玩家将装备转让后谎称被盗。因技术与信息的不对称，玩家很难证明确属被盗而非转让，因此，在举证责任分配上，此处可以适用举证责任倒置。②责任承担方式。司法实践中，对于因第三方原因而失窃、灭失的虚拟财产，即便运营商无任何过错，法院依然会责令运营商恢复原有财产，此举对于服务商而言可能并不困难，但显然有违公平。本书认为，在网络虚拟财产侵权责任的承担上，可以根据虚拟空间的特殊性有所创新，而不必全部沿用既有的民事责任类型。

(2) 运营商服务瑕疵。游戏的正常运营是网络虚拟财产发挥价值效用的前提，一旦游戏运行出现瑕疵，玩家将无法正常使用虚拟财产。运营商的服务瑕疵在实践中主要体现为游戏运营商擅自中止游戏运营、运营商对游戏数据进行不规范操作、游戏安全漏洞导致的虚拟财产失窃等。为此，如果要确保玩家的虚拟财产权利得到应有的尊重，首先应明确游戏运营商的安全保障义务。

(3) 虚拟财产继承。由于我国继承法并未涉及网络环境下的虚拟财产继承问题，但网络虚拟财产又在事实上与人们的现实生活发生关联，因此，一旦正式确认虚拟财产的法律定位，如何处理虚拟财产的继承问题将是司法实践中面临的又一个难题。

本书认为，要使虚拟财产权得到法律保护，首先要明确下述两个问题。

(1) 虚拟财产的范围界定。2003 年 12 月，"红月"游戏玩家因网游虚拟装备丢失起诉游戏运营商，我国首例虚拟财产纠纷浮上水面，引发了公众对于虚拟财产保护的关注。作为研究虚拟财产保护的理论前提，我们首先应明确虚拟财产的范围。除了网游虚拟装备，在人们的网络生活中，电子邮箱、虚拟货币、游戏积分等均对人们的现实生活产生实际影响，那么它们是否包含在虚拟财产的范围之内？遗憾的是，当前立法尚未对虚拟财产给出明确定义。

(2) 虚拟财产的法律属性。关于虚拟财产的法律定位，学界争论纷纭、莫衷一是。从物理角度来看，虚拟财产是无形的，由此极易将其纳入知识产权保护之中，但仔细分析会发现，绝大部分虚拟财产并不具备知识产权客体所必须具备的创造性、新颖性等特点。若将其归为物权客体加以保护，权利人又缺乏对物的有效占有与控制，其权利行使方式上更似权利人对网络服务商的请求权，而非权利人对物的支配权。本书认为，对于虚拟财产应进行分类保护，根据其自身的特点，分别赋予不同的权属类型加以保护。

2011 年 2 月，文化部发布了《互联网文化管理暂行规定》，对于通过互联网生产、传播和流通文化产品的行为做了一系列规定。其中特别指出，专门为互联网而生产的网络游戏、网络动漫等属于互联网文化产品，从事网络游戏经营活动的应当具备不低于 1 000 元的注册资金。该项规定虽回避了虚拟财产的法律定位，但提高了网络游戏行业的门槛，客观上有利于保护虚拟财产权利人的利益。

11.4.4　电子商务中的知识产权保护

电子商务法要求电子商务平台经营者应当建立知识产权保护规则，与知识产权权利人加强合作，依法保护知识产权。知识产权权利人认为其知识产权受到侵害的，有权通知电子商务平台经营者采取删除、屏蔽、断开链接、终止交易和服务等必要措施。通知应当包括构成侵权的初步证据。电子商务平台经营者接到通知后，应当及时采取必要措施，并将该通知转送平台内经营者；未及时采取必要措施的，对损害的扩大部分与平台内经营者承担连带责任。

　　平台内经营者接到转送的通知后，可以向电子商务平台经营者提交不存在侵权行为的声明。声明应当包括不存在侵权行为的初步证据。电子商务平台经营者接到声明后，应当将该声明转送发出通知的知识产权权利人，并告知其可以向有关主管部门投诉或向人民法院起诉。电子商务平台经营者在转送声明到达知识产权权利人后 15 日内，未收到权利人已经投诉或起诉通知的，应当及时终止所采取的措施。电子商务平台经营者知道或应当知道平台内经营者侵犯知识产权的，应采取删除、屏蔽、断开链接、终止交易和服务等必要措施；未采取必要措施的，与侵权人承担连带责任。

上海海关进博会期间查办侵犯参展商知识产权货物系列案

　　2018 年 11 月 2 日，进博会开幕前 3 天，广州某公司向海关申报出口一批风幕机，数据分析发现该批货物系电器产品且出口目的地符合侵权高风险特征。经查验发现标有 National 标识的风幕机 501 台，货物本身及外包装均印有 National 字样，与申报的品牌信息不符，且货物摆放顺序较为杂乱，与正品有明显不同。经权利人确认该批货物为侵犯其商标专用权的货物。上述案件仅是上海海关保护进博会知识产权累累硕果的一个缩影。专项行动期间，上海海关合计查处侵犯参展商知识产权案件 37 起，其中海运渠道 18 起，空运快件渠道 19 起，查获的商品类型涵盖滤清器等汽车配件、涡轮增压器等机械设备、耳机等电子产品、榨汁机等家用电器、儿童电动车等玩具，以及防尘口罩、防毒面具、运动鞋等生活用品，合计 30 余万件。

 ## 核心概念

　　电子商务法、电子商务经营者、网络隐私权、知悉权、消费者权益

 ## 思政微语

　　李女士在某电商平台购买一款名牌手包，收到后却发现是假货。李女士立即联系商家要求退货，但遭到拒绝。于是，李女士依据电子商务法，向电商平台投诉，并提交了商品图片、交易记录等证据。电商平台迅速响应，经调查后确认商家售假，依据平台规则和法律规定，对商家进行了严厉处罚，同时向李女士赔偿了全部损失。此案例体现了电子商务法保护消费者权益的重要作用，也警示商家必须遵守法律法规，诚信经营。电子商务法律的健全和执行，有助于维护良好的网络交易秩序，促进电商行业的健康发展。

　　请同学们分析一下电子商务法对电子商务产业发展的重要性，认真思考一下以后遇到了相关问题如何通过法律途径进行维权。

 ## 思考题

1. 电子商务法的特征有哪些？
2. 简述电子商务立法的基本原则。
3. 如何理解电子商务知识产权保护？

4. 结合自身实际案例分析常见电子商务中的权益保护问题。

5. 查找资料比较国内外电子商务立法的发展，分析我国电子商务立法存在的问题，并提出解决的办法。

6. 你与商家通过电子邮件进行业务往来，有关订单及其他信息在附件中，有时也在邮件正文中，附件是以 DOC 文档形式保存的。如果有一天商家交货时间与你的要货时间不一样，但商家又坚持说时间没有错，想一想问题可能出在什么地方？如果法律部门让你出示能说明文件的时间证据，你又该如何做？

<table>
<tr><td>第 12 章</td><td>全国大学生电子商务"创新、
创意及创业"挑战赛</td></tr>
</table>

📋 **学习目标**

(1) 了解全国大学生电子商务"创新、创意及创业"挑战赛;

(2) 掌握参赛流程并进行实践;

(3) 了解以往作品的商业模式及创新点。

📋 **引言**

全国大学生电子商务"创新、创意及创业"挑战赛(简称三创赛)是电子商务领域极具知名度、影响力的竞赛,旨在提高大学生的电子商务软硬件设计与开发的水平、电子商务管理和市场应用研究的能力、电子商务模式创新的能力,培养大学生在电子商务方面理论与实践相结合的能力,树立科技创新意识,丰富和活跃校园文化氛围,培养经济和社会发展需要的优秀人才,促进大学生创新创业。本章将对三创赛规则、参赛流程进行介绍,并对以往优秀参赛作品进行简述和分析,以供参赛者进行参考及借鉴。

12.1 三创赛概况

12.1.1 三创赛简介

全国大学生电子商务"创新、创意及创业"挑战赛(以下简称三创赛)是从 2009 年开始,根据教育部、财政部(教高函〔2010〕13 号)文件精神创办,并列入中国高等教育学会《全国普通高校学科竞赛排行榜》赛事。三创赛由全国电子商务产教融合创新联盟和西安交通大学主办,由三创赛竞赛组织委员会作为执行组织,负责统一策划、组织、管理与实施。三创赛采用校赛、省赛和国赛三级竞赛体制,是激发大学生兴趣与潜能,培养大学生创新意识、创意思维、创业能力及团队协同实战精神的学科性竞赛。大赛对开展创新教育和实践教学改革、加强产学研之间联系发挥了积极作用,得到社会广泛认可。

从 2009 年至 2022 年,三创赛共举办了十二届,参赛团队从第一届的 1500 多支增长到第十二届的十三万多支，大赛规模越来越大，已成为颇具影响力的全国性品牌赛事。多年来，三创赛不仅得到了从教育部、商务部到各省、自治区、直辖市教育厅(教委)和商务厅(局)的大力支持，更得到了许多地方政府及知名企业鼎力相助，也受到了央视新闻频道等诸多媒体的广泛报道和宣传。大赛带动了大学生的"三创"意识和能力的培养。三创赛提供了大赛促进教学、大赛促进实践、大赛促进创新、大赛促进育人等价值。

从第十二届大赛开始，三创赛拓展出了实战赛道，从而形成了常规赛和实战赛两类赛事，这两类赛事既相互关联，又各自独立发展，开启了三创赛的新里程。第十三届三创赛将延续常规赛和实战赛两类赛事进行。其中，常规赛包含三农电子商务、工业电子商务、跨境电子商务、电子商务物流、互联网金融、移动电子商务、旅游电子商务、校园电子商务、其他类电子商务9 个主题；实战赛包含跨境电商实战赛、乡村振兴实战赛、产教融合(BUC)实战赛等。这两类赛事均按校级、省级和全国总决赛三级赛事进行比赛。

12.1.2　竞赛组织架构及规则

1. 竞赛组织架构

三创赛的组织机构随着竞赛的发展而不断完善，竞赛设立了全国大学生电子商务"创新、创意及创业"挑战赛竞赛组织委员会(以下简称三创赛竞组委)、大赛秘书处及三级赛事承办单位、竞赛纪检组及仲裁组等组织。

1) 三创赛竞组委

三创赛竞组委负责全国三级赛事的规则制定和实施过程管理，以及三级赛事的指导、检查、督促和总结等工作，并通过官网(www.3chuang.net)、公众号(名称：电子商务三创赛，微信号：eccn3chuang)、微信群和现场等 O2O 模式，对三级竞赛实行统一组织、管理和服务。

三创赛竞组委对内向产教联盟负责，对外向指导单位、冠名单位、协办单位和赞助单位负责，并指导国赛、省赛、校赛承办单位和合作单位的工作，努力提高三级竞赛水平。

三创赛竞组委设置秘书处设在西安交通大学，具体负责三创赛的策划、组织、指导、实施、服务和管理等工作，实现对三创赛的全过程、高质量管理，保证大赛事务的科学性、规范性、合理性和可持续发展，保证大赛的策划、设计、实施和监管的合规运行。

三创赛竞组委设主席 1 名，副主席若干名。三创赛竞组委委员原则上由电子商务专业领域知名学者、专家、企业家等担任。

2) 大赛秘书处

大赛秘书处在三创赛竞组委领导下开展日常工作，对三创赛竞组委负责。秘书处设在西安交通大学(办公地点在陕西省电子商务与电子政务重点实验室)。秘书处设秘书长 1 名，副秘书长若干名，秘书若干名。大赛秘书处下设办公室、学校服务部、社会服务部、技术服务部等部门。

3) 三级赛事承办单位

校赛由教育部批准成立的高等学校承办，各高校通过大赛官网向三创赛竞组委提出举办校赛申请，提交申请材料，经审核备案后，由大赛秘书处确认并在大赛官网上公布，获得举办校赛资格。承办高校组建的校级选拔组织委员会(以下简称校赛组委会)负责落实赛场、赛事、后勤保障等工作，并具有相应的权利和责任。

省赛承办单位由开设电子商务本科专业的高校自荐或他荐，向三创赛竞组委提出书面申请，并提交"××省级赛承办单位办赛承诺书"，经三创赛竞组委批准后，向该单位授权，以省赛承办单位为主组建该省的省级选拔赛组织委员会(以下简称省赛组委会)。省赛组委会在三创赛竞组委的指导和监督下，负责落实赛场、赛事、经费、后勤保障等工作，并具有相应的权利和责任。

国赛承办单位由开设电子商务本科专业的高校自荐或他荐，向三创赛竞组委提出书面申请，并提交《全国总决赛承办单位办赛承诺书》。经三创赛竞组委派专家到该单位实地考察和研究确认，并与该单位签署国赛合作协议后，向该单位授权，由大赛秘书处确认并在三创赛官网上公布，该单位获得承办国赛的资格。在三创赛竞组委指导下，国赛承办单位与三创赛竞组委联合成立全国总决赛组织委员会(以下简称国赛组委会)。国赛组委会在三创赛竞组委的指导下，负责落实赛场、赛事、经费、后勤保障等工作，并具有相应的权利和责任。

4) 竞赛纪检组及仲裁组

省赛组委会负责组建纪检组，设组长 1 名。省赛必须至少邀请 1 名经三创赛竞组委批准的省外高校专家作为纪检组组长。纪检组负责参赛团队、参赛作品及评委现场工作的纪律检查，按三创赛的规则检查省赛的参赛团队及作品和评审组是否合规，并按规则给予处理(记录违规内容和处理结果)，向三创赛竞组委负责。

省赛组委会负责组建仲裁组，设组长 1 名。省赛必须至少邀请 1 名经三创赛竞组委批准的省外高校专家作为仲裁组组长。仲裁组负责解决此次省赛过程中出现的各类争议问题(记录仲裁内容和仲裁结论)并向三创赛竞组委负责。

国赛组委会要组建纪检组和仲裁组及法律顾问。其中法律顾问主要负责赛事相关法律方面问题的咨询和诉讼工作，以及三创赛竞组委交办的其他法务工作，并向三创赛竞组委负责。

2. 竞赛评审规则

1) 竞赛评审基本原则

(1) 独立评审原则。每位评委保持独立评审地位，在评审过程中，不与其他评委交流，保持评审专家的独立性，从而更好地体现出各专家的独立评审精神和水平，明确给出个人打分并签署自己的名字。

(2) 组长负责制原则。每个评委组设 1 名组长，负责本组评审的总体把关和协调。组长对本组评审过程中或结束后出现的矛盾和争议，有权利组织该组评委予以协商，提出解决意见或建议；如遇特殊情况，应向仲裁组或纪检组及时汇报。

(3) 回避原则。回避校赛中自己指导的团队、省赛和国赛本校团队及亲属。比赛时三创赛参赛团队的选手和学校不匿名，但评委姓名不公开。

2) 竞赛三级评审规则

三创赛竞赛分线上和线下两种形式，原则上尽量采用线下形式，特殊情况下可以采用线上形式。在校赛、省赛、国赛三级竞赛均可采用小组赛和终极赛(排名赛，各小组第一名进入终极赛)两轮赛制。校赛、省赛的终极赛需要排出团队名次，或者排出前 10 名名次，为晋级更高级的比赛做准备。小组赛参赛团队演讲 8 分钟，评委提问与参赛选手回答 7 分钟，每个团队分组赛为 15 分钟；终极赛每个团队演讲 8 分钟，一般不再安排问答环节。小组赛在封闭环境下进行，终极赛在公开环境下进行。

在三级赛事的小组赛中，承办单位从高校和企业邀请具有丰富电子商务理论和实践经验的专家担任评委。评委经主办和承办单位培训合格后授予评委证，并持证参加评审。三级赛事均实施相关者回避制度。

校赛小组赛各组评委 5 名(教师评委 3 名，企业评委 2 名)，其中设组长 1 名。组建省赛评委时，原则上要把参加本省赛的高校中至少 1 名专家纳入其中。省赛各小组评委为 5 名(教师评委 3 名，企业评委 2 名)，来自同一单位的评委不超过 1 名，其中设组长 1 名。国赛小组赛各组评委为 5 名(教师评委 3 名，企业评委 2 名)，其中设组长 1 名。每级赛事都应列出此次赛事的仲裁组、纪检组、评委及分组名单。在三级赛事的终极赛中，评委数量应适当增加，所有小组赛的组长必须参加，如有不足的由组员参加(总数不少于 7 人，应为奇数，至少有 3 位企业评委)。

各级赛事评委需严格遵守大赛评委对评审内容的保密义务，不使用或披露在评审工作中获悉的参赛团队的基本信息、观点、想法、创意、知识产权、智力成果、技术方法、商业计划、财务信息等秘密；严格按照大赛规则和评审基本原则，对参赛选手的提问和交流本着与人为善、语言文明的原则，提出评审意见，并对评审意见的真实性、公正性负责。未经三创赛竞组委授权，评委不得以任何方式与参赛团队联系，不得以大赛评委名义参与任何和大赛评审无关的活动，也不得以大赛评委名义对外发表任何不当言论。在参加评审之日前签署和提交《大赛评委承诺书》。

3) 竞赛评分规则

三创赛主要考查学生创新意识、创意思维、创业能力、演讲及方案等能力，详细评分细则如表 12-1 所示，其中实战赛涉及不同的赛道和不同的平台，操作细节略有不同。竞赛评分要求评委必须按 5 个评分项目进行打分，必须客观、严谨，不得遗漏，评委全员打分的平均值作为该组最终得分。为了避免重分，组长需在评分时保留两位不重复的小数(如 22.35、9.97)，其他组员评分则不需要保留小数。如果在团队得分排名中出现分数相同的情况，评审小组或终极赛的组长要召集该组评委商议并解决同分问题。

表12-1　竞赛评分细则

评分项目	评分说明	常规赛分值	实战赛分值
创新	参赛项目具备了明确的创新点：在新产品、新技术、新模式、新服务等方面至少有一个明确的创新点	0～25	0～15
创意	进行了较好的、创新性的项目商务策划和可行性分析。商务策划主要是对业务模式、营销模式、技术模式、财务支持等进行的设计。项目可行性分析主要是对经济、管理、技术、市场等方面的可行性分析	0～25	0～15
创业	开展了一定的实践活动，包括(但不限于)：创业的准备、注册公司或与公司合作、电商营销、经营效果等，并需要提供相应的佐证材料	0～25	0～45
演讲	团队组织合理，分工合作，配合得当；服装整洁，举止文明，表达清楚；有问必答，回答合理	0～15	0～15
文案	提交的文案和演讲 PPT 逻辑结构合理，内容介绍完整、严谨，文字、图表清晰通顺，附录充分	0～10	0～10
合计		0～100	0～100

3. 奖项设置规则

三创赛校赛、省赛、国赛奖项设置原则上按照三创赛竞组委的规定执行，获奖证书原则上由三创赛竞组委秘书处统一发放，各个学校校赛及省赛也可以由校赛和省赛单位单独发放。

1) 校赛、省赛奖项

评选出校赛、省级选拔赛的特、一、二、三等奖若干名。获奖队名额原则上要求：特等奖不超过参赛队数的5%(可空缺)，一等奖不超过参赛队数的10%，二等奖不超过参赛队数的20%，三等奖不超过参赛队数的30%。向获得特等奖团队指导老师授予最佳指导老师奖，向获得一等奖团队指导老师授予优秀指导老师奖。省赛可以设置优秀组织奖若干名。具体获奖比例根据各校、各省市的相关规定也会有所差异。

2) 总决赛奖项

国赛奖项分为特、一、二等奖共三个等级，另设最佳创新奖、最佳创意奖、最佳创业奖等单项奖若干名。向获得特等奖团队指导老师授予最佳指导老师奖，向获得一等奖团队指导老师授予优秀指导老师奖，向承办省级赛的规模大和质量高的单位授予省级赛优秀组织奖，向组织国赛表现优秀的承办单位授予国赛优秀组织奖。

12.2　参赛流程

12.2.1　参赛队伍组建

1. 参赛队伍要求

参赛选手需在三创赛官网(www.3chuang.net)上报名，且需是经教育部批准设立的普通高等学校的在校大学生(本科、专科、研究生均可，专业不限)，经所在学校教务处等机构审核通过后方具备参赛资格。高校教师既可以作为学生队的指导老师也可以作为混合队的队长或队员(但一个"混合队"中参赛团队的教师总数不能超过学生总数)。参赛团队需在每年 3 月 1 日(官网公布的)校赛开始之日前提交《参赛团队承诺与说明书》。

参赛选手每人可以同期参加一个常规赛和一个实战赛(同一团队如果参加两个比赛也必须注册两个团队 ID 号)。参赛队成员应包括：3~5 名学生，其中 1 名为队长；0~2 名高校指导老师；0~2 名企业指导老师。高校指导老师需在校赛开始之日前提交《参赛团队高校指导老师承诺书》。

参赛队伍分两种：第一种是学生队，队长和队员需全部为全日制在校学生；第二种是师生混合队，队长必须为教师，队员中学生数量必须多于教师。可以跨校组队，以队长所在学校为报名学校。队员的身份信息的真实性由队长负责。大赛提倡参赛队员合理分工、学科交叉、优势互补。

2. 参赛团队的组建

大学生电子商务"创新、创意及创业"挑战赛是一个综合性、耗时较长的学科竞赛，因此团队的组建就尤其重要。一般由学生自发组织一群志同道合的成员构成团队，也有由教师推荐、组建知识结构合理的团队，团队成员之间相互信任、协作是竞赛取胜的关键。

大学生电子商务"创新、创意及创业"挑战赛是目前 A 类参赛学校最多的赛事之一，涉及专业最广的全国性赛事，在现今的电子商务紧密融入生活的时代下，电子商务对大家而言并不陌生，它是未来商业活动的发展趋势，所有经济管理类学生及对电子商务关注的非经济管理类学生都可以参与进来。一个优秀的团队不仅需要志同道合的成员，还应该在知识、性格等方面有所互补，知识结构越合理，团队协作越高效，获胜的机会也就越大。因此，我们更希望不同专业甚至不同学科的同学组建团队，这样才能使知识结构更加合理，团队内部能够互相学习，分享自己的技能、分析的方法及不同的思维方式等，也才能进行合理的分工，发挥每个人的作用，构建团队的竞争力。

剑桥产业培训研究部前主任梅雷迪恩·贝尔宾(R.Meredith Belbin)博士和他的同事们经过多年在澳洲和英国的研究与实践，提出了著名的贝尔宾团队角色理论，即一支结构合理的团队应该由 9 种角色组成，分别是：①创新者。创造性角色，承担这种角色的人能为团队所面临的主要问题带来新的突破性的思想和见解。②资源调查者。与外部的思想、发展及资源之间的联系对团队是很有用的。③协调者。领导角色，也称作"主持者"，其职责是使团队扬长避短，推动团队工作向前发展。协调者要确保团队资源得到最佳利用。④塑造者。这是组织者角色。承担这种角色的人设立目标，确定事务的轻重缓急，从而保证团队的目标清晰，方向准确。⑤监控评估者。这是分析者角色。承担这种角色的人分析问题和评估解决方案，从而保证决策制定的均衡。⑥协作者。承担这种角色的人促使团队以和谐的方式运作，给有缺点的团队成员以支持，同时培养团队的士气和精神。⑦执行者。这种角色使事情发生，承担这种角色的人接收概念并将之转为实际的步骤，制订计划并执行。⑧完成者。这种角色注重细节，承担这种角色的人确保所有工作都按计划完成。⑨专家。团队需要某些方面的专家，这种角色的人会给团队带来特殊的宝贵技能，他们的所有目的就是把专业知识贡献出来。贝尔宾团队角色理论认为高效的团队工作有赖于默契协作。团队成员必须清楚其他人所扮演的角色，了解如何相互弥补不足，发挥优势。成功的团队协作可以提高生产力，鼓舞士气，激励创新。

在三创赛团队组建过程中，创新者、资源调查者、协调者、执行者是不可或缺的。其中，创新者一般富有想象力、创造力，能为项目注入活力和创新；资源调查者一般外向、热情、善于交际，主要负责沟通交流、对外展示；协调者一般成熟、稳重、目标明确，具有能够凝聚团队向共同的目标努力的能力；执行者一般具有强烈的自我控制力和纪律意识，学习能力强，能够努力工作，按要求完成各阶段任务。

团队组建初期指导老师对成员一般不太熟悉，因此学生自发组织起来的队伍相互之间较为熟悉，能够较好地进行团队角色的分配。但在团队组建过程中还必须不断进行深入沟通交流，对团队成员进行角色调整及多重角色的赋予，这样才能构建一个优秀的团队，发挥每个人的潜在价值。

12.2.2　参赛及实施

三创赛包括常规赛和实战赛两个赛道，每个人可以选择其中一个赛道，也可以同时选择两个赛道参赛；在常规赛道中，最终需要提交一个参赛作品，而选题是关键，需要紧密围绕创新、创意及创业这个核心。好的选题是成功的一半，也是整个项目的核心点，因此团队成员首先需要针对选题花费大量时间，不断优化、细化，最终才能在比赛中突出重围，获得好成绩。实战赛道包括跨境电商实战赛、乡村振兴实战赛、产教融合(BUC)实战赛等实战赛，每个人只能选择其中一个赛项来参加，实战赛道的参赛需要与具体的支持企业联系，按照不同实战赛项的要求进行创新创意的考核，以及到各个平台进行创业实战等。下面主要就常规赛赛道的创新、创意及创业进行详细分析。

创新是一个项目的核心，体现了项目的竞争力，也是项目的立足点。创新来源于我们生活的各个方面，需要一双洞察市场的眼睛去挖掘商机，常见的创新可以分为技术创新、产品(服务)创新、模式创新等具体体现。创新来源于两方面：一方面是发现了目前社会中还没有但有顾客需求的产品或服务，可能是由于过去技术的限制没有满足顾客的需求，或者是社会思想的变化而衍生出了一些新的产品或服务需求；另一方面是对于目前已经存在的产品或服务，发现了更为有效、更优的服务方式或手段，一般来说是对原有产品或服务的优化或升级，但需要考虑现有企业的市场地位对项目实施的影响，否则项目难以实现。对于已经稳定、饱和的市场，一般不适用于三创赛选题。

创意是创新的具体体现，包含项目的思想、计划等方面，也是决定企业成败的不二法门及吸引顾客的重要法宝，而顾客是否买单是项目成功的关键。完全创新的项目有可能由于之前从未有过类似产品或服务，反而使得顾客难以接受，这表明市场暂未成熟；相反，对现有产品或服务进行优化的项目可能会更容易受到顾客的认同并得以迅速占领市场。无论何种创新项目，创意是不断地丰富项目内容的最佳工具，方法就是必须站在顾客的角度，对产品或服务进行思考，顾客真心需要的是什么？项目可以从哪些方面去满足这些需求？这些问题的答案需要一个又一个的创意去实现。在整个过程中需要注意一点的是，现在大而泛的创意顾客已经不太买单了，更多的是专而精的战略，如针对特定的顾客群体，他们的需求不同于一般的顾客，有着自身鲜明的特点，一旦该群体具有一定规模，就能激活一个市场。

创业是项目的根本，体现了项目的完整性、可运行性，竞赛团队需要充分考虑项目所处的市场环境及实施过程的各个方面，提出具体、可行的解决方案，从数据、资料等多方面证实项目的可行之处，真正地落到实处。更有甚者，近年来，众多优秀作品皆是付诸实践且有盈利的项目，真正实现了竞赛的目的——促进大学生创业。可行性对于一个项目来说至关重要，它是决定项目能否实施的关键因素。因此，在项目最初选题时，就要考虑到这一点，不能仅仅为了标新立异而去选择一个根本不可能实现的东西。可行性主要从技术可行性、市场可行性、财务可行性等方面来考量。技术可行性主要考量项目所提出的产品或服务在现有技术水平下能否实现，这需要一定的技术背景，一般来说通过搜集资料、咨询相关专家或老师皆可解决；市场可行性主要考量顾客能否接受该产品或服务、市场的需求和接纳程度，一般可以通过调查问卷、数据分析等方面进行阐明；财务可行性主要是要保证项目的可盈利性，创业项目要能真正落到实处，必须能够实现资金正常流转及长期的盈利，否则将无法运营，也难以吸引投资，长期下来必定失败，一般通过财务报表数据进行项目盈利方面的阐述，需要熟悉主要的财务指标。

除了立足竞赛的本质"创新、创意及创业"，还可以尝试从当前热点问题入手进行选题。例如，2017年，习近平总书记在党的十九大报告中首次提出实施乡村振兴战略，旨在解决"三农"问题，我们可以考虑利用电子商务解决"三农"的具体问题；2018年，松心文化传媒工作室凭借其基于供应链金融的农村精准扶贫电商平台荣获浙江省一等奖，该平台以文化引领乡村振兴，打造了一系列杰出作品。此外，我们还可以从新技术角度去寻找创意，运用大数据、区块链、AR、VR、云计算等技术解决传统行业或优化现有电商服务。例如，基于大数据的电商品牌质量监测服务商获得浙江省一等奖，心灵之窗——VR心理诊疗系统获得全国二等奖。

12.2.3　作品撰写

三创赛常规赛最终只需要提交一个创业计划书的参赛作品，而实战赛可能需要先进行理论测试，然后到各个平台进行跨境电商实战或直播或数据分析等过程，最后再提交一份策划书或分析报告或复盘报告等参赛作品。当然不同的实战赛道要求也不一样，考虑到实战赛道在举办初期还在不断发展及迭代的过程中，下面的参赛及作品撰写以常规赛为主。

1. 明确核心产品(服务)

项目的核心产品(服务)是项目创新、创意的具体体现，也是项目的闪光点，应首先明确项目具体的核心产品(服务)，这需要在整个团队中不断交流、探索，打磨出优秀、细致的服务。

若产品含有技术因素，首先需要解决的就是技术问题，技术的研发对于项目的落地运行有着十分重要的意义，是项目可行性的重要影响因素。目前，电子商务竞赛中的技术主要体现为网站和移动应用(App)的开发，好的项目网站或App运营起来一定会为项目增色不少，因此团队中技术人员也是不可或缺的。现在市面上已有较多的软件能够帮助非专业人士较快地搭建网站或App，因此也在一定程度上降低了技术方面的难度。除了平台搭建方面的技术，部分项目存在内部核心的技术，如相关软件算法等，还有一些具备专利的支撑，这在技术上具有较大的创新优势，在一定程度上能给项目加分。

在确定基本的核心产品(服务)后，最好能进行顾客的预调研或产品(服务)的试运营，在实践中发现产品(服务)存在的问题、顾客的痛点及不足之处，然后对核心产品进行优化并最终以文字的形式呈现出来，在撰写过程中一定要简明扼要地阐述产品是什么，再细化地阐述产品的细节和作用，突出企业的产品策略，阐明企业的亮点。

2. 完善项目内容

在明确项目核心产品(服务)后，剩下要考虑的问题就是背景、市场、营销策略、财务等方面的内容，前期核心产品(服务)团队一般是整个团队集体讨论、优化确定的，但由于时间问题，后期的内容可以团队讨论确定每个部分的基础要点和框架后，由每个成员分工完成各部分内容，最终将成稿放在一起讨论，从而确定最终内容。背景方面需要阐述现实应用问题，表明顾客需求与现有市场之间的差距；市场方面需要对产品或服务的市场容量、市场定位与竞争力等进行合理的分析，方法恰当、内容具体；营销方面需要对营销策略、营销成本、产品与服务定价、营销渠道及其拓展、促销方式等进行深入分析，具有吸引力、可行性和一定的创新性；财务方面需要通过写明投资金额、未来收入、预计成本，对项目关键指标进行测算，方法要恰当，数据要合理。

整个竞赛过程持续时间较长，中间经历校赛、省赛、全国赛几个阶段，没有最好的项目，只有不断优化的项目。团队成员需要不断对项目内容进行思考，挖掘新内容并不断融入好的想法，对项目进行改进与完善。特别是付诸实际运作的团队，需要根据项目发展的每个阶段的成果、问题，对项目相关的内容进行深化、改良。

3. 作品参考框架

(1) 封面：包括企业名称、标志、联系信息和创始人姓名，布局简洁大方，体现企业文化。

(2) 目录：列出计划书的各个部分及其页码，便于专家快速定位感兴趣的部分。

(3) 执行摘要：此部分应简洁明了地描述项目的产品或服务、运营管理、营销策略、财务规划、竞争优势、风险策略等核心内容。这是吸引专家评委关注的关键部分。

(4) 项目概述：介绍项目的起源、使命、愿景和价值观。此外，还应描述企业架构、法律形式、股权结构、管理团队及主要顾问和合作伙伴等。

(5) 产品或服务：详细说明项目的核心产品或服务，包括设计、开发、功能、定价、销售渠道、销售策略和客户支持等方面。同时，需要解释产品如何满足用户需求、解决问题和创造价值，以及潜在的市场机会。

(6) 市场分析：对目标市场进行细致的调研和分析，包括市场规模、增长趋势、消费者特征、客户分布和购买行为等。此外，还需要分析竞争对手及其优缺点，以及企业在竞争环境中的优势和劣势。

(7) 营销策略：介绍项目的定位、品牌形象、推广活动、广告策略和销售渠道等；制订一套有效的营销计划，以达到快速增长和市场占有率的目标。

(8) 运营管理：电子商务创新很多时候涉及商业模式的创新，运营管理就是专门描述项目的核心运营管理，其中包括产品或服务流程、核心技术、服务对象、运营方式、盈利模式等。

(9) 财务规划：展示项目预计的收入、费用、利润、现金流和资产负债表。为投资者提供一个清晰的财务预测，包括盈亏平衡点、收益率、净利润率和投资回报期等指标。

(10) 风险评估与应对策略：识别项目可能面临的风险和挑战，如市场风险、竞争风险、技术风险、法律风险、人员流动风险等，并制定有效的应对策略和备选方案。

(11) 附录：可以包括市场研究报告、产品原型或样品、营销材料或客户反馈等补充材料，以支持创业计划的实施。

12.2.4　演讲及答辩

参赛流程分为校赛、省赛和全国总决赛三级赛事，每个环节中各校、各省市都有所差异，一般分为初赛和答辩两个环节。初赛主要考察撰写的参赛作品，答辩环节是各方面的综合表现，以下主要介绍答辩环节的准备。

1. PPT的制作

在三创赛的比赛历程中，答辩是重要的展示环节，其中PPT是不可或缺的工具，熟练使用PPT可以清晰、直观地将项目内容传达给观众。在制作PPT过程中，一定要谨记逻辑清晰、重点突出、视觉冲击这几个要点。

(1) 逻辑清晰。一般在制作PPT时会在开头留有一页目录页，用来阐述整体答辩内容的提纲，此外也会通过在后面主题内容页中标明目前内容的所属位置，这样可以将答辩提纲贯彻于整体的答辩过程中，使观众能够随时把握整体思路，同时也让演讲者自身能够掌握答辩的进度。

(2) 重点突出。PPT可以呈现的内容形式有图片、文字、动画、视频、音频等，但是要切记对内容的过多堆砌，这样会显得非常烦琐，不够突出重点；切记过多的文字，答辩时为了让观众看清内容，字体不宜过小，因此无法在一页中容纳过多的文字，需要去繁从简地将重点内容提炼出来，用红色等醒目颜色进行显示或用图片进行强调，能更容易抓住观众的眼球。

(3) 视觉冲击。PPT整个颜色的搭配也是吸引观众的重要内容。目前，网络上拥有丰富的PPT模板可供选择，针对项目本身的特点，选取适宜的模板再根据自身的需求进行调整，这样PPT的制作将事半功倍。此外，还有许多增加视觉冲击力的办法，如针对核心内容可以适当增加动画、视频等多媒体形式，但切记需要张弛有度，过度的冲击会造成观众的视觉疲劳，反而会造成用户印象模糊的反效果。

2. 演讲的准备

PPT的制作是演讲的辅助工具，而真正传达项目思想的是演讲者本身，因此针对演讲需要做好充分的准备和演练。

首先是演讲稿的撰写。演讲稿的核心是创业项目的整体思路，需要将这些内容有重点、有层次地向观众进行介绍。一般来说，演讲稿的开头是基本的问候语和简单的自我介绍，然后开始进行项目背景的阐述，通过数据、案例等方式最能表明项目的存在是否有意义，而这些数据和图表可以直接放在PPT中展示，演讲时重点说明这些数据的意义；接下来就是项目的阐述，这里一定要条理清晰，阐述项目的核心是演讲的重点，也应当在时间上有所偏重，随后清晰、直观地介绍项目的其他内容。

其次是演讲的表现形式，应先确定演讲者角色。在多数场合中，团队主讲人通常独自承担介绍任务，其他成员则伫立一旁，但这样有些乏味。因此，团队可以根据自己项目的特点和内容来选择演讲者的人数。在切换演讲者时，需要巧妙地过渡，确保演讲的连贯性和吸引力，将演讲效果发挥到最好。此外，演讲的服装也是演讲的重要一环，多数团队是着正装进行答辩，但其实可以针对项目本身的特点，进行服装定制，这样不仅让人眼前一亮，也能让演讲者在演讲时更容易将观众引入项目的氛围中。

3. 答辩问题的准备

答辩的最后环节就是回答评委的提问，评委可能会提出自己的质疑或是发现项目的不足等，而同学们需要给出自己的答案，这是至关重要的一环。不管项目阐述得多么好，一旦被发现问题而团队并未考虑到这一点，难以作答，就会成为致命的疏漏。因此，需要早做准备，合理安排分工，以免造成现场的混乱。

每位成员都应将项目的核心部分熟记于心，而具体的运营由于内容烦琐可能会造成记忆不清，但这方面又是很容易被提问的地方，因此若全员无法对每个环节的运营都了如指掌，则可将运营内容进行细分到成员个人。另外，每位成员也应了解项目本身的劣势，不要认为评委提问这方面是在否定项目，而是想要知道团队的认识及解决的办法；项目的盈利问题也是评委感兴趣的点，负责财务的同学一定要将相关的财务知识熟记并了解清楚；项目涉及的技术问题也应有专人来回答，如所使用的技术、流程、框架等，若涉及专利问题也需要将这方面考虑清楚。

准备妥当后，可以进行提前演练，最好是邀请那些没有接触过项目的人来参与，这样，我们可以更准确地发现自己演讲中的不足之处，并总结他们可能提出的疑问。经过多次的演练后，不仅能锻炼演讲者的表达能力，也能对项目内容不断进行补充和完善，确保演讲更具针对性和吸引力。

12.3 参赛作品及评述

12.3.1 颐伴——基于深度学习的老年心理健康筛查与疏导平台

1. 作品内容

随着我国老龄化程度的加深，提高老年人的生活品质和健康水平已经成了全社会关注的问题。某公司关注到老年人的心理健康问题，开发设计出一款基于深度学习技术的老年心理健康筛查与疏导平台——"颐伴"。其目标群体为60～74岁的身体机能较健康的老年人，旨在疏导和缓解老年人存在的心理健康问题。

该项目的核心服务内容为"老年人不良心理健康问题筛查、专家介入认定、筛查结果反馈、个性化疏导方案推荐、疏导结果反馈"。在服务内容上，项目包涵家庭陪伴模块和"解忧阁"模块两部分。家庭陪伴模块将从家庭情感测评、家庭情感引导、家庭圈等方面帮助老年人拥有一个健康的家庭情感关系，提高老年人的家庭安全感。"解忧阁"模块将通过志愿者服务、专业心理医生咨询、AI虚拟人物"小伴"等多角度、多途径为老年人提供解忧服务。

2. 商业模式

(1) 技术模式。该作品囊括了基于深度学习技术的语音情感识别系统、长短期记忆网络、人脸情感识别及个性化智能推荐和 AI 虚拟人物，致力于为老人心理健康状况评估提供准确的数据，做到及时筛查与疏导。

(2) 业务模式。该作品通过移动端和后台管理端共同实现所规划功能。后台管理端作为后台管理系统，维持整个项目的运行。移动端则实现具体的项目功能，其中公司包括老年人心理健康筛查、专家介入并提供帮助、个性化心理疏导推荐三大关键业务，并且针对关键业务可通过平台销售、会员会费、付费内容、佣金、广告推广等收入为公司增加利润。

(3) 营销模式。颐伴在萌芽期、成长期、成熟期分别制定具有"重推广""强竞争""稳市场"特色的营销战略，以满足公司不同发展阶段的营销需求。同时，公司运用品牌营销、情感营销、SEO 营销、体验营销等营销方式，助力企业增强营销能力。

3. 作品创新

(1) 视角创新。本项目与传统的老年人生活起居养老平台、机构不同，颐伴平台运用深度学习的语音和人脸情感识别技术，专注于老年人的心理健康问题及其情感状态，并给予他们个性化的心理疏导方案。该平台通过情感引导以提升家庭亲密度，老年人也能在"解忧阁"中被给予帮助或帮助他人，既能为老年人提供寻求帮助的途径，又能使老年人在帮助他人的过程中实现自我价值。

(2) 业务模式创新。"老年人心理健康"已不再是社会的课题，逐渐开始被国家所重视，并以医疗卫生的形式落实到基层，但目前，在中国几乎不存在专注老年人精神健康服务领域的商业模式。该作品为主体养老机构及社区提供了完备的筛查平台，实现了平台与具体服务的共同管理和经营。颐伴科技有限公司通过协助社区每年支付定量服务费的方式，支持平台软件部署工作。通过多方合作，我们能够迅速在更多社区和家庭展开部署，从而加快老年人心理健康方面的改善进程。

(3) 技术模式创新。本项目通过语音情感识别技术中的 LSTM 算法，将收集到的语音信息引入长短时记忆网络中，从而构建出完整的语音心理情感网络模型，以此来分析老年人的具体心理健康情况并评定等级。此外，人脸情感识别技术中，Dlib 用于提取预处理后的图像特征值，进而利用这些情感数据筛查老年人的心理健康问题。App 识别到的结果经专家认定后，会借助协同过滤算法为老年人智能推荐相关心理疏导功能。

12.3.2 "郁见"——基于微表情识别的抑郁筛查系统

1. 作品内容

"郁见"是基于微表情的学生抑郁症筛查系统，它将应用于高中及高等院校，以青少年学生为主要目标群体，辅助校方进行抑郁筛查及学生管理。该系统通过深度学习抑郁症患者微表情数据集，并与正常人大量微表情数据集进行对比和分析，得出抑郁症患者与正常人面对一些情况所做出的微表情的不同，进而实现对抑郁人群的筛查。

该项目由硬件(一体机)和软件(App)组成。硬件终端设备将提取的用户微表情序列发送至服务器，并进行微表情序列的处理和分析，以实现识别与分析的分离。同时，运营者将在后台为每位学生建立心理档案，评估学生心理健康状况，方便学校对评测结果异常的学生给予重点关注。在 App 中，在校心理医生可干预问题学生，教师可对从属其管理的学生进行便捷管理，学生可进行心理测评和预约心理咨询。该项目为不同的用户提供特定的服务，可实现高等院校对学生的垂直式管理，以及为学生提供一个发现与抒发不良情绪的场所。

2. 商业模式

(1) 技术模式。"郁见"的功能模块设计主要包含四个核心部分：硬件端、移动端、Web 端和后台服务。硬件端主要负责前期的人脸数据采集和图像处理任务，并展示部分识别结果的分析功能。Web 端则负责高效、合理地管理系统数据、硬件设备及用户信息。在后台服务中，管理员通过数据管理、硬件管理和用户管理等功能，确保数据信息的稳定、安全和及时的统计管理。

(2) 业务模式。该公司以青少年学生为目标群体,针对行业趋势、市场竞争,依托信息媒介的优势,结合公司的具体情况,开拓多元化的市场营销策略,主要通过线上+线下,以及公益营销的策略占领目标市场,树立良好的公司形象。公司项目的盈利模式主要为硬件端的销售收入、信息服务及设备维新收入。同时,软件 App 移动端阅读付费、专家咨询费、会员制度收费等也为公司带来了一定的收入。

(3) 营销模式。该公司本着"质量先行、创新驱动、以人为本、强化服务"的营销理念,将占取市场上的一定份额、优化产品价值和营销计划、加强自身品牌建设作为总体目标,同时划分市场推广期、市场发展期、市场巩固与拓展期分别实施各个阶段目标。制订切实可行的营销计划,针对不同发展时期的特征在导入期、成长期、成熟期使得营销策略重点分别突出"快""好""长",以谋求适合公司不同发展阶段的营销策略。

3. 作品创新

(1) 视角创意。针对抑郁的筛查工作被纳入学生健康体检内容,但量表评测无法实现无感状态下进行筛查,评测过程不可控,不具备实时特点。该公司突破市场上流行的量表评测,通过表情识别分析技术及相关统计学方法,在学生日常学习生活过程中即可进行实时筛查。

(2) 业务模式创新。考虑到学校抑郁筛查专用设备短缺与系统建设价格较贵的特点,公司将联合保险、银行等金融机构,采用支付服务方式将硬件设备与系统交付于学校。保险公司和银行通过与学校合作,承担学校的相关保险和支付结算业务,并负责系统硬件建设的成本。同时,郁见科技有限公司会协助学校每年支付一定量的服务费,以支持系统软件的部署工作。

(3) 技术模式创新。该项目基于动态多表情序列,将空间特征和时间特征相结合。它采用一种分离式长时循环卷积网络模型,首先利用卷积神经网络作为深层视觉提取器,从图像中精准提取微表情的静态特征,随后将从视频序列中提取的特征提供给由长短期记忆网络单元组成的双向循环神经网络,以获得时序性的输出,来提高微表情识别的准确率。在深入探讨微表情识别技术在学生抑郁筛查工作中的应用时,将其与学生心理测评相结合,不仅能增强识别的准确性,还能为学生心理健康的监测和干预提供更为科学、细致的依据。

12.3.3　"元"创星境——沉浸式数字化社交赋能特需儿童个性化教育

1. 作品内容

该项目关注到特殊教育中存在的教育资源与教育需求不匹配的结构性矛盾,建设了针对特需儿童全面的课程体系,主要分为知识分享型和服务教育型两大模块。知识分享型中,用户可在案例数据库中查找并互相借鉴方法。每位特需儿童将会拥有个人专属名片(匿名制),系统会对其进行跟踪反馈,记录儿童病情的动态变化,及时调整儿童的教学方案。为防止儿童沉迷虚拟空间产生成瘾性,系统会设置使用时间限制。服务教育型中,采用 3D 陪伴式、线上线下结合、VR 眼镜与动态捕捉结合等多种形式对特需儿童进行治疗。该项目还自主研发多款针对特需儿童不同方面的个性化游戏,内容主要有"竹林寻宝""星河船行"两项,分别针对语言障碍人群、社交障碍人群与多动症患者。基于元宇宙的交互式小游戏,促使儿童在玩中学、学中玩,寓教于乐,更符合特需儿童的特性,便于提高其学习专注度。

2. 商业模式

(1) 盈利模式。主要有订阅、销售、租用及会员制等形式。通过提供信息内容和服务来收取订阅者的费用，同时，提供系统和集成化解决方案供合作方租用来收取租金。用户可以通过开通会员来获得更多、更全面的个性化定制服务。项目则依据利润点、利润源及利润杠杆等要素来明确盈利结构。

(2) 营销模式。运用 STP 营销战略进行市场细分与目标市场的定位。运用 4P 营销战略对产品进行优化与促进，制定价格策略，设计渠道布局，并加强宣传沟通工作，从而明确项目的发展基础，确保未来的稳健发展。

(3) 商业模式。通过分析项目的价值主张、消费者目标群体、分销渠道、客户关系等方面，绘制商业模式画布，对该项目进行内外各要素的整合，从而形成一个完整、高效率且具有独特核心竞争力的运行系统。

3. 作品创新

(1) 产业生态系统创新。该项目已与爱益人才培育中心、嘉兴第一幼儿园等相关机构和幼儿园达成合作关系。同时，项目还积极寻求与其他机构、幼儿园等的合作机会，致力于建立产业共生网络，实现资源的相互利用和循环，并通过对产业生态系统的科学化管理，最终构建一个健康、可持续的产业生态系统。

(2) 定制化教育模式和理念创新。现已建立针对特需儿童的教育、治疗诊断数据库。该数据库的建立为团队在治疗或教育特需儿童时提供了相关数据，提高了在治疗或教育时的效率和安全性。通过这一数据库，我们突破了传统治疗和教育过程中效率低、专业化程度不足、缺乏针对性和准确性、难以落地实践等弊端。数据库的运用使得团队能够更准确地根据孩子的症状判断其适合线上还是线下课程形式，从而制定出更具个性化的教学方案。

(3) 元宇宙虚拟技术模式创新。采用线上医疗的方式，运用虚拟空间，避免特需儿童在接受治疗时的害怕、紧张心理，这在一定程度上也缓解了师资力量紧张的市场痛点。该 3D 线上教育运用虚拟空间和元宇宙形象，让特需儿童和老师在元宇宙虚拟空间中进行线上虚拟互动教学，以虚拟形象代替真人在虚拟空间"诊疗室"中进行 3D 互动，适用于沉浸式学习，达到身临其境的效果，以更好地促进特需儿童的成长、发展和治疗。

12.3.4　吾声安——聋哑骑手智能辅助系统

1. 作品内容

该项目充分利用机器视觉和人工智能技术打造聋哑骑手智能辅助系统——"吾声安"。该系统由智能颈部佩戴器硬件与配套 App 软件两部分构成，通过利用 MediaPipe 库等机器视觉技术及 HMM 模型与 LPCC 和 MFCC 融合算法等人工智能技术提供更为准确的识别技术，实现了聋哑骑手的无障碍沟通。同时，系统还能对聋哑骑手行驶中可能存在的危险进行预警提示，让亲人能够实时关注聋哑骑手的状况，从而保障行程安全。这一创新产品为聋哑骑手及其亲人提供了更为放心、便捷的出行体验。针对辅助市场产品功能单一化，"吾声安"除了助力解决"沟通"和"安全"的一体化保障，在软件端还提供了"技能培训"和"就业咨询"服务，帮助聋哑骑手提升能力，给予聋哑骑手更全面的支撑，为聋哑骑手就业之路保驾护航。

2. 商业模式

该项目利用商业画布，从客户细分、价值主张、渠道通路、客户关系、核心资源、关键业务、合作伙伴、成本结构等角度出发确定商业模式。

该项目的客户群体前期主要是有意愿且具备骑手工作能力的聋哑群体，随着公司的发展，扩展到所有的残障人群体，致力于创造高品质、高社会效益的智能辅助系统，助力广大残障群众，推动残障人群就业事业的发展。在推广方面，我们采用互联网渠道、线下组织渠道、合作机构、展销会、公益活动等多种方式进行产品宣传。在服务方面，我们运用智能客服高效解答客户疑问，人工客服定期回访了解产品体验，通过软件 App 直接与客户沟通，提供个性化服务，并借助微信公众号和网页端平台发布公司动态和产品升级信息。在收入方面，我们主要依赖智能颈部佩戴器的销售收入、App 技能课程收费、公益活动承办费、广告费和信息费等。而手势识别技术和 AI 语音技术则是该产品的核心竞争资源，为客户提供更精准、便捷的服务体验。

3. 作品创新

(1) 产品设计创新。通过硬件与软件的相结合打造了功能多元的聋哑骑手智能辅助系统，充分满足了聋哑骑手在安全和沟通方面的需求，有效实现了安全保障与无障碍沟通的双重目标。另外，在软件 App 中提供了交通安全咨询与职业技能学习模块，旨在构建一个从满足职业基本需求到提升个人价值的全方位平台。同时，我们搭建了一个专属的安全与沟通桥梁，让亲人能够实时关注聋哑骑手的各方面需求。

(2) 科学技术创新。利用基于机器视觉的 OpenCV 的 MediaPipe 库的"手势识别"技术，帮助聋哑骑手在各种场景快速沟通。同时，采用基于 AI 语音的"语音识别"技术，通过 LPCC 和 MFCC 混合的方式提取声音特征，并运用 HMM 模型对语音信号进行识别和匹配。此外，还使用了 Viterbi 算法对 HMM 模型进行解码，最终生成对应的语音信号，让聋哑骑手在工作过程中能够及时、准确地收到沟通信息并做出回复。

(3) 营销模式创新。项目积极与残联组织、聋哑人协会等合作，共同开展针对聋哑群众的公益活动，以提升项目的社会责任形象。通过这些公益活动，吸引了更多爱心人士的参与，采用产品的所有权和使用分离的方式，让经济困难的聋哑人也能使用到该产品。此外，项目还采取"买一捐一"和"附加商品"的销售方式，不仅提高了产品销量，而且公司还会以购买方的名义捐出部分利润，并公开资金去向，使产品价值得到进一步放大。

(4) 应用场景创新。"吾声安"智能系统打破了时空限制，提供了涵盖就业与生活各领域的全面场景语言支持，进一步突破了沟通瓶颈。该系统充分利用机器视觉和人工智能技术，为用户在职业工作中提供多样化的场景语言，覆盖用户生活与工作的各种场景。通过使用"吾声安"，用户能够实现场景的无障碍沟通。此外，我们还在线上提供丰富的课程服务和职业资讯，帮助用户提升自身价值，与时俱进。

(5) 职业业态创新。"吾声安"开创了"聋哑群众+骑手服务"这一新型职业服务模式，旨在促进更加平等的就业机会。我们为聋哑骑手提供全方位的工作支持和价值提升服务，不仅满足了他们的职业需求，也兼顾了亲人对他们的关怀需求，还促进了聋哑群体职业选择的平等化。

12.3.5　谱脉——基于深度学习的数字家谱智能平台

1. 作品内容

谱脉网络科技有限公司是一个从"寻根"出发，以家谱为载体，利用深度学习技术进行数字化家谱的建谱、修谱、续谱工作，致力于继承和保护家谱文化的智能平台。谱脉 App 作为该公司的核心产品，致力于智能化数字家谱，将家谱的传承性与互联网的记载性完美融合，更换了传统家谱的载体，保留了家谱的本质：传承。谱脉 App 利用本公司掌握的专业技术如深度学习技术等，提供修建简谱、延续家谱、寻找宗亲族友和祖先根脉，以及提前规划遗产和生前契约等特色服务。该公司始终以"敦亲睦族，凝聚血亲""祭祖文化的传承和保护"为理念，以"家谱"文化为根基，旨在为广大用户带来切实的效果和价值。在软件开发方面，公司坚守推陈创新、勇于挑战的理念，致力于家谱软件的研发与优化。在软件性能方面，公司秉持积极进取的精神，不断研发改善 App 并进行推广。在组织和战略方面，公司将建立合理的组织结构，并运用一套完善的薪酬管理体系。在创业初期，公司将立足于浙江省，从浙江出发，面向长三角地区，最终将业务推向全中国。

2. 商业模式

(1) 技术模式。该平台针对用户上传的各类图像及文字，在"寻根迹"板块提出一个双判别器，生成对抗网络模型，用于图像文字修复。在 DCGAN 的基础上，增加一个筛选判别器模型，实现从用户上传信息中获取文字简/繁体的概率分布，通过已获得的概率分布去预测待修复文字符图像，根据预测图像完成修复任务。同时，通过深度学习 OCR 助力形成准确的全文检测系统、专业的全文检索系统和保障家谱的安全系统，对数据采集、预处理图像、识别和信息抽取，使得"寻根迹"中的智能对话通过闭环迭代，实现智能化运营，更加合理地帮助用户理解及寻找到"根"。

(2) 业务模式。谱脉网络科技有限公司的业务范围为线上第三方服务平台，以 C 端 App 服务为主，同时还提供 B 端服务，包含祠堂古建施工队、修谱师、殡葬服务公司和法律遗产顾问等不同类型工作人员提供的相应线上服务。在盈利方面，通过虚拟币充值、增值服务、会员模式、提成模式、广告模式、线下参观模式等获得收益。

(3) 营销模式。谱脉网络科技有限公司一直秉持着"质量先行、创新驱动、以人为本、强化服务"的营销理念，将占取市场上的一定份额、优化产品价值和营销计划、加强自身品牌建设作为总体目标。同时根据公司实际情况，将最终目标细化为各个阶段的小目标，一步一步地进行落实。该公司也针对不同时期的不同用户群体制订了不同的营销计划，以此来保证每位用户得到舒适、个性化的优良服务。

3. 作品创新

(1) 服务创新。谱脉 App 旨在给用户提供专业且高质量的新式服务。通过"寻根迹"对话式智能沟通，实现技术助寻根；通过"云家谱"，实现生命档案及家谱档案的数字化，以及高维度的传承；通过"云祭祖"，秉承绿色祭扫、重于心而不拘于形理念，慰藉用户心灵；通过

"未来安排",秉承提前规划身后事,赢得生前身后安理念,为用户得到圆满的人生、避免过度消费和减轻亲人负担提供安全私密的生命遗产服务和个性化定制的生前契约服务。

(2) 模式创新。在第三方平台方面创新,线上从家谱出发,在 C 端以提供专业家谱编写、寻找家族根源、家谱服务信息查看、圈子交流等为主。作为第三方平台,结合多个实况需求,与专业团队合作,帮助开通祠堂修葺、纸质家谱修复、遗嘱遗产、殡葬服务方面等需求,满足个性化定制。

(3) 技术创新。通过深度学习技术,能够高效地帮助用户实现"寻根迹"寻根。用户只需上传文字图像,智能技术就能自动寻找线索,并通过对话模式推动寻根进度。此外,智能 OCR 将家谱信息化,实现纸质家谱的恢复和数字家谱的线上集合。

参考文献

[1] 第 51 次互联网发展状况统计报告[R]. 北京：中国互联网络信息中心，2023：1-60.

[2] 周小勇，程国辉，等. 网络营销理论、方法与实践[M]. 北京：清华大学出版社，2017.

[3] 谭白英，熊莎莎. 企业战略管理[M]. 武汉：武汉大学出版社，2014.

[4] 付杰. 电子商务概论[M]. 北京：国家行政学院出版社，2018.

[5] 仝新顺，王初建，于博. 电子商务概论[M]. 2 版. 北京：清华大学出版社，2017.

[6] 何晓兵. 网络营销——基础、策略与工具[M]. 北京：人民邮电出版社，2017.

[7] 侯晓娜. 电子商务概论[M]. 北京：北京理工大学出版社，2016.

[8] 周小勇，程国辉. 网络营销理论、方法与实践[M]. 北京：清华大学出版社，2017.

[9] 唐德权. 电子商务安全[M]. 武汉：华中科技大学出版社，2011.

[10] 张凌. 电子商务安全[M]. 武汉：武汉大学出版社，2013.

[11] 张慧. 电子商务概论[M]. 武汉：武汉大学出版社，2017.

[12] 张润彤. 电子商务概论[M]. 3 版. 北京：电子工业出版社，2015.

[13] 张艳，彭煦，孙萌. 电子商务与物流管理[M]. 北京：中国纺织出版社，2018.

[14] 徐宏峰，孙伟. 电子商务基础教程[M]. 南京：南京大学出版社，2017.

[15] 樊坤. 电子商务概论[M]. 北京：人民邮电出版社，2013.

[16] 汤少梁. 电子商务[M]. 北京：中国中医药出版社，2017.

[17] 王志文，于泳. 电子商务理论与实务[M]. 北京：北京理工大学出版社，2017.

[18] 王玉珍. 电子商务概论[M]. 北京：清华大学出版社，2017.

[19] 王玮. 网络营销[M]. 北京：中国人民大学出版社，2018.

[20] 白东蕊，岳云康. 电子商务概论[M]. 3 版. 北京：人民邮电出版社，2016.

[21] 肖和阳，卢嫣. 电子商务安全技术[M]. 长沙：国防科技大学出版社，2005.

[22] 胡宏力. 网络营销[M]. 北京：中国人民大学出版社，2018.

[23] 赵安新. 电子商务安全[M]. 北京：北京理工大学出版社，2016.

[24] 马佳琳. 电子商务云计算[M]. 北京：北京理工大学出版社，2017.

[25] 马莉婷. 电子商务概论[M]. 北京：北京理工大学出版社，2016.

[26] 孙若莹，王兴芬. 电子商务概论[M]. 2 版. 北京：清华大学出版社，2017.

[27] 魏修建. 电子商务物流管理[M]. 重庆：重庆大学出版社，2015.

[28] 黎继子. 电子商务物流[M]. 北京：中国纺织出版社，2016.

[29] 黎连业，王萍，李淑春，王华. 计算机网络工程[M]. 北京：清华大学出版社，2017.

[30] 张思光，张延君. 电子商务概论[M]. 2版. 北京：清华大学出版社，2016.

[31] 傅世昌，王惠芬. 商业模式定义与概念本质的理论体系与研究趋势[J]. 中国科技论坛，2011(2)：70-76.

[32] 杨薇薇. 基于VR技术的支付系统开发和应用[J]. 山东农业工程学院学报，2019(8)：24-25.

[33] 吕本波. 基于要素协同的企业商业模式创新途径研究[J]. 对外经贸，2014(4)：105-107.

[34] 李会军，席酉民. 一个探索性的商业模式创新理论框架——基于质性案例研究的元综合[J]. 西安交通大学学报(社会科学版)，2019，2(154)：59-71.

[35] 王晓辉. 关于商业模式基本概念的辨析[J]. 中国管理信息化，2006，9(11)：26-27.

[36] 罗峰. 企业孵化器商业模式价值创造分析[J]. 管理世界，2014(8)：180-181.

[37] 吴瑶，葛殊. 科技企业孵化器商业模式体系构建与要素评价[J]. 科学学与科学技术管理，2014(4)：163-170.

[38] 赵建昊. B2B电子商务商业模式比较研究[D]. 北京：首都经济贸易大学，2013.

[39] 李文莲，夏健明. 基于"大数据"的商业模式创新[J]. 中国工业经济，2013(5)：83-95.

[40] 宋珍珍. 基于消费者购买行为特征的零食企业网络营销研究[J]. 商场现代化，2018(11)：77-78.

[41] 庞长伟，李垣. 国内商业模式研究现状——基于2000—2014年CSSCI论文情况分析[J]. 华东经济管理，2016，30(3).

[42] 张明光，魏琦. 电子商务安全体系的探讨[J]. 计算机工程与设计，2005，26(2)：394-396.

[43] 支付圈. 生物支付大比拼之三种"纹"的支付[J]. 金卡工程，2015(5)：14-16.

[44] 李凌. 平台经济发展与政府管制模式变革[J]. 经济学家，2015，7(7)：27-34.

[45] 柯苗，黄华国. "新零售"模式下我国零售业发展方向的探究[J]. 太原城市职业技术学院学报，2018(11)：30-32.

[46] 周帅. 浅谈电子商务的现状与发展趋势[J]. 电脑知识与技术，2017(7X)：243-244.

[47] 熊颖. 新零售背景下传统企业的发展研究[J]. 经济研究导刊，2019(3)：3-4.

[48] 王甫，付鹏飞，崔芸. 新零售的关键技术与技术边界[J]. 中国商论，2017(35)：1-2.

[49] 田晶晶，杨海丽，杨建安. 新零售：动因、特征、现状及趋势[J]. 郑州航空工业管理学院学报，2018，36(3)：57-64.

[50] 刘越，徐超，张榆新. 移动支付的发展前景与风险监管[J]. 社会科学研究，2017(3)：35-41.

[51] 胡岗岚，卢向华，黄丽华. 电子商务生态系统及其演化路径[J]. 经济管理，2009，31(6)：110-116.

[52] 胡志权. 论体验式营销在网络营销中的应用[J]. 湖北经济学院学报(人文社会科学版)，2014，11(3)：55-56.

[53] 许丽萍. "声波购"颠覆无线支付市场格局？[J]. 上海信息化，2016(5)：53-55.

[54] 赵俊贵. 加强供应链的管理具有战略意义[J]. 化工管理，2011(8)：7-11.

[55] 赵杰. 电子商务安全体系研究[J]. 中国科技信息，2009(4)：128-128.

[56] 赵湘莲，陈桂英. 未来新的商业模式——商业生态系统[J]. 经济纵横，2007(4X)：79-81.

[57] 陈银凤，夏淑梅. EDI在中国的发展现状及趋势探讨[J]. 内蒙古电大学刊，2007(9)：31-32.

[58] 黎四奇. 二维码扫码支付法律问题解构[J]. 中国法学，2018，203(3)：111-132.

[59] 崔忠付. 我国电子商务物流发展的新趋势[J]. 物流技术与应用，2016，21(07)：50-51.

[60] 宗晋明，郭燕华，孙宗耀. 电子商务下物流协同化体系的建立的必要性[J]. 商业文化(下半月)，2012，(10): 317.

[61] 钱慧敏，何江，关娇. "智慧+共享" 物流耦合效应评价[J]. 中国流通经济，2019，33(11): 3-16.

[62] 姚建凤. 冷链物流发展思考[J]. 合作经济与科技，2021，(16): 76-77.

[63] 刘娟，赵晴晴. 逆向物流研究综述与未来展望[J]. 商业经济研究，2020，(01): 66-70.

[64] 刘畅. 电子商务逆向物流的经济价值管理策略研究[J]. 中国储运，2022，(04): 171-173.

[65] 宾厚，王欢芳，谢国杰. 分享经济下企业实施众包物流的影响因素研究[J]. 管理评论，2019，31(8): 219-229.

[66] 彭幸. 我国众包物流的法律治理[J]. 中国流通经济，2019，33(4): 111-118.

[67] 王文杰，孙中苗，徐琪. 考虑社会配送供应能力的众包物流服务动态定价模型[J]. 管理学报，2018(2): 293.

[68] 石蕊. 众包物流模式概述及未来发展探究[J]. 中国市场，2020(23): 2.

[69] 孟秀丽，刘波，安坤. 考虑配送员交互作用和服务质量的众包物流运营模式选择[J]. 中国管理科学，2023，31(05): 218-229.

[70] 张宇，李琪. B2C 电子商务企业物流配送模式选择研究[J]. 人文杂志，2012(03): 187-193.

[71] 华慧婷，郝渊晓. 基于利润最大化的农村电商物流模式选择[J]. 中国流通经济，2018，32(04): 70-76.

[72] 钱慧敏，何江. B2C 跨境电子商务物流模式选择实证研究[J]. 商业研究，2016(12): 118-125.

[73] 范碧霞，饶欣. 物流与供应链管理[M]. 上海：上海财经大学出版社，2016.

[74] 赵智锋，叶祥丽，施华. 供应链运作与管理[M]. 重庆：重庆大学出版社，2016.

[75] 刘冬，姚丽凤. 现代物流管理理论与实务[M]. 天津：天津大学出版社，2009.

[76] 赵安新. 电子商务安全[M]. 北京：北京理工大学出版社，2016.

[77] 王述芬，李祥艳，邱波. 河北省中小企业发展跨境电商的金融支持研究[J]. 商场现代化，2018(21): 32-33.

[78] 李战忠，李晶蕾. HYFY 国际物流公司发展模式研究[J]. 商场现代化.2021(08): 59-61.

[79] 刘冰. 跨境电子商务平台的盈利模式比较分析——以天猫国际、京东国际以及亚马逊为例[J]. 经济师，2022(03): 138-139+141.

[80] 李强，闫姝雅，冯利盈. 宁夏跨境电子商务的发展现状及对策[J]. 物流技术，2015(20): 91-93+96.

[81] 沈学桢. 数据分析技术[M]. 上海：立信会计出版社，2005.

[82] 邵贵平. 网店数据分析[M]. 北京：北京理工大学出版社，2017.

[83] 陆学勤. 电子商务数据分析与应用[M]. 重庆：重庆大学出版社，2019.

[84] 王珊珊，蔡映珍，欧阳红巍. 商务数据分析[M]. 成都：电子科技大学出版社，2020.

[85] 吴林华. 网站业务与网络营销[M]. 北京：中国商业出版社，2001.

[86] 杨伟强，朱洪莉. 电子商务数据分析[M]. 北京：人民邮电出版社，2016.

[87] 徐文瑞，文林莉. 电子商务数据分析[M]. 北京：人民邮电出版社，2023.

[88] 周兴建. 电子商务案例分析[M]. 北京：电子工业出版社，2021.

[89] 刘丹. 浅论网络隐私权的法律保护问题[J]. 老区建设，2017(16): 48-56.